Der Schutz des Urhebers im internationalen Vertragsrecht

Internationalrechtliche Studien

Beiträge zum Internationalen Privatrecht, zum Einheitsrecht und zur Rechtsvergleichung

Herausgegeben von Ulrich Magnus

Band 48

PETER LANG
Frankfurt am Main · Berlin · Bern · Bruxelles · New York · Oxford · Wien

Judith Farokhmanesh

Der Schutz des Urhebers im internationalen Vertragsrecht

Funktion, Reichweite und Effektivität zwingender Bestimmungen im deutschen, französischen und englischen Recht

PETER LANG
Europäischer Verlag der Wissenschaften

Bibliografische Information der Deutschen Nationalbibliothek
Die Deutsche Nationalbibliothek verzeichnet diese Publikation in der Deutschen Nationalbibliografie; detaillierte bibliografische Daten sind im Internet über <http://www.d-nb.de> abrufbar.

Zugl.: Hamburg, Univ., Diss., 2006

D 18
ISSN 0947-0395
ISBN-13: 978-3-631-56466-0

www.peterlang.de

Für und in Erinnerung an

Dr. Hans-Jürgen Puttfarken (†23. Februar 2005)

Inhaltsverzeichnis

Teil A

Einführung

Gegenstand der Arbeit

In Art. 27 der Allgemeinen Erklärung der Menschenrechte ist niedergelegt: „Jeder Mensch hat das Recht, am kulturellen Leben der Gemeinschaft frei teilzunehmen, sich der Künste zu erfreuen und am wissenschaftlichen Fortschritt und dessen Wohltaten teilzuhaben. Jeder Mensch hat das Recht auf Schutz der moralischen und materiellen Interessen, die sich aus jeder wissenschaftlichen oder künstlerischen Produktion ergeben, deren Urheber er ist."

In der Deklaration zum 42. CISAC-Kongress der Urheber[1] heißt es, „dass die Staaten die Pflicht haben, Urhebern den größtmöglichen Schutz zu garantieren, nicht nur in Anerkennung ihrer persönlichen, schöpferischen Leistungen, sondern auch im Hinblick auf Freiheit im Ausdruck und im Schaffen, die nur dann richtig verwirklicht werden kann, wenn Verhältnisse geschaffen werden, in denen alle Urheber ihre wirtschaftlichen und gesellschaftlichen Rechte tatsächlich genießen können"[2].

Kommen dem Urheber diese Rechte im europäischen Rechtsraum zu? Dieser Frage soll im Folgenden auf den Grund gegangen werden. Genauer: Welchen Schutz genießt der Urheber im Urhebervertragsrecht?

Stichwort: Urhebervertragsrecht - warum, mag man fragen, soll gerade dieser Bereich anvisiert werden, um Schutz und Stellung des Urhebers zu analysieren? Im Blickpunkt internationaler Konventionen und in jüngerer Zeit auch verstärkt im EG-Recht steht zumeist das Urheberrecht als absolutes Recht. Der Begriff des Urheberrechts sei hier als subjektives Recht verstanden, welches die ideellen und materiellen Interessen des Urhebers zu schützen bestimmt ist: Es umfasst alle Rechtsnormen, die das Verhältnis des Urhebers bzw. seiner Rechtsnachfolger zu seinem Werk ausgestalten[3].

Das Urhebervertragsrecht erscheint dagegen als relativ neues Schlagwort, obwohl es das Institut als solches schon in frühen Zeiten urheberrechtlichen Schaffens gab[4]. Gleichwohl hat der Begriff gesellschaftspolitisch besonders in den letzten Jahren konkrete Konturen erhalten. Dies liegt insbesondere daran, dass sich die Position vieler Urheber im „Medienmonopoly"[5] unserer Zeit verändert hat: Die Zeiten, dass beispielsweise der Komponist immer nur „Komponist" war und seine Auftragskomposition in Form einer Notenpartitur bei einer Produkti-

---

[1] Confédération Internationale des Sociétés d'Auteurs et Compositeurs (CISAC).

[2] 42. CISAC-Weltkongress vom 24.-27.9.2000 in Chile, Deklarationen abrufbar unter www.gema.de; Abrufdatum: 24.10.05.

[3] Schack, Urheberrecht, Rn. 2.

[4] Bereits im 18. Jahrhundert gab es Künstler, die sich nicht damit begnügten, lediglich ein Werk zu schaffen: Mozart zum Beispiel organisierte als freier Künstler und auf eigenes Risiko Konzerte und Subskriptionsakademien, um seine Kompositionen zu vermarkten.

[5] Vgl. Titel des Vortrags von Evers, GEMA Nachrichten 2002, zum Symposium des Composers Club im Rahmen der Medientage München 2002: „Spielregeln des Medienmonopoly - Musik und das neue Urhebervertragsrecht".

onsfirma abgab[6], die sich dann um die Realisierung der Musik kümmerte, sind längst vorbei. Heute muss ein Komponist oft die unterschiedlichsten Funktionen in einer Person vereinigen, die in der Ablieferung des fertigen Masterbandes münden. Er führt die urheberrechtlich relevanten Leistungen aus, erbringt leistungsrechtlich relevante Leistungen als ausübender Künstler und ist zumeist auch der alleinige Producer der Musik und somit verantwortlich für die gesamte Organisation. Nicht zuletzt ist der Komponist auch selbst Arbeitgeber, so engagiert er zum Beispiel Musiker und Orchestratoren; er muss sich von diesen die für eine weitere Verwertung erforderlichen Rechte übertragen lassen, die er dann wiederum an Produzent bzw. Sendeanstalten weiter überträgt[7]. Ähnliches Engagement wird auch in anderen „Branchen" - von Fotografen, Grafikern, Drehbuchautoren, Regisseuren, Programmierern - verlangt.

Der Kreative befindet sich bei der Vermarktung seines Werkes in einem Doppelgeflecht aus urheber- und leistungsschutzrechtlich relevanten Rechten, welches es erforderlich macht, nicht nur das Urheberrecht nach seinem Schutzinstrumentarium zu befragen, sondern auch und besonders das Urhebervertragsrecht. Letzteres hat gemeinhin den Anspruch, dem Schutz der Schöpfer und ihrer Werke im Bereich der Literatur, Kunst und Wissenschaft sowie der Verwertung derselben zu dienen[8], aber wird es diesem Anspruch auch gerecht?

Materiellrechtlich gibt es bereits einige Veröffentlichungen, die das Urhebervertragsrecht (auch rechtsvergleichend) darstellen. So vergleicht zum Beispiel Metzger die Verträge über das Urheberpersönlichkeitsrecht im deutschen und französischen Recht[9]; die Festschrift für Schricker enthält Beiträge zu der Situation des Urhebervertragsrechts in ausgewählten Ländern[10]. Speziell das deutsche Urhebervertragsrecht ist nach Erlass des Gesetzes zur Reform des Urheberrechts, welches am 1.7. 2002 in Kraft trat[11], Gegenstand zahlreicher Aufsätze geworden.

Die Kenntnis über das jeweilige materielle Recht führt einen Schritt weiter; sie lässt insbesondere erahnen, welchen Rang der Gesetzgeber dem vertraglichen Schutz des Urhebers zubilligt. Dieser vertragliche Schutz läuft in Verträgen über die nationalen Grenzen hinaus allerdings Gefahr, ausgehebelt zu werden, insbesondere, wenn der stärkere Vertragspartner ein den Urheber wenig schützendes Recht wählt. Im Zeitalter eines vorangeschrittenen Multimediamarktes und zunehmender Internationalisierung, wie sie für den urheberrechtlichen Bereich prägend sind[12], erscheint es daher sinnvoll und notwendig, die Reichweite der je-

---

[6] So zum Beispiel in BGH GRUR 1971, 480 - *Schwarzwaldfahrt*.

[7] S. Evers, ebenda.

[8] Wandtke/Bullinger - Wandtke/Grunert, Vor 31 ff. UrhG Rn.1.

[9] Metzger, Rechtsgeschäfte über das Droit moral im deutschen und französischen Recht.

[10] Vgl. Festgabe für Gerhard Schricker zum 60. Geburtstag, München 1995.

[11] Gesetz zur Stärkung von Urhebern und ausübenden Künstlern vom 22. März 2002, BGBl. I, 1155-1158.

[12] Die großen deutschen Verlagshäuser werden beispielsweise hauptsächlich europäisch bzw. global tätig, vgl. z.B. Schmitt, GRUR 2003, 294 (295); die GEMA hat bereits 68 Gegen-

weiligen nationalen Schutzmechanismen zu ermitteln. Diese Notwendigkeit gilt auch und insbesondere im Bereich der digitalen Nutzung, der praktisch keine nationalen Grenzen kennt und von immer größerem ökonomischen Interesse wird[13].

Sobald Politik und Wirtschaft den Schutz des geistigen Eigentums zugunsten eines neuen großen wirtschaftlichen Booms bedrohen, ist es umso wichtiger, die aktuelle Rechtsposition des Urhebers - gerade auch im internationalen Kontext - zu kennen, inklusive der ihn schützenden zwingenden Bestimmungen, *mandatory rules, lois de police.*

Eine Arbeit zu diesem Thema veröffentlichte bereits Mäger[14]: Er kommt zu dem Ergebnis, dass der kollisionsrechtliche Schutz des Urhebers nicht befriedigend und insbesondere die Sonderanknüpfung einzelner zwingender Vorschriften nur in wenigen Fällen von Bedeutung sei[15]. Seine Überlegungen basieren auf der rechtlichen Situation Mitte der neunziger Jahre. Seitdem hat sich vieles getan: Neben dem bereits erwähnten voranschreitenden Multimedia-Sektor hat insbesondere die deutsche Urheberrechtsreform 2002 von sich reden gemacht, und so verdient dieser „Meilenstein in der Rechtsgeschichte“[16] im Hinblick auf das deutsche internationale Urhebervertragsrecht und seine zwingenden Bestimmungen ein besonderes Augenmerk.

Neben dem deutschen soll aber auch das französische und englische urheber(vertrags)rechtliche Schutzinstrumentarium dargestellt werden. Das Interesse an den zwingenden Bestimmungen eines fremden Staates erscheint zunächst nicht so einleuchtend wie das am eigenen Recht, denn das angerufene Gericht hat zunächst nur Anlass, die Gemeininteressen seines Staates wahrzunehmen[17] - ebenso wie sich der deutsche Urheber in der Regel am deutschen Recht ausrichten wird. Umso mehr kann die Kenntnis fremden Rechts für (s)eine Rechtswahl interessant sein, wählt er doch mit dem auf den Vertrag anwendbaren Recht auch das zwingende Recht des jeweiligen Staates.

Ein wichtiger Bereich ist hier das Internet, in dem immer mehr Verträge über Urheberrechte - nicht selten durch einen einzigen *mouse-click* - geschlossen werden. Kommerzielle Anbieter im Netz helfen bei der Ausgestaltung solcher Verträge für jede Art von Urheberrecht[18]. In diesem Bereich sind technische Schutzvorrichtungen zum Schutz des geistigen Eigentums oft effektiver als die

---

seitigkeitsverträge mit ausländischen Verwertungsgesellschaften allein über Aufführungs- und Senderechte; Stand: 30. Juli 2004; GEMA-Jahrbuch 2004/2005, 204/205.

[13]So verringert zum Beispiel die Vermarktung urheberrechtlich geschützter Werke über das Internet Produktions- und Vertriebskosten in erheblichem Maße; vgl. Thoumyre, Approche contractuelle, Vor 1.

[14]Mäger, Der Schutz des Urhebers im internationalen Vertragsrecht.

[15]Mäger, Der Schutz des Urhebers, 305/306.

[16]Dieses Urteil bekam das Gesetz zur Reform des Urheberrechts vom 1.7. 2002 vom Verband deutscher Schriftsteller; zit. u.a. bei Ory, AfP 2002, 93, nach dpa 0226/1241 vom 25.1.2002.

[17]Sonnenberger, IPrax 2003, 104 (113).

[18]Vgl. z.B. www.creativecommons.com.

Schutzvorschriften im jeweiligen Urheberrecht. Hier soll - unter einem etwas anderen Blickwinkel - interessieren, inwieweit Beschränkungen des Urheberrechts zugunsten der Allgemeinheit individualvertraglich ausgeschaltet werden können.

Die Länderauswahl

Ein Rechtsvergleich ist für die fortschreitende Harmonisierung nationaler Rechte in der Europäischen Union unerlässlich, denn sowohl die Ermittlung der Unterschiede und Gemeinsamkeiten als auch die Herausarbeitung eines gemeinsamen (europäischen) Mindeststandards sind Basis und Wegweiser für eine weitere Rechtsvereinheitlichung. Er kann hier allerdings an dieser Stelle nur für ausgewählte Länder stattfinden. Warum gerade Deutschland, Frankreich und England?

In Deutschland wurde das Urhebervertragsrecht nicht zuletzt durch die Reform im Jahr 2002 neu belebt, über die Regelung der angemessenen Vergütung ist bereits vielfach diskutiert worden, so dass sich hier die Frage aufdrängt, wie weit der Schutz auch international gewährleistet ist. Interesse weckt insbesondere der seit 2002 geltende § 32 b UrhG, der speziell auf den urheberrechtlichen Schutz im internationalen Vertragsrecht zugeschnitten zu sein scheint.

In Frankreich gibt es bereits seit 1957 einen abgeschlossenen Teil über das Urhebervertragsrecht, der 1992 als Teil des *Code de la propriété intellectuelle* (CPI) kodifiziert wurde[19]. Hier erscheint es - gerade in Bezug auf die deutsche Reform - interessant, die Gemeinsamkeiten und Unterschiede des aktuellen Urhebervertragsrechts sowie kollisionsrechtlicher Besonderheiten herauszuarbeiten und zu bewerten.

England steht, was das Verhältnis zum absoluten Urheberrecht betrifft, für das sogenannte *copyright*-Modell: Während das kontinentale Urheberrecht (das *droit d'auteur*) davon ausgeht, dass das Werk untrennbar mit seinem Schöpfer verbunden ist, lässt das angelsächsische *copyright*-Konzept eine Übertragung des Urheberrechts auf der Basis wirtschaftlicher Aspekte zu. Dieses Prinzip prägt auch das Vertragsrecht, das darüber hinaus nach den Grundsätzen des *common law* eine andere Gestalt und Bewertung erhält[20].

Quo vadis, Europa?

Eine aussagekräftige Rechtsvergleichung im innereuropäischen Raum kann heute nur noch unter Berücksichtigung des EG-Rechts gemacht werden. Im

---

[19] Gesetz Nr. 92-597 vom 1.7.1992 zum *Code de la propriété intellectuelle*, J.O. v. 3.7.1992, 8801 ff.

[20] Um der Gefahr vorzubeugen, dass Ausführungen zu regionalen Unterschieden zwischen englischer, walisischer, schottischer und nordirischer Rechtslage die Darstellung in ihrer Gegenüberstellung zum französischen bzw. deutschen Recht weniger plastisch erscheinen lassen, beschränkt sich die Arbeit auf die Rechtslage in England.

Bereich des Urheberrechts sind in den letzten Jahren nicht wenige Richtlinien verabschiedet worden. Die Verträge beeinflussen durch Gebote wie das der Nicht-Diskriminierung oder wettbewerbsrechtliche Verbote die nationale Gesetzgebung und Rechtsprechung; das Gemeinschaftsrecht schafft eigene Eingriffsnormen und ist zugleich Maßstab und Korrektiv für zwingende Bestimmungen nationalen Rechts.

Diese europarechtlichen Maßstäbe, Vorgaben und Schranken gilt es miteinzubeziehen, denn nur so ist es möglich, die Reichweite des nationalen Eingriffsrechtes wirklich zu erfassen.

Verlauf der Darstellung

Die Arbeit beginnt mit der Darstellung des zur Zeit geltenden Urhebervertragsrechts in den Vergleichsländern, wobei hauptsächlich auf die Punkte eingegangen wird, die für die kollisionsrechtlichen Aspekte von Bedeutung sind. Insbesondere wird nicht auf einzelne Gruppen von Kreativen eingegangen, für die teilweise Spezialregelungen einschlägig sind; es werden nur die Regeln dargestellt, die für alle Urheberrechtsverträge gleichermaßen gelten.

Im Anschluss daran wird die kollisionsrechtliche Anknüpfung von Urheberrechtsverträgen dargestellt. Hier geht es insbesondere um das Verständnis des EVÜ[21] und mögliche Interpretationsmöglichkeiten in den EVÜ-Staaten Deutschland, Frankreich und England.

Der *ordre public* wird als Institut allgemein dargestellt. Das unterschiedliche Verständnis der Vergleichsstaaten vom *ordre public* wird ebenfalls problematisiert sowie die Kriterien bzw. inhaltlichen Grundzüge eines europäischen *ordre public.*

Der Schwerpunkt der Ausführungen liegt auf der Existenz zwingender Bestimmungen und ihrer Reichweite. Hier stellen sich insbesondere folgende Fragen: Was sind Eingriffsrecht bzw. zwingende Bestimmungen? Wie werden sie vom jeweiligen Staat verstanden? Welche zwingenden Bestimmungen gibt es konkret im Urhebervertragsrecht? Wie lassen sie sich ins kollisionsrechtliche System einordnen? Wie weit reichen sie? Der Begriff soll hier so weit wie möglich verstanden werden; schließlich geht es auch um die Begrenzung des Vertragsstatuts durch das Urheberrechtsstatut. Besonderes Augenmerk verdient hier die kollisionsrechtliche Behandlung des Urheberpersönlichkeitsrechts.

Darüber hinaus wird nach der Berücksichtigung urheberrechtlicher Interessen im europäischen und nationalen Kartellrecht sowie der Position des Urhebers im Hinblick auf verbraucher- und arbeitnehmerschützende Kollisionsnormen gefragt.

---

[21] Übereinkommen über das auf vertragliche Schuldverhältnisse anzuwendende Recht vom 19.6.1980, ABl.Nr.C 27 vom 26.1.1998, 34-36.

Unter Berücksichtigung der Vertragspraxis im Internet, in dem es dem Urheber weitgehend möglich ist, mit dem jeweiligen Nutzer eines urheberrechtlich geschützten Werkes individuell Vertragsbedingungen auszuhandeln oder sie in allgemeinen Geschäftsbedingungen festzulegen, ist aus Sicht des Urhebers schließlich zu fragen, inwieweit nationale sowie europäische Schranken des Urheberrechts vertraglich abbedungen werden können. Dieser Aspekt geht über den Schutz durch Eingriffsnormen / *ordre public* hinaus und fragt auf der Ebene der Wahl des anwendbaren Rechts, ob die Wahl deutschen, französischen oder englischen Rechts dem Urheber einen zusätzlichen Schutz durch die Möglichkeit gewährt, die Schranken des Urheberrechts zurückzudrängen.

Am Ende stehen Thesen, welche kollisionrechtliche Behandlung einzelner Aspekte des Urhebervertragsrechts den Schutz des Urhebers am effektivsten gewährleistet.

Teil B

Materielles Urhebervertragsrecht

Kapitel I

Begrifflichkeiten

Bei einem Ländervergleich ist es trotz Übersetzung der einzelnen Fachbegriffe nicht immer leicht, wirklich von ein und derselben Sache zu sprechen, denn jede Landessprache besetzt ihre rechtlichen Begriffe mit Definitionen, wie sie aus der eigenen Rechtsordnung hervorgehen, geprägt von gesetzlichen Vorgaben, Rechtsprechung, Forschung und Lehre. Hinzu kommt, dass innerhalb einer Sprache ein und derselbe Begriff nicht selten Unterschiedliches bezeichnet. Daher erscheint es sinnvoll, für einige rechtstechnische Begriffe vorwegzuschicken, wovon eigentlich genau die Rede ist und wo sich gegebenenfalls Unterschiede in den einzelnen Begrifflichkeiten ergeben.

1 Urheberrecht

- *copyright* - *droit d'auteur* - Das Urheberrecht ist als absolutes dingliches Recht zu bezeichnen, welches sowohl die Beziehung zwischen Werk und Urheber als auch die Rechtsstellung des Urhebers zu allen Dritten umfasst. Ihm kann als Komplementärbegriff das Urhebervertragsrecht gegenübergestellt werden. Im Französischen wird „Urheberrecht" mit *droit d'auteur* übersetzt, im Englischen findet man als Übersetzung in der Regel den Begriff *copyright.*

In der folgenden Arbeit werden diese Begriffe aus Praktikabilitätsgründen synonym verwendet, wie es auch in den internationalen Konventionen gehandhabt wird, auch wenn dies genau genommen nicht ganz exakt ist.

Die Unterschiede wurzeln in dem, was wir die kontinentale *droit d'auteur*-Tradition nennen und nach der der ursprüngliche Inhaber des Rechtes an dem Werk die natürliche Person ist, die es erschaffen hat. Diese Grundregel liegt prinzipiell dem Recht aller Mitgliedstaaten der Europäischen Union zugrunde, sie kann aber in einigen Ländern - entweder durch entsprechende gesetzliche oder vertragliche Regelung - leicht abbedungen werden, so zum Beispiel für den Fall, in dem das Werk innerhalb eines Arbeitsverhältnisses geschaffen wurde. Für diese Art des Umgangs mit dem Urheberrecht, in dem der wirtschaftliche Nutzen im Vordergrund steht, kann die Bezeichnung *copyright*-System verwendet werden. Die genauere Übersetzung von *copyright* ist daher auch nur die wirtschaftliche Nutzung des Urheberrechts, das *droit d'exploitation*, denn es umfasst weniger als das Urheberrecht nach kontinentalem Verständnis[1]. Diese Sichtweise beherrscht maßgeblich Großbritannien und die USA.

Ein *copyright* wird gewährt oder genommen, und wenn es gewährt wird, dann als ein Recht, das zuallererst wirtschaftlichen Zwecken dient. Es hängt also von demjenigen ab, der das Recht hat, es zu gewähren[2]. Deutlich wird dies zum Beispiel in Art. 1 VIII der Verfassung der USA: „Der Kongress hat die Macht...den Fortschritt der Wissenschaft und die nützlichen Künste zu fördern, indem den Urhebern und Erfindern für eine begrenzte Zeit das ausschließliche Recht für ihre Werke und Erfindungen gewährt wird".

2 Urhebervertragsrecht

Das Urhebervertragsrecht regelt - in einem weiten Sinn verstanden - Verträge über Urheberrechte; grundsätzlich können alle Vertragsbeziehungen dazu gerechnet werden, bei denen (Nutzungs-)Rechte an urheberrechtlich geschützten Werken (oder Leistungen) Vertragsgegenstand sind[3]. Ebenso zählen auch kartellrechtliche, arbeits- und tarifvertragliche Fragestellungen sowie solche des Rechts der Verwertungsgesellschaften dazu[4].

Enger wird der Begriff verwendet, um den Ausschnitt aus dem Gesamtbereich urheberrechtlicher Vertragsgestaltungen zu bezeichnen, bei dem die Kreativen als Schöpfer der betroffenen Werke oder Darbietungen als Vertragspartei selbst in Erscheinung treten[5]. Teilweise wird hier auch der Begriff des „primären Urhebervertragsrechts" benutzt, um deutlich zu machen, dass es sich um die Verträge handelt, die die Urheber mit ihren primären Vertragspartnern, den Primärverwertern oder Werkmittlern, also etwa mit den Buch-, Zeitungs- und Zeitschriftenverlegern, mit den Musikverlegern, mit den Bühnenverlegern oder Bühnenvertrieben, mit Rundfunkanstalten, Filmherstellern oder Galeristen abschließen. Primär ist dieses Urhebervertragsrecht auch deshalb, weil sich alle weiteren Verträge über Rechte an geschützten Werken in der Regel von dieser ersten (primären) Vertrags- und Verwertungsbeziehung ableiten[6]. Vom primären Urhebervertragsrecht abzugrenzen sind Verträge, bei denen auf beiden Seiten als

[1] Vgl. Cornu, Dictionnaire comparé, 67.

[2] Vgl. zur Abgrenzung auch Möller, Urheberrecht oder Copyright, 12/13.

[3] So zum Beispiel der urheberrechtliche Lizenzvertrag s. Dietz in: FG Schricker, 1 (26); zum französischen Recht s. Art. L. 122-7 I, L. 131-4 I CPI; ferner Dreier, Urheberrecht, 26.

[4] Vgl. Dietz in: FG Schricker, 1 (24).

[5] Dietz in: FG Schricker, 1 (27).

[6] Dietz, Primäres Urhebervertragsrecht, 2.

Vertragspartner Unternehmen, insbesondere solche der Medienwirtschaft oder der Kulturindustrie, beteiligt sind[7]. Diese sind im Gegensatz zum primären Urhebervertragsrecht nicht Gegenstand dieser Arbeit.

„Wahrnehmungsverträge“ zwischen Urhebern und Verwertungsgesellschaften, die in gewissem Sinne auch zum primären Urhebervertragsrecht zählen[8], sind von der nachfolgenden Untersuchung ebenfalls nicht erfasst, da derartige Verträge nicht wie „normale“ Nutzungsverträge von einer unterschiedlichen Interessenlage gekennzeichnet sind. Die Verwertungsgesellschaften - *collecting societies - sociétés de perception et de répartition des droits* - stehen vielmehr im „Lager“ des Urhebers, verwalten treuhänderisch seine Rechte, gewähren ihm kollektiven Schutz und werden damit der Tatsache gerecht, dass es dem einzelnen Rechtsinhaber oft schwer gemacht wird, seine Rechte wahrzunehmen[9]. Sie bündeln und kanalisieren die gleichlaufenden Interessen von Urhebern (und anderen Berechtigten) und übernehmen eine wichtige vermittelnde Funktion in denjenigen Bereichen der Urheberrechtsverwertung, in denen die individuelle Wahrnehmung und der individuelle Abschluss von Urheberrechtsverträgen zwischem dem Urheber selbst und den eigentlichen Verwertern nicht möglich oder jedenfalls wirtschaftlich nicht sinnvoll, unpraktisch oder einfach nicht gewollt ist.

3 Abtretung

- *assignment - cession* - Generell versteht man unter der Abtretung die komplette Übertragung von Rechten von dem ursprünglichen Urheber auf eine andere Partei. Die Abtretung kann entweder umfassend oder partiell sein. Eine Übertragung kann auch auf bestimmte Nutzungsformen beschränkt sein[10]. Eine Abtretung des „Urheberrechts“ ist nur im *copyright*-System möglich. Nach der *droit d'auteur*-Tradition können dagegen nur Nutzungsrechte übertragen werden.

4 Lizenz

- *licence - licence* - Der Begriff der Lizenz (lateinisch: licere = erlauben) wird in Anlehnung an die Patentlizenz oftmals zur Bezeichnung von urheberrechtlichen Nutzungsrechten gebraucht[11]. Klar besetzt ist dieser Begriff im deutschen Urhebervertragsrecht nicht: Manche haben dabei nur bestimmte Typen von Nutzungsrechten, insbesondere nur einfache Nutzungsrechte oder gar nur

[7] Dietz, Primäres Urhebervertragsrecht, 2.
[8] Vgl. Dietz, Primäres Urhebervertragsrecht, 4.
[9] Vgl. Schwarze, ZUM 2003, 15 (17).
[10] Guibault/Hugenholtz, Final Report, 29.
[11] Obergfell, Filmverträge, 61.

rein schuldrechtliche Berechtigungen im Auge. Andererseits wird in bestimmten Bereichen der Begriff als „Nutzungsrecht zweiter Stufe" verstanden, welches der Inhaber eines Nutzungsrechts einräumt[12].

Das französische Urhebergesetz regelt nur die Abtretung. Der Begriff der *licence* kommt dagegen aus dem Markenrecht[13]. Gleichwohl taucht er in der Praxis gern im Zusammenhang mit der Einräumung von Nutzungsrechten auf[14]. Neben der Verwendung des Begriffs der *licence légale* wird der Begriff benutzt, um begrenzte Nutzungseinräumungen zu bezeichnen[15]. Begrifflich exakt ist es allerdings, den Begriff der *licence* nur für die Rechte an einer Marke zu benutzen[16] und von den Verträgen über die Einräumung von Nutzungsrechten (*contrats d'exploitation du droit d'auteur*) abzugrenzen.

Der englische Gesetzestext trifft eine explizite Unterscheidung zwischen Übertragung des Urheberrechts - *assignment* - in Sec. 90 (1) *Copyright, Designs and Patents Act 1988* (CDPA) und der *licence* in Sec. 101 CDPA. Die *licence* ist eine bloße Erlaubnis, bestimmte Handlungen in Bezug auf ein *copyright* vorzunehmen; im Gegensatz zur Abtretung verleiht sie dem Lizenznehmer kein dingliches Recht[17].

5 Urheberpersönlichkeitsrecht

- *moral right* - *droit moral* - Vor dem Hintergrund der Tatsache, dass bereits viel über das Urheberpersönlichkeitsrecht geschrieben und diskutiert worden ist und noch wird, sei es im weiteren Sinne, engeren Sinne oder in seinem sogenannten Kerngehalt, kann an dieser Stelle keine ausführliche Darstellung von Einzelheiten, Kontroversen und Problemen erfolgen. Wird hier eine Beschreibung versucht, so soll dies lediglich eine Idee dessen geben, was sich hinter dem abstrakten Begriff verbirgt. Im deutschen Recht wird das Urheberpersönlichkeitsrecht im weiteren Sinne gemeinhin verstanden als der das gesamte Urheberrecht prägende Gedanke des Schutzes der geistigen und persönlichen Interessen des Urhebers[18]. Im engeren Sinne konkretisiert es sich entsprechend der Überschrift vor § 12 UrhG in den drei näher ausgestalteten Befugnissen des Veröffentlichungsrechts (§ 12 UrhG), des Rechts auf Anerkennung der Urheberschaft (§ 13 UrhG) und des Rechts auf Schutz gegen Entstellung oder Beeinträchtigung des Werkes (§ 14 UrhG)[19]; im weiteren Sinne kommt es auch in anderen Einzelvorschriften zum Ausdruck, so zum Beispiel im Grundsatz der Unübertragbarkeit

---

[12] Schricker/Schricker, Vor §§ 28 ff. Rn. 21.
[13] Vgl. Art. L. 613-8 CPI.
[14] Lucas/Lucas, Traité, Rn. 482.
[15] Mit weiteren Nachweisen Lucas/Lucas, Traité, Rn. 482.
[16] So auch Lucas/Lucas, Traité, Rn. 482.
[17] Vgl. Laddie Prescott and Vitoria, Rn. 24.2.
[18] Schricker/Dietz, Vor 12 ff. Rn. 8.
[19] Schricker/Dietz, Vor 12 ff. Rn. 7.

(§ 29 UrhG)[20]. Die urheberpersönlichkeitsrechtlichen Befugnisse können vertraglich zumindest eingeschränkt werden[21]. Nicht übertragbar bleibt allerdings das Urheberpersönlichkeitsrecht in seinem Kerngehalt[22].

Der Begriff des *droit moral* in Frankreich ist eine Schöpfung der Rechtsprechung des 19. Jahrhunderts[23]. Beim französischen Urheberpersönlichkeitsrecht im engeren Sinne, welches sich heute in den Art. L. 121-1 bis L. 121-9 CPI befindet, wird ähnlich wie in den §§ 12-14 UrhG unterschieden zwischen dem Veröffentlichungsrecht (*droit de divulgation*), Art. L. 121-2 CPI, dem Recht auf Anerkennung der Urheberschaft (*droit à la paternité*) und dem Recht auf Werkschutz (*droit au respect de l'oeuvre*), Art. L. 121-1 CPI; hinzu kommt insbesondere das Rücknahme- und Reurecht (*droit de retrait ou de repentir*), Art. L. 121-4 CPI[24].

Der Begriff der *moral rights* taucht auch in der englischen Rechtssprache auf; seit 1988 ist er in Chapter IV - Sec. 77 ff. CDPA verankert[25]. Die Befugnisse des Urhebers innerhalb des Urheberpersönlichkeitsrechts sind insbesondere das Recht auf Namensnennung (*right to be identified*; *paternity right*), Sec. 77 CDPA, das Recht auf Schutz gegen Beeinträchtigung (*right to object to derogatory treatment*; *integrity right*), Sec. 80 CDPA, das Recht gegen falsche Zuschreibung (*false attribution*), Sec. 84 CDPA und das Recht auf Schutz des Privatlebens (*right to privacy*), Sec. 85 CDPA[26]. Den Grundsatz der Unübertragbarkeit des Urheberrechts kennt das englische Recht dagegen nicht[27].

Die Befugnisse der Sec. 77 ff. CDPA werden allerdings bereits durch den CDPA an verschiedenen Stellen erheblich eingeschränkt und gewähren dem Urheber eine schwächere Position als das französische und deutsche Recht[28]. Zudem kann auf sie, wenn sie auch nicht durch Rechtsgeschäft auf andere übertragen werden können[29], jederzeit verzichtet werden. Gemäß Sec. 87 CDPA ist ein Verzicht ausdrücklich erlaubt, wenn er in einem von dem Verzichtsleistenden unterschriebenen Schriftstück erklärt wird.

Anders als im französischen oder deutschen Recht ist das englische Urheberpersönlichkeitsrecht kein Bestandteil des *copyright*, auch wenn es im CDPA geregelt ist. Die Vorstellung, dass ein Urheber sowohl moralische wie wirtschaft-

[20] Mit weiteren Beispielen Schricker/Dietz, Vor 12 ff. Rn. 9.

[21] Zur Lizenz an Persönlichkeitsrechten durch gebundene Rechtsübertragung s. insbesondere Forkel, GRUR 1988, 491 ff.

[22] Zur Problematik, was dem Kernbereich angehört vgl. zum Beispiel Metzger, GRURInt 2003, 9 (13 ff.).

[23] Schricker/Dietz, Vor 12 ff. Rn. 19.

[24] Vgl. Dietz, Droit moral, 32.

[25] Zur Existenz und Bedeutung von *moral rights* vor Erlass des CDPA s. Stamatoudi, IPQ 1997, 4, 478 (479).

[26] Zu den Befugnissen im Einzelnen Cornish, GRURInt 1990, 500-504.

[27] Vgl. zur Abtretbarkeit des Urheberrechts nach Sec. 90 (1) CDPA bereits oben, B I 3 u. 4.

[28] Zu den Einschränkungen im Einzelnen Stamatoudi, IPQ 1997, 4, 478 (492/493).

[29] Sec. 94 CDPA.

liche Befugnisse genießt, und zwar mit demselben rechtlichen Status, ist dem englischen Urheberrecht fremd. Es geht vielmehr um vom *copyright* zu unterscheidende Rechte, die eine Klage wegen Verletzung einer gesetzlich auferlegten Verpflichtung, nicht aber wegen einer Urheberrechtsverletzung ermöglichen[30].

Trotz der Gegensätze zwischen dem *droit d'auteur*-System, welches sich durch ein starkes Urheberpersönlichkeitsrecht auszeichnet und dem *common law*-System, in dem das wirtschaftliche Interesse dominiert, sind die Unterschiede weniger groß, als sie auf den ersten Blick erscheinen. So gibt es auch in den *droit d'auteur*-Staaten Beispiele aus der Rechtsprechung, in denen die Urheberpersönlichkeitsrechte unter Berücksichtigung anderer wirtschaftlicher Interessen flexible Anwendung finden[31].

Das *droit moral* ist auch auf internationaler Ebene geregelt worden: 1928 wurde es trotz Widerstandes der dem *copyright* folgenden Länder, die sich auf die Unvereinbarkeit dieses Rechts mit ihrem System der Rechtsschutzmöglichkeiten beriefen, in Art. 6*bis* I der Berner Übereinkunft zum Schutz von Werken der Literatur und Kunst (RBÜ)[32] eingefügt[33]:

„Unabhängig von seinen vermögensrechtlichen Befugnissen und selbst nach deren Abtretung behält der Urheber während seines ganzen Lebens das Recht, die Urheberschaft am Werk für sich in Anspruch zu nehmen und sich jeder Entstellung, Verstümmelung oder sonstigen Änderung dieses Werkes oder jeder anderen Beeinträchtigung des Werkes zu widersetzen, welche seiner Ehre oder seinem Rufe nachteilig sein könnten."

Damit sichert Art. 6*bis* RBÜ den Urhebern ein Recht auf Anerkennung der Urheberschaft und auf Werkschutz zu[34]. Für diese Rechte enthält die Berner Übereinkunft nicht den Grundsatz der Unübertragbarkeit des Rechts als solches[35]. Daher ist Art. 6*bis* RBÜ auch mit dem *copyright*-System vereinbar.

Einen weiteren Bestandteil des Urheberpersönlichkeitsrechts enthält Art. 6 I des WIPO-Urheberrechtsvertrages (WCT)[36]:

„Die Urheber von Werken der Literatur und Kunst haben das ausschließliche Recht zu erlauben, dass das Original und Vervielfältigungsstücke ihrer Werke durch Verkauf oder sonstige Eigentumsübertragung der Öffentlichkeit zugänglich gemacht werden."

---

[30] Cornish, GRURInt 1990, 500.

[31] Stamatoudi, IPQ 1997, 4, 478 (502); für Deutschland s. BGH GRUR 1982, 107, BGH GRUR 1974, 675; für Frankreich s. CA Paris 15.12.2004, D. 2005, Panorama 1487.

[32] Berner Übereinkunft zum Schutz von Werken der Literatur und der Kunst vom 9. September 1886, zuletzt revidiert in Paris am 24.7.1971, BGBl. 1973 II, 1071; geändert duch Beschluss vom 2.10.1979, BGBl 1985 II, 81.

[33] Doutrelepont, GRURInt 1997, 293 (295).

[34] Zum Umfang des Art. 6*bis* RBÜ näher Stamatoudi, IPQ 1997, 4, 478, 480 ff.

[35] Doutrelepont, GRURInt 1997, 293 (295).

[36] WIPO-Urheberrechtsvertrag vom 20.12.1996; bislang von Deutschland, England und Frankreich nur unterzeichnet, noch nicht ratifiziert; zum Stand der Ratifizierungen siehe www.wipo.int/treaties; Abrufdatum: 10.11.2005.

Damit gewährt Art. 6 I WCT als neues allgemeines Mindestrecht das ausschließliche Verbreitungsrecht[37].

6 Vergütung

- *remuneration* - *rémunération* - Die Vergütung innerhalb eines Urheberrechtsvertrages sichert als Gegenleistung für die Rechtseinräumung bzw -übertragung das wirtschaftliche Interesse des Urhebers ab. In der Frage, wie die Vergütung aussehen kann, soll oder eventuell auch muss, spielen insbesondere drei „Vergütungs-Kathegorien" eine Rolle: die verhältnismäßige Vergütung (*proportional remuneration - rémunération proportionnelle*), die angemessene Vergütung (*equitable remuneration - rémunération équitable*) und die Pauschalvergütung (*lump sum - rémunération forfaitaire*).

Die verhältnismäßige Vergütung ist ein Prozentsatz der Einnahmen, die aus der Nutzung des Werkes resultieren und die Berechnungsart, die auf gerechte Art und Weise den Urheber an dem wirtschaftlichen Erfolg seines Werks beteiligt[38].

Der Begriff der angemessenen Vergütung ist schwer zu bestimmen, denn: Wer bestimmt den fairen Preis? Die Parteien? Überlässt man ihnen die Bestimmung, wird sich im Zweifel die stärkere Partei durchsetzen. Die andere Möglichkeit ist die der gesetzlichen Vorgabe einer angemessenen Vergütung, bei der dann das Gericht im Streitfall entscheidet, was angemessen erscheint.

Erhält der Urheber eine Pauschalvergütung, so wird ihm ein bestimmter Betrag für die Rechtseinräumung gezahlt, die Verwertbarkeit des Werkes im günstigsten Fall geschätzt und in die Kalkulation mit einbezogen; eine (nachträgliche) Berücksichtigung späterer Entwicklungen findet dabei nicht statt. Keine Beachtung findet insbesondere eine außerordentlich gute oder schlechte Verwertbarkeit des Werkes.

---

[37] Schricker/Katzenberger, Vor §§ 120 ff. Rn. 53.

[38] S. auch Guibault/Hugenholtz, Final Report, 33.

Kapitel II

Internationaler und europäischer Rahmen

Während das Urheberrecht in seiner „absoluten" Dimension Gegenstand vieler internationaler Konventionen und mittlerweile auch europarechtlicher Gesetzgebung ist, gibt es bisher noch keine international einheitliche Regelung im Bereich des Urhebervertragsrechts. Dies bedeutet nicht, dass internationale Übereinkommen das Urhebervertragsrecht unberührt lassen: Sie können den Vertragsgegenstand bestimmen und in seiner Reichweite konkretisieren.

Weiterhin beeinflusst auch das Europarecht das Urhebervertragsrecht: Es kann Vereinbarungen geißeln, wenn sie gegen Bestimmungen des Gemeinschaftsrechts verstoßen oder mit eigenen Maßstäben „bereichern".

Im folgenden soll ein kurzer Überblick über die wichtigsten, das Urhebervertragsrecht beeinflussende Bestimmungen in den internationalen Übereinkommen und den EG-Vorschriften gegeben werden[1].

1 Multilaterale Instrumente

Von den bestehenden internationalen Abkommen nehmen insbesondere die mehrmals revidierte Berner Übereinkunft zum Schutz von Werken der Literatur und Kunst (RBÜ)[2] sowie das Abkommen über handelsbezogene Aspekte der Rechte des geistigen Eigentums vom 20.12.1998 (TRIPS-Abkommen) Bezug auf das Urhebervertragsrecht[3].

---

[1] Vgl. zum Folgenden, Guibault/Hugenholtz, Final Report, 6-11.

[2] Ref. s. oben, B I 5 Fn. 32.

[3] Zur Übersicht der wichtigsten internationalen Übereinkommen und ihrem Geltungsbereich z.B. Schricker/Katzenberger, Vor §§ 120 ff. Rn. 41 - 113. Im Bereich der verwandten Schutzrechte, die nicht Gegenstand dieser Arbeit sind, s. insbesondere Art. 7, 12 und 19

Die älteste und zugleich bedeutendste der urheberrechtlichen Konventionen ist die RBÜ. Da es sich bei der RBÜ um ein internationales Übereinkommen handelt, das zunächst nur die Staaten bindet, richtet es sich nach dem Recht eines jeden Beitrittslandes, ob die Bestimmungen des Übereinkommens unmittelbar anwendbar sind[4]. Dies ist in der Bundesrepublik Deutschland durch die entsprechenden Zustimmungsgesetze gemäß Art. 59 II, 82 GG der Fall[5]. Gleiches gilt für Frankreich[6]. Anders dagegen England: Hier bedurfte es eines nationalen Gesetzes, um das internationale Übereinkommen in Kraft zu setzen[7]. Die Bestimmungen der RBÜ sind über die jeweiligen nationalen Regeln, insbesondere die Sec. 154-159 CDPA anwendbar.

Ursprünglich enthielt die Berner Übereinkunft keine Bestimmung über die Veräußerlichkeit von Urheberrechten. Das mehrmals revidierte Übereinkommen spielt heute dagegen zumindest an zwei Stellen das Urheberrecht innerhalb von Vertragsverhältnissen an. In dem 1928 eingeführten Art. 6*bis* RBÜ heißt es, dass unabhängig von den vermögensrechtlichen Befugnissen des Autors und selbst nach deren Abtretung der Urheber das Recht behält, die Urheberschaft am Werk für sich in Anspruch zu nehmen[8].

Die zweite Bestimmung betrifft spezielle cinematographische Werke: Gemäß Art. 14*bis* II lit. b RBÜ können sich Autoren, die sich zur Leistung von Beiträgen zur Herstellung eines Filmwerks verpflichtet haben, mangels gegenteiliger oder besonderer Vereinbarung der Vervielfältigung, dem Inverkehrbringen, der öffentlichen Vorführung, der Übertragung, der Rundfunksendung, der öffentlichen Wiedergabe, dem Versehen mit Untertiteln und der Textsynchronisation des Filmwerks nicht widersetzen.

Der Grundsatz der „Inländerbehandlung" in Art. 5 RBÜ - eine ihrer wohl wichtigsten Bestimmungen - beeinflusst dagegen (nur) mittelbar die Rechte der Urheber in Vertragsverhältnissen: Danach kann sich der Berechtigte unmittelbar auf das jeweils maßgebende inländische Recht berufen; soweit aber die RBÜ mit ihren Mindestrechten einen über den in Frage stehenden Inlandschutz hinausgehenden (Mindest-)Schutz gewährt, kann sich der Berechtigte auch auf diese Mindestrechte stützen[9].

Zu den Mindestrechten zählt das Urheberpersönlichkeitsrecht (Art. 6*bis* RBÜ), das Vervielfältigungsrecht (Art. 9 RBÜ), das Vortragsrecht und das Recht zur Übertragung des

---

des internationalen Abkommens über den Schutz der ausübenden Künstler, der Hersteller von Tonträgern und der Sendeunternehmen vom 26. Oktober 1961 (Rom-Abkommen), BGBl. 1965 II, 1245.

[4]Vgl. Art 36 I RBÜ.

[5]Zur Ratifizierung aller revidierten Fassungen des Übereinkommens mit entsprechenden Nachweisen Schricker/Katzenberger, Vor §§ 120 ff Rn. 41 ; vgl. ferner Obergfell, Filmverträge, 202.

[6]Dies ergibt sich aus Art. 55 der französischen Verfassung.

[7]Copinger and Scone James on Copyright, Rn. 24-01.

[8]S. bereits oben, B I 5.

[9]Vgl. Nordemann/Vinck/Hertin/Fromm, § 121 Rn. 2.

Vortrags (Art. 11*ter* RBÜ), das Aufführungs- und Übertragungsrecht bei musikalischen und dramatisch-musikalischen Werken (Art. 11 RBÜ), das Senderecht und das Recht der öffentlichen Wiedergabe gesendeter Werke (Art. 11*bis* RBÜ), das Bearbeitungs- und Übersetzungsrecht (Art. 12 bzw. 8 RBÜ) und das Verfilmungsrecht (Art 14 und 14*bis* RBÜ)[10].

Das Prinzip der Inländerbehandlung ist unter anderem in Art. 3 des TRIPS-Abkommens wiederholt worden, um sicherzustellen, dass die Inländerbehandlung auch für die umfangreichen Regeln der Rechtsdurchsetzung sowie für alle materiellen Rechte des geistigen Eigentums gilt, die zwar im TRIPS-Abkommen, nicht aber in den bestehenden Konventionen aufgeführt sind[11]. Gleichwohl hat diese Wiederholung nur deklaratorischen Charakter, da nach Art. 5 I RBÜ der Grundsatz der Inländerbehandlung auch für materielle Urheberrechte gilt, die über die in der RBÜ garantierten Mindestrechte hinaus in den nationalen Rechtsordnungen enthalten sind und Art. 9 I S. 1 TRIPS-Abkommen die Beachtung des Art. 5 RBÜ vorschreibt[12].

Was die Nutzung dieser Rechte betrifft, so bleibt es den einzelnen Ländern überlassen, die Bedingungen dafür zu schaffen, dass die Kreativen von ihren Rechten Gebrauch machen und diese wirtschaftlich nutzen können[13].

2 Europäisches Recht

a Zuständigkeit im Bereich des Urheberrechts

Die Anfänge gemeineuropäischer Gesetzgebung in der Europäischen Wirtschaftsgemeinschaft im Jahre 1957 waren auf einer vornehmlich wirtschaftsorientierten Motivation gegründet. In Anbetracht der Tatsache, dass das Urheberrecht als Kulturgut eine hohe wirtschaftliche Bedeutung hat, welches durch seine Vermarktung die Wirtschaft anzukurbeln vermag, ist es verwunderlich, dass die Verträge bislang keine ausdrückliche Kompetenzgrundlage im Bereich des Urheberrechts beinhalten[14]. Lediglich der Anhang III zu Art. 106 III EWGV[15] nimmt explizit auf das Urheberrecht Bezug[16].

In Art. 106 III EWGV verpflichteten sich die Mitgliedstaaten untereinander, keine neuen Beschränkungen für Transferierungen einzuführen, die sich auf die in der Liste des Anhang III zu diesem Vertrag aufgeführten unsichtbaren Transaktionen bezogen. Anhang III erwähnt seinerseits die Erträgnisse aus Urheberrechten und weiterhin Zeitungen, Zeitschriften, Bücher und musikalische Verlagswerke im Abonnement, ferner Zeitungen, Zeitschriften, Bücher, musikalische Verlagswerke und Schallplatten sowie belichtete Filme, Spielfilme und andere gewerb-

[10]Zum Überblick Möhring/Nicolini-Hartmann, §§ 120 ff. UrhG Rn. 65.
[11]Reinbothe, GRURInt 1992, 707 (712).
[12]S. Beining, Der Schutz ausübender Künstler, 95.
[13]Florenson, RIDA 2003 (196), 3 (11).
[14]Vgl. Obergfell, Filmverträge, 225.
[15]Vertrag zur Gründung der Europäischen Wirtschaftsgemeinschaft vom 25.3.1957.
[16]S. Ubertazzi, GRURInt 1984, 327.

liche Filme, Kultur-, Unterrichtsfilme usw. (Leihgebühren, Abgaben, Subskriptionen, Kopier- und Synchronisationskosten etc.)[17].

Auch in den nachfolgenden, derzeit gültigen Verträgen findet sich keine Kompetenzgrundlage. Lediglich § 133 V, VII EG nimmt auf das geistige Eigentum Bezug: Diese Vorschrift betrifft allerdings nur den speziellen Fall der gemeinsamen Handelspolitik im Bereich internationaler Urheberrechtsabkommen. Dies könnte sich mit der EU-Verfassung - sofern sie in dem jetzigen Entwurf in Kraft tritt[18] - ändern; Art. III-176 des Verfassungsentwurfes[19] sieht die Vereinheitlichung des Schutzes des geistigen Eigentums vor:

„Im Rahmen der Verwirklichung oder des Funktionierens des Binnenmarktes werden durch Europäisches Gesetz oder Rahmengesetz Maßnahmen zur Schaffung europäischer Rechtstitel über einen einheitlichen Schutz der Rechte des geistigen Eigentums in der Union sowie zur Einführung von zentralisierten Zulassungs-, Koordinierungs- und Kontrollregelungen auf Unionsebene festgelegt."

Trotz einiger Gegenstimmen, die in der Vergangenheit geäußert wurden[20], bestehen heute an der Kompetenz der Gemeinschaft zur Regelung urheberrechtlicher Fragen kaum Zweifel[21]. Dies lässt sich insbesondere auf die dem Gemeinschaftsrecht zugrundeliegenden Grundbestimmungen der Verträge zurückführen. Hat man die wirtschaftliche Bedeutung des Urheberrechts vor Augen, so wird man das grundsätzliche Ziel der Herstellung eines europäischen Binnenmarktes auch für urheberrechtlich geschützte Kulturgüter bejahen[22]. Dieses Verständnis spiegelt sich auch in der europäischen Gesetzgebung und hier insbesondere in den bisher erlassenen Richtlinien wider.

b Richtlinien

Der europäische Gesetzgeber ist hinsichtlich der Ausgestaltung von Verträgen über Nutzungsrechte an urheberrechtlich geschützten Werken generell bisher noch nicht aktiv geworden. Dagegen gibt es nunmehr eine Reihe von in Richtlinien enthaltenen Bestimmungen, die Teilaspekte urhebervertragsrechtlicher Beziehungen betreffen. Die Computerrichtlinie[23] billigt den Nutzern von Computerprogrammen einen Mindeststandard an Rechten zu, so zum Beispiel das

[17] S. Ubertazzi, ebenda.

[18] Zum Stand der EU-Verfassung s. europa.eu.int/constitution/referendum_de.htm; Abrufdatum: 12.9.2005.

[19] Vollständiger Text der Verfassung abrufbar unter europa.eu.int/constitution/index_de.htm; Abrufdatum: 24.10.2005.

[20] Zu den Gegenargumenten Ubertazzi, GRURInt 1984, 327/328.

[21] Vgl. aber Hilty, der zu Recht auf Art. 151 EG hinweist, der gerade keine Kompetenz für Rechtsvereinheitlichung beinhaltet; Hilty, IIC 2004, 760 (763).

[22] So schon Dietz, GRURInt 1978, 101 (106).

[23] Richtlinie 91/250 EWG des Rates vom 14. Mai 1991 über den Rechtsschutz von Computerprogrammen, ABl.Nr.L 122 v. 17.5.1991, 42-46.

vertraglich nicht abdingbare Recht, eine Sicherungskopie zu erstellen, Art. 5 II[24].

Art. 4 der Vermiet- und Verleihrichtlinie[25] sichert Urhebern und ausübenden Künstlern den Gewinn aus ihrem Werk zu:

„Art. 4 Unverzichtbares Recht auf angemessene Vergütung

1. Hat ein Urheber oder ein ausübender Künstler sein Vermietrecht an einem Tonträger oder an dem Original oder einem Vervielfältigungsstück eines Films an einen Tonträgerhersteller oder Filmproduzenten übertragen oder abgetreten, so behält er den Anspruch auf eine angemessene Vergütung für die Vermietung.

2. Auf den Anspruch auf eine angemessene Vergütung für die Vermietung kann der Urheber oder ausübende Künstler nicht verzichten.

3. Die Wahrnehmung dieses Anspruchs auf eine angemessene Vergütung kann Verwertungsgesellschaften, die Urheber oder ausübende Künstler vertreten, übertragen werden.

4. Die Mitgliedstaaten können regeln, ob und in welchem Umfang zur Auflage gemacht werden kann, dass der Anspruch auf angemessene Vergütung durch eine Verwertungsgesellschaft wahrgenommen werden muss, und gegenüber wem diese Vergütung gefordert oder eingezogen werden darf.“

Dadurch erhalten die Kreativen selbst bei der Abtretung von Exklusivrechten ein unabdingbares Recht auf angemessene Vergütung. Zu beachten ist die unterschiedliche Umsetzung der Richtlinie in den einzelnen Mitgliedstaaten: Einige Staaten haben die Richtlinie Wort für Wort übernommen, und von der Möglichkeit in Art. 2 V und VI Gebrauch gemacht, eine Vermutungsregel zugunsten einer Abtretung der Rechte des Urhebers an dem Werk auf den Produzenten einzuführen. Dies ist in England der Fall, Sec. 93A (1) CDPA. Frankreich hat dagegen keine Vermutungsregel eingeführt, so dass es nicht nötig war, eine entsprechende Vorschrift zum Schutz der Vergütung einzuführen[26]. Das deutsche Recht enthält ebenfalls keine Vermutungsregelung; § 27 UrhG sieht bei einer willentlichen Übertragung des Vermietrechts ein Recht auf angemessene Vergütung vor. Gleichwohl ist damit auf europäischer Ebene noch lange nichts über die vertragliche Praxis bei der Übertragung von Urheberrechten gesagt.

Des weiteren unterstreicht der europäische Gesetzgeber immer wieder die Bedeutung von vertraglichen Vereinbarungen zur Festlegung der Nutzungsbedingungen geschützter Werke. So erklärt die Erwägung 9 der Kabel- und Satellitenrichtlinie[27]: „Die Entwicklung des vertraglichen Rechteerwerbs durch Erlaubnis trägt schon jetzt nachhaltig zur Schaffung des angestrebten europäischen audiovisuellen Raumes bei.

---

[24]Vgl. ferner Art. 5 III, Art. 6, Art. 7 III, Art. 8 der Computerrichtlinie; mit weiteren Ausführungen Guibault/Hugenholtz, Final Report, 9.

[25]Richtlinie 92/100 EWG des Rates vom 19. November 1992 zum Vermietrecht und Verleihrecht sowie zu bestimmten dem Urheberrecht verwandten Schutzrechten im Bereich des geistigen Eigentums, ABl.Nr.L 346 v. 27.11.1992, 61-66.

[26]Guibault/Hugenholtz, Final Report, 9.

[27]Richtlinie 93/83/EWG des Rates vom 27. September 1993 zur Koordinierung bestimmter urheber- und leistungsschutzrechtlicher Vorschriften betreffend Satellitenrundfunk und Kabelweiterverbreitung, ABl.Nr.L 248 v. 6.10.1993, 15-21.

Das Fortbestehen solcher vertraglichen Vereinbarungen ist mithin sicherzustellen und ihre möglichst reibungslose Durchführung in der Praxis nach Möglichkeit zu fördern."

In Erwägung 19 derselben Richtlinie werden dann eine Reihe von Prinzipien zur Interpretation internationaler Koproduktionsverträge genannt. Erwägung 30 betont noch einmal das Bedürfnis der Förderung vertraglicher Vereinbarungen über die Genehmigung der Kabelerweiterung.

Die Info-Richtlinie[28] spielt ebenfalls auf den Abschluss vertraglicher Vereinbarungen an.

Erwägung 30 der Info-Richtlinie:

„Die von dieser Richtlinie erfassten Rechte können unbeschadet der einschlägigen einzelstaatlichen Rechtsvorschriften über das Urheberrecht und die verwandten Schutzrechte übertragen oder abgetreten werden oder Gegenstand vertraglicher Lizenzen sein."

Die derzeit jüngste Richtlinie auf dem Gebiet des Urheberrechts[29] betrifft dagegen nicht den vertraglichen Bereich; sie verpflichtet die Mitgliedstaaten in erster Linie, Maßnahmen, Verfahren und Rechtsbehelfe zur Durchsetzung der Rechte des geistigen Eigentums zu schaffen[30].

---

[28]Richtlinie 2001/29/ EWG des Europäischen Parlaments und des Rates vom 22. Mai 2001 zur Harmonisierung bestimmter Aspekte des Urheberrechts und der verwandten Schutzrechte in der Informationsgesellschaft, ABl.Nr.L 167 v. 22.6.2001, 10-19.

[29]Richtlinie 2004/48/EG des Europäischen Parlaments und des Rates vom 29.4.2004 zur Durchsetzung der Rechte des geistigen Eigentums, ABl.Nr.L 195 v. 2.6.2004, 16-25; Überblick der bereits erlassenen Richtlinien im Bereich des Urheberrechts unter europa.eu.int/comm/internal_market/copyright/documents/documents_de.htm; Abrufdatum: 10.11.2005.

[30]S. Art. 3 der Richtlinie.

Kapitel III

Urheberrechtsverträge im deutschen Recht

1 Rechtsquellen

Innerhalb des durch internationale Konventionen und EG-Vorschriften gesteckten Rahmens[1] unterliegen die eigentlichen Vertragsbestimmungen dem nationalen Recht. Neben den allgemeinen Vorschriften über den Abschluss von Verträgen im BGB finden sich die einschlägigen Vorschriften speziell über Urheberrechtsverträge in den §§ 31 ff. UrhG[2]. Dieser Teil des Urheberrechtsgesetzes gilt allgemein für Nutzungsverträge; daneben können für besondere Nutzungsverträge spezielle Regelungen gelten[3]. Die Klassifizierung einzelner Vertragstypen wird üblicherweise nach ihrem Vertragsgegenstand und -zweck vorgenommen[4]: Wichtige Verträge sind zum Beispiel der Verlagsvertrag, der Online-Vertrag, der Sendevertrag; auch Tarifverträge können Urheberrechtsklauseln über Inhalt und Umfang der Rechtseinräumung von Nutzungsrechten enthalten.

2 Materielle Bestimmungen

a Zustandekommen und Wirksamkeit des Vertrages

Da es sich bei dem Nutzungsvertrag um einen *Vertrag* handelt, wird zwischen den Beteiligten eine Einigung nach den allgemeinen Regeln des BGB (§§ 145

[1] S. oben, B II.

[2] Gesetz über Urheberrecht und verwandte Schutzrechte vom 9.9.1965, BGBl. I 1273; zuletzt geändert durch Gesetz vom 10.9.2003, BGBl. I, 1774; 2004, 312.

[3] Vgl. z.B. Wahrnehmungsgesetz und Verlagsgesetz.

[4] Wandtke/Bullinger-Wandtke/Grunert, Vor 31 ff. UrhG Rn. 58.

ff. BGB) verlangt[5]. Die Einräumung von Nutzungsrechten ist generell formfrei[6] und bedarf nicht zwingend einer ausdrücklichen Erklärung; es reicht vielmehr auch ein schlüssiges Verhalten aus[7]. Der Vertragsgegenstand muss hinreichend spezifiziert sein. Sind einzelne Nutzungsarten, auf die sich die Rechtseinräumung beziehen soll, nicht einzeln benannt, bestimmt sich der Umfang des Nutzungsrechts gemäß § 31 V UrhG nach dem mit seiner Einräumung verfolgten Zweck. Bei dieser Vorschrift handelt es sich im Kern um eine Auslegungsregel: Im Zweifel ist davon auszugehen, dass der Urheber Rechte nur in dem Umfang überträgt, der für die Erreichung des Vertragszwecks erforderlich ist[8]. Ergänzt wird die Regel des § 31 V UrhG durch die sogenannte „Zweckübertragungslehre“: Ihr Anwendungsbereich geht über denjenigen des § 31 V UrhG hinaus; nach ihr bestimmt sich bei einer pauschal formulierten Rechtseinräumung urheberrechtlicher Nutzungsrechte der (inhaltliche, räumliche und zeitliche) Umfang der Rechtseinräumung nach dem mit dem Vertrag verfolgten Zweck[9].

Diese Vorschrift ist im Übrigen nicht nur im klassischen Verhältnis zwischen Urheber und kommerziellem Verwerter relevant, sondern spielt auch im Rechtsverhältnis des Urhebers zu den sogenannten „Endnutzern“ seines Werkes eine Rolle, welches insbesondere im Medium Internet entstehen kann, wenn kein kommerzieller Verwerter zwischen Urheber und Endabnehmer steht. Diese Konstellation zeigt die Grenzen der den Urheber schützenden Zweckübertragungslehre auf, nach der die dem Urheberrecht innewohnenden Rechte weitgehend beim Urheber verbleiben sollen. Stellt der Urheber sein Werk ohne technische Schutzvorrichtungen oder einschränkende Bestimmungen ins Internet, räumt er jedem Internetnutzer konkludent ein einfaches Nutzungsrecht im Sinne des § 31 II UrhG ein. Dieses Recht ist - trotz der Vorschrift des § 31 V UrhG - weit gefasst, umfasst das Recht zum Downloading, zu Zwischenspeicherungen, zum Laden der Datei, zur Herstellung und Verbreitung von Vervielfältigungsstücken etc.[10].

Was die Wirksamkeit, Änderung bzw. Beendigung des Vertrages betrifft, so gelten die allgemeinen Regeln über Schuldverhältnisse[11], soweit nicht spezialgesetzlich etwas anderes bestimmt ist[12]. Bei der Vertragsbeendigung ist die urheberrechtliche Besonderheit des „Heimfalls“ zu beachten, der das Nutzungsrecht automatisch wieder dem Stammrecht zufallen lässt[13].

---

[5] vgl. Wandtke/Bullinger-Wandtke/Grunert, Vor 31 ff. UrhG Rn. 3.

[6] Gegebenenfalls Formerfordernis nach § 40 UrhG.

[7] BGH GRUR 1971, 362 (363) - *Kandinsky II.*

[8] Schricker/Schricker, §§ 31, 32 Rn. 31.

[9] BGH GRUR 1996, 121 (122).

[10] Backhaus in: Gounalakis, Rhb. Electronic Business, § 23 Rn. 44.

[11] So z.B. §§ 134, 138, 313, 314 BGB; vgl. Wandtke/Bullinger-Wandtke/Grunert, Vor 31 ff. UrhG Rn. 4; s. auch unter B III 2 c-cc.

[12] Vgl. zum Beispiel die Sonderregelungen für Kündigung und Rücktritt im Verlagsrecht, §§ 17, 18, 19, 29-38, 45 VerlG.

[13] Wandtke/Bullinger-Wandtke/Grunert, Vor 31 ff. UrhG Rn. 43.

b Vertragsgegenstand und Vertragspflichten

Die in Deutschland herrschende monistische Auffassung des Urheberrechts als einheitliches, nicht aufteilbares Recht führt dazu, dass es weder im Ganzen noch hinsichtlich seiner Bestandteile translativ (also in Form einer „echten Abtretung“) übertragen werden kann. Dies gilt insbesondere auch für die urheberrechtlichen Befugnisse, die Bestandteil des Urheberpersönlichkeitsrechts im engeren Sinne sind[14].

Durch Vertrag können einem Dritten nur (einfache oder ausschließliche) Nutzungsrechte eingeräumt werden. Das Nutzungsrecht ist ein abgeleitetes Recht, das keine unumschränkte Rechtsmacht verleiht, sondern in seiner Ausübung durch Rücksichtnahme auf die geistigen und persönlichen Interessen des Urhebers an seinem Werk gebunden ist[15]. Streng zu unterscheiden sind hierbei die Begriffe Verwertungsrecht und Nutzungsrecht: Ähnlich wie Eigentum an einer Sache mit einem Nießbrauch oder Pfandrecht wird bei einer Einräumung von Nutzungsrechten das Urheberrecht belastet; der Urheber bleibt Inhaber des Urheberrechts und der Verwertungsrechte, während in der Person des Erwerbers Nutzungsrechte begründet werden[16]. Für die Einräumung von Nutzungsrechten gelten die §§ 398, 413 BGB analog[17].

Das schuldrechtliche Grundgeschäft enthält regelmäßig die Verpflichtung zur Einräumung von Nutzungsrechten, wobei die Rechtseinräumung ihrerseits eine Verfügung ist.

Für die Rechtseinräumung gilt nach überwiegender Ansicht in der Literatur nicht das Abstraktionsprinzip, wie es sonst im allgemeinen Zivilrecht gilt[18]. Es soll statt dessen das Kausalitätsprinzip gelten; Verfügung und Verpflichtungsgeschäft seien kausal miteinander verbunden. Fehlt es an einer wirksamen Verpflichtung oder fällt eine solche später weg, so wirke sich dies regelmäßig auch auf die Verfügung aus[19]. Dieser Ansicht folgt die Rechtsprechung zumindest nicht konsequent, weder in die eine noch in die andere Richtung: So bejaht der Gerichtshof in *BGHZ 27, 90, 95 ff.* die Anwendung des Abstraktionsprinzips als Rechtsregel des allgemeinen Zivilrechts, in einem späteren Urteil erklärt er dagegen: „Erlischt der Wahrnehmungsvertrag, so erlischt auch das die Grundlage für die Rechtsübertragung bildende Geschäftsbesorgungsverhältnis, ohne dass es einer Rückübertragung der urheberrechtlichen Befugnisse bedarf“[20]. Hiermit schränkt die Rechtsprechung das Abstraktionsprinzip zumindest für den Fall der Rückübertragung des Nutzungsrechts bei Beendigung des Kausalgeschäfts

[14] Vgl. Schricker/Dietz, Vor §§ 12 ff. Rn. 26; zum Urheberpersönlichkeitsrecht s. bereits oben, B I 5.

[15] Quellen des Urheberrechts, Band II/Deutschland/BRD/I, 32.

[16] Schack, Urheberrecht, Rn. 529.

[17] Schack, Urheberrecht, Rn. 536.

[18] Statt vieler mit weiteren Nachweisen Schricker/Schricker, Vor §§ 28 ff. Rn. 61.

[19] Schricker/Schricker, §§ 31, 32 Rn. 2.

[20] BGH GRUR 1982, 308 (309) - *Kunsthändler*.

ein und folgt der herrschenden Lehre[21]. Für das Verlagsrecht ist die Kausalität gesetzlich in § 9 I VerlG normiert, wonach das Erlöschen des Nutzungsrechts an die Beendigung des Vertragsverhältnisses anknüpft.

c Rechte des Urhebers

Grundsätzlich unterliegt das Urhebervertragsrecht der Parteiautonomie: Die Parteien sind zunächst frei, was die Vertragsgestaltung betrifft. Dort, wo das Vertragsrecht zwingende Vorschriften enthält, verfolgt es in der Regel das Ziel, dem wirtschaftlich und sozial schwächeren Urheber gegenüber der mächtigeren Verwerterseite gewisse Mindestrechte zu sichern[22]. Damit geht das Gesetz von einer Ungleichgewichtung aus, die zwar nicht zwingend gegeben sein muss, in der Praxis allerdings der Regelfall sein dürfte.

aa Zustimmungs-, Rückrufs- und Kündigungsrechte

Gemäß § 34 I UrhG muss der Urheber einer Weiterübertragung des Nutzungsrechts zustimmen. Darüber hinaus kann der Urheber das Nutzungsrecht zurückrufen, wenn ihm die Ausübung des Nutzungsrechts durch den Erwerber nach Treu und Glauben nicht zuzumuten ist, oder wenn sich die Beteiligungsverhältnisse am Unternehmen des Inhabers des Nutzungsrechts wesentlich ändern, § 34 III UrhG. Der halb-zwingende Charakter der Vorschrift wird in § 34 V UrhG deutlich: Urheber und Inhaber des Nutzungsrechtes können etwas Abweichendes vereinbaren, allerdings ist es dem Urheber nicht möglich, im Voraus auf sein Rückrufsrecht zu verzichten[23].

Gemäß § 31 IV UrhG ist die Einräumung von Nutzungsrechten für noch nicht bekannte Nutzungsarten unwirksam. Diese Vorschrift ist besonders im Hinblick auf neue digitale Techniken und Verbreitungsmöglichkeiten via Internet (noch) von Bedeutung[24] und schafft bei der Verwertung älterer Werke immmer wieder Probleme: So existieren Archivbestände von Werken, die in den modernen Medien nicht verwertet werden können, da bei der damaligen Rechteübertragung diese Nutzungsarten noch nicht bekannt waren. Aus diesem Grund schlägt der „zweite Korb“[25] vor, die Verwertung unbekannter Nutzungsarten zuzulassen und dem Urheber dafür einen Anspruch auf gesonderte angemessene Vergütung zu geben. Falls der Urheber nicht möchte, dass sein Werk in einer neuen Nut-

[21] So auch OLG Hamburg GRUR 2002, 335 (336) - *Kinderfernseh-Sendereihe*.

[22] Götting in: FG Schricker, 53 (59).

[23] Dies gilt auch für den Fall, in dem der Urheber einem Inhaber ein ausschließliches Nutzungsrecht eingeräumt hat, der seinerseits Dritten Nutzungsrechte einräumen will, § 35 UrhG.

[24] Vgl. zur Anwendung des Grundsatzes im Online-Verkehr Backhaus in: Gounalakis, Rhb. Electronic Business, § 23 Rn. 37-40.

[25] Bezeichnung der jüngst geplanten Gesetzesreform des deutschen Urheberrechts; abrufbar auf der Seite des Bundesministeriums der Justiz www.bmj.bund.de; Abrufdatum: 17.3.2005.

zungsart verwertet wird, soll er der Nutzung innerhalb eines Jahres nach Inkrafttreten des Gesetzes widersprechen können[26].

§ 41 UrhG verleiht dem Urheber ein Rückrufsrecht wegen Nichtausübung. § 42 UrhG sieht ein solches Recht wegen gewandelter Überzeugung vor. Das Rückrufsrecht wegen Nichtausübung kann vertraglich nur für einen Zeitraum von bis zu fünf Jahren ausgeschlossen werden, § 41 IV UrhG; das Rückrufsrecht wegen gewandelter Überzeugung kann vertraglich nicht ausgeschlossen werden, § 42 II UrhG. Diese Rechte schützen sowohl das materielle Verwertungsinteresse als auch die ideellen Interessen des Urhebers[27] und sind ein wichtiger Bestandteil des Persönlichkeitsrechtes im weiteren Sinne[28].

§ 40 I S. 2, 3 UrhG gibt dem Urheber das Recht zur Kündigung von Verträgen über künftige Werke, auf das ebenfalls im Voraus nicht verzichtet werden kann, § 40 II S. 1 UrhG.

bb Vergütungsansprüche

Bis zur Reform des Urhebervertragsrechts vom 1.7.2002 enthielt das Urheberrechtsgesetz keine Vorschrift über eine vertragliche Vergütung des Urhebers als Abgeltung für eine Einräumung von Nutzungsrechten. Das Gesetz sah lediglich vereinzelt gesetzliche Vergütungsansprüche vor[29].

Der durch das Reformgesetz eingeführte § 32 I S. 2 und 3 UrhG gibt dem Urheber einen unmittelbaren Zahlungsanspruch auf angemessene Vergütung[30], und zwar sowohl für den Fall, in dem keine Vergütung vereinbart ist, als auch in der Situation, in der eine unangemessene Vergütung vereinbart wurde. Der Anspruch auf angemessene Vergütung ist gemäß § 32 III UrhG zwingend; damit führt der Gesetzgeber eine individualvertragliche Inhaltskontrolle von Verwerterverträgen ein[31].

Das Reformgesetz führte auch zur Neufassung des sogenannten Bestsellerparagraphen, § 36 UrhG a.F., der dem Urheber bis dato einen Anspruch auf Vertragsänderung gegenüber dem Vertragspartner gab, wenn sich während der Laufzeit des Vertrages ein grobes Missverhältnis zwischen der vertraglichen Nutzungsrechtsvergütung und den Erträgen aus der Nutzung ergab. Hierbei war umstritten, ob dieser Anspruch auch gegenüber einem Dritten geltend gemacht werden konnte[32]. Dieser Unsicherheit machte der Gesetzgeber mit Erlass des

[26] S. Pressemitteilung zum „zweiten Korb" vom 12.1.2005: „Kopien brauchen Originale", 5, abrufbar unter www.kopien-brauchen-originale.de/media/archive/132.pdf; Abrufdatum: 13.9.2005.

[27] Schricker/Schricker, § 41 Rn. 4; Schricker/Katzenberger, Vor §§ 120 ff. Rn. 166.

[28] Schricker/Dietz, § 42 Rn. 1.

[29] So zum Beispiel §§ 20 b II, 26, 27 UrhG.

[30] Nordemann, Urhebervertragsrecht, § 32 UrhG Rn. 4.

[31] Vgl. Berger, ZUM 2003, 173.

[32] Die h.M. in der Literatur bejahte, anders als die Rechtsprechung einen derartigen Anspruch, vgl. Reinhard/Distelkötter, ZUM 2003, 269, mit weiteren Nachweisen in Fn. 4 und

neuen § 32 a UrhG ein Ende: § 32 a I S. 1 UrhG ersetzt den § 36 UrhG a.F., ist aber nicht mehr „nur“ ein „Bestsellerparagraph“, sondern ein „Fairnessparagraph“[33], der dann einen Fairnessausgleich vornimmt, wenn im Nachhinein ein auffälliges Missverhältnis zwischen den Nutzungserträgen und der Vergütung entsteht[34]. Dieser Anspruch richtet sich zunächst gegen den Vertragspartner, nach § 32 a II UrhG aber auch gegen jeden nachfolgend Berechtigten, zu dem sich das Missverhältnis ergibt.

Für die Ermittlung der Angemessenheit bedarf es flexibler Honorarordnungen, die in ihren Bewertungsparametern zum Beispiel Rücksicht zu nehmen haben auf den Umfang des Werks, den Zeitaufwand und besondere Recherchen. Diese Berechnung korrigiert in gewisser Form die bisher (zumindest bei Filmmusikverträgen) verbreitete Praxis, Pauschalhonorare zu zahlen, und zwar ohne differenzierte Honorarordnungen in den einzelnen Leistungsbereichen und ohne separate Aufschlüsselungen nach den einzelnen Vergütungen für Nutzungsrechtsübertragungen für die spezifischen Nutzungsarten[35].

Erwähnenswert in Bezug auf die Vergütung ist zudem der Erlass des neuen § 36 UrhG, der gemeinsame Vergütungsregeln vorsieht, die Vereinigungen von Urhebern mit Vereinigungen von Werknutzern oder einzelnen Werknutzern aufstellen, um die Angemessenheit von Vergütungen im Sinne des § 32 UrhG zu bestimmen. Die gemeinsamen Vergütungsregeln sollen die Umstände des jeweiligen Regelungsbereichs berücksichtigen, insbesondere die Struktur und Größe der Verwerter. In Tarifverträgen enthaltene Regelungen gehen dabei gemeinsamen Vergütungsregeln vor, § 36 I S. 3 UrhG. Soweit die Parteien es vereinbaren, bilden Vereinigungen von Urhebern mit Vereinigungen von Werknutzern oder einzelnen Werknutzern eine Schlichtungsstelle im Sinne des § 36 a UrhG. Gleiches gilt im Übrigen, wenn eine Partei die Durchführung des Schlichtungsverfahrens verlangt.

cc Allgemeines Zivilrecht

Über die spezifisch urheberrechtlichen Befugnisse hinaus stehen dem Urheber auch die Rechte des allgemeinen Vertragsrechts zu.

In diesem Zusammenhang sind das Prinzip von Treu und Glauben allgemein sowie seine spezialgesetzlichen Ausprägungen innerhalb des BGB relevant. Interessant für den Urheber zum Schutz seiner Interessen sind insbesondere das Kündigungsrecht gemäß § 314 BGB, das Recht auf Vertragsanpassung im Sinne des § 313 BGB und die Nichtigkeit des Urheberrechtsvertrages nach §§ 134, 138 BGB [36].

5.

[33]Vgl. Dreier/Schulze-Schulze, § 32 a Rn. 6.

[34]Beschlussempfehlung, BT-Drucks. 14/8058, 1 (19).

[35]Evers, Symposium 2002.

[36]Zur Anwendbarkeit des allgemeinen Zivil- und insbesondere des Schuldrechts bei Lei-

α **Treu und Glauben, § 242 BGB** Das Prinzip von Treu und Glauben, für die Auslegung von Verträgen allgemein in § 242 BGB verankert, kann im Einzelfall dem Urheber zu einer für ihn günstigen Auslegung des Vertrages führen. Aber nicht nur die Auslegung wird von § 242 BGB gesteuert. Unter Berufung auf Treu und Glauben kann der Richter die Vertragsverpflichtungen ergänzen bzw. korrigieren[37].

β **Kündigung aus wichtigem Grund, § 314 BGB** Wie jedes andere Dauerschuldverhältnis kann auch ein auf die Übertragung von Nutzungsrechten gerichteter Vertrag nach § 314 BGB aus wichtigem Grund gekündigt werden[38]. Ein Kündigungsrecht des Urhebers kann z.B. bei der ungenügenden Wahrnehmung der Rechte durch den Verwerter bestehen[39] oder bei einer materiellen Benachteiligung des Urhebers[40].

γ **Störung der Geschäftsgrundlage, § 313 BGB** Die Störung der Geschäftsgrundlage führt zur Vertragsanpassung, wenn die Umstände, die zur Grundlage des Vertrages geworden sind, sich im Nachhinein schwerwiegend geändert haben, und die Parteien bei Vorhersehen der Umstände den Vertrag nicht oder anders geschlossen hätten.

Im Grundsatz greift dieses Rechtsinstitut auch für Urheberrechtsverträge, es ist aber bisher nur zurückhaltend und im Falle einer drastischen Störung im Äquivalenzverhältnis der Parteien angewandt worden[41]. Die Urteile in der Vergangenheit betreffen insbesondere das Missverhältnis zwischen Leistung und Gegenleistung[42]. Für diesen Fall hat der Gesetzgeber nunmehr die Neuregelung der §§ 32 und 32 a UrhG vorgesehen. Hierin ist eine Sonderregelung zu sehen, die umso weiter ist, als dass sie das Merkmal der „Unvorhersehbarkeit“ nicht verlangt. Greift sie nicht, so ist kein Raum mehr für eine Vertragsanpassung über § 313 BGB[43].

δ **Gesetzesverstoß, § 134 BGB** Verträge, die gegen ein gesetzliches Verbot verstoßen, sind nach § 134 BGB nichtig. Dies gilt auch für Urheberrechtsverträge, und im Einzelfall mag der Urheber daraus auch ein für sich günstiges Ergebnis erzielen, so zum Beispiel, wenn der Urheber sich dadurch von einer

stungsstörungen im Urheberrechtsvertrag vgl. Wandtke/Bullinger-Wandtke/Grunert, Vor §§ 31 ff. UrhG Rn. 113 - 132.

[37] Larenz, Lehrbuch des Schuldrechts, 129.

[38] Wandtke/Bullinger-Wandtke/Grunert, Vor §§ 31 ff UrhG Rn. 6.

[39] Vgl. BGH GRUR 1974, 789; mit weiteren Nachweisen Wandtke/Bullinger-Wandtke/Grunert, Vor §§ 31 ff UrhG Rn. 9.

[40] Zum Beispiel bei ungenauer oder verspäteter Abrechnung, BGH GRUR 1974, 789 - *Hofbräuhaus-Lied.*

[41] Wandtke/Bullinger-Wandtke/Grunert, Vor §§ 31 ff UrhG Rn. 15.

[42] Vgl. BGH GRUR 1990, 1005 - *Salome I*; BGH GRUR 1996, 763 - *Salome II.*

[43] So auch Wandtke/Bullinger-Wandtke/Grunert, § 32 UrhG Rn. 51.

für ihn ungünstigen Vereinbarung lösen kann. Ziel der Vorschrift ist allerdings nicht der Schutz des Urhebers, sondern die Einhaltung der gesetzlichen Werteordnung[44].

ε **Sittenwidrigkeit, § 138 BGB** Ein Urheberrechtsvertrag kann nach den Grundsätzen, wie sie zur Sittenwidrigkeit entwickelt wurden, sittenwidrig und damit nichtig sein. Diese Vorschrift wird in der Praxis häufig zugunsten des Urhebers wirken: So bejahte die Rechtsprechung Sittenwidrigkeit für den Fall, in dem ein Autor für alle Zeiten, für alle Länder der Erde und für alle Nutzungsarten von jeder Verfügung über das Urheberrecht an seinem Werk ausgeschlossen sein sollte und ihm jede Einwirkung auf seine urheberpersönlichkeitsrechtlichen Befugnisse versagt wurde[45], oder er weniger als ein Prozent der Erlöse aus der Verwertung als Honorar erhalten sollte[46].

d Kollektivrechtlicher Schutz

Der Urheber kann einerseits individuell seine Verträge abschließen und seine Rechte einfordern, sich andererseits aber auch einer Verwertungsgesellschaft anvertrauen[47]. Gesetzliche Vorgaben für die Verwaltung der Rechte des Urhebers durch juristische Personen enthält das 1965 erlassene Urheberrechtswahrnehmungsgesetz[48]. Wichtige Verwertungsgesellschaften in Deutschland sind die Gesellschaft für musikalische Aufführungs- und mechanische Vervielfältigungsrechte (GEMA), die Gesellschaft zur Verwertung von Leistungsschutzrechten mbH (GVL), die Verwertungsgesellschaft Wort (VG Wort) und die Verwertungsgesellschaft Bild-Kunst (VG Bild-Kunst).

e Schutz des angestellten Urhebers

Viele Urheber sind nicht selbstständig tätig, sondern bei der Schöpfung ihres Werkes in einen Arbeitsvertrag eingebunden. Als Arbeitnehmer gelten für den Urheber grundsätzlich die arbeitsrechtlichen Schutzbestimmungen, denn die Tatsache, dass er gleichzeitig Urheber ist, schmälert ihn selbstverständlich nicht in seinen Rechten im jeweiligen Arbeits- bzw. Dienstverhältnis.

[44] Bamberger/Roth-Wendtland, § 134 Rn. 1.

[45] LG Berlin GRUR 1983, 438 (439) - *Joseph Roth*.

[46] BGH, Urteil vom 1.12.1999 - I ZR 109/97 - *Arbeitsblätter Deutsch*; nicht veröffentlicht; Referenz bei Wandtke/Bullinger-Wandtke/Grunert, Vor §§ 31 ff. UrhG Rn. 112.

[47] Zu den Verwertungsgesellschaften insb. schon oben, B I 2.

[48] Gesetz über die Wahrnehmung von Urheberrechten und verwandten Schutzrechten, 9.9.1965, BGBl. I, 1294; zuletzt geändert durch die achte Zuständigkeitsanpassungsverordnung vom 25.11.2003, BGBl. I, 2304 (2312).

aa Vorbehalt des § 43 UrhG

Der urheberrechtliche Schutz eines Arbeitnehmers steht unter dem Vorbehalt des Inhalts und des Wesens des Arbeits- oder Dienstverhältnisses, § 43 UrhG. Hierbei handelt es sich nicht um eine Schutzvorschrift zugunsten der Arbeitnehmer; sie regelt vielmehr die Einschränkung von (Urheber-)Rechtspositionen eines werkschöpferisch tätigen Arbeitnehmers[49].

Grundsätzlich wird dem „Urheber-Arbeitnehmer" die Urheberschaft an den von ihm im Rahmen eines Arbeitsverhältnisses geschaffenen Werken zuerkannt: Der eigenartige persönlichkeitsrechtliche Einschlag des Urheberrechts verbietet es, einen unmittelbaren Rechtserwerb des Auftraggebers oder Dienstherrn anzunehmen, es sei denn, der Dienstverpflichtete hat nur eine ganz untergeordnete unselbstständige Gehilfentätigkeit verrichtet[50].

Eine Ausnahme zu § 43 UrhG bildet § 69b UrhG, der die Computer-Richtlinie[51] umsetzt und vorsieht, dass der Arbeitgeber Inhaber des Urheberrechts an den von einem Arbeitnehmer in Wahrnehmung seiner Aufgaben hergestellten Computerprogrammen ist.

Eine differenzierte Lösung hat der Gesetzgeber dagegen für Patente im Arbeitnehmererfindungsgesetz (ArbEG) gewählt. Nach § 4 ArbEG stehen nur die „freien Erfindungen" dem Arbeitnehmer zu, während Diensterfindungen, die während der Dauer des Arbeitsverhältnisses gemacht werden, vom Arbeitgeber unbeschränkt in Anspruch genommen werden können, § 6 ArbEG [52].

Ob der Urheber bzw. seine Rechtsnachfolger frei über das Werk verfügen können, ist mit der Regelung des § 43 UrhG noch nicht gesagt: Ob zum Beispiel eine stillschweigende Nutzungseinräumung angenommen werden kann, entscheidet sich nicht nach der Willensrichtung des Urhebers, sondern danach, ob aus der Natur des Dienstverhältnisses und der Zweckbestimmung des Werkes nach der Verkehrsanschauung und insbesondere der geltenden Übung die Übertragung des Urheberrechts zu folgern wäre[53]. Diese Formel hat der BGH in Folge konsequent umgesetzt.

Im Fall *Happening* hatte der Kläger während einer Gastprofessur ein Happening veranstaltet und die Veranstaltung auf Video aufgezeichnet. Die beklagte Universität verkaufte eine Kopie dieses Bandes; der Kläger machte daraufhin seine Rechte gerichtlich geltend. Hier stellte der BGH fest, dass es nicht zu einer stillschweigenden Rechtsübertragung vom Kläger auf die Beklagte gekommen sei, da es nicht zum üblichen Inhalt einer Lehrverpflichtung gehöre, dem Auftraggeber an den schutzfähigen Werken, die der Lehrende zur Erreichung des Lehrziels geschaffen oder verwendet hat, Nutzungsrechte einzuräumen[54].

---

[49] Schricker/Rojahn, § 43 Rn. 18.
[50] BGH GRUR 1952, 257 (258).
[51] Ref. s. oben, B II 2 b, Fn. 23.
[52] Dazu auch Falck/Schmaltz, GRUR 2004, 469.
[53] BGH GRUR 1952, 257, 258.
[54] BGH GRUR 1985, 529 (530).

Handelt es sich bei der ausgeübten Tätigkeit um ein frei verantwortliches und zum großen Teil eigenständiges Handeln, wird eine stillschweigende Übertragung in aller Regel nicht angenommen. Gleichwohl werden auch hier die Interessen des Arbeitgebers geschützt, wie der Fall *Grabungsmaterialien*[55] deutlich macht.

In dem Fall *Grabungsmaterialien* machten die Rechtsnachfolger eines Professors, der insbesondere viele archäologische Projekte durchgeführt und in diesem Rahmen diverse Dokumente verfasst hatte, Herausgabeansprüche der Materialien gegen den Arbeitgeber (die Universität) geltend. Hier stellte der BGH zunächst fest, dass nicht die beklagte Universität, sondern der Professor Werkschöpfer der Materialien im Sinne des § 7 UrhG gewesen sei, sofern er die Materialien eigenschöpferisch gestaltet habe[56]. Weiterhin sei auch nicht von einer stillschweigenden Übertragung auszugehen.

Der BGH warf der Berufungsinstanz vor, nicht geprüft zu haben, ob den Klägern nicht ausnahmsweise eine Anbietungspflicht gegenüber der beklagten Universität obliege, die sich im Fall aus der Treupflicht des Dienstverhältnisses des verstorbenen Professors ergebe. Urheberrechtlich bedeutete dies die Verpflichtung zur Einräumung der urheberechtlichen Nutzungsrechte[57].

Das Rückrufsrecht nach § 41 UrhG wird ebenfalls grundsätzlich zugebilligt - in zahlreichen Konstellationen aber erheblich eingeschränkt[58].

bb Speziell: Geltung der §§ 32 und 32 a UrhG im Arbeitsverhältnis

α Problemstellung Die Vorschriften über die Vergütung in den §§ 32 und 32 a UrhG stehen in einem besonderen Spannungsverhältnis zu dem Entgelt, das der Arbeitnehmer für seine Tätigkeit bekommt: Hier sind verschiedene vertragliche Klauseln vorstellbar, etwa dass der Lohn auch als Vergütung für etwaige urheberrechtlich geschützte Werke, die im Rahmen des Arbeitsverhältnisses entstehen, gelten soll. Hat der Arbeitnehmer über seinen Lohn hinaus einen Anspruch auf die in §§ 32 und 32 a UrhG verbürgte Vergütung?

Dies wird teilweise deshalb angenommen, weil der Wortlaut des § 43 UrhG für die Gruppe der Künstler im Arbeitsverhältnis auf den Abschnitt über die Nutzungsrechte - inklusive der §§ 32 ff. UrhG - verweise[59].

Die Rechtsprechung nahm zumindest für § 36 UrhG a. F. ebenfalls an, dass er auch auf Arbeitnehmerverträge anwendbar sei[60].

Die Gegenansicht stützt sich in erster Linie auf den Sinn und Zweck der Schutzvorschriften: Der Erlass von zwingenden Schutzbestimmungen diene in erster Linie dem Kreativen, dessen wirtschaftliche Lage deshalb unstabil sei, weil er kein festes Gehalt beziehe. Bei dem freischaffenden Künstler sei daher

---

[55] BGH GRUR 1991, 523.
[56] BGH GRUR 1991, 523 (525).
[57] BGH GRUR 1991, 523 (528).
[58] Mit weiteren Nachweisen vgl. Schricker/Rojahn, § 43 Rn. 88 - 94.
[59] Hilty/Peukert, GRURInt 2002, 643 (648).
[60] BGH GRUR 2002, 149 - *Wetterführungspläne II.*

ein Schutzbedürfnis gegeben, während es bei dem finanziell abgesicherten Arbeitnehmer zu verneinen sei[61].

Hingewiesen wird in diesem Zusammenhang auch auf den gesetzgeberischen Willen, wie er in Äußerungen des Bundesjustizministeriums deutlich werde: Die Gesetzesreform strebe Ausgleichsregelungen im Bereich freischaffender Urheber und Künstler an, da hier gerade keinerlei ausgewogene kollektivvertragliche Vereinbarungen (wie beispielsweise Tarif- oder Normverträge) bestünden[62].

β **Sinn und Zweck des § 43 UrhG** Da dem Wortlaut des § 43 UrhG nicht zu entnehmen ist, ob die Verweisung auf das Vergütungsrecht eine eingeschränkte oder uneingeschränkte ist, muss nach dem Sinn und Zweck der Vorschrift gefragt werden. Eine unbedingte Verweisung ist dann anzunehmen, wenn die Vorschrift zumindest auch darauf gerichtet ist, die Vergütungsansprüche, wie sie primär für freischaffende Kreative gelten, ebenfalls für Künstler im Arbeitsverhältnis durchzusetzen.

Im Arbeitsverhältnis wird der Arbeitnehmer für das Werk, welches er herstellt, entlohnt. Es erscheint, jedenfalls in den Fällen, in denen es nicht im Nachhinein zu einer erheblichen Wertsteigerung des Werkes kommt, nicht gerechtfertigt, dem Arbeitnehmer darüber hinaus eine zweite Vergütung zuzugestehen, denn § 43 UrhG ist nicht darauf gerichtet, den Arbeitnehmer in gewisser Weise „doppelt" zu begünstigen. Vielmehr sichert er dem Arbeitgeber die Nutzungsrechte gerade ohne eine gesonderte Vergütungspflicht zu[63]. Zumindest was § 32 UrhG betrifft, kann also aus dem Zweck der Vorschrift geschlossen werden, dass die Verweisung sich nicht auf diesen Anspruch bezieht.

Dieser Sichtweise entspricht auch die Tatsache, dass der in der Vorbereitung der Reform zunächst vorgesehene Zusatz für § 43 UrhG, der explizit auf § 32 UrhG Bezug nahm, nicht in die endgültige Beschlussfassung übernommen wurde[64].

γ **Vorbehaltswirkung des § 43 UrhG** Bei der Frage, ob § 43 UrhG auf den gesamten Abschnitt über die Vergütungsregeln verweist, muss insbesondere der Vorbehalt des Inhalts und des Wesens des Arbeits- bzw. Dienstverhältnisses, § 43 a.E. UrhG, berücksichtigt werden, der den Einschränkungen Rechnung tragen will, die den Besonderheiten des Künstlers im Arbeitsverhältnis immanent sind.

Zunächst einmal ist mit dem Arbeitnehmerverhältnis der Rechtsschutz verbunden, den die arbeitsrechtlichen Grundsätze und Vorschriften gewähren. In diesem Zusammenhang könnte erwogen werden, dass es gar nicht erforderlich

[61] Vgl. Mäger, Der Schutz des Urhebers, 111.
[62] Däubler-Gmelin, GRUR 2000, 761 (765).
[63] So die ganz h.M; statt vieler Kraßer in: FG Schricker, 77 (96).
[64] Beschlussempfehlung, BT-Drucks. 14/8058, 1 (10).

sei, den Arbeitnehmer darüber hinaus auch noch durch das Urheberrecht zu schützen[65]. Der Gesetzgeber scheint zumindest in Fällen, in denen Tarifverträge bestehen, davon auszugehen, dass dort ein hinreichender Schutz gewährt wird, denn die §§ 32 I S. 3 und § 32 a I UrhG finden explizit keine Anwendung, wenn eine tarifvertragliche Regelung besteht, §§ 32 IV, 32 a IV UrhG.

Grundsätzlich sind zwar Fälle denkbar, in denen die Werkschaffung des Arbeitnehmers im Wert weit über die Vergütung hinausgeht. Insofern kann nicht pauschal auf die finanzielle Sicherheit des Arbeitnehmers abgestellt werden, um sein Schutzbedürfnis zu verneinen. Das Schutzbedürfnis erwächst nicht zuletzt gerade aus einer Disparität zwischen Leistung und Gegenleistung, die die unterlegene Partei nicht auszugleichen vermag - eine Situation, die auch zwischen „Verwerter-Arbeitgeber" und „Urheber-Arbeitnehmer" durchaus nicht unwahrscheinlich ist.

Allerdings kann der Arbeitnehmer hier mit dem Instrumentarium des deutschen Arbeitsrechts geschützt werden. So kann ihm ein Anspruch auf Vergütung von Sonderleistungen aus arbeitsrechtlichen Spezialgesetzen[66] oder über den Maßstab des § 612 BGB erwachsen[67]. Das Arbeitsrecht als lex specialis verdient an dieser Stelle den Vorrang. Dies entspricht auch der Rechtsprechung der Arbeitsgerichte, die in der Regel Nachforderungsansprüche der Arbeitnehmerurheber über § 612 BGB begründet[68]. Dies kann nicht nur für § 32 UrhG, sondern darüber hinaus auch für § 32 a I UrhG gelten.

Wollte man dies anders beurteilen, so wäre der Arbeitgeber nicht mehr Risikoträger, der gemeinhin - auch das ist Ausdruck eines Arbeitsvertrages - das wirtschaftliche Verlust- und Gewinnrisiko trägt[69]. Auch eine differenzierte Ansicht, nach der unter § 612 BGB nur diejenigen Sachverhalte subsumiert werden sollen, die sich auch in einem „normalen Arbeitsverhältnis" zutragen können, ohne dass die Urhebereigenschaft des Arbeitnehmers eine Rolle spielt[70], erscheint kaum umsetzbar, wenn man bedenkt, wie sehr in der Regel beide Aspekte bei der Regelung der Vergütung miteinander verquickt sind.

Nach hier vorzugswürdiger Ansicht finden demnach §§ 32 und 32 a UrhG auf Arbeitsverträge keine Anwendung.

f AGB-Kontrolle

aa Anwendbarkeit auf Urheberrechtsverträge

Auch allgemeine Geschäftsbedingungen (AGB) spielen in der Vertragspraxis des Urheberrechts eine große Rolle; oftmals bedienen sich die Verwerter vorformu-

[65] Ory, AfP 2002, 93 (95).
[66] Z.B. Recht aus § 20 I ArbEG, vgl. BAG GRUR 1966, 88.
[67] Zu den einzelnen Bewertungskriterien s. Buchner, GRUR 1985, 1 (10-13).
[68] Vgl. BAG AP Nr. 1 zu § 20 ArbEG=GRUR 1966, 88; BAG AP Nr. 2 zu § 43 UrhG.
[69] A.A. Bayreuther, GRUR 2003, 570 (573).
[70] So Bayreuther, GRUR 2003, 570 (576).

lierter Vertragsbedingungen[71], die grundsätzlich der Kontrolle der §§ 305 ff. BGB unterliegen[72].

bb Einbeziehung von AGB

Für AGB gilt generell, dass sie grundsätzlich nur dann Vertragsbestandteil werden, wenn der Vertragspartner bei Vertragsschluss ausdrücklich auf sie hingewiesen wird, er die Möglichkeit zumutbarer Kenntnisnahme hat und mit ihrer Geltung einverstanden ist[73]. Handelt es sich allerdings um einen freischaffenden Urheber, der gemäß Art. 14 BGB als Unternehmer gilt und ist auch der Vertragspartner kein Verbraucher, so wird auf die strengen Erfordernisse der Einbeziehung verzichtet, §§ 310 I S. 1, 14 BGB (ehemals § 24 Nr. 1 AGBG). Bei Verträgen zwischen Unternehmern genügt jede ausdrückliche oder auch stillschweigende Einverständniserklärung. Dann können AGB auch Vertragsbestandteil werden, wenn der Hinweis des Verwenders nicht ausdrücklich oder erst nach Vertragsschluss erfolgt oder ganz unterblieben ist, sofern der Kunde wusste oder wissen musste, dass der Verwender seinen Geschäften AGB zugrunde zu legen pflegt, und er gleichwohl ihre Anwendung nicht ausgeschlossen hat[74]. So erklärt sich auch die Entscheidung des BGH im Fall *Synchronisationsprecher*[75]:

Der Kläger war für die Beklagte als Synchronsprecher tätig. Er erhielt in der Regel telefonisch Einzelaufträge. Jeweils nach Abschluss seiner Tätigkeit unterzeichnete der Kläger Gagenabrechnungen, die in einem vorgedruckten Text eine Klausel enthielten, nach der er alle am Film entstandenen Rechte an die Beklagte abtrat.

Der BGH bejahte die Einbeziehung der AGB in den Vertrag, obwohl die AGB dem Urheber erst nach Vertragsschluss mit der Abrechnung zugesandt worden waren, allerdings nicht im Hinblick auf eine den Parteien bekannte Geschäftspraxis, sondern unter der Annahme, dass es sich bei der Klausel um eine nachträgliche vertragliche Ergänzung handeln würde[76].

Die Erfordernisse des Hinweises und der möglichen Kenntnisnahme gelten regelmäßig für jede Art des Vertragsabschlusses - so auch für Vertragsabschlüsse im Internet. Dort werden AGB ebenfalls dann Vertragsbestandteil, wenn in dem Vertragsangebot ein ausdrücklicher Hinweis auf die AGB enthalten ist[77]. Nicht nötig ist es, die AGB als Bestandteil des Vertragsangebots vollständig durch das Computerbild laufen zu lassen. Vielmehr ist es ausreichend, wenn im Wege eines *hypertext links* die AGB anschließend kostenlos abgerufen werden können[78].

---

[71]Wandtke/Bullinger-Wandtke/Grunert, Vor 31 ff. UrhG Rn. 88.

[72]Schricker/Schricker, Vor 28 ff. Rn. 10.

[73]§ 305 II BGB, ehemals § 2 AGBGB.

[74]MüKo/Basedow (2003), § 305 BGB Rn. 91, mit zahlreichen Nachweisen zur ständigen Rechtsprechung in Fn. 204.

[75]GRUR 1984, 119 (120).

[76]GRUR 1984, 119 (121).

[77]LG München MMR 2004, 693 (694).

[78]Lehmann, Internetrecht, 174; dazu später mehr, s. F III 2 a.

cc Unklarheitenregelung, § 305 c II BGB

§ 305 c II BGB sieht vor, dass Zweifel über Inhalt und Umfang der Rechtseinräumung zu Lasten des Verwenders gehen. Fraglich ist allerdings, ob diese Bestimmung auch für Urheberrechtsverträge gilt, für die es bereits den Zweckübertragungsgrundsatz gibt, der eine speziellere Regel gegenüber § 305 c II BGB zu sein scheint. Demgemäß wird teilweise angenommen, dass § 305 c II BGB durch die Zweckübertragungslehre verdrängt wird[79]. Die andere Ansicht hält beide Vorschriften für nebeneinander anwendbar, da trotz Anwendung des Zweckübertragungsgrundsatzes immer noch Zweifel über den Umfang der Rechtseinräumung bestehen könnten[80].

dd Inhaltskontrolle

Die konkretisierenden Klauselverbote der §§ 308, 309 BGB (ehemals §§ 10, 11 AGBG) sind praktisch kaum von Bedeutung, da es sich bei freischaffenden Urhebern in der Regel um Unternehmer handelt, so dass gemäß §§ 310 I S. 1, 14 BGB nur eine eingeschränkte Inhaltskontrolle erfolgt[81]. Mit der Anwendung der Generalklausel des § 307 BGB (ehemals Art. 9 AGBG) setzte sich der BGH dagegen bereits mehrmals auseinander.

In dem Fall *Honorarbedingungen: Sendevertrag*[82] hatte eine Rundfunk- und Fernsehanstalt in Verträgen mit freischaffenden Autoren Standardtarife benutzt. In einer Klausel war der Anstalt das Recht zugebilligt, Lizenzverträge mit einem noch nicht bekannten Nutzer im Namen des Autors abzuschließen.

Diese Klausel erklärte der BGH übereinstimmend mit dem Berufungsgericht auf der Basis von Art. 9 II AGBG für unwirksam, da sie gegen den aus § 34 I UrhG resultierenden Grundgedanken des Urheberrechts spreche, nach dem für die Weiterübertragung von Nutzungsrechten die Zustimmung des Urhebers nötig sei[83]. Zugleich betonte der BGH allerdings in seinen Ausführungen, dass im Bereich des Urhebervertragsrechts nur eine begrenzte AGB-Kontrolle bestünde, da die vom Gesetzgeber erwartete umfassende Regelung des Urhebervertragsrechts bislang ausgeblieben sei[84]. In dem Fall *Synchronisationssprecher*[85] stellte der BGH mit dem Berufungsgericht übereinstimmend fest, dass es sich nicht um eine überraschende Klausel im Sinne des § 3 AGBG (jetzt § 305 c I BGB) handelte, da der Kläger mit der wirtschaftlichen Nutzung der abgetretenen Rechte vertraut gewesen sei, so dass der Schutzgedanke des § 3 AGBG nicht eingreife.

[79] So Nordemann/Vinck/Hertin/Fromm, §§ 31, 32 Rn. 29 zu § 5 AGBG.
[80] So Wandtke/Bullinger-Wandtke/Grunert, Vor 31 ff. UrhG Rn. 96.
[81] Hierzu mit weiteren Nachweisen Gottschalk, ZUM 2005, 359 (365).
[82] BGH GRUR 1984, 45 (47).
[83] BGH GRUR 1984, 45 (52).
[84] BGH GRUR 1984, 45 (48).
[85] GRUR 1984, 119 (120); zum Sachverhalt s.oben, B III 2 f-bb.

Auch § 9 AGBG (jetzt § 307 BGB) sei nicht einschlägig, da die Honorierung des Klägers auch den Gegenwert der Rechtsübertragung mit einschließe[86].

In einem Fall *AGBG - Übertragung von Nutzungsrechten*[87] entschied das OLG Frankfurt a.M. dagegen, dass eine Klausel, nach der sämtliche Rechte übertragen würden, gegen Art. 3, Art. 9 AGBG und § 29 UrhG verstoße. Bei der Übertragung von Urheberrechten oder sonstigen Rechten handele es sich um eine ungewöhnliche Klausel im Sinne von Art. 3 AGBG, mit welcher der Vertragspartner schon deshalb nicht rechnen müsse, weil die Übertragung des Urheberrechts nach § 29 UrhG nicht möglich sei[88]. Im Übrigen sei sie mit dem gesetzlichen Leitbild des Urheberrechtsgesetzes nicht zu vereinbaren. Das Leitbild entwickelte das OLG aus der Vorschrift des § 29 UrhG: Nach dem Gesetz sei das Leitbild des Urheberpersönlichkeitsrechts derart ausgestaltet, dass jede Nutzung oder Verwertung ohne den Willen des Urhebers ausgeschlossen sei.

In einer neueren Entscheidung sprach das OLG Düsseldorf auch § 31 V UrhG Leitbildfunktion zu: Das Urheberrecht gehe von dem Leitbild aus, dass eine Enthaltungspflicht bezüglich nicht übertragener Nutzungsrechte nicht bestehe. Es würde dem Grundgedanken des Zweckübertragungsgrundsatzes widersprechen, den Rechtsinhaber umfassend schuldrechtlich zur Enthaltung zu verpflichten und ihn dadurch an der Vergabe von Nutzungsrechten pauschal zu hindern[89].

ee Bedeutung der Reform 2002

Bisher spielte die AGB-Kontrolle in der Rechtsprechung eher eine untergeordnete Rolle. Die Zurückhaltung, Urheberrechtsverträge einer AGB-Kontrolle zu unterwerfen, begründete der BGH mit dem Argument, dass das Urhebervertragsrecht nur vereinzelt über eigene Leitgedanken verfüge[90]. Es fehlte mithin an einem konkreten Maßstab für eine Inhaltskontrolle gemäß § 307 BGB.

Mit dem Reformgesetz aus dem Jahre 2002 hat der Gesetzgeber § 11 UrhG einen Satz 2 hinzugefügt, nach dem das Urheberrecht „zugleich der Sicherung einer angemessenen Vergütung für die Nutzung des Werkes“ diene. Auf diese Weise wird das Prinzip der angemessenen Vergütung zu einem Leitbild des deutschen Urheberrechts mit der Folge, dass damit auch der Zweckübertragungsgedanke als Kontrollmaßstab zur Anwendung kommt, der die Angemessenheit des Verhältnisses von Leistung und Gegenleistung entscheidend prägt[91]. Es ist daher in den nächsten Jahren verstärkt mit einer gerichtlichen AGB-Kontrolle von Nutzungsverträgen zu rechnen, bei der außer der Generalklausel des § 307

---

[86] BGH GRUR 1984, 119 (121).
[87] OLG Frankfurt a. M. GRUR 1984, 515-516.
[88] OLG Frankfurt a.M. GRUR 1984, 515 (516).
[89] OLG Düsseldorf, GRUR-RR 2002, 121, (122/123).
[90] Vgl. Kuck, GRUR 2000, 285 (286), insbesondere mit Verweis auf BGH GRUR 1984, 45.
[91] Schack, GRUR 2002, 853 (854).

BGB[92] auch das Verbot überraschender Klauseln in § 305 c I BGB stärker als bisher fruchtbar gemacht werden sollte[93].

3 Letzte Entwicklungen

Die Urheberrechtsnovelle 2002 war und ist zweifelsohne von entscheidender Bedeutung für das Urhebervertragsrecht. Letzte Änderungen im deutschen Recht sind dagegen mehr auf europäische Vorgaben zurückzuführen und betreffen zudem weniger das Urhebervertragsrecht als Umfang und Schranken des Urheberrechts: Das Gesetz zur Regelung des Urheberrechts in der Informationsgesellschaft vom 10.9.2003[94] - der sogenannte „erste Korb" - enthält Vorschriften zum Schutz technischer Maßnahmen, mit denen Kreative und Verwerter ihre Leistungen schützen und die Nutzung kontrollieren. Im geänderten Urheberrechtsgesetz wird mit dem neuen § 19 a UrhG das Recht der öffentlichen Zugänglichmachung eingeführt. Außerdem werden die Schrankenregelungen des Urheberrechts, die bestimmen, in welchen Fällen Urheber es hinnehmen müssen, dass ihre Werke ohne ihre ausdrückliche Zustimmung genutzt werden, den EG-rechtlichen Vorgaben angepasst. Es wird klargestellt, dass auch die digitale Privatkopie zulässig ist. Außerdem werden „wirksame technische Schutzmaßnahmen" vor Umgehung geschützt.

Ein strittiger Punkt bleibt die Neuregelung der Privatkopie. Zwar ist die Privatkopie bisher noch erlaubt. Sie soll in Zukunft aber vergütet werden, da das Gesetz auch den Urheber schützt, der mit technischen Schutzmaßnahmen den Zugriff auf sein Werk kontrolliert. Im geplanten „zweiten Korb" soll es unter anderem um die Frage gehen, ob und wie künftig Privatkopien möglich sind und ein Ausgleich zwischen geistigem Eigentum, Verbraucherschutz sowie der Informationsfreiheit erzielt werden[95].

---

[92] Zur Problematik der Inhaltskontrolle der Gegenleistung gemäß § 307 BGB und der Berechtigung der AGB-Kontrolle neben § 36 UrhG n.F. vgl. Berger, Daniel, ZUM 2003, 521 (529); zur Kontrollfähigkeit von gesetzlichen Vergütungsregelungen generell Palandt/ErGB/Heinrichs (2002), § 307 BGB Rn. 59.

[93] S. Schack, GRUR 2002, 853 (854).

[94] BGBl. 12.9.2003, 1774.

[95] Vgl. z.B. Pressemitteilung des BMJ Nr. 74/03 vom 16.9.2003; abrufbar unter www.bmj.bund.de; Abrufdatum: 27.10.2005.

Kapitel IV

Urheberrechtsverträge im französischen Recht

1 Rechtsquellen

Der Begriff des Urhebervertragsrechts im französischen Recht ist älter als in Deutschland; ursprünglich nur den allgemeinen Regeln des Vertragsrechts unterstehend traf der Gesetzgeber in diesem Bereich erstmals 1957 eine gesetzliche Regelung, die er nach den 1985 vorgenommenen Gesetzesänderungen im Jahre 1992 im *Code de la propriété intellectuelle*(CPI) kodifizierte[1]. Dort ist sowohl das allgemeine als auch das besondere Urhebertragsrecht geregelt: Das allgemeine Urhebervertragsrecht ist Gegenstand seiner Art. L. 131-1 bis L. 131-8. Soweit keine spezialgesetzlichen Regelungen vorliegen, wird auf die Bestimmungen des allgemeinen Vertragsrechts zurückgegriffen. Im besonderen Vertragsrecht enthält der CPI spezielle Bestimmungen über den Verlagsvertrag, den Darbietungsvertrag, den Vertrag über audiovisuelle Produktion, den Vertrag über ein Auftragswerk für die Werbung sowie den Vertrag über die Verpfändung des Verwertungsrechts von Computerprogrammen. Besondere praktische Relevanz hat der in den Art. L. 132-1 bis L. 132-17 CPI geregelte Verlagsvertrag, der im französischen Recht sehr weit gefasst ist: Während im deutschen Recht nur Printmedien erfasst sind, bezieht sich der französische Verlagsvertrag auf die Herstellung und Verbreitung jeglicher Werkträger[2].

Tarifverträge sind insbesondere für ausübende Künstler von Bedeutung[3]. Im Urheberrecht wird lediglich im Abschnitt über die Werbeverträge auf Kollektivvereinbarungen Bezug genommen, wo individuelle Verträge in Vereinbarun-

---

[1] Ref. s. oben, Einführung, Fn. 19.

[2] Vgl. Art. L. 132-1 CPI, der nur von einem „Geisteswerk" (*œuvre de l'esprit*) spricht.

[3] Dazu v. Lewinski in: FG Schricker, 685 (699), vgl. Art. L. 212-3 ff. CPI.

gen zwischen Urheberverbänden und Werbeorganisationen über die Grundlagen der Zusammensetzung der Vergütung für die verschiedenen Nutzungsrechte der Werke mit einbezogen werden können, Art. L. 132-31 II-IV CPI[4].

2 Materielle Bestimmungen

a Zustandekommen und Wirksamkeit des Vertrages

Das Zustandekommen des Vertrages richtet sich zunächst nach den allgemeinen Regeln des französischen bürgerlichen Gesetzbuches, dem *Code civil*[5]. Darüber hinaus enthält der CPI einige Sondervorschriften:

Gemäß Art. L. 131-2 I, L. 131-3 III CPI bedarf der Vertrag über die Darbietungen, Inverlagnahme und die audiovisuelle Herstellung der Schriftform. In der Vertragsurkunde müssen alle zu übertragenden Rechte aufgeführt sein, Art. L. 131-3 I CPI[6]. Für alle anderen Fälle gelten die Art. 1341 bis 1348 *Code civil*[7].

Gemäß Art. L. 131-1 CPI ist eine Globalzession künftiger Werke nichtig.

Das Schriftformerfordernis der Art. L. 131-2 I und L. 131-3 III CPI soll den Urheber vor einer voreiligen und unüberlegten Übertragung seiner Rechte schützen[8]. Hierbei handelt es sich nicht um eine für den Vertragsschluss konstitutive Vorgabe, deren Verletzung die Nichtigkeit zur Folge hat. Fehlt eine schriftliche Vereinbarung, so kann der Vertragspartner die Existenz des Vertrages nicht beweisen, da er gezwungen ist, ein Schriftstück zum Beweis vorzulegen. Der Urheber ist dagegen in der Beweisführung frei: Er kann also entweder zu seinen Gunsten die Nichteinhaltung der Schriftform geltend machen mit der Folge, dass der Vertrag dann als unwirksam gilt (*nullité rélative*)[9] oder aber durch andere Beweismittel den Vertragsschluss beweisen und an ihm festhalten[10].

b Vertragsgegenstand und Vertragspflichten

Das französische Recht basiert auf einer dualistischen Betrachtungsweise: Das Urheberpersönlichkeitsrecht (*droit moral*) und die Vermögensrechte sind selbstständige Rechte, die unterschiedlichen Regelungen unterworfen sind[11]. Nur die Vermögensrechte sind übertragbar. Das Urheberpersönlichkeitsrecht ist im Sinne der *droit-d'auteur*-Tradition, wie sie auch das deutsche Recht verfolgt, nicht

[4] Näher dazu v. Lewinski in: FG Schricker, 685 (721).

[5] Vgl. Art. 1108 ff. *Code civil*.

[6] Entspricht § 31 V UrhG.

[7] Vgl. Art. L. 131-2 II CPI.

[8] Françon, Dalloz chronique 1976, 55.

[9] Vgl. Françon, Dalloz chronique 1976, 55.

[10] Vgl. Josselin-Gall, Rn. 170.

[11] v. Lewinski in: FG Schricker, 685 (687); s. auch Françon, Dalloz chronique 1976, 55.

übertragbar, Art. L. 121-1 CPI. Was die Übertragung betrifft, so unterscheidet man zwischen der *cession*, durch die ein dingliches Recht übertragen wird und der *concession*, die die Übertragung eines persönlichen Rechtes zum Gegenstand hat[12]. Der CPI geht mangels entgegenstehender Vereinbarung von einer Übertragung des Rechts mit exklusiver Wirkung aus, Art. L. 132-8 CPI.

Anders als im deutschen Recht findet keine Trennung von Verpflichtung und Verfügung statt. Das allgemeine Zivilrecht regelt die Forderungsabtretung im Kaufrecht, weil es davon ausgeht, dass ein Zedent stets Verkäufer, ein Zessionar stets Käufer der abgetretenen Forderung ist (Art. 1689 ff. *Code civil*). Dem entspricht es, dass in Frankreich der Abtretungsvertrag nicht als abstraktes, von der Kausalvereinbarung rechtlich unabhängiges Geschäft angesehen wird[13].

Die Vertragspflichten beider Parteien sind teilweise im allgemeinen[14], vornehmlich aber im besonderen Vertragsrecht des CPI geregelt. So verpflichtet beispielsweise der Verlagsvertrag den Urheber vorbehaltlich abweichender Regelung, dem Verleger das ausschließliche Recht zu übertragen, Exemplare herzustellen oder herstellen zu lassen. Der Verleger verpflichtet sich seinerseits zu deren Erscheinen und Verbreitung[15]. Darüber hinaus ist er bei Wahrung des *droit moral* zur vertragsgemäßen Herstellung innerhalb der in seinem Berufsstand üblichen Zeit verpflichtet, Art. L. 132-11 IV CPI[16].

c Rechte des Urhebers

Das französische Urheberrecht ist in seiner gesamten Konzeption darauf ausgerichtet, den Kreativen zu schützen. Daher finden sich im CPI zahlreiche Regelungen, die in seinem Interesse erlassen worden sind[17]. Von dieser Zielsetzung ist auch das Urhebervertragsrecht im Besonderen geprägt.

aa Zustimmungs-, Rückrufs- und Kündigungsrechte

Art. L. 132-7 CPI verlangt für das Zustandekommen des Vertrages das persönliche Einverständnis des Urhebers[18], und das selbst für den Fall, in dem der Urheber geschäftsunfähig ist. Obwohl sich diese Vorschrift im Abschnitt über den Verlagsvertrag befindet, kommt ihr allgemeine Geltung zu[19].

Nach Art. L. 121-4 CPI steht dem Urheber ein Rückrufsrecht zu. Diese Vorschrift entspricht dem § 42 UrhG, unterscheidet sich allerdings insofern vom

[12] Relevantes Beispiel ist die sogenannte *licence publique générale du projet GNU*, s. D. 2003, n. 23, 1556, 1557; zum Begriff der *licence* bereits oben, B I 4.
[13] Zweigert/Kötz, § 33 III.
[14] Vgl. z.B. Art. L. 131-3 IV CPI.
[15] Dreier, Urheberrecht, 28.
[16] Dreier, ebenda; hier auch weitere Ausführungen zum besonderen Vertragsrecht.
[17] Jacquier, Le pouvoir du juge, Rn. 658.
[18] Françon, Dalloz chronique 1976, 55 (59).
[19] Vgl. Quellen des Urheberrechts, Band II/Frankreich/I, 26.

deutschen Recht, als dass das *droit de repentir ou de retrait* nicht das Merkmal des Überzeugungswandels verlangt[20]. Auch die systematische Stellung unterscheidet sich vom deutschen Recht: Das französische Rückrufsrecht ist außerhalb des Abschnitts über Urheberrechtsverträge geregelt, was auf seine Nähe zum Urheberpersönlichkeitsrecht zurückgeführt wird[21].

Für den Verlagsvertrag und den Darbietungsvertrag verlangt das Gesetz, dass eine Weiterübertragung der dem Verleger/Veranstalter zustehenden Rechte der Zustimmung des Urhebers bedarf, Art. L. 132-16 I und L. 132-19 IV CPI. Diese Vorschriften haben zwingenden Charakter, eine entgegenstehende vertragliche Vereinbarung ist nichtig[22].

bb Vergütungsansprüche

Den Grundsatz der verhältnismäßigen Beteiligung erkennt das französische Urhebervertragsrecht in Art. L. 131-4 I S. 2 CPI an[23].

Ist die Vergütung nicht verhältnismäßig, gibt das Gesetz selbst, anders als die Vorschriften im deutschen Recht, keine Rechtsfolge vor.

Grundsätzlich bieten sich zwei Möglichkeiten für die Rechtsfolge an, einerseits die Vertragsanpassung, wie sie das deutsche Recht anordnet und andererseits die Nichtigkeit des Vertrages. Die französische Rechtspraxis geht den zweiten Weg: Sie berücksichtigt bei der Anordnung der Nichtigkeit, dass es sich um eine zwingende, den Urheber schützende Bestimmung handelt[24], so dass die Nichtigkeit eine „relative“ ist, auf die sich nur der Urheber berufen kann[25]. Daneben kann der Urheber auf deliktischer Basis Schadensersatz verlangen[26].

Art. L. 131-4 II und III CPI lässt allerdings auch die Vereinbarung von Pauschalvergütungen bei Vertragsschluss oder auch während der Vertragsdauer ausdrücklich zu. Demzufolge ist eine Pauschalvergütung insbesondere in Fällen möglich, in denen es unmöglich oder zu teuer ist, die verhältnismäßige Vergütung zu berechnen, eine Kontrolle der Beteiligung nicht möglich ist, in denen der Beitrag des Urhebers nicht bedeutend genug ist und in Verträgen über Rechte an Computerprogrammen. Daneben lässt das Gesetz für besondere Verträge unter bestimmten Bedingungen eine Pauschalvergütung zu, so zum Beispiel für den Verlagsvertrag in der Regelung des Art. L. 132-6 CPI.

---

[20] Schricker/Dietz, § 42 Rn. 1.

[21] Vgl. Dreier, Urheberrecht, 20.

[22] Betrand, Le droit d'auteur, Rn. 8.28.

[23] Die Verpflichtung zu einer im Verhältnis zu den Verwertungserträgen stehenden Vergütung wird speziell für den Verlagsvertrag in Art. L. 132-5 CPI wiederholt.

[24] Vgl. Gaubiac in: Propriétés intellectuelles, 163; s. auch Cass civ. 1re 11.2.1997, RIDA 1997 (173), 279.

[25] v. Lewinski in: FG Schricker, 685 (695); zur relativen Nichtigkeit siehe bereits oben, B IV 2 a; zum Unterschied zur absoluten Nichtigkeit siehe Terré/Simler/Lequette, Droit civil, Rn. 398.

[26] Cass. civ. 1re JCP 1996 II, 22643; GRURInt 1997, 842.

Um Missbräuche der Möglichkeit, eine solche Vergütung zu vereinbaren, zu verhindern, hat der Gesetzgeber in Art. L. 131-5 CPI dem Urheber das Recht zuerkannt, unter den dort genannten Voraussetzungen eine Änderung der Vergütungsvereinbarung zu verlangen. Diese Vorschrift ist mit § 36 UrhG a.F./§ 32 a UrhG zu vergleichen, unterscheidet sich aber insofern von der deutschen Regelung, als dass sie nur auf Verträge mit Pauschalvergütungen anwendbar ist und keinen Rechtschutz im Falle einer zu niedrig festgesetzten prozentualen Beteiligung an den Verwertungsmaßnahmen bietet.

cc Schutz durch allgemeines Zivilrecht

Das französische Recht bietet dem Urheber (wie auch dem Vertragspartner) die Möglichkeit, sich auf das Rechtsinstitut des guten Glaubens (*bonne foi*) zu berufen. Darüber hinaus hat der gute Glaube einige spezifische Ausprägungen erfahren.

α ***Bonne foi*, Art. 1134 III *Code civil*** Das Gebot des guten Glaubens ergibt sich in erster Linie aus Art. 1134 III *Code civil.* Diese Vorschrift wurde lange Zeit nur wenig in Anspruch genommen. Heute macht die *Cour de cassation* dagegen sehr häufig von ihr Gebrauch[27]. Auch wenn es aus dem Wortlaut des Art 1134 III *Code civil* anders herausgelesen werden könnte[28], findet das Gebot von Treu und Glauben nicht nur auf die Ausführung der Vertragsbestimmungen Anwendung. Es wirkt vielmehr von Beginn der Vertragsverhandlungen an[29], es muss auch während der vorläufigen Aufhebung der Hauptpflichten beachtet werden[30] und gilt selbst für das nachvertragliche Verhältnis der Vertragsparteien[31].

β ***Devoir de loyauté*** Die Pflicht zur Loyalität verpflichtet beide Parteien[32]. Im Urheberrecht bedeutet dies u.a. für den Verwerter, dass er gewissenhaft seine Vertragsverpflichtung (insbesondere die Verwertung des Werkes) erfüllt. Verletzt er seine Pflichten bösgläubig, so kann er aus dem Vertrag keine Rechte herleiten[33]. Statt dessen kann der Vertragspartner auf der Grundlage des Art. 1184 *Code civil* die Aufhebung des Vertrages[34] und Schadensersatz nach Art. 1151 *Code civil* verlangen[35].

[27] Übersicht bei Fages, Lamy droit du contrat, Rn. 365-6 ff.

[28] „Elles (les conventions) doivent être exécutées de bonne foi."

[29] vgl. Fages, ZEuP 2003, 514 (518).

[30] Cass. soc. 10.5.2001, Rev. trim. dr. civ. 2001, 880.

[31] Cass. comm. 12.2.2002, Dr. & Patr. 2002 Nr. 104, 94.

[32] Terré/Simler/Lequette, Droit civil, Rn. 440.

[33] Vgl. Cass. civ. 3e 15.12.1976, Bull. civ. III n. 465; Cass. civ. 1re 16.2.1999, Bull. civ. I, n. 52.

[34] Cass civ. 23.4.1898, DP 98, I, 507; Cass. req. 13.11.1928, DH 1928, 589.

[35] Terré/Simler/Lequette, Droit civil, Rn. 440.

γ ***Devoir de coopération*** Die Pflicht zur Kooperation ist je nach Art des Vertragsverhältnisses weniger oder stärker ausgeprägt. Eine derartige Pflicht wird beispielsweise auch im Verlagsvertrag angenommen[36].

δ **Rechtsfolgen** Hält der Schuldner seine Pflicht aus Art. 1134 III *Code civil* nicht ein und hat er dies zu vertreten, so kann der Gläubiger Schadensersatz verlangen oder zurücktreten[37]. Der Rücktritt kann gemäß dem Wortlaut des Art. 1184 *Code civil* nur durch ein Gericht ausgesprochen werden, allerdings billigt die neuere Rechtsprechung im Falle einer wesentlichen Nichterfüllung seitens einer Partei der anderen Partei das Recht zu, ohne gerichtliches Verfahren einseitig den Vertrag aufzuheben[38]. Die gerichtliche Entscheidung über den Rücktritt steht im Ermessen des Gerichtes[39]. Es kann ebensogut dafür halten, dass sich der Gläubiger mit Schadensersatz zufrieden geben muss[40].

Ein Institut der Vertragsanpassung - vergleichbar mit der deutschen gerichtlichen Vertragsanpassung bei Wegfall der Geschäftsgrundlage[41]- um besondere unvorhergesehene Umstände zu berücksichtigen, ist von den Zivilgerichten dagegen (bisher) nicht entwickelt worden[42]. In nur sehr wenigen Ausnahmefällen verändern die Gerichte bestehende Verträge[43]. Allerdings üben die Gerichte nunmehr mit dem Hinweis auf den guten Glauben verstärkt Druck auf die Vertragsparteien aus, bei veränderten, einer Partei nicht mehr zumutbaren Umständen den Vertrag entsprechend anzupassen. Verweigert eine Partei die Vertragsanpassung, so kann darin eine Schadensersatz auslösende Vertragsverletzung liegen[44].

d Schutz des angestellten Urhebers

aa Arbeitsrechtlicher Schutz

Die arbeitsrechtlichen Bestimmungen gelten auch für Urheber, die im Arbeitsverhältnis stehen[45]. Speziell der Status der Journalisten ist in L. 761-2 *Code du travail* (C.trav.) geregelt. Diese Vorschrift enthält in ihrem Absatz 4 die Vermutung eines Arbeitsverhältnisses, wenn der Journalist bei einer Presseagentur gegen Entgelt eingestellt wird. Eine entsprechende Regelung enthält L. 762-1 I C.trav. für ausübende Künstler.

[36] CA Paris 9.9.1998, JCP 1999 II, 10181.
[37] Larroumet, Droit civil, Rn. 594.
[38] Cass. civ. 1re 13.10.1998, Bull. civ. I, n. 300; Cass. civ. 1re 20.2.2001, Bull. civ. I, n. 40.
[39] Cass. comm. 16.6.1987, JCP 1987 IV, 293, Bull. civ. IV n. 145.
[40] Larroumet, Droit civil, Rn. 711.
[41] § 313 I BGB.
[42] Insbesondere eine Vertragsanpassung wegen Wegfalls der Geschäftsgrundlage wurde von den französischen Zivilgerichten nicht vorgenommen, s. Ferid/Sonnenberger, 1 F 757.
[43] Zu den Ausnahmefällen zum Beispiel Terré/Simler/Lequette, Droit civil, Rn. 467.
[44] Vgl. z.B. Cass. comm. 3.11.1992, JCP 1993 II, 22146; ferner Cass. comm. 24.11.1998, Défrenois 1999, 371.
[45] Vgl. Beispiele bei Dreier, Urheberrecht, 31.

Auch die Vergütung von Journalisten ist arbeitsrechtlich geregelt, L. 761-8 und L. 761-9 C. trav.. Art L. 761-8 C.trav. legt fest, dass jede Arbeit, die im ursprünglichen Vertrag im Sinne des L. 761-2 C. trav. nicht vorgesehen war, extra vergütet werden muss. Das Recht der Veröffentlichung der Artikel muss darüber hinaus Gegenstand einer ausdrücklichen Vereinbarung sein, die die Bedingungen einer Veröffentlichung festlegt. Für ausübende Künstler sieht Art. L. 762-2 C.trav. eine strikte Trennung zwischen Vergütung der Leistung und Vergütung für Nutzung der Aufnahme ihrer „Werke“ vor.

bb Anwendung urheberrechtlicher Bestimmungen

Auch im Rahmen eines Werk- oder eines Dienstvertrages bleibt der Schöpfer des Werks grundsätzlich Inhaber des Urheberrechts im Sinne des Art. L. 111-1 I CPI.

Differenzierter ist dagegen die Regelung für Arbeitnehmererfinder: Gemäß Art. L. 611-7 Nr. 1 CPI stehen die Erfindung und das daraus resultierende Schutzrecht dem Arbeitgeber zu, wenn der Arbeitnehmer einen Erfindungsauftrag hatte oder ihm Studien- und Forschungsaufgaben ausdrücklich übertragen waren[46].

Art. L. 111-1 III CPI bestätigt, dass die Existenz oder der Abschluss eines Arbeits- oder Dienstvertrages eines Urhebers seine Rechte gemäß Art. L. 111-1 I CPI nicht beeinträchtigen. Von diesem Grundsatz geht die Rechtsprechung auch aus:

Ein Informatiker hatte ein Computerprogramm erstellt, das der Arbeitgeber an mehrere Kunden ohne Genehmigung des Urhebers verkauft hatte. Daraufhin nahm dieser den Arbeitgeber in Anspruch. Die *Cour d'Appel* hatte die Klage unter Annahme einer stillschweigenden Abtretung seiner Rechte an den Arbeitgeber abgewiesen.

Die *Cour de cassation* erklärte, dass sich der Arbeitnehmer ohne Einschränkungen auf sein Urheberrecht berufen könne, die Annahme einer stillschweigenden Abtretung der Rechte sei nicht zulässig[47].

Anders wäre der Fall bei Anwendung der Computer-Richtlinie[48] zu entscheiden gewesen. In Art. 2 III der Richtlinie heißt es: „Wird ein Computerprogramm von einem Arbeitnehmer in Wahrnehmung seiner Aufgaben oder nach den Anweisungen seines Arbeitgebers geschaffen, so ist aussschließlich der Arbeitgeber zur Ausübung aller wirtschaftlichen Rechte an dem so geschaffenen Programm berechtigt, sofern keine andere vertragliche Vereinbarung getroffen wird.“ Eine derartige Regel war in Frankreich im Übrigen schon vor Erlass der Richtlinie durch Art. 45 des Gesetzes n. 85-660 vom 3.7.1985 Bestandteil des Urheberrechts. Die der Richtlinie entsprechende Umsetzung findet sich jetzt in Art. L. 113-9 CPI. Beide Vorschriften erklärte die *Cour de cassation* auf den vorliegenden Fall für zeitlich nicht anwendbar.

---

[46] Dazu näher Falck/Schmaltz, GRUR 2004, 469 (472).

[47] RIDA 1993 (156), 193.

[48] Ref. s. oben, B II b Fn. 23.

Trotzdem wird dieses generelle Zugeständnis immer wieder von der Rechtsprechung durchbrochen und eine Abtretung durch den Arbeitsvertrag vermutet[49]; auch Teile der Literatur vertreten diese Ansicht[50].

Die Vermutung einer Abtretung steht dabei unter zwei wesentlichen Bedingungen: Zum einen muss die Arbeitgeberfirma die Arbeit unter ihrem Namen nutzen; zum anderen darf auf Seiten der natürlichen Person, die das Werk erschaffen hat, kein entgegengesetzter Wille vorhanden sein. Die Vermutung greift im Übrigen nur dann, wenn die Einwilligung des Arbeitnehmers zum Zeitpunkt des Vertragsschlusses nicht auf Irrtum, Täuschung oder unangemessener Beeinflussung beruht[51].

Andere urheberrechtliche Regeln werden dagegen differenziert bzw. gar nicht angewandt: So gilt das Schriftformerfordernis zwar generell auch in arbeitsvertraglichen Beziehungen[52], es kann aber durch arbeitsrechtliche Bestimmungen überlagert werden[53]. Was die zwingende Bestimmung der verhältnismäßigen Vergütung betrifft, so scheint der Richter gänzlich von der Prämisse in Art. L. 111-1 I, III CPI abzuweichen und will sie nicht innerhalb von Arbeitsverträgen angewendet wissen[54].

Trotz Übertragung der vermögensrechtlichen urheberrechtlichen Befugnisse verbleibt auch beim angestellten Urheber sein *droit moral*[55].

e Kollektivrechtlicher Schutz

In Frankreich gibt es wie in Deutschland Verwertungsgesellschaften, die den Urhebern die Möglichkeit geben, ihre Rechte kollektivrechtlich wahrzunehmen. Die *sociétés de perception et de répartition des droits*, die seit 1985 Gegenstand eines gesonderten Abschnitts im CPI sind[56], haben in den letzten Jahren an Bedeutung gewonnen und insbesondere einen beträchtlichen finanziellen Aufschwung genommen[57].

[49]Zur Rechtsprechung der Cour de Cassation s. *Société Aréo* - Cass. civ. 1re 24.3.1993, RIDA 1993 (158), 200; *Société Termopac* - Cass. civ. 1re 28.3.1995, RIDA 1995 (165), 327.

[50]Im Übrigen unter Verzicht auf die Begrenzung in Art. L. 131-3 CPI, s. Pollaud-Dulian, GRURInt 1995, 361 (368).

[51]S. *Kannas c. Larousse-Bordas* - CA Paris 12.1.2000, RIDA 2000 (186), 280.

[52]Cass. crim. 11.4.1975, RIDA 1975 (LXXXV), 184/185.

[53]Zum Vorrang des Art. L. 761-9 C.trav. s. TGI Nanterre 19.6.1996, RIDA 1997 (171), 358.

[54]Mit entsprechenden Nachweisen Perot-Morel in: Propriétés intellectuelles, 342.

[55]Vgl. Bertrand, Le droit d'auteur, Rn. 7.43.

[56]Vgl. Art. L. 321-1 ff. CPI.

[57]Dreier, Urheberrecht, 34.

f AGB-Kontrolle

Eine AGB-Kontrolle gibt es seit dem Gesetz vom 1.2.1995[58]. Die entsprechenden Regelungen befinden sich im *Code de la consommation*[59]. Die AGB-Kontrolle findet grundsätzlich auf alle Verträge, unabhängig von ihrem Gegenstand, Anwendung[60]. Anders als im deutschen Recht ist sie nur auf Verbraucherverträge anwendbar, so dass sie als Schutzinstrument für den Urheber nur in den (wohl eher seltenen) Fällen relevant wird, wenn der Urheber oder sein Vertragspartner als Verbraucher einen Vertrag abschließen. Allerdings hat das französische Recht dafür einen weiteren sachlichen Anwendungsbereich, da die AGB-Kontrolle nicht auf vorformulierte Vertragsbedingungen beschränkt ist, sondern auch individuell ausgehandelte Vertragsklauseln umfasst[61]. Die Einbeziehung der Klauseln in den Vertrag wird grundsätzlich nach den allgemeinen Vertragsschlussregeln beurteilt[62]. Ergänzend dazu hat die Rechtsprechung besondere Regeln für die Einbeziehung aufgestellt: Klauseln werden nur dann Bestandteil des Vertrages, wenn der Verbraucher spätestens bei Vertragsschluss den Inhalt der Klauseln zur Kenntnis nehmen konnte[63]. Die Bedingungen müssen dabei so klar und präzise wie möglich sein[64].

Eine dem deutschen § 305c II BGB entsprechende Vermutung gibt es im französischen Recht nicht[65]. Was Einbeziehungsprobleme im Internet betrifft, so sind diese bisher weder von Literatur noch von der Rechtsprechung problematisiert worden[66].

Eine generelle inhaltliche Kontrolle von allgemeinen Geschäftsbedingungen über das Instrumentarium des *Code de la consommation* hinaus haben die französischen Gerichte unter Heranziehung von Treu und Glauben nach Art. 1134 III, 1135 *Code Civil* als Einmischung in Parteiangelegenheiten bisher abgelehnt[67].

---

[58]Gesetz n. 95-96 vom 1.2. 1995; J.O. v. 2.2.1995, welches die „Klauselrichtlinie" vom 5.4.1993 umsetzt; Richtlinie 93/13 EWG des Rates vom 5.4.1993 über missbräuchliche Klauseln in Verbraucherverträgen, ABl.Nr.L 95 v. 21.4.1993, 29-34.

[59]Zu den einzelnen missbräuchlichen Klauseln s. Aye, Verbraucherschutz im Internet, 244/245.

[60]Art. L. 132-1 I *Code de la consommation.*

[61]Vgl. Art. L. 132-1 IV *Code de la consommation*; s. dazu auch Aye, Verbraucherschutz im Internet, 243.

[62]Sonnenberger, RIW 1990, 165 (167).

[63]Aye, Verbraucherschutz im Internet, 244.

[64]Vgl. Sédallian, Droit de l'internet, 198.

[65]Berger-Walliser, RIW 1990, 459 (402).

[66]Dazu im Einzelnen unten, F III 2 b.

[67]Ferid/Sonnenberger, 1 F 804; vgl. auch Nachweise bei Testu, JCP 1993 I, 3673 Nr. 39.

Kapitel V

Urheberrechtsverträge im englischen Recht

1 Rechtsquellen

Anders als im deutschen und französischen Recht ist dem Begriff des Urhebervertragsrechts in England bisher vergleichsweise wenig Beachtung geschenkt worden. Gleichwohl gibt es natürlich Verträge über Nutzungsrechte. Ihrer Ausgestaltung liegt als rechtliche Grundlage einerseits das hauptsächlich im *common law*[1] verankerte allgemeine Vertragsrecht, andererseits ein in erster Linie das (dingliche) Urheberrecht betreffende Gesetz, der *Copyright, Designs and Patents Act 1988* (CDPA) zugrunde[2], der am 31.7.1989 in Kraft trat. Der CDPA enthält in seinen über 300 Sektionen eine Fülle von Einzelbereichen, so das traditionelle Urheberrecht, das Musterrecht, Computer Software und das Kabelfernsehen[3]. Das Urheberrecht (*copyright*[4]) wird im CDPA definiert als das ausschließliche Recht, bestimmte Handlungen im Vereinigten Königreich in Bezug auf geschützte Werke vorzunehmen oder andere Personen zu solchen Handlungen ermächtigen[5].

Auch Norm- und Tarifverträge können den Inhalt von Verträgen mit einzelnen Urhebern bestimmen[6].

---

[1] Das *common law* besteht aus den Rechtsprinzipien und Rechtsregeln, die sich aus den gesammelten Entscheidungen der englischen Gerichte ableiten lassen; genauer Willink, Das englische Vertragsrecht, 90.

[2] Vgl. Cornish in: FG Schricker, 643 (647).

[3] Im Einzelnen Cohen in: Copyright infringement, 361.

[4] Zur Übersetzung bereits oben, B I 1.

[5] Vgl. Section 16 CDPA.

[6] Dazu näher Cornish in: FG Schricker, 643 (661/662).

2 Materielle Bestimmungen

a Zustandekommen und Wirksamkeit des Vertrages

Das Zustandekommen des Vertrages untersteht dem allgemeinen Vertragsrecht[7]. Hat der Vertrag die Übertragung des *copyright* zum Gegenstand, so muss er schriftlich erfolgen, damit er Dritten gegenüber wirksam ist, Sec. 90 (3) CDPA. Im Innenverhältnis zwischen Übertragendem und Übertragungsempfänger ist auch eine mündliche Übertragung im Rahmen des Billigkeitsrechts (*equity*) wirksam[8]. Daraus folgt, dass das Erfordernis der Schriftform nicht Wirksamkeitsvoraussetzung ist. Es spielt lediglich hinsichtlich der Beweislast eine Rolle.

Der Vertragsinhalt muss präzise bestimmt sein. Diese Voraussetzung entspringt dem allgemeinen Vertragsrecht und führt, wenn sie nicht eingehalten wird, zur Unwirksamkeit des Vertrages[9].

b Vertragsgegenstand und Vertragspflichten

Im CDPA sind die verschiedenen Verwertungsrechte als Ausschlussrechte formuliert, die als Eigentum durch Übertragung, testamentarische Verfügung oder kraft Gesetzes übergehen können (Sec. 90 (1)CDPA). Verpflichtet sich der Urheber zur Übertragung, so bedeutet dies, dass er alles veräußert, was er an Rechten innehat (*assignment*). Diese Rechtsübertragung unterscheidet sich maßgeblich vom *droit-d'auteur* - Modell. Auch Teilübertragungen sind in weitem Umfang zulässig[10], ebenso wie die Übertragung künftiger Urheberechte, Sec. 91 CDPA.

Daneben kennt das englische Recht auch den Lizenzvertrag, bei dem nur eine Übertragung von Nutzungsrechten stattfindet.

Ob der Urheber sein Recht abtritt oder lediglich eine Lizenz einräumt, ist durch Auslegung zu ermitteln[11]. Auch was die übrigen Vertragspflichten betrifft, kommt es in erster Linie auf die Parteivereinbarung an. Mangels konkreter Vorgaben des CDPA haben sich in der Rechtspraxis Grundsätze zum Umfang der jeweiligen Pflichten für spezielle Kategorien von Urheberrechtsverträgen entwickelt[12].

Das Abstraktionsprinzip und die daraus resultierende Trennung zwischen Verpflichtung und Verfügung sind dem englischen Recht fremd. Gleichwohl ist

[7]Zum Zustandekommen von Verträgen allgemein statt vieler Adams/Brownsword, 21 ff. Der *Sales of Goods Act* (SGA) is nicht anwendbar, da das geistige Eigentum nicht „Ware“ im Sinne des SGA ist, vgl. Brown, Commercial Law, 266.

[8]Quellen des Urheberrechts, Band II/Großbritannien/I, 18; zur Rechtsprechung *Warner v. Gestetner* [1988] EIPR 89.

[9]v. Bernstorff, 56; Muster eines Lizenzvertrages mit den notwendigen Bestimmungen bei Marchese, Business licensing agreements, 287 - 303.

[10]Quellen des Urheberrechts, Band II/Großbritannien/I, 18.

[11]Vgl. Laddie, Prescott and Vitoria, Rn. 23.12.

[12]Vgl. zum Architektenvertrag und zum Herausgebervertrag Laddie, Prescott and Vitoria, Rn. 24.21 - 24.50.

der Fall der Abtretung von der Abtretungsvereinbarung zu unterscheiden: Im Gegensatz zur bloßen Abtretungsvereinbarung wird die Abtretung eines Anspruchs oder eines Rechts als eine Form der Übertragung von Eigentum behandelt[13].

c Rechte des Urhebers

Was die Rechte des Urhebers bzw. seinen Schutz betrifft, so hat der Gesetzgeber es vermieden, in den CDPA Schutzbestimmungen zugunsten des einzelnen Urhebers einzufügen, wenn er in einer wirtschaftlich schwachen Position oder unerfahren mit einem Verwerter verhandelt[14]. Daher ist auch hier maßgeblich auf die Prinzipien des allgemeinen Vertragsrechts zurückzugreifen. Dort wird der Schutz des Urhebers in der Regel durch Grundgedanken der *equity* gewährt, die ihn im Einzelfall in einem Vertragsverhältnis begünstigen können.

Relevant sind insbesondere auch Rechtsinstitute des allgemeinen Vertragsrechts, die die Nichtigkeit von Verträgen anordnen, deren Abschluss den Unternehmer unredlich begünstigen[15].

aa Vertragsauslegung im Rahmen der *equity*

Bereits bei der Frage, was Vertragsbestandteil geworden ist, kann eine Auslegung zugunsten des Urhebers vorgenommen werden, wie es bisher bereits in einigen Fällen von den Gerichten praktiziert wurde.

Im Fall *Malcolm v. Oxford University Press* hatten sich der Kläger - Autor eines Philosophiebuches - und der Verleger am Telefon über eine faire Vergütung des Werkes geeinigt. Zwei Monate später wies der Verlag das Buch mit dem Argument zurück, es sei kein Vertrag zustande gekommen. Das Gericht entschied, dass durch die mündliche Vereinbarung ein Herausgebervertrag zustande gekommen sei[16].

In einem anderen Fall *Robin Ray v. Classic FM plc* hatte das Gericht zugunsten des Autors angenommen, dass er nicht das *copyright* als Ganzes übertragen wollte, da sich dies nicht aus den Umständen des Einzelfalles ergebe[17].

Bei der *equity* handelt es sich für den Urheber allerdings um ein zweischneidiges Schwert, das sich gleichzeitig gegen ihn wenden kann, und nicht durchgehend dazu benutzt wird, eine Art Zweckübertragungsprinzip in das englische Recht einzuführen. Denn so wie im Einzelfall angenommen wird, dass das *copyright* beim Urheber verbleibt, so wird in einer anderen Konstellation angenommen, dass es die *equity* gebiete, das *copyright* zu übertragen.

---

[13] Dazu näher Kommission für Europäisches Vertragsrecht, 664.
[14] Cornish/Llewelyn, Intellectual Property, Rn. 12-28.
[15] Cornish in: FC Schricker, 643 (657).
[16] [1994] EMLR 17 CA.
[17] [1998] FSR 622.

In der Sache *Massine v. de Brasil*[18] hatte der Kläger das *copyright* für die Choreographie eines Ballets inne, welches für das Repertoire der beklagten Ballet-Agentur bestimmt war. Hier stellte der *Court of appeal* fest, dass der Vertrag zwischen Kläger und Beklagten ein Vertragsverhältnis zwischen Arbeitgeber und Arbeitnehmer darstelle, und das *copyright* demzufolge der Beklagten zustünde. Im übrigen erklärte das Gericht, dass selbst, wenn man einen Arbeitsvertrag verneinen und etwa einen Dienstvertrag annehmen wollte, es implizit Vertragsbestandteil gewesen sei, dass der Kläger sein *copyright* auf die Beklagte übertragen werde, da das Ballet notwendigerweise aus seinen einzelnen Bestandteilen (Choreographie, Musik, Kostüme etc.) bestünde, die daher auch der Beklagten zustünden.

bb *Restraint of trade*

Das Institut des *restraint of trade* macht Vertragsbedingungen, die eine unangemessene Beschränkung der wirtschaftlichen Betätigungsfreiheit darstellen, unwirksam[19].

Was seine Anwendung im Bereich des Urheberrechts betrifft, so ist insbesondere eine Entscheidung aus dem Jahr 1974 wegweisend:

In dem Fall *Schroeder v. Macaulay* hatte der Kläger, ein junger und unbekannter Song-Writer, mit den Beklagten einen Exklusivvertrag für fünf Jahre abgeschlossen, in dem der Kläger das Urheberrecht weltweit für jedes seiner Werke, das er innerhalb der Vertragslaufzeit kreierte, übertrug. Der Vertrag sollte auf zehn Jahre verlängert werden, wenn die Tantiemen 5.000 Pfund überstiegen. Die Beklagten waren in keiner Weise verpflichtet, die Kompositionen des Urhebers zu nutzen. Im Übrigen konnten sie den Vertrag jederzeit kündigen, was dem Kläger nicht gestattet war.

Das *House of Lords* nahm hier eine ungleiche Verhandlungsposition der Parteien an, die für eine unangemessene Wettbewerbsbeschränkung des Komponisten (*unreasonable restraint of trade*) ausgenutzt wurde und erklärte den Musikverlagsvertrag wegen Verstoßes gegen die *public policy* für nichtig[20].

In einer darauffolgenden Entscheidung *Clifford Davis Managment v. WEA Records* verurteilte das Gericht eine ähnliche Vereinbarung wegen einiger überraschender Bestimmungen (*amazing provisions*), die die im Fall betroffenen Komponisten in den Würgegriff (*stranglehold*) nahmen[21].

Der Kläger war Manager einer Musikgruppe. Zwei Mitglieder der Musikgruppe waren Komponisten und planten eine Veröffentlichung ihrer Songs. Daraufhin überzeugte der Kläger sie, eine entsprechende Vereinbarung zur Veröffentlichung mit ihm abzuschließen. Die Vereinbarung war ein Standardvertrag, der die Komponisten unter anderem für eine Dauer von fünf Jahren verpflichtete, wenn der Kläger die Laufzeit nicht um weitere fünf Jahre verlängerte,

---

[18](1938)Macg Cop Cas [1936-45] 223.

[19]Triebel, Englisches Handels- und Wirtschaftsrecht, § 2 Rn. 994; vgl. *Nordenfelt v. Maxim Nordenfeld Guns and Ammunition Co. Ltd.* [1894] CA 535.

[20]*Schroeder v. Macaulay* [1974] 3 All ER 616; näher zum Fall Pilny, Der englische Verlagsvertrag, 142/143.

[21][1975] 1 All ER 237.

und in dem die Komponisten, die in Bezug auf derartige Verträge völlig unerfahren waren, ein weltweites *copyright* für jedes von ihnen komponierte Werk auf den Kläger übertrugen. Nachdem sich die Gruppe von dem Kläger als Manager getrennt hatte, trafen die Komponisten mit den Beklagten eine Vereinbarung zur Veröffentlichung neuer Werke. Der Kläger machte daraufhin vor Gericht seine Rechte an den Werken geltend.

Hier stellte das Gericht fest, dass die Verträge zwischen dem Kläger und den Komponisten nicht durchsetzbar seien, da sie unter Umständen erheblicher Vertragsdisparität gemacht wurden. Im Ergebnis erklärte es, dass bei Übertragung des *copyright* unter einer unwirksamen Vereinbarung der Verwerter (Zessionar) kein *copyright* gegenüber Dritten, denen er bereits Rechte an dem Werk verschafft hatte, geltend machen könne[22].

cc *Undue influence* und *economic duress*

Das Institut der *undue influence* verbietet die „unangemessene Beeinflussung" der in der Regel schwächeren Partei. Im Gegensatz zum *restraint of trade* ist die Rechtsfolge nicht die Nichtigkeit des Vertrages. Der Betroffene hat indes ein Anfechtungsrecht, mit dem der Vertrag seine Rechtswirksamkeit verliert[23].

In den Fällen *O'Sullivan Another vs. Managment Agency & Music Ltd Others*[24] und *Elton John Others vs. James others*[25] wurde angenommen, dass zwischen Urheber und Verlag eine besondere Vertrauensstellung bestünde. Ohne dass der Verlag bösgläubig oder in Schädigungsabsicht gehandelt hätte, wurde in der Ausnutzung seiner überlegenen Handelsposition eine ungehörige Beeinflussung gesehen. Hier konnten die Komponisten nach Anfechtung Schadensersatz und vor allem Rückübertragung ihrer Urheberrechte verlangen[26].

Restraint of trade und *undue influence* schließen sich nicht gegenseitig aus: In der Sache *Clifford Davis Managment v. WEA Records* wurde sowohl *restraint of trade*[27] als auch *undue influence* angenommen.

Die Fälle, die mit *economic duress* bezeichnet werden, sind die Konstellationen, in denen eine Partei durch Drohung mit einem wirtschaftlichen Nachteil bessere Vertragsbedingungen erwingt[28].

dd Zustimmungs-, Rückrufs- und Kündigungsrechte

Das ausschließlich dem Urheber zustehende *copyright* betrifft im Besonderen die Vervielfältigung des Werkes und seine Herausgabe an die Öffentlichkeit[29]. Will

---

[22] Neuere Entscheidungen mit gleichgelagertem Sachverhalt z.B. *Zang Tumb Tuum v. Johnson* [1993] EMLR 61; *Silvertone Revords v. Mountford* [1993] EMLR 152.

[23] Triebel, Englisches Handels- und Wirtschaftsrecht, § 1 Rn. 119.; Zu den einzelnen Voraussetzungen s. *Barclays Bank plc v. O'Brien* [1994] 1 AC 180, 189-90.

[24] [1984] WLR 448.

[25] (1985)[1991] FSR 397, s. auch Copinger and Skone James on Copyright, Rn. 1192 f.

[26] S. auch Pilny, Der englische Verlagsvertrag, 144.

[27] Zum Sachverhalt s. obon, B V 2 c bb.

[28] Zu den Voraussetzungen s. Samuel, Law of obligations, 401/402.

[29] Quellen des Urheberrechts, Band II/Großbritannien/I, 7.

ein Dritter solche Handlungen vornehmen, so bedarf es der Zustimmung des Urhebers, Sec. 22 ff. CDPA. Diese Vorschriften betreffen das Verhältnis zwischen Urheber und (Erst-)Verwerter und verlangen generell eine (vertragliche) Erlaubnis - das Gesetz spricht hier von *licence* - seitens des Urhebers. Darüber hinaus ist eine Abtretung des Urheberrechts auch dann unwirksam, wenn sie trotz vertraglichen Verbotes vom Verwerter des Urheberrechts ohne die Zustimmung des Urhebers an einen Dritten übertragen wird [30].

Ein urheberrechtsspezifisches Rückrufsrecht wie im deutschen und französischen Recht gibt es im englischen Recht nicht[31].

Aus dem *common law* lässt sich ein Rücktrittsrecht für vorsätzliches Verhalten (*fraudulent misrepresentation*) herleiten, aus der *equity* das für fahrlässiges (*negligent misrepresentation*) oder unverschuldetes Verhalten (*innocent misrepresentation*)[32].

ee *Breach of contract*

Die Nichterfüllung des Vertrages kann auch zum Erlöschen des Vertrages (*discharge*) führen, was mit dem Rücktrittsrecht wegen Nichtausübung vergleichbar ist. Das englische Recht geht von dem Grundsatz aus, dass beide Vertragspartner sich gegenseitig ordnungsgemäße Erfüllung garantieren. Tritt der garantierte Erfolg nicht ein, so liegt ein Vertragsbruch (*breach of contract*) vor. Handelt es sich bei der Vertragsverletzung um die Missachtung einer „wesentlichen Vertragsbestimmung“ - dies wird bei der Nichtausübung des Nutzungsrechts im Rahmen von Lizenzverträgen, in denen es in der Regel um die wirtschaftliche Nutzung der Lizenz geht, anzunehmen sein - so kann der Geschädigte Vertragsauflösung verlangen, also die eigentliche vertragliche Verpflichtung als nicht entstanden ansehen, die ihm obliegende Gegenleistung verweigern beziehungsweise eine bereits erbrachte Gegenleistung zurückfordern[33].

ff Vergütungsansprüche

Das Recht auf angemessene Vergütung kann sich im Einzelfall auf der Basis eines „quantum meruit“-Ausgleichs ergeben. Unter bestimmten Voraussetzungen erkennt die Rechtsprechung ein „quantum meruit“ als Ausgleich für bereits erbrachte Leistungen an[34].

---

[30] So das neuseeländische Appellationsgericht in *New Zealand Payroll Software Sysstems Ltd v. Advanced Management Systems Ltd*, in: Law Quarterly Review Vol. 120 April 2004, 218, in Anwendung der Rechtsprechung des *House of Lords* zur Unwirksamkeit von Rechtsübertragungen entgegen vertraglicher Absprache, *Linden Garden Trust Ltd v. Lenesta Sludge Disposals Ltd* [1994] 1 AC 85, [1993] 3 WLR 408.

[31] Schricker/Dietz, § 42 Rn. 4.

[32] v. Bernstorff, 58.

[33] v. Bernstorff, 78.

[34] Näher dazu Stone, The modern law of contract, 418, 477/478.

Im Fall *Planché v. Colburn*[35] war der Kläger von den Beklagten engagiert worden, ein Buch über Kostüme und alte Rüstungen zu verfassen. Der Kläger machte die erforderlichen Recherchen und einige Aufzeichnungen. Die Beklagten brachen das Projekt ab. Das Gericht sprach dem Kläger auf „quantum meruit"-Basis einen Anspruch auf einen bestimmten Teilbetrag zu.

Dies gilt allerdings vornehmlich für Fälle, in denen gar keine Vergütung vereinbart wurde. Liegt eine Vergütungsvereinbarung vor, so spricht das Gericht in der Regel keine andere Vergütung zu[36]. Nur ganz ausnahmsweise greift der englische Richter in die Vereinbarung der Parteien ein[37].

Auch bei der Honorierung von Extra-Leistungen einer Partei kann der Anspruch auf das Institut des „quantum meruit" gestützt werden. Im Bereich des Urhebervertragsrechts ist es allerdings bisher noch nicht angewandt worden, um eine zu niedrig bemessene Vergütung anzupassen[38].

Der „quantum meruit"-Anspruch wird nicht als rein vertraglicher Anspruch behandelt. Teilweise wird er als bereicherungsrechtlich, vornehmlich allerdings als quasi-vertraglich qualifiziert[39].

Das englische Vertragrecht bietet ebenfalls nur rudimentäre Möglichkeiten, den Vertrag anzupassen, wenn sich die Vergütung in Folge nicht mehr als angemessen herausstellt. Das Institut der Vertragsanpassung (*rectification*) im Falle des Irrtums deckt diese Konstellation nicht ab, da es an den Irrtum zum Zeitpunkt des Vertragsabschlusses anknüpft und nicht an veränderte Bedingungen[40]. Eine Vertragsanpassung wegen Wegfalls der Geschäftsgrundlage, wie sie im deutschen Recht möglich ist, gibt es im englischen Recht nicht. Hier ist die Rechtsfolge in der Regel die Vertragsauflösung[41].

d Schutz des angestellten Urhebers

Im Rahmen eines Arbeitsverhältnisses stellt sich zunächst die Frage, wer überhaupt als Urheber des Werkes angesehen wird. Während in Deutschland und Frankreich der Schöpfer des Werkes Urheber ist und bleibt, geht die englische *copyright*-Tradition in eine andere Richtung: Gemäß Sec. 11 (2) CDPA gilt für literarische, dramatische Werke, Werke der Musik oder der Kunst, die von einem

[35] [1831] 8 Bing 14, 131 ER 305, ref. bei Stone, The modern law of contract, 477/478.

[36] Vgl. dazu *Britain v. Rossiter* [1879] 11 QBD 123; *Gilbert & Partners v. Knight* [1968] 112 SJ 155.

[37] Zu den Fällen, die ein Eingreifen in die ausgehandelten Vertragsbedingungen zulassen vgl. Treitel, The law of contract, 952/953.

[38] S. zum Werkvertrag: *Parkinson (Sir Lindsay)& and Co Ltd. v. Commissioners of Works* [1949] 2 KB 632; zum Arbeitsvertrag: *Powell v. Braun* [1954] 1 WLR 401.

[39] Vgl. mit Hinweis darauf, dass der Anspruch aus dem Mangel an *consideration* resultiere Chitti on Contract, I, Rn. 29-067; ferner Triebel, Englisches Handels- und Wirtschaftsrecht, § 1 Rn. 149.

[40] Vgl. Ausführungen und Rechtsprechung zum Irrtum bei v. Bernstorff, 63.

[41] v. Bernstorff, 79.

Arbeitnehmer im Rahmen einer Anstellung geschaffen werden, dass vorbehaltlich jeglicher gegenteiligen Vereinbarung sein Arbeitgeber der erste Inhaber des *copyright* am Werk ist. Dies gilt ebenfalls für nach dem 30.6.1994 produzierte Filme[42]. Das Urheberrecht steht dabei von Anfang an dem Arbeitgeber zu; der Arbeitnehmer ist zu keinem Zeitpunkt Urheber[43]. Für vor dem 1.7.1994 hergestellte Filme, Tonaufnahmen, Rundfunksendungen, Kabelprogramme und drucktechnische Gestaltungen gilt Sec. 11 CDPA nicht. In diesen Fällen ist es gleichwohl wahrscheinlich, dass der Arbeitgeber in Anbetracht seiner organisatorischen oder unternehmerischen Aufgaben gemäß Sec. 9 (2), (3) CDPA als Urheber angesehen wird[44].

Für Arbeitnehmererfindungen wählt das englische Recht einen anderen Ansatz: Nach Sec. 39 *Patents Act 1977* steht eine Erfindung dem Arbeitgeber nur zu, wenn (1) die Erfindung im Rahmen der „normalen Arbeitspflichten" oder „speziell übertragener" Aufgaben entstanden ist und eine Erfindung vernünftigerweise als Arbeitsergebnis zu erwarten war oder (2) der Arbeitnehmer die spezielle Verpflichtung hatte, den geschäftlichen Gewinn des Unternehmens zu fördern[45]. Sec. 40 *Patents Act 1977* enthält eine arbeitnehmerschutzrechtliche Bestimmung: Ist für eine Erfindung eines Arbeitnehmers ein Patent gewährt worden, welches einen herausragenden Vorteil für den Arbeitgeber schafft, so hat der Arbeitnehmer dafür eine Abfindung zu erhalten. Dies gilt im Übrigen auch, wenn der Arbeitnehmer bereits eine Vergütung für die vertragliche Abtretung seines Rechts an den Arbeitgeber bekommen hat, diese aber im Verhältnis zu dem Gewinn des Arbeitgebers unangemessen erscheint, Sec. 40 (2c) *Patents Act 1977*. Diese Bestimmung ist auch nicht durch Vertrag abdingbar, Sec. 40 (4), Sec. 42 (2) *Patents Act 1977*.

e Kollektivrechtlicher Schutz

Die rechtliche Struktur von Verwertungsgesellschaften ist nicht durch besondere Gesetzgebung bestimmt. Es handelt sich um private Organisationsformen - zumeist Gesellschaften mit beschränkter Haftung - die der Kontrolle des *Copyright Tribunal* unterstehen[46].

f AGB-Kontrolle

Die AGB-Kontrolle gestaltet sich in Großbritannien als Zusammenspiel von *common law* und *statutes*.

Aus dem Bereich des *common law* gibt es bereits seit dem 19. Jahrhundert Fälle, in denen die Gerichte der Gültigkeit unbilliger Geschäftsbedingun-

[42] Vgl. Laddie Prescott and Vitoria, Rn. 21.20.
[43] Laddie Prescott and Vitoria, ebenda.
[44] Vgl. Laddie Prescott and Vitoria, Rn. 21.17.
[45] Siehe auch von Falck/Schmaltz, GRUR 2004, 469 (473).
[46] Quellen des Urheberrechts, Band II/Großbritannien/I, 19/20; zum *Copyright Tribunal* s. Part I, Chapter VIII CDPA.

gen Grenzen gezogen haben. Nach dem zweiten Weltkrieg wurde eine Regel entwickelt, nach der Haftungsausschlüsse immer dann unwirksam sein sollten, wenn die Vertragsverletzung, auf die die Haftung gestützt wurde, einen *fundamental breach of contract* darstellte[47]. Die englischen Gerichte tendieren aber - gestützt auf das Prinzip der Vertragsfreiheit - heute mehr dahin, besonders Freizeichnungsklauseln für gültig anzusehen, sie aber mittels Auslegung zu korrigieren[48], und so erklärte das *House of Lords* mit einer Entscheidung von 1980 die Regel der *fundamental breach of contract* für nicht mehr anwendbar[49].

Was die Einbeziehung von allgemeinen Geschäftsbdingungen betrifft, so gilt, dass sie durch Unterzeichnung, Kenntnisnahme oder ständige Geschäftsübung Vertragsbestandteil werden[50].

Bei der inhaltlichen Kontrolle allgemeiner Geschäftsbedingungen sind auf gesetzgeberischer Ebene zum einen der *Unfair Contract Terms Act 1977*, zum anderen die *Unfair Terms in Consumer Contracts Regulations 1999*[51] maßgebend.

Der *Unfair Contract Terms Act 1977* ist für Urheberrechtsverträge wenig relevant, da seine Anwendung für Verträge ausgeschlossen ist, soweit sie die Schaffung oder die Übertragung eines Rechts an einem *copyright* betreffen[52].

Die *Unfair Terms in Consumer Contracts Regulations 1999* sind in ihrem Anwendungsbereich einerseits weiter, weil sie Kauf- und Dienstverträge jeglicher Art umfassen, andererseits aber auch enger als der *Unfair Contract Terms Act 1977*, da nur vorformulierte Vertragsbedingungen in Verbraucherverträgen unter die *Regulations 1999* fallen. Derartige Bestimmungen unterliegen einer „Fairness"-Kontrolle[53]. Gemäß Sec. 5(1) der *Regulations 1999*, der Art. 3 der Klauselrichtlinie[54] entspricht, ist eine nicht individuell ausgehandelte Vertragsbedingung unfair, wenn sie im Gegensatz zum guten Glauben ein erhebliches Ungleichgewicht zwischen den Parteien zum Nacheil des Verbrauchers schafft. Schedule 2 übernimmt die im Annex der Klauselrichtlinie enthaltene Liste von Beispielsfällen, die gemäß Sec. 5(5) der *Regulations 1999* als unfair behandelt werden können. An eine unfaire Klausel im Sinne der *Regulations 1999* ist der Verbraucher nicht gebunden, Sec. 8 der *Regulations 1999.*

---

[47] Mit näheren Erläuterungen Zweigert/Kötz, § 24 IV 3.

[48] Zweigert/Kötz, ebenda.

[49] *Photo Production Ltd. v. Securior Transport Ltd.* [1980] 2 WLR 283.

[50] Mit näheren Ausführungen zu den Einzelheiten Macdonald, JILT 1999 (2), 2.1.

[51] S.I.1999 Nr. 2083.

[52] Schedule 1 lit c *Unfair Contract Terms Act 1977*; andere Bestimmungen im Vertrag sollen dagegen der Kontrolle unterliegen, vgl. Thompson, Unfair Contract Terms Act, Rn. 114.

[53] S. Macdonald, JILT 1999 (2), 2.3.2 zum Vorläufer der *Regulations 1999*, den *Regulations 1994*.

[54] Richtlinie 93/13 EWG des Rates vom 5.4.1993 über missbräuchliche Klauseln in Verbraucherverträgen, Ref. s. oben, B IV 2 f, Fn. 58.

Wegen der Beschränkung der *Regulations 1999* auf Verbraucherverträge ist auch hier die Relevanz eher gering, wenn auch nicht auszuschließen[55].

[55] Zu den Fällen, in denen der Urheber auch Verbraucher ist, s. unten, E VIII.

Kapitel VI

Zusammenfassung

Warum, mag man fragen, interessieren die materiell-rechtlichen Aspekte, soll es doch in concreto gar nicht um das hier dargestellte materielle Recht gehen, sondern lediglich um die Art und Weise der Durchsetzung einzelner Bestimmungen, wenn ein ausländisches Recht auf den Vertrag anwendbar ist?

Die begriffliche Klärung, was überhaupt unter Urheberrechtsverträgen zu verstehen ist, ist wichtig, um für das konkrete Lebensverhältnis entscheiden zu können, wie es kollisionsrechtlich behandelt wird. Erst dann kann in einem nächsten Schritt gefragt werden, ob innerhalb des anwendbaren Vertragsstatuts Sachnormen eines anderen Rechts zur Geltung kommen. Die Fragestellung ist dagegen eine andere, wenn bereits die Kollisionsnorm eine andere ist.

Das Lebensverhältnis - hier das Vertragsverhältnis - wird von den Vergleichsländern im großen und ganzen in gleicher Weise verstanden. Damit ist (zumindest) der Ausgangspunkt für die Qualifikation[1] der gleiche: ob die einzelnen Staaten auch wirklich den „Vertrag" der Qualifikation zugrunde legen oder aber das Urheberrecht als (absolute) Rechtsposition ausschlaggebend für die Subsumtion unter eine Kollisionsnorm ist, wird an späterer Stelle zu beantworten sein.

Die Kenntnis der Rechtsquellen wird im Rahmen der kollisionsrechtlichen Anknüpfung entscheiden, ob überhaupt noch Raum für nationales Kollisions- bzw. Sachrecht bleibt. Bei der sich später stellenden Frage, welche nationalen Normen sich gegen das anwendbare Recht durchsetzen, kann es von Bedeutung sein, ob sie EG-rechtlichen, völkerrechtlichen oder nationalen Ursprungs sind. International (materiell) einheitliches Recht gibt es in Großbritannien, Frankreich und Deutschland bisher nicht. CPI, CDPA und UrhG sind zwar teilweise durch EG-Recht beeinflusst, dessen Vorgaben betreffen allerdings nicht direkt den Urhebervertrag.

[1] Zur Qualifikation s. ausführlich Kropholler, IPR, §§ 15-17.

Was die materiellen Voraussetzungen des Vertragsschlusses, Wirksamkeitserfordernisse, Vertragsgegenstand und spezielle Rechte des Urhebers betrifft, so sind dies Regeln, die überwiegend dem Schutz des Urhebers dienen, und im internationalen Kontext dahingehend untersucht werden müssen, inwieweit sie durch die Wahl eines anderen Rechts abbedungen werden können.

Der Vertragsgegenstand ist in Deutschland das Nutzungsrecht, in Frankreich das Vermögensrecht am Urheberrecht, nicht dagegen das Urheberrecht selbst. Anders dagegen in England: Dort ist die gesamte Übertragung des *copyright* möglich.

Den Rechtsordnungen Frankreich, England und Deutschland liegt das Prinzip der Parteiautonomie zugrunde. Spezielle Vorschriften können zugunsten des Urhebers nicht oder nur teilweise abbedungen werden. Solche schützenden Vorschriften sind zum Beispiel das Schriftformerfordernis (Art. L. 131-2 I, L. 131-3 III CPI, Sec. 90 (3) CDPA), das Rückrufsrecht (§§ 41, 42 UrhG, Art. L. 121-4 CPI) und die angemessene Vergütung (§§ 32, 32 a UrhG, Art. L. 131-4 I CPI).

Im Vergleich zeigt sich bereits die Sonderstellung Englands: Dem englischen Recht stehen hauptsächlich Schutzinstrumente des allgemeinen Zivilrechts zur Verfügung, die in ihrer Effizienz hinter den kodifizierten Bestimmungen des deutschen und französischen Rechts zurückbleiben.

Der angestellte Urheber bedarf besonderer Erwähnung, erfährt er doch kollisionsrechtlich im Vertragsrecht in mancher Hinsicht eine Sonderbehandlung[2]. Alle Vergleichsländer erkennen seinen Status als Arbeitnehmer und die damit verbundenen Schutzbestimmungen in vollem Umfang an. Deutschland und Frankreich sehen ihn im Ausgangspunkt auch als Urheber des von ihm geschaffenen Werkes (§ 43 UrhG, Art. L. 111-1 III CPI), wenden die Regeln über Urheberrechtsverträge im Rahmen von Arbeitsverhältnissen aber nur modifiziert an. Im englischen Recht dagegen gilt bis auf wenige Ausnahmen der Arbeitgeber als Urheber.

Die AGB-Kontrolle kann sich als Schutzinstrument ebenfalls in internationalen Verträgen einschalten; dies gilt in den Vergleichsländern für Verbraucherverträge uneingeschränkt, ist aber von wenig praktischer Relevanz. Verträge zwischen Unternehmern unterliegen nur in Deutschland einer effizienten AGB-Kontrolle.

Der Verweis auf die Möglichkeit der kollektiven Wahrnehmung durch entsprechende Verwertungsgesellschaften in jedem der Vergleichsländer zeigt in Ergänzung zu den noch folgenden Ausführungen zum Schutz des Urhebers auf kollisionsrechtlicher Ebene, dass die Praxis durchaus eine Möglichkeit bietet, den Urheber zu schützen: Die kollektive Wahrnehmung der Interessen des Urhebers ist zunächst ein nationales Instrument. Aber die Verwertungsgesellschaften arbeiten auch über die Grenzen hiaus. Um ausländische Autorenrechte wahrnehmen zu können, haben sich die Verwertungsgesellschaften zu europäischen

[2] Zu Art. 6 EVÜ später, s. D III 2 b; E IX.

und internationalen Vereinigungen zusammengeschlossen[3]. Erwähnenswert ist in diesem Zusammenhang das zur besseren Kooperation zwischen der GEMA, der französischen SDRM[4]/SACEM[5] und der englischen MCPS[6] 1995 gegründete *Bureau for European Licensing.*

Verwertungsgesellschaften kommen in der Realität manchem Vertrag des einzelnen Urhebers, bei dem er benachteiligt bzw. seiner Rechte verlustig werden könnte, zuvor.

[3]Dachverband aller Verwertungsgesellschaften ist die CISAC.
[4]Société pour l'administration du droit de reproduction mécanique.
[5]Société des auteurs compositeurs et éditeurs de musique.
[6]Mechanical-Copyright Protection Society.

Teil C

Kollisionsrechtliche Anknüpfung

Kapitel I

Vorgaben internationaler Übereinkommen und des EG-Rechts

Bei der Frage der kollisionsrechtlichen Anknüpfung von Urheberrechtsverträgen ist zunächst zu fragen, ob sich nicht in internationalen Übereinkommen spezielle kollisionsrechtliche Regelungen befinden.

Dieser Anwendungsvorrang resultiert im deutschen Recht aus dem in Art. 3 II S. 1 EGBGB festgelegten Vorrangprinzip[1]. In Frankreich ergibt er sich direkt aus der Verfassung (Art. 55)[2]. In England haben internationale Konventionen dagegen den Rang eines einfachen Gesetzes. Hier muss allerdings gleichwohl ein Anwendungsvorrang aus den völkerrechtlichen Verpflichtungen heraus angenommen werden. Denn das Gebot der völkerrechtskonformen Auslegung innerstaatlichen Rechts beansprucht über den Bereich des *common law* hinaus allgemeine Geltung[3].

Die internationalen Übereinkommen im Bereich des Urheberrechts enthalten vorwiegend materiell-rechtliche Regeln zum Urheberrecht in seiner absoluten, dinglichen Dimension[4].

---

[1] Obergfell, Filmverträge, 201.

[2] Art 55 der franz. Verfassung: „Les traités ou accords régulièrement ratifiés ou approuvés ont, dès leur publication, une autorité supérieure à celle des lois, sous réserve, pour chaque accord ou traité, de son application par l'autre partie."

[3] Verdross/Simma, Universelles Völkerrecht, § 860.

[4] Inwieweit die einschlägigen Übereinkommen auch Kollisionsrecht beinhalten - zum Streitstand etwa, ob die Revidierte Berner Übereinkunft eine Kollisionsnorm in Art. 5 II enthält vgl. z.B. die Anmerkung von Nicolas Bouches in GRURInt 2003, 75 - 79 zum Urteil der *Cour de cassation* vom 5.3.2003, zur Diskussion in Deutschland m.w.N. statt vieler Obergfell, Filmverträge, 204-208 - muss an dieser Stelle noch nicht problematisiert werden, da, sollten Kollisionsnormen enthalten sein, sie jedenfalls nicht den Urheberrechtsvertrag betreffen.

Nur vereinzelt finden sich in den Staatsverträgen sach- oder kollisionsrechtliche Regelungen speziell urhebervertragsrechtlicher Art; beispielhaft sei hier nur Art. 14*bis* II lit. c der Revidierten Berner Übereinkunft[5] genannt, der auf kollisionsrechtlicher Ebene ein Formstatut für die Verpflichtung von Filmurhebern enthält[6].

Bestehende Gemeinschaftsinstrumente enthalten ebensowenig vertragsrechtliches Sonderkollisionsrecht für Urheberrechtsverträge. Hauptsächlich sind es Richtlinien, die materielle Regeln harmonisieren[7].

Für die Satelliten- und Kabel-Richtlinie[8] könnte dagegen eine andere Sichtweise angenommen werden. Erwägungsgrund 15 der Richtlinie lautet: „Der vertragliche Erwerb ausschließlicher Senderechte muss dem Urheberrecht und dem Leistungsschutzrecht des Mitgliedstaates entsprechen, in dem die öffentliche Wiedergabe über Satellit erfolgt." Zudem heißt es in dem Kommissionsbericht[9], Ziel der Richtlinie sei es unter anderem, das für die vertraglichen Beziehungen der Rechteübertragung maßgebende Urheberrecht zu präzisieren[10].

Auch wenn man in diesem Punkt eine Kollisionsregel vermuten könnte, ist eine solche Annahme hier abzulehnen: Zunächst lässt die Richtlinie die Frage nach dem auf den Vertrag anzuwendenden Recht unberührt: Es handelt sich bei der Richtlinie selbst um die Harmonisierung materiellen Rechts. Festgelegt wird nur, welcher Akt als Sendung zu werten ist. Ungeregelt bleibt dagegen, welches Recht auf die so lokalisierte Sendung anzuwenden ist[11]. Es bleibt den Parteien in dem speziellen Fall der Satelliten-Sendungen daher weiterhin möglich, ihre vertraglichen Beziehungen einem anderen Recht zu unterwerfen[12].

Für die Zukunft wird derzeit angestrebt, das auf vertragliche Schuldverhältnisse anwendbare Recht, welches bisher im Römischen EWG-Übereinkommen über das auf vertragliche Schuldverhältnisse anzuwendende Recht vom 19. Juni 1980[13] (EVÜ) geregelt ist, in einem Gemeinschaftsinstrument zu vereinheitlichen[14]. Die bisherigen Überlegungen der Kommission sehen allerdings keine Sonderreglung für Urheberrechtsverträge vor.

---

[5] Ref. s. oben, B I 5, Fn. 32.

[6] Ausführlich dazu Katzenberger in: FG Schricker, 225 (235 ff.).

[7] Als Beispiel für materielle Rechtsvereinheitlichung bzw. -harmonisierung vgl. Richtlinie 93/98/EWG des Rates vom 29. Oktober 1993 zur Harmonisierung der Schutzdauer des Urheberrechts und bestimmter verwandter Schutzrechte, ABl.Nr.L 290 vom 24.11.1993, 9-13.

[8] Ref. s. oben, B II 2, Fn. 27.

[9] KOM (2002) 430 endgültig, 26.7.2002.

[10] S. Punkt 3.1.1. des Kommissionsberichts.

[11] Wandtke/Bullinger-v. Welser, UrhG Vor 120 ff. Rn. 18.

[12] Bergé, Gazette du Palais 2003, 1629 (1631).

[13] ABl.Nr.C 27 vom 26.1.1998, 34-36.

[14] Grünbuch über die Umwandlung des Übereinkommens von Rom aus dem Jahr 1980 über das auf vertragliche Schuldverhältnisse anzuwendende Recht in ein Gemeinschaftsinstrument sowie über seine Aktualisierung, KOM (2002) 654 endgültig.

Kapitel II

Art. 3 ff. EVÜ/Art. 27 ff. EGBGB

Das EVÜ betrifft vorbehaltlich der in Art. 1 II genannten Ausnahmen Verträge im Allgemeinen und trifft keine spezielle Regelung für Urheberrechtsverträge. Es ist - teilweise mit leichten Änderungen - in allen Vergleichsstaaten anwendbar und schreibt die kollisionsrechtliche Behandlung von vertraglichen Schuldverhältnissen vor. Die Bundesrepublik Deutschland erklärte bei der Zustimmung zu dem Übereinkommen durch Gesetz v. 25.7.1986[1], dass die Art. eins bis 21 des Übereinkommens innerstaatlich keine unmittelbare Anwendung finden sollten; es gelten daher die dem EVÜ weitgehend entsprechenden Regeln der Art. 27 ff. EGBGB. In England wurde das EVÜ durch den *Private International Law (Miscellaneous Provisions) Act 1995* (PIL Act) in nationales Recht umgesetzt[2]; in Frankreich wurde es am 28.2.1991 mit Inkrafttreten zum 1.4.1991 als Gesetz verabschiedet[3].

In Frankreich gibt es neben dem EVÜ seit dem 21.6.2004 eine spezielle Kollisionsregel für Verträge im elektronischen Geschäftsverkehr (E-Commerce). Das entsprechende Gesetz[4] setzt nicht nur die E-Commerce-Richtlinie[5] um, sondern schafft in seinem Art. 17 eine spezielle Kollisionsregel, die Distanzverträge im E-Commerce dem Recht des Staates unterwirft, in dem die Person, die die Lieferung von Waren oder Dienstleistungen auf elektronischem Weg anbietet, ihren Sitz hat. Die Regel kommt nicht zur Anwendung, wenn die Parteien vertraglich etwas anderes vereinbart haben. Damit entspricht die Vorschrift Art. 3 und 4 des EVÜ. Im übrigen enthält das Gesetz eine verbraucherschützende, dem Art. 5 EVÜ ensprechende Regelung[6].

---

[1] BGBl. II, 809.

[2] In Kraft seit dem 1.5.1996; S.I.1996 Nr. 995.

[3] Décret n. 91-242 vom 28.2.1991, J.O. v. 3.3.1991.

[4] Gesetz n. 2004-575 vom 21.6.2004, J.O. v. 22.6.2004.

[5] Richtlinie 2000/31/EG des Eruopäischen Parlaments und des Rates vom 8.6.2000 über bestimmte rechtliche Aspekte der Dienste der Informationsgesellschaft, insbesondere des elektronischen Geschäftsverkehrs, im Binnenmarkt, ABl.Nr.L 178 v. 17.7.2000, 1-16.

[6] Zu den einzelnen Bestimmungen sowie zum Anwendungsbereich s. D. 2005, 1195.

In Deutschland und England hat man sich bei der Umsetzung der E-Commerce-Richtlinie nicht so deutlich für die Einführung eine speziellen Kollisionsregel im E-Commerce entschieden. Für das Teledienstegesetz[7] und die *Electronic Commerce (EC Directive) Regulations 2002*[8] ist umstritten, ob sie ein Sonderkollisionsrecht für Verträge im E-Commerce darstellen oder die Bestimmung des Vertragsstatuts unberührt lassen[9].

1 Anwendbarkeit

Im Hinblick auf die Art. 3 ff. EVÜ stellt sich die Frage, ob diese allgemein für Schuldverhältnisse geltenden Kollisionsnormen auch für solche über geistiges Eigentum gelten. Dies ist in der deutschen Literatur nicht ganz unzweifelhaft[10]. Der Bericht von Giuliano/Lagarde betont, dass das Gebiet der dinglichen Rechte und Immaterialgüterrechte nicht unter diese Vorschriften fällt[11]. Hiermit ist allerdings nach vorwiegender Auffassung nur die dingliche Seite gemeint; Schuldverträge über Immaterialgüterrechte sind damit nicht ausgeschlossen und in üblicher Weise nach den Art. 3 ff. EVÜ anzuknüpfen[12]. Gemäß Art. 3 EVÜ ist in erster Linie das von den Parteien gewählte Recht maßgebend; fehlt eine Rechtswahl, so greift Art. 4 EVÜ[13].

Ebenso wie das deutsche Recht knüpft das französische Recht Urheberrechtsverträge nach dem EVÜ an[14].

Die englische Rechtsprechung hat bereits vor Erlass des EVÜ in relevanten Fällen eine Rechtswahl für Urheberrechtsverträge anerkannt[15], allerdings hält sie sich bedeckt, was die Anwendbarkeit des EVÜ auf Urheberrechtsverträge betrifft. Auch bestanden bei der Debatte über den Gesetzesentwurf zum Umsetzungsgesetz des EVÜ Tendenzen, das Urhebervertragsrecht aus dem Anwendungsbereich des Art. 1 EVÜ herauszunehmen. Ein dahingehender Änderungsvorschlag wurde allerdings nicht umgesetzt, nicht weil man annahm, das

[7]Teledienstegesetz vom 22.7.1997, BGBl. I, 1870; zuletzt geändert durch Gesetz vom 14.12.2001, BGBl. I, 3721.

[8]S.I.2002 Nr. 2013.

[9]Zu den verschiedenen Auslegungsmöglichkeiten im deutschen Recht s. MüKo/Martiny (Ergänzungsband 2004), Nach Art. 34 EGBGB Rn. 1-72; zu den Unsicherheiten bei Auslegung der *Electronic Commerce Regulations* s. Fawcett, International sale of goods, Rn. 21.17; 21.23; 21.32; Dicey and Morris, Supplement 2004, Rn. 33-011.

[10]Staudinger/Magnus (2002), Art. 28 EGBGB Rn. 600.

[11]Giuliano/Lagarde, BT-Drs. 10/503, 42.

[12]In dieser Arbeit soll es nur um die schuldrechtliche Seite gehen, die nach allen Ansichten vertragsrechtlich einzuordnen ist. Zur kollisionsrechtlichen Behandlung des Verfügungsgeschäftes statt vieler Mäger, Der Schutz des Urhebers, 50 - 56.

[13]Zur Problematik der vertragscharakteristischen Leistung s. z.B. Wandtke/Bullinger-v. Welser, Vor 120 ff. UrhG Rn. 24.

[14]Vgl. z.B. Josselin-Gall, Rn. 302.

[15]Zur Rechtsprechung Fawcett/Torremans, 549; insb. *Campbell Conelly* [1963] I All ER 237; *Redwood Music LtD. v. Francis a.o.* [1978] RPC 429; ferner *Bodley Head Ltd. v. Flegon* [1972] 1 WLR 680.

EVÜ sei diesbezüglich nicht anwendbar, sondern weil man sich vergegenwärtigte, dass Großbritannien nicht einseitig eine modifizierte Fassung des EVÜ annehmen dürfe[16]. Bis jetzt gibt es auch kein entsprechendes *case law*, in dem die Rechtsprechung sich eindeutig gegen die Anwendbarkeit des EVÜ entschieden hätte, so dass von einer Anwendbarkeit des EVÜ auch auf Urheberrechtsverträge auszugehen ist.

Die Bestimmungen der Art. 3 ff. EVÜ/27 ff. EGBGB ff. gelten grundsätzlich für jede Art von Urheberrechtsverträgen; die Problematik, wie sie sich bei *online*-Übertragungen im Bereich der außervertraglichen Haftung ergibt, stellt sich hier nicht: Die Parteien sind mit den noch zu erläuternden Einschränkungen auch im elektronischen Rechtsverkehr *online* frei, das auf den Vertrag anwendbare Recht zu wählen[17], da die Bestimmung des Art. 3 EVÜ/Art. 27 EGBGB „technikneutral" zur Anwendung kommt[18].

2 Abgrenzung zum Urheberrechtsstatut

Für das Verständnis der kollisionsrechtlichen Anknüpfung im Urhebervertragsrecht ist es unerlässlich, zunächst die Anknüpfung für das Urheberrecht in seiner „absoluten" Dimension darzustellen, welches in engem Zusammenhang mit dem Urhebervertragsrecht steht.

Für Fragen nach der Existenz eines Urheberrechts, nach seinem Inhaber und seiner Wirkung gegenüber Dritten etc. wird als Anknüpfungspunkt gemeinhin das Urheberrecht gewählt.

a Vorgaben internationaler Übereinkommen

Art. 5 II der RBÜ gewährt Genuss und Ausübung von (Urheber-)Rechten, ohne sie an irgendwelche Förmlichkeiten zu binden:

> „Dieser Genuss und diese Ausübung sind unabhängig vom Bestehen des Schutzes im Ursprungsland des Werkes. Infolgedessen richten sich der Umfang des Schutzes sowie die dem Urheber zur Wahrung seiner Rechte zustehenden Rechtsbehelfe ausschließlich nach den Rechtsvorschriften des Landes, in dem der Schutz beansprucht wird, soweit diese Übereinkunft nichts anderes bestimmt".

Hieraus wird vielfach gefolgert, dass sich die Rechtsmacht des Urhebers wie des Nutzungsberechtigten eines urheberrechtlichen Verwertungsrechts nach den Rechtsvorschriften des Schutzlandes bestimmt[19].

---

[16] Näher dazu Fawcett/Torremans, 551.

[17] Schønning, RIDA 1996 (170), 21 (23); vgl. auch Pfeiffer in: Gounalakis, Rhb. Electronic Business, § 12 Rn. 1.

[18] Junker, RIW 1999, 809 (816); zur kollisionsrechtlichen Bedeutung der E-Commerce-Richtlinie s. oben, C II Vor 1.

[19] Vgl. z.B. BGH GRUR 1992, 697 (698) - *ALF*; zum Begriff des Schutzlandprinzips im Folgenden B II 2 c.

b Gemeinschaftsrecht

Durch ein Gemeinschaftsinstrument ist die Frage nach dem anwendbaren Recht bisher noch nicht geregelt worden. Dies kann sich allerdings durch eine künftige Verordnung ändern: Seit dem 22.7.2003 befindet sich im Gesetzgebungsverfahren ein formeller Verordnungsvorschlag über das auf außervertragliche Schuldverhältnisse anzuwendende Recht (im Folgenden: Rom II-Verordnung)[20], der eine Regelung speziell für geistiges Eigentum enthält: Bislang sieht Art. 8 der Rom II-Verordnung für Verletzungen der Rechte an geistigem Eigentum vor, dass das Recht des Staates anzuwenden ist, in dem der Schutz beansprucht wird. Der Vorschlag entscheidet sich damit im Hinblick auf das auf außervertragliche Schuldverhältnisse anzuwendende Recht für das Recht des Schutzlandes. Offen bleibt allerdings bisher, ob der jetzige Vorschlag in dieser Form verabschiedet wird[21].

c Das Territorialitäts- und das Schutzlandprinzip

Nach dem Schutzlandprinzip - der lex loci protectionis - ist das Recht des Staates maßgebend, für dessen Territorium Schutz verlangt wird [22].

Ausgangpunkt dafür ist, dass sich die Wirkung der gesetzlichen Regelung des Urheberrechts auf das Hoheitsgebiet beschränkt, in dem das Gesetz erlassen wurde. Ergänzend pflegt man auch auf das Deliktsrecht hinzuweisen. Der Eingriff in das Urheberrecht oder die gewerblichen Schutzrechte erscheint als unerlaubte Handlung, die nach dem Recht des Begehungsortes zu beurteilen ist[23].

d Das Universalitätsprinzip

Nach dem Universalitätsprinzip erwirbt der Urheber im Ursprungsland seines Werkes ein einziges Urheberrecht[24], das - ohne staatlichen Hoheitsakt - als absolutes Recht gegenüber jedermann und ohne räumliche Grenzen wirken soll[25]. Diese Meinung unterscheidet zwischen dem Schutz des Urhebers nach Maßgabe des jeweiligen Schutzlandes einerseits und seiner Existenz nach Maßgabe des Ursprungslandes[26].

Als Ursprungsland sieht Art. 5 IV lit. a RBÜ generell das Land vor, in dem das Werk zum ersten Mal veröffentlicht wurde, wobei mit Veröffentlichung

[20] KOM (2003), 427 endg.; zum Verfahren siehe insb. Mankowski, RIW 2004, 481 (482).

[21] Vgl. Mankowski, ebenda.

[22] Vgl. Kropholler, IPR, § 53 VI 2.

[23] Ulmer, Immaterialgüterrechte, 9.

[24] Katzenberger in: FG Schricker, 225 (240).

[25] Zur Definition siehe Schricker/Katzenberger, Vor 120 ff. Rn. 122; zum Streitstand und weiteren Nachweisen zusammenfassend Peinze, Internationales Urheberrecht, 8-19.

[26] Mäger, Der Schutz des Urhebers, 36/37.

gemäß Art. 3 III RBÜ das Erscheinen des Werkes mit der Zustimmung des Urhebers gemeint ist.

Ist das Werk nicht veröffentlicht, gilt gemäß Art. 5 IV lit. c RBÜ als Ursprungsland das Land, dem der Urheber angehört.

e Rechtspraxis

Die kollisionsrechtliche Anknüpfung im internationalen Urheberrecht findet in Deutschland keine explizite gesetzliche Regelung[27]. Für die Ermittlung des anwendbaren Rechts werden sowohl die „Schutzland"- als auch die „Universalitäts"-Lösung verfochten. Ein Großteil der Literatur[28] und die Rechtsprechung[29] gehen vom Territorialitätsprinzip aus, nach dem die Immaterialgüterrechte räumlich auf das Territorium des Staates begrenzt sind, der das Recht verleiht bzw. anerkennt[30]. Das Konzept des Universalitätsprinzips hat ebenfalls viele Anhänger, weil der Gedanke einer einheitlichen Anknüpfung des Urheberrechts vor dem Hintergrund der Idee des geistigen Eigentums als eines „universalen Rechts an der Geistesschöpfung" als sehr reizvoll emfpunden wird[31]. Trotz erheblicher Kritik, die das Schutzlandprinzip nun auch im Hinblick auf neue technische Entwicklungen und den Markt im Internet in Frage stellt, hat sich das Universalitätsprinzip in der deutschen Rechtsprechung gleichwohl bisher noch nicht durchsetzen können[32].

Entsprechendes gilt für England: Vor der Unterzeichnung der Berner Übereinkunft im Jahre 1886 wurde ausländischen Autoren Urheberrechtsschutz in England nur gewährt, wenn sie ihren Wohnsitz dort hatten. In *Jefferys v Boosey*[33] sprachen sich die Richter des *House of Lords* gegen die Geltung eines universalen Urheberrechts nach *common law* aus und verankerten das Territorialitätsprinzip in England.

In dem Fall übertrug der in Mailand wohnhafte Komponist Bellini seine Rechte zunächst auf den Verleger Ricordi. Dieser Vertrag wurde, wie das Gericht auch feststellte, nach englischem Recht geschlossen. Ricordi schloss dann nach englischem Recht einen Lizenzvertrag mit einem englischen Verleger zur Aufführung des Werkes - einer Oper - in Großbritannien. In der Sache ging es dann aber nicht um das Vertragsstatut und in Folge um den Vertrag nach englischem Recht, durch den der englische Verleger ein Recht erworben haben könnte, sondern um die Frage, ob der ausländische Komponist Bellini, der kein gesetzliches Urheberrecht in

---

[27] Schack, Urheberrecht, Rn. 887.

[28] Statt vieler Ulmer, RabelsZ 41 (1977), 479 (485).

[29] Siehe z. B. OLG Hamburg GRUR 1979, 235 (237); OLG Karlsruhe GRUR 1984, 521 (522).

[30] Möhring/Nicolini-Hartmann, Vor §§ 120 ff. UrhG Rn. 2.

[31] Vgl. zum Beispiel Schack, UFITA 108 (1988), 51 (67).

[32] Vgl. auch Peinze, Internationales Urheberrecht, 19; zur Kritik am territorialen Ansatz in Anbetracht neuer technischer Entwicklungen z.B. Bericht des Fachausschusses für Urheber- und Verlagsrecht, GRURInt 2000, 893-896.

[33] *Jefferys v. Boosey* [1854] 4 HLC 814-996, zum Sachverhalt näher Peinze, Internationales Urheberrecht, 243.

England besaß, ein solches hatte übertragen können. Die Vorfrage betraf also hier den Bestand des Urheberrecht, auf den das englische Gericht kollisionsrechtlich das Territorialitätsprinzip anwandte.

Ein Urheberrecht wird demgemäß durch Gesetz gewährt und besteht nur im Rahmen der durch das Gesetz gezogenen Grenzen[34].

In Frankreich ist die Rechtsprechung dagegen dem Universalitätsprinzip zugewandt, sofern er um die Frage der Inhaberschaft des Rechts geht; daraus folgt kollisionsrechtlich, dass für die Frage der Entstehung des Rechts das Recht des Ursprungslandes - die lex originis - maßgebend ist[35].

Für Fragen des Schutzumfangs wird dagegen auch in Frankreich - entsprechend Art. 5 II RBÜ - das Schutzlandprinzip angewandt[36].

Ob diese Rechtsprechung allerdings von Bestand bleiben wird, ist eher fraglich. Denn für die verwandten Schutzrechte knüpft auch die französische *Cour de cassation* seit neuestem einheitlich an das Recht des Schutzlandes an[37].

3 Abgrenzung zum Formstatut

Für die Form von Rechtsgeschäften gilt Art. 9 EVÜ bzw. Art. 11 EGBGB. Diese Vorschrift soll die Formwirksamkeit mit den Mitteln des Kollisionsrechts begünstigen[38]. Eventuelle Schriftformerfordernisse für die Übertragung von Nutzungsrechten fallen demnach aus dem Vertragsstatut heraus.

4 Umfang des Vertragsstatuts: Art. 8 und 10 EVÜ (31, 32 EGBGB)

Der Umfang des Vertragsstatuts wird durch Art. 8 und 10 EVÜ (Art. 31, 32 EGBGB) näher geregelt: Bereits das Zustandekommen und die Wirksamkeit beurteilen sich grundsätzlich nach dem Vertragsstatut, d.h. nach dem Recht, das im Falle der Wirksamkeit des Vertrages anzuwenden wäre[39]. Des weiteren umfasst es insbesondere die Auslegung, die Erfüllung, die Folgen der Nichterfüllung, die verschiedenenen Arten des Erlöschens sowie die Verjährung und die Folgen der Nichtigkeit des Vertrages.

---

[34] Peinze, Internationales Urheberrecht, 243.

[35] Vgl. das Urteil *Chant du monde* - Cass. civ. 1re 22.12.1959, D. 1960, 94.; Cass. civ. 1re 7.4.1998, Rev. crit. DIP 1999, 82.

[36] Anmerkung Bouche zu Cass. civ. 1re 5.3.2002, GRURInt 2003, 75 (76); erstmals entschieden in *Chant du monde*, ebenda.

[37] Das entscheidende Urteil erging hier in der Sache *Sté Universal Music et a. c/ Synd. nat. des artistes musiciens de France SNAM et a.* - Cass. civ. 1re 9.12.2003, JCP EG 2004, 1536.

[38] Pfeiffer in: Gounalakis, Rhb. Electronic Business, § 12 Rn. 24.

[39] Vgl. auch Kropholler, IPR, § 52 I 3a.

5 Einzelne Qualifikationen

a Internationale Konventionen

Nach herkömmlicher Ansicht regeln die internationalen Konventionen nur die absolute Rechtsposition des Urhebers. Dies muss allerdings nicht dazu führen, dass sie strikt vom Vertragsstatut zu trennen sind und dem Urheberrechtsstatut unterfallen. Dies wäre nur dann der Fall, wenn man sie, soweit sie ihrem Inhalt nach materielle Regelungen über den urheberrechtlichen Schutz enthalten[40], nur als Bestimmungen innerhalb des Urheberrechtsstatuts berücksichtigt, welches dem Vertragsstatut entgegensetzt wird[41].

Eine systematisch andere Beurteilung ergibt sich, wenn man, die enge Verzahnung beider Statuten berücksichtigend, vom Vertragsstatut ausgeht und innerhalb dieses Statuts die Reichweite der jeweiligen internationalen Konvention ermittelt.

Allerdings erscheint die ein oder andere pauschale Aussage darüber, wie die Konventionen als Ganzes im Verhältnis zum Vertragsstatut stehen, der Tatsache nicht gerecht zu werden, dass internationale Vereinbarungen sowohl kollisionsrechtliche Bestimmungen als auch materiellrechtliche Regeln verschiedenster Art enthalten. Für die einzelnen Bestimmungen bietet sich vielmehr eine differenzierte Betrachtung an:

Für die Kollisionsregeln ergeben sich keine Besonderheiten; ihre Wirkung ist, sofern sie innerstaatlich anwendbar sind, innerhalb des nationalen Kollisionsgefüges zu ermitteln[42].

Bei den materiellrechtlichen Bestimmungen hängt die Frage, ob sie im Rahmen des Vertragsstatuts berücksichtigt werden, oder eine neben dem Vertragsstatut stehende Anknüpfung nach dem Schutzlandprinzip vorgenommen werden soll, von dem inhaltlichen Gehalt der Vorschrift ab: Handelt es sich um Vorschriften, die die Frage nach der Inhaberschaft und den Umfang des Schutzrechtes betreffen, so geht es hier um das absolute Recht, für das das Urheberrechtsstatut maßgeblich ist. Dies trifft zum Beispiel für die in der RBÜ enthaltenen Mindestrechte zu, die dem Berechtigten insbesondere das Urheberpersönlichkeitsrecht, das Vervielfältigungsrecht, das Vortragsrecht, das Bearbeitungs-und Übersetzungsrecht und eine Mindestschutzdauer zusichern, auf die sich der Berechtigte berufen kann[43].

Andererseits wären konventionsrechtliche Bestimmungen vertraglicher Art dem Vertragsstatut zuzuordnen. Die internationalen Übereinkommen enthalten allerdings kaum Vorgaben in diesem Bereich[44].

---

[40] S. Hausmann in: FS Schwarz, 47 (49).

[41] So im Ergebnis Mäger, Der Schutz des Urhebers, 42.

[42] Zu kollisionsrechtlichen Bestimmungen in internationalen Konventionen siehe oben, C I.

[43] OGH Österreich GRURInt 1995, 729 (730).

[44] Zum internationalen Rahmen s. oben, B II 1.

b Das *droit moral*

aa Konventionsrechtliche Vorgaben

In Art. 6*bis* I RBÜ könnte theoretisch eine Kollisionsregel für die Behandlung des Urheberpersönlichkeitsrechtes gesehen werden. Der Wortlaut scheint zunächst die Urheberschaft in der Person des Urhebers zu verankern[45]. Dabei übersieht man allerdings die Tatsache, dass es sich um ein multilaterales Abkommen handelt, dem unter anderem auch die USA beigetreten sind, ohne dass sie damit das *droit moral* im römisch-germanischen Sinne anerkannt haben. Es erscheint daher paradox, im Kollisionsfall Art. 6*bis* I RBÜ heranziehen zu wollen[46].

bb Nationales Recht

Im französischen Recht ist insbesondere die Behandlung des Urheberpersönlichkeitsrechtes innerhalb von Urheberrechtsverträgen umstritten, und es werden die verschiedensten Ansätze vertreten: In der Literatur wird teilweise befürwortet, eine Anknüpfung nach der lex loci delicti vorzunehmen[47].

Mit der Entscheidung *Chant du monde*[48] entschied sich die *Cour de Cassation* bei der Anknüpfung zunächst für die lex loci originis.

In den achtziger Jahren schlug die Rechtsprechung einen anderen Weg ein und problematisierte das *droit moral* innerhalb des Vertragsstatuts[49]. Diese Einordnung wurde insbesondere durch das *Huston*-Urteil verfestigt[50].

Schließlich gibt es Urteile, bei denen die Zuordnung schwer fällt:

Zwei italienische Urheber machten mit ihrer Klage ihre Rechte an von ihnen erstellten Fotografien geltend, die durch eine Reihe von Verträgen an die *Editions Gallimard* in Frankreich übertragen worden waren. Die Kläger trugen vor, den Beklagten sei das Delikt der Fälschung (*contre-façon*) vorzuwerfen, auf das, da es in Frankreich begangen worden sei, französisches Recht anwendbar sei. Die Beklagten verteidigten sich damit, dass es für die Beurteilung ihrer Rechte auf die entsprechenden Lizenzvereinbarungen ankomme, die englischem Recht unterlägen.

In der Sache hatte die *Cour d'appel* die Grenze zwischen der lex contractus und der lex loci delicti zu ziehen[51]. Das Gericht ging zunächst von der vertraglichen Vereinbarung aus und bestimmte das Vertragsstatut[52]. Danach stellt es fest, dass durch den - englischem Recht unterstehenden - Vertrag die

---

[45] S. oben, B I 5.

[46] Josselin-Gall, Rn. 286.

[47] Josselin-Gall, Rn. 363.

[48] Cass. civ. 1re 22.12.1959, D. 1960, 93.

[49] Vgl. z.B. *Rowe c. Société Walt Disney Productions* - CA Paris 4e chambre 6.2.1986, JCP 1989 I, 3376, Annexe 7.; zum Problem der Eingriffsnormen später, E VI 4.

[50] Cass. civ. 1re 28.5.1991, JDI 1992 (119), 133.

[51] CA Paris 4e chambre 2.4.2003, RIDA 2003 (198), 413-424.

[52] CA Paris, aaO, 413 (419).

Kläger ihr Urheberrecht behalten und lediglich eine Lizenz eingeräumt hätten. Bei der Feststellung, welche wirtschaftlichen Rechte - *droits patrimoniaux* - den Beteiligten jeweils zustünden, interpretierte das Gericht lediglich das englische Recht[53]. Bei der Frage nach dem Urheberpersönlichkeitsrecht wendete das Gericht französisches Recht an[54]. Es griff dabei aber die Argumentation der lex loci delicti seitens der Kläger nicht auf, sondern schloss seine Überlegungen zum *droit moral* vielmehr direkt an diejenigen zu den *droits patrimoniaux* an, so dass es durchaus möglich ist, dass hier das *droit moral* - entsprechend der Linie der *Huston*-Rechtsprechung - als international zwingende vertragsrechtliche Bestimmung innerhalb des englischen Vertragsstatuts Berücksichtigung fand. Klar formuliert wird dies allerdings nicht, so dass auch die Deutung möglich ist, dass das Gericht eine gesonderte Anknüpfung neben dem Vertragsstatut vornahm.

Im deutschen Recht besteht nicht die Zweiteilung zwischen Urheberpersönlichkeitsrecht einerseits und wirtschaftlicher Verwertbarkeit andererseits. Die deutsche einheitliche Betrachtung sieht das Urheberrecht in seiner Gesamtheit als unveräußerlich an[55]. Seine Beschaffenheit und insbesondere seine Reichweite werden in Deutschland ebenfalls dem Urheberrecht zugeordnet, welches sich nach dem Schutzlandprinzip beurteilt[56].

Ebenso wie im deutschen Recht wird auch in England die Frage, ob ein Recht übertragbar ist und gegebenenfalls unter welchen Bedingungen, nach dem Schutzlandprinzip beurteilt[57]. Deutlich wird die Trennung zwischen Vertragsstatut und Recht des Schutzlandes im Fall *Campbell Connelly & Co Ltd v. Noble*[58]:

In der Sache hatte der *High Court* zu entscheiden, ob die Vereinbarung zwischen einem britischen Komponisten und einem britischen Musikverlag, durch die der Komponist die weltweiten Rechte an dem Lied *The very thought of you* übertragen hatte, ebenfalls den Anspruch auf Erneuerung des Urheberrechts in den USA mit abdeckte. Denn nach dem damaligen Recht der USA gab es zwei Zeiträume, in denen dem Autor jeweils ein Urheberrecht zustand: Zunächst wurde ihm der Urheberrechtsschutz bzw. ein übertragbares Recht für einen Zeitraum von 28 Jahren gewährt; lebte der Autor im 28. Jahr nach der Veröffentlichung des Werks noch, so konnte er ein sogenanntes „erneuertes Urheberrecht" - *renewal copyright* - noch einmal übertragen. Hier hatte der Komponist ein solch erneuertes Recht an einen Dritten übertragen. Die Kläger machten geltend, dass ihnen auch dieses Recht aufgrund der Vertragsklausel „The composer hereby assigns to the publishers the full copyright for all countries in the musical composition entitled *the very thought of you* including the title, words and music thereof in all countries for the period of copyright as far as it is assignable by law, together with all rights, therein which he now has or may hereafter become entitled to (...)." zustünde.

---

[53] CA Paris, aaO, 413 (420).
[54] CA Paris, aaO, 413 (421).
[55] Dazu bereits oben, B III 2 b.
[56] Dazu siehe bereits oben, C II 2 e.
[57] Vgl. Fawcett/Torremans, 548.
[58] [1963] 1 All ER 237; [1963] 1 WLR 252.

Der Vertrag unterstand englischem Recht und wurde nach englischem Recht interpretiert. Die Frage aber, ob ein übertragbares Recht bestand - hier in dem erneuerten Recht nach Ablauf der 28 Jahre - wurde nach dem Recht des Landes, für das der Schutz geltend gemacht wurde, beurteilt[59].

Die *moral rights* der Sec. 77 ff. CDPA[60] unterstehen ebenfalls der lex loci protectionis. Daran ändert auch ihre Einordnung als vom Urheberrecht unabhängige Rechte eigener Art nichts: Ihr Bestand ist von der Entstehung eines Urheberrechts abhängig, so dass es logisch erscheint, dieselbe Kollisionsregel anzuwenden[61].

c Deutsches Recht

aa Das Verfügungsgeschäft

Lässt sich der skizzierte Katalog der Art. 8 und 10 EVÜ (Art. 31, 32 EGBGB) so ohne weiteres für das Urhebervertragsrecht übernehmen? De lege lata sieht es der Gesetzgeber vor, aber insbesondere bei der Frage, ob die Erfüllung der begründeten Verpflichtung, die bei Urheberrechtsverträgen entweder in der Lizenzeinräumung oder in der zumindest teilweisen Übertragung des Nutzungsrechts liegt, nach dem Vertragsstatut zu beurteilen ist, scheiden sich die Geister: So will die „Spaltungstheorie“ Verpflichtung und Verfügung kollisionsrechtlich trennen[62] und letztere dem Schutzlandprinzip unterstellen. Die „Einheitstheorie“ lässt dagegen das Vertragsstatut im Sinne des Art. 32 EGBGB auch auf die Verfügung ausstrahlen[63].

Für die Einheitstheorie spricht, dass ein Vorgang nach dem gleichen Recht behandelt wird. Auch im internationalen Kontext erscheint die Lösung adäquat, da die Trennung zwischen Verpflichtungs- und Verfügungsgeschäft zwar eine typisch deutsche, in anderen Ländern aber meist unbekannte Eigenheit ist, in denen diese Ebene nicht gesondert behandelt wird[64]. Dementsprechend ist der ausländische Vertragspartner - folgt man der Spaltungstheorie - auf einmal und für ihn überraschend mit zwei Rechten konfrontiert.

Für die Spaltungstheorie lässt sich dagegen das EVÜ selbst anführen: Art. 12 EVÜ regelt insbesondere, welchem Recht die Forderung unterliegt. Ist das Recht an dem Werk des Urhebers eine Forderung? Nun, zumindest wird es der Forderung gleichgestellt, und nach ganz herrschender Meinung erfolgen Verfügungen über Immaterialgüterrechte bzw Nutzungsrechte entsprechend den Vorschriften

---

[59][1963] 1 All ER 237 (239).

[60]Dazu siehe bereits oben, B I 5.

[61]Vgl. Fawcett/Torremans, 502.

[62]So statt vieler MüKo/Martiny (1998), Art. 28 EGBGB Rn. 263a; weitere Nachweise bei Schricker-Katzenberger, Vor §§ 120 ff. Rn. 148.

[63]statt vieler Zweigert/Puttfarken, GRURInt 1973, 573 (577); Möhring/Nicolini-Hartmann, Vor §§ 120 ff. UrhG Rn. 42.

[64]Zum Beispiel Frankreich, s. oben, B IV 2 b.

über die Forderungsabtretung, §§ 398 ff. BGB[65]. Gemäß Art. 12 I EVÜ ist bei der Abtretung der Forderung das Vertragsstatut maßgebend. Hier weicht Art. 12 I EVÜ im Ergebnis nicht von den Art. 3 ff. EVÜ ab. In Absatz zwei findest sich dagegen eine Regelung über die Übertragbarkeit der Forderung, die sich nach dem Recht der übertragenen Forderung richtet. Versteht man diese Regelung nun für den urheberrechtlichen Fall, so entsteht das Recht - das der Forderung gleichgestellt ist - kraft Gesetzes mit Schöpfung des Werkes, das darauf anwendbare Recht ist, wenn man dem Schutzlandprinzip folgt, das Land, für das Schutz begehrt wird. Ob und inwiefern das Recht übertragbar ist, richtet sich demnach nach dem Schutzlandprinzip und nicht nach dem Vertragsstatut.

Zwar „passt“ Art. 12 II EVÜ nicht exakt auf den Fall des Urheberrechtes, da die Autoren des EVÜ hier wohl die vertragliche Forderungsabtretung im Auge hatten. Gleichwohl zeigt die Vorschrift, dass Gegenstand einer Übertragung und die Übertragung selbst in kollisionsrechtlicher Hinsicht zu trennen sind. In Anbetracht dessen erscheint die „Spaltungstheorie“ als die vorzugswürdige, auch wenn diese Sichtweise im internationalen Kontext zur Folge hat, dass sich eine deutsche „Eigenheit“ auch kollisionsrechtlich niederschlägt.

Die Entscheidung für eine der Konstruktionen - „Einheits“- oder „Spaltungstheorie“ - spielt auch für die an späterer Stelle interessierende Frage nach den Eingriffsnormen eine Rolle: Nach der hier vertretenen Ansicht fallen die die Verfügung betreffenden Vorschriften bereits aus dem Rahmen der eventuell zwingenden Normen heraus, da sie einem anderen Statut unterstehen.

bb §§ 31 IV, V, 40 UrhG

Die den Urheber schützenden Vorschriften, die das UrhG bereit hält, lassen sich ebenfalls danach unterteilen, ob sie dem Urheberrechtsstatut oder dem Vertragsstatut unterliegen.

Bei einigen (bereits länger geltenden) Vorschriften scheint es bisher keinen Diskussionsbedarf gegeben zu haben. So wurden das Verbot der Einräumung noch nicht bekannter Nutzungsarten (§ 31 IV UrhG), der Verträge über künftige Werke betreffende § 40 UrhG und die Zweckübertragungsregel des § 31 V UrhG bisher nahezu unstreitig dem Vertragsstatut zugeordnet [66]. Lediglich auf § 31 IV UrhG wendet die Rechtsprechung abweichend von der herrschenden Meinung das Urheberrechtsstatut an[67].

---

[65] MüKo/Roth (2003), § 413 BGB Rn. 6.
[66] Dazu Schricker/Katzenberger, Vor § 120 ff. Rn. 150.
[67] BGH GRUR 1988, 296 (298) - *GEMA-Vermutung IV.*

cc §§ 32 und 32 a UrhG

Mit Erlass der die Vergütungsansprüche regelnden §§ 32 und 32 a UrhG ist wieder neuer „Wind“ in die Debatte gekommen[68].

Vergütungsansprüche im bürgerlichen Recht sind in der Regel im besonderen Schuldrecht zu finden[69] und werden als Ansprüche aus einem Verpflichtungsgeschäft qualifiziert[70]; diese unbefangene Feststellung scheint allerdings nicht ohne weiteres eine Zuordnung zum Urhebervertragsrecht zuzulassen.

Da im Hinblick auf die kollisionsrechtliche Qualifikation zu den Vergütungsansprüchen die verschiedensten Argumente vorgebracht wurden, die teilweise auch im Hinblick auf die bisher nicht problematisierten Vorschriften der §§ 31 IV, V, 40 UrhG geäußert werden könnten, erscheint es angebracht, sich detailliert mit den einzelnen Argumenten auseinanderzusetzen.

α **Zuordnung zum Urheberrechtsstatut** Die Vergütungsansprüche könnten einerseits als echte urheberrechtliche Befugnisse verstanden werden mit der Folge, dass sie kollisionsrechtlich dem Urheberrechtsstatut unterfielen. Als Begründung für diese Einordnung kann unter anderem die neue Konzeption des Urhebervertragsrechts nach der Gesetzesreform angeführt werden, wie sie sich in der neuen Fassung des § 11 UrhG widerspiegelt: Diese Norm, welche den Zweck des Urheberrechts umschreibt, stellt den absoluten Schutz des Urhebers (S. 1) gleichberechtigt neben den Schutz des Urhebers bei seiner Beteiligung an den Verwertungserlösen (S.2). Hierin könnte man nicht zwei unterschiedliche Zwecksetzungen, sondern vielmehr eine umfassende, einheitliche Zielbestimmung sehen, die auf den Schutz des Urhebers in seinem absoluten Recht gerichtet ist[71].

Die Ansprüche im Rahmen dieses subjektiven absoluten Rechts werden teilweise auch als Ausprägung des verfassungsrechtlichen Urheberschutzes verstanden: So sieht das Bundesverfassungsgericht den Vergütungsanspruch von Art. 14 GG geschützt[72]. Argumentiert wird weiterhin mit dem Verweis auf andere gesetzliche Vergütungsansprüche wie zum Beispiel § 26 UrhG, die unstrittig dem Territorialitätsprinzip unterstehen sollen[73].

---

[68] Zur Diskussion insb. Hilty/Peukert, GRURInt 2002, 643 ff.

[69] Zu denken ist an die Vergütungsansprüche im Dienst- und Werkvertrag, §§ 611, 612 bzw. 631, 632 BGB.

[70] Zu den Vertragspflichten im Werkvertrag z.B. Palandt/Sprau (64. Auflage), Einf v § 631 BGB Rn. 1.

[71] Zur Problematik und Argumentation Hilty/Peukert, GRURInt 2002, 643 (645).

[72] So stellte das BVerfG fest, dass es der Eigentumsgarantie widerspreche, wenn der Urheber sein Werk vergütungsfrei zur Verfügung stellen müsse BVerfG GRUR 1980, 44 (46) - *Kirchenmusik*.

[73] OLG Düsseldorf IPrax 1992, 245 (246); übereinstimmend Katzenberger, GRURInt 1992, 567 (576).

β **Zuordnung zum Vertragsstatut** Die Gegenmeinung will die Vergütungsansprüche nicht dem Urheberrecht, sondern dem Urhebervertragsrecht zurechnen mit der Folge, dass sie im Hinblick auf ihre Qualifikation im deutschen internationalen Privatrecht den Art. 27 ff. EGBGB unterliegen[74].

Zur Begründung wird insbesondere mit der Entstehungsgeschichte argumentiert und § 36 UrhG a.F. ins Feld geführt, der dem Urheber einen Anspruch auf Vertragsänderung gewährte, wenn sich ein unerwartet grobes Missverhältnis zwischen Erträgen und Gegenleistung ergab[75]. Ihm billigte die Rechtsprechung konstant vertraglichen Charakter zu und qualifizierte ihn als besondere Form des Wegfalls der Geschäftsgrundlage[76]. Die Tatsache, dass § 32 a UrhG den „Bestsellerparagrafen" in verbesserter Form fortführt[77], soll zumindest im Hinblick auf § 32 a UrhG dafür sprechen, ihn ebenso wie § 36 UrhG a.F. zu qualifizieren.

γ **Eigene Stellungnahme**

αα **§ 36 UrhG a.F. als vertragsrechtliches Argument** Die Feststellung, dass § 32 a UrhG den § 36 UrhG a.F. - wenn auch in veränderter Fassung - fortführt, stützt die Argumentation zugunsten einer vertraglichen Einordnung: Auch wenn § 32 a UrhG den § 36 UrhG a.F. nicht nur fortführt, sondern auch dahingehend verändert, dass nunmehr auf das Erfordernis der Unvorhersehbarkeit, wie es bisher als ungeschriebenes Merkmal für § 36 UrhG a.F. verlangt wurde[78], verzichtet wird, kann auf die Linie der bisherigen Rechtsprechung zurückgegriffen werden, dass es sich auch künftig um einen Sonderfall des Wegfalls der Geschäftsgrundlage - jetzt mit einem weiteren Anwendungsbereich zugunsten des Urhebers - handelt[79].

Diese Argumentation gilt allerdings nicht für Absatz zwei des § 32 a UrhG, nach dem auch ein Dritter haften soll, wenn sich im Verhältnis zu ihm das Missverhältnis zwischen Vorteil und Gegenleistung ergibt. Dieser gesetzlich ausgestaltete Anspruch findet im Urhebervertragsrecht vor der Reform kein (explizites) Korrespondent. Es handelt sich dabei um den Anspruch gegen einen Dritten, zu dem der Urheber selbst keine vertraglichen Beziehungen unterhält. Daher ist der Fall des § 32 II UrhG nach vorzugswürdiger Ansicht aus dem Vertragsstatut auszugliedern[80]. Da mögliche Ansprüche gegen Dritte auch nicht deliktisch zu qualifizieren sind, erscheinen eine Zuordnung zum Urheberrecht

---

74 Hilty/Peukert, GRURInt 2002, 643 (646).

75 Schricker/Schricker, UrhG § 36 Rn. 12; zum „Bestseller-Paragrafen" siehe bereits oben, B III 2 c-bb.

76 Siehe BGHZ 115, 63 (66); 137, 387 (397).

77 Nordemann, Urhebervertragsrecht, § 32 a UrhG Rn. 1-4.

78 Möhring/Nicolini-Spautz, UrhG § 36 Rn. 9.

79 A.A. Ory, AfP 2002, 93 (99).

80 A.A. Hilty/Peukert, GRURInt 2002, 643 (647).

und damit die Beurteilung nach dem Schutzlandprinzip als dem maßgebenden Statut angebracht[81].

ββ **Reichweite des Art. 32 EGBGB** Aufschluss über eine Einordnung gibt auch das EGBGB bzw. das EVÜ selbst: Gemäß Art. 32 Nr.2 EGBGB (Art. 10 I lit. b EVÜ) regelt das Vertragsstatut den Inhalt der Verpflichtungen und deren Erfüllung[82]. Es beherrscht damit die Gesamtheit der vertraglichen Pflichten[83]. Vertragliche Hauptpflicht eines Nutzungsvertrages ist für den Verwerter die Vergütung - Art. 32 EGBGB unterstellt sie ohne jeden Zweifel dem Vertragsstatut.

Wollte man entgegen dem Art. 32 EGBGB im Urhebervertragsrecht andere Maßstäbe an den Umfang des Vertragsstatuts stellen, so würde dies dem Kriterium der Normenklarheit zuwiderlaufen. Es würde sich um eine tatbestandliche Reduktion des Art. 32 EGBGB handeln, die nicht mehr dem verfassungsrechtlichen Bestimmtheitsgebot im Sinne des Art. 20 III GG entspräche und zudem eine unzulässige Beschränkung des EVÜ in seinem Anwendungsbereich darstellen würde.

γγ **Funktionszusammenhang zwischen § 32 und § 32 a I UrhG** Auch der Funktionszusammenhang zwischen § 32 und § 32 a I UrhG spricht für eine vertragsrechtliche Qualifikation: Hätte der Gesetzgeber sich für einen unmittelbaren Anspruch auf angemessene Vergütung für jede tatsächlich stattfindene Werknutzung im Schutzland aussprechen wollen[84], so hätte es des § 32 a UrhG in dieser Form nicht bedurft: § 32 a I UrhG erfasst die Konstellation des „nachträglichen“ Missverhältnisses. Sollte die Beurteilung der Angemessenheit immer im Zeitpunkt der jeweiligen Nutzung erfolgen, würde sich die Situation, wie § 32 a I UrhG sie regelt, nie stellen. Sie ergibt sich vielmehr erst, wenn die Vergütung an die Vertragsgestaltung anknüpft und sich die Angemessenheit nach § 32 UrhG zunächst im Zeitpunkt des Vertragsschlusses beurteilt[85]; nur bei dieser Deutung war der Gesetzgeber auch gehalten, den § 32 a UrhG zu schaffen, um den in § 32 UrhG gewährten Schutz in den Fällen nachträglich eintretender Vertragsdisparität zu vervollständigen[86].

δδ **Verfassungsrechtlicher Aspekt** Das Argument, das Urheberrecht inklusive seiner Nutzung verdiene den verfassungsrechtlichen Schutz des Art.

[81] So Ory, AfP 2002, 93 (101).
[82] Palandt/Heldrich (64. Auflage), Art. 32 EGBGB Rn. 4.
[83] Staudinger/Magnus (2002), Art. 32 EGBGB Rn. 33.
[84] So gestaltete der § 32 des Gesetzesentwurfs v. 26.6.2001 den Anspruch noch als Daueranspruch aus, s. Gesetzesentwurf, BT-Drucks. 14/6433, 1 (15).
[85] In diesem Sinne Nordemann, Urhebervertragsrecht, § 32 a UrhG Rn. 4.
[86] Zur Pflicht einer nachträglichen Korrektur bei ungewöhnlich belastenden Folgen geschlossener Verträge vgl. BVerfG NJW 1994, 2749 (2750).

14 GG, ist nicht von der Hand zu weisen, und es soll an dieser Stelle nicht in Abrede gestellt werden, dass der Schutzbereich des geistigen Eigentums alle vermögenswerten Elemente des Urheberrechts umfasst[87]. Allerdings ist für einen verfassungsrechtlichen Schutz des urheberrechtlichen Vergütungsanspruchs seine Qualifikation als absolutes Recht nicht zwingend erforderlich, denn Art. 14 GG schützt auch obligatorische Rechte, sofern sie vermögenswerte subjektive Rechte sind, die dem Einzelnen eine ausschließliche und umfassende Herrschaftsbefugnis verleihen[88].

Der - schuldrechtliche - Vergütungsanspruch als Ausfluss des Urheberrechts begründet eine derartige Position des Urhebers, so dass der Schutz des Art. 14 GG - ungeachtet der Qualifikation - gewährleistet ist. Die vertragsrechtliche Qualifikation scheint in gewisser Hinsicht sogar noch einen interessengerechteren Schutz zu bieten, als es die Lehre vom absoluten Recht tut: Die Autonomie, die dem Urheber hierdurch zugebilligt wird, ermöglicht seinen Schutz durch die Ausgestaltung eines adäquaten Vertragsrechts, zum Beispiel über zwingende Bestimmungen wie die der §§ 32 ff. UrhG, ohne ihm allerdings die Möglichkeit zu nehmen, zunächst einmal selbst die Vermarktung seines Werkes rechtlich zu gestalten[89].

εε **Aussagekraft des § 11 UrhG** Auch die Fassung des § 11 UrhG steht einer derartigen Qualifikation nicht entgegen: § 11 S. 2 UrhG stellt das Prinzip der angemessenen Vergütung auf dieselbe Stufe wie die allgemeine Deklaration über den Schutzinhalt[90]. Dies ist nur konsequent, haben die Schutzrechte ja auch gerade die Funktion, vertragliche Rechtspositionen zu sichern. Dies versperrt aber nicht den Weg für die Auffassung, § 11 UrhG beinhalte zwei voneinander unabhängige Funktionen des Urheberrechts - die eine absolutrechtlicher, die andere vertraglicher Natur.

ζζ **§ 32 a I UrhG als „öffentlich-rechtliches Preisrecht"?** Ein Urteil des BGH vom 27.2.2003 bringt eine weitere Bewertungsmöglichkeit in die Debatte. Betrifft das Urteil konkret die Anwendung der Mindestsatzregelung des § 4 IV HOAI, gibt es doch indirekt auch einen Impuls für die Einordnung des § 32 a I UrhG[91]. In der Sache ging es um die Anwendung staatlich geregelten Vergütungsrechts in Sachverhalten mit Auslandsbezug. Im Gegensatz zum Urheberrecht ging es hier um Gebührenrecht, die Parallele besteht aber insofern, als dass es auch in diesem Fall eine Vergütungsregel im Zentrum der Diskussion

[87] Mangoldt/Klein/Starck-Depenheuer, GG I, Art. 14 Rn. 152.

[88] Vgl. Mangoldt/Klein/Starck-Depenheuer, GG I, Art. 14 Rn. 156; zum Eigentumsschutz von schuldrechtlichen Zahlungsansprüchen s. insbesondere BVerfGE 45, 142 (179).

[89] Hilty in: FS Rehbinder, 259 (280).

[90] Schricker, GRURInt 2002, 797 (798).

[91] Zum Urteil des BGH vom 27.2.2003, VII ZR 169/92 s. zum Beispiel Kilian/Müller, IPrax 2003, 436.

stand. Hier nahm der BGH zwei Einordnungen vor: Zum einen wurde in der Mindestsatzregelung eine international zwingende Vorschrift im Sinne des Art. 34 EGBGB gesehen, zum anderen war der BGH der Meinung, dass die HOAI als öffentlich-rechtliche Verordnung kein Vertragsrecht regele und damit nicht dem Vertragsrecht unterstehe.

Diese Argumentation erscheint allerdings weder auf § 32 a UrhG übertragbar noch für die HOAI angemessen. Denn: Die Zahlung des Entgelts berührt unmittelbar das Vertragsverhältnis und nicht öffentlich-rechtliche Pflichten[92]. Insbesondere das Argument, Art. 34 EGBGB verhelfe der Vorschrift im konkreten Fall zur Anwendung, steht der Einordnung der Vorschriften als vertragsrechtlich nicht entgegen.

$\eta\eta$ **Ergebnis** Zusammenfassend ist festzuhalten, dass § 32 und § 32 a I UrhG sinnvoll nur dem Vertragsstatut unterstehen können: Sie stehen in engem Zusammenhang mit dem Vertrag, regeln seinen Inhalt und beeinflussen das Verhalten der Vertragsparteien. § 32 a II UrhG fällt als gesetzlich ausgestalteter Anspruch dagegen aus dem Vertragsstatut heraus und untersteht dem Schutzlandprinzip.

dd Rückrufsrechte

Bei der Einordnung des Rückrufsrechts nach §§ 41, 42 UrhG gibt es vereinzelt Stimmen, die den vertraglichen Charakter negieren und es dem Territorialitätsprinzip zuordnen möchten[93]. Dafür spricht, dass das Rückrufsrecht mehr ist als ein obligatorisches Rücktrittsrecht: Von diesem unterscheidet sich der Rückruf dadurch, dass er inter omnes wirkt und das Nutzungsrecht an den Urheber zurückfallen lässt[94]. Gemeinhin werden die Vorschriften aber dem Vertragsstatut zugerechnet[95], eine begrüßenswerte Klarheit, steht doch das Rückrufsrecht ebenso wie die Vergütungsvorschriften im engen Zusammenhang mit der Vertragsgestaltung. Auch hier lässt sich Art. 32 EGBGB anführen, der für die vertragliche Einordnung dieser Vorschriften spricht.

d Qualifikationen im französischen Recht

Im Gegensatz zum deutschen Recht gibt es in Frankreich nicht die Fülle dogmatischer Überlegungen und Diskussionen zu der Qualifikation der einzelnen Vorschriften.

---

[92]So bezüglich der HOAI s. Kilian/Müller, IPrax 2003, 436 (437).

[93]Siehe Hausmann in: FS Schwarz, 47 (65); Schack in: Intellectual Property in the Conflict of Laws, 107 (112/113).

[94]Obergfell, Filmverträge, 74.

[95]Schricker/Katzenberger, Vor §§ 120 ff. Rn. 108; m.w.N. Schack in: Intellectual Property in the Conflict of Laws, 107 (111), Fn. 21.

Reger Diskussionsbedarf besteht nur hinsichtlich der Abgrenzung von Vertragsstatut und *droit moral*[96]. Die weiteren den Urheber schützenden Bestimmungen werden dagegen in ihrer Qualifikation nicht problematisiert: Der den Vergütungsanspruch betreffende Art. L. 131-4 CPI betrifft nach französischer Rechtsprechung die *droit patrimoniaux* und unterfällt dem Vertragsstatut[97]. Die der Zweckübertragungsregel des § 31 V UrhG entsprechende Vorschrift in Art. L. 131-3 CPI wird ebenfalls zum Vertragsstatut gerechnet[98].

Gleiches dürfte für das Zustimmungserfordernis nach Art. L. 132-7 CPI gelten, da es Voraussetzung für die Wirksamkeit des Vertrages ist, welche sich gemäß Art. 8 EVÜ nach dem Vertragsstatut beurteilt.

Anders wird dagegen das Rücktrittsrecht behandelt: Bereits seine systematische Stellung soll gegen seine Zuordnung zum Vertragsstatut sprechen[99]. Die Rechtsprechung sieht in dem *droit de repentir et de retrait* das Gegenstück zum Verbreitungsrecht und ein Attribut zum *droit moral*, so dass auch hierin die Abgrenzung zu den vertragsrechtlichen Fragen deutlich wird. Das Rücktrittsrecht unterfällt daher nach französischer Auffassung nicht dem Vertragsstatut.

e Qualifikationen im englischen Recht

Im englischen Recht gibt es weder ein urheberspezifisches Rückrufsrecht noch einen spezialgesetzlichen Anspruch auf angemessene Vergütung, für die sich die Frage der kollisionsrechtlichen Einordnung stellen könnte[100].

Das Erfordernis der Zustimmung des Urhebers zu bestimmten Handlungen eines Dritten fordert generell eine (vertragliche) Erlaubnis für den Dritten, bestimmte Handlungen vorzunehmen; die Regelung beschreibt einen Teil des Umfangs urheberrechtlicher Befugnisse, statuiert dagegen - anders als Art. L 132-7 CPI - kein Wirksamkeitserfordernis von Urheberrechtsverträgen. Damit unterstehen die Sec. 22 ff. CDPA dem Urheberrechtsstatut.

Anders sind dagegen vertraglich vereinbarte Übertragungsverbote an Dritte zu beurteilen. Da es sich hier um Vertragspflichten und insbesondere den Vollzug des Vertrages handelt, fällt dieser Bereich unter das Vertragsstatut, Art. 10 EVÜ (Rule 178 I lit. b Dicey/Morris).

Die Folgen eines Vertragsverstoßes und insbesondere etwaige daraus resultierende Rücktritts- und Kündigungsrechte unterstehen ebenfalls dem Vertragsstatut[101].

---

[96]S. bereits oben, C II 5 b-bb.

[97]CA Paris 1.2.1989, JDI 1989 II (116), 1005 (1010), zum Sachverhalt siehe ausführlich unten, E VI 3.

[98]Vgl. Fall *Mouminoux*, CA Lyon 16.3.1989, RIDA 1990 (140), 227.

[99]S. bereits oben, B IV 2 c-aa.

[100]S. bereits oben, B V 2 c.

[101]Vgl. Dicey and Morris, Bd. II, Rn. 32-198.

Auch die Korrektur von Verträgen über das Institut des *restraint of trade* wird kollisionsrechtlich dem Vertragsstatut zugeordnet[102].

Eine andere kollisionsrechtliche Behandlung im Ausgangspunkt erfährt dagegen der *quantum meruit*-Ausgleich. Als bereicherungsrechtlicher bzw. quasivertraglicher Anspruch[103] unterfällt er nicht dem Vertragsstatut, sondern dem „Restitutions-Statut", Rule 200 Dicey/Morris[104]. Für das Institut des „quantum meruit" gilt Absatz 2 lit. a der Rule 200[105], nach dem für Ansprüche, die im Zusammenhang mit einem Vertrag entstehen, das Vertragsstatut dieses Vertrages maßgeblich ist. Demzufolge beurteilt sich der „quantum meruit"-Ausgleich im Ergebnis ebenfalls nach dem Vertragsstatut.

Die Abtretung behandelt das englische internationale Privatrecht nicht im Zusammenhang mit dem Vertragsrecht, sondern mit dem Eigentumsrecht[106].

Demzufolge richtet sich die Frage, ob eine Abtretung überhaupt möglich ist, nach dem *proper law of contract*, dem die Forderung oder das Recht entspringt[107]. Auf das Urheberrecht übertragen bedeutet dies, dass sich die Übertragbarkeit des Urheberrechts nach dem Recht richtet, unter dem das Schutzrecht entstanden ist[108]. Die Rechtswirksamkeit der Abtretung beurteilt sich dagegen nach dem Recht, das auf den Abtretungsvertrag anwendbar ist[109].

---

[102]S. *Apple Corps Ltd and Another v. Apple Computer Inc and Others* [1992] FSR 431 (433).

[103]Dazu s. oben, B V 2 c-ff.

[104]Zum Eingreifen dieses Statuts insbesondere bei fehlender *consideration* Dicey and Morris, Bd. II, Rn. 34-006.

[105]S. Dicey and Morris, Bd. II, Rn. 34-019.

[106]Triebel, Englisches Handels- und Wirtschaftsrecht, Rn. 1160.

[107]Triebel, ebenda.

[108]Dicey and Morris, Bd. II, Rn. 24-062.

[109]So Dicey and Morris, ebenda.

Kapitel III

Zusammenfassung

Bis zum jetzigen Zeitpunkt gibt es für das Kollisionsrecht in Bezug auf schuldrechtliche Verpflichtungsgeschäfte zur Übertragung oder Nutzungsüberlassung von Immaterialgüterrechten keine speziellen internationalen oder europarechtlichen Regelungen, die in den Vergleichsländern direkt anwendbar sind. Das auf Urheberrechtsverträge anwendbare Recht richtet sich in allen drei Vergleichsländern nach den Vorschriften des EVÜ bzw. der ihnen im nationalen Recht entsprechenden Regeln.

Abzugrenzen vom Vertragstatut ist das Urheberrechtsstatut, welches sich in England und Deutschland nach dem Schutzlandprinzip bestimmt. In Frankreich richtet sich nur die Frage des Schutzumfangs nach dem Schutzlandprinzip, die Frage nach der Inhaberschaft richtet sich dagegen nach dem Ursprungsland.

Im deutschen Recht beurteilen sich die den Urheber schützenden Bestimmungen der §§ 31 IV, V, 32, 32a I, 40, 41 und 42 UrhG nach dem Vertragsstatut. Das Urheberpersönlichkeitsrecht betreffende Fragestellungen unterstehen dagegen dem Urheberrechtsstatut. Gleiches gilt nach vorzugswürdiger Ansicht auch für die Verfügung über das jeweilige Nutzungsrecht, die nach deutschem Recht unabhängig neben dem Verpflichtungsgeschäft steht.

Im französischen Recht unterfallen alle Bestimmungen, die den wirtschaftlichen Interessen - *intérêts patrimoniaux* - dienen, dem Vetragsstatut. Das Rückrufsrecht wird dagegen nach dem Urheberrechtsstatut beurteilt. Die Behandlung des *droit moral* als zwingende Bestimmung durch die Rechtsprechung scheint auf eine Einordnung als vertragsrechtliche Bestimmung schließen zu lassen. Ganz eindeutig ist diese Zuordnung allerdings nicht.

Die Bestimmungen des *common law*, die im englischen Recht einen Schutz des Urhebers im Vertragsverhältnis ermöglichen, unterstehen kollisionsrechtlich ebenfalls dem Vertragsstatut. Abzugrenzen davon ist die Abtretung, die nicht im Zusammenhang mit dem Vertragsrecht, sondern mit dem Eigentumsrecht behandelt wird. Die Rechtswirksamkeit der Abtretung beurteilt sich nach dem

Vertragsstatut, während sich die Frage der Übertragbarkeit des Urheberrechts nach dem Recht richtet, unter dem das Schutzrecht entstanden ist.

Teil D

Grenzen des Vertragsstatuts

Kapitel I

Der *ordre public*

1 Begriff und Funktion

In jeder Rechtsordnung gibt es einen unantastbaren Bereich, den preiszugeben sie nicht bereit ist. Ihn bezeichnet man gemeinhin mit dem Begriff *ordre public*. Fremdes Recht, das dem widerspricht, wird nicht angewandt[1].

Benutzen wir im deutschen Sprachgebrauch den französischen Begriff des *ordre public*, so ist er stärker als seine Übersetzung „Öffentliche Ordnung", stärker als der *ordre public français*[2] und die englische *public policy*. Die deutsche öffentliche Ordnung kennzeichnet eine bestimmte Gruppe von Vorschriften, die als intern zwingend angesehen werden, ohne allerdings notwendig auch den internationalen Bezug des *ordre public* aufzuweisen. Sie spielt hauptsächlich im öffentlichen Recht eine Rolle[3]. Dort wird sie gemeinhin als die Gesamtheit der ungeschriebenen Vorschriften definiert, deren Befolgung nach den jeweils herrschenden sozialen und ethischen Anschauungen für ein geordnetes menschliches Zusammenleben innerhalb eines bestimmten Gebiets unerlässlich sind[4]. Der Begriff wird meist zusammen mit der „öffentlichen Sicherheit" verwandt[5]; er bezeichnet dabei solche Regeln, die, im Gegensatz zur öffentlichen Sicherheit, nicht bereits kodifiziert sind. Teilweise wird auch an „Ordnungsvorschriften" gedacht[6], ebenfalls ein aus dem öffentlichen Recht stammender Begriff.

---

[1] Kegel/Schurig, IPR, § 16 I, 453.

[2] Im französischen Sprachgebrauch muss also für eine exakte Bezeichnung das Attribut „international" hinzutreten, da mit *ordre public* nur der interne *ordre public* gemeint ist.

[3] Näher zur öffentlichen Ordnung im deutschen öffentlichen Recht Fechner, JuS 2003, 734 - 739.

[4] BVerfGE 69, 315 (352); vgl. Legaldefinition § 3 Nr. 2 SachsanhSOG

[5] § 15 VersG, § 3 HambSOG.

[6] Vgl. auch Kropholler, IPR § 36 Vor I.

Im bürgerlichen Recht spricht man dagegen weniger von der öffentlichen Ordnung[7] als von intern zwingenden Vorschriften. Diese sind allerdings nicht mit den Vorschriften im Sinne eines internationalen *ordre public* gleichzusetzen. Dies gilt für alle drei Vergleichsstaaten: Nicht jede Regel, die dem internen *ordre public* angehört, ist auch notwendig Bestandteil des internationalen *ordre public*[8]. Während die intern zwingenden Regeln solche sind, von denen die Parteien durch Parteivereinbarung nicht abweichen können[9], verflüchtigt sich die „Banalität dieser Ausage"[10] auf internationaler Ebene: Denn wo man eine kollisionsrechtliche Wahl des anzuwendenden Rechts zulässt, können die Beteiligten eine ganz andere Rechtsordnung mitsamt ihren zwingenden Teilen zur Anwendung berufen - oder auch abwählen[11]. Nur die Bestimmungen, die auch universale Geltung für sich beanspruchen, können im Namen des (internationalen) *ordre public* zur Anwendung kommen[12].

Trotzdem findet sich in englischen Lehrbüchern zum IPR[13] oft nur die Übersetzung *public policy*, wenn in Wirklichkeit der internationle *ordre public* gemeint ist. Der Begriff erscheint zu schwach. Die bevorzugte Übersetzung ins Englische spiegelt aber vielleicht auch das Verständnis der Engländer vom *ordre public* wider, das er im internationalen Kontext erfährt: Theoretisch ist das Institut zwar bekannt, in der Praxis greift der englische Richter bisher allerdings nur „ausnahmsweise und selten"[14] zu dieser Art von Korrektur.

Dieses andere Verständnis trägt wohl seine Wurzeln in der Geschichte des internationalen Privatrechts: Während der *ordre public* im 19. Jahrhundert auf dem Kontinent großen Anklang fand[15], vollzog sich in England eine andere Entwicklung. Hier wurden andere Möglichkeiten geschaffen, der Idee, eigene Wertvorstellungen gegenüber ausländischem Recht durchzusetzen, gerecht zu werden. Der *ordre public* zeigte sich schon früh in Gestalt prozessualer Regeln (*jurisdiction-rules*): Oft wurde ein Fall, in dem gegen englische Wertvorstellungen verstoßen wurde, gar nicht erst bei einem englischen Gericht anhängig.

Einheitlich für alle drei Rechtsordnungen lässt sich allerdings die Funktion des *ordre public* festhalten: Er schließt an sich anwendbare fremde Normen aus, wenn ihre Anwendung als unerträglich empfunden wird[16]. Im EVÜ ist diese Regelung in Art. 16 enthalten: „Die Anwendung einer Norm des nach diesem

---

[7]Zum Begriff des *ordre public* vergleiche aber im Schiedsverfahren § 1059 ZPO.

[8]Für England s. Dicey and Morris, Bd. II, Rule 180; Rn. 32-233.

[9]Für Frankreich s. Art. 6 *Code civil*; zur Gegenüberstellung von internem und internationalem *ordre public* vgl. Batiffol/Lagarde, Rn. 363.

[10]Schurig, RabelsZ 54 (1990), 217 (221).

[11]Schurig, ebenda.

[12]Vgl. Horn, RabelsZ 44 (1980), 423 (449).

[13]Z.B. Dicey and Morris, Bd. II, Rule 180.

[14]Vgl. z.B. *Peer International Corpn and Others v. Termidor Music Publishers Ltd and Others* [2004] 2 WLR 849 CA, Rn. 16.

[15]Wolff, PIL, 38 - 40.

[16]Kropholler, IPR, § 36 I.

Übereinkommen bezeichneten Rechts kann nur versagt werden, wenn dies offensichtlich mit der öffentlichen Ordnung des Staates des angerufenen Gerichts unvereinbar ist."

Neben dieser „negativen" Funktion hat der *ordre public* auch eine positive Funktion: Sie führt dazu, dass sich eigenes Recht, das zum „Kernbereich" gehört, gegenüber anwendbarem fremdem Recht durchsetzt[17]. Diese Funktion geht auf Art. 6 *Code civil* zurück[18]: „On ne peut pas déroger par des conventions particulières, aux lois qui intéressent l'ordre public et les bonnes mœurs[19]."

In der Zielrichtung unterscheiden sich der *ordre public* im französischen und deutschen internationalen Privatrecht von der *public policy*: Der *ordre public* verteidigt die Prinzipien, die das politische und soziale Fundament der Gesellschaft bilden„„qui constituent les fondements politiques, sociaux de la civilisation..."[20]. Hinzu kommt die Sicherung der politischen Interessen des nationalen Gesetzgebers[21]. Der englische *ordre public* soll dagegen in seiner Anwendung frei von jeder politischen Zweckmäßigkeit sein[22]. Ob diese Trennung so stringent durchgeführt werden kann, sei dahingestellt. Denn auch die englischen Gerichte ziehen bei ihrer Rechtsprechung die guten Sitten heran, deren Verständnis maßgeblich von gesellschaftlichen und politischen Entwicklungen geprägt sein dürfte.

2 Art. 6 S. 1 EGBGB

Im deutschen Recht ist der *ordre public* in seiner allgemeinen Form in Art. 6 S. 1 EGBGB verankert.

Entsprechend der Funktion des *ordre public* ist Art. 6 EGBGB eine Generalklausel, die das Ergebnis im Einzelfall korrigiert[23]: Sie führt zur Nichtanwendung des ausländischen Rechts, wenn seine „Anwendung zu einem Ergebnis führt, das mit wesentlichen Grundsätzen des deutschen Rechts offensichtlich unvereinbar ist."

Für die Konkretisierung hat Jayme eine Methode entwickelt, die anhand von fünf Fragen den *ordre public* im Einzelfall zu ermitteln sucht[24]: In einem ersten Schritt wird nach dem Sinn und Zweck der ausländischen Vorschrift gefragt, um so eventuelle Vergleichsnormen im inländischen Recht zu ermitteln. Sind solche nicht vorhanden, stellt sich im nächsten Schritt die Frage, ob die ausländische Norm bereits rechtspolitisch erschüttert ist. Eine anschließende Rechtsverglei-

---

[17] Kegel/Schurig, IPR, § 16 I, 453.

[18] Kropholler, IPR, § 36 I.

[19] Zu Deutsch: Man kann nicht durch besondere Vereinbarungen von den Gesetzen abweichen, die die öffentliche Ordnung und die guten Sitten betreffen.

[20] Bei Loussouarn/Bourel, 254.

[21] Mayer/Heuzé, DIP, Rn. 200.

[22] Wolff, PIL, 179.

[23] Soergel/Kegel, Art. 6 EGBGB Rn. 5; 26.

[24] Jayme, Methoden, 41 - 47.

chung soll helfen, bestimmte Standards zu entwickeln. In Bezug auf den eigenen Rechtssatz ist seine Wesentlichkeit zu ermitteln, und in einem letzten Schritt muss der Inlandsbezug ermittelt werden.

Ein besonderes Problem bei dieser Art der Fragestellung stellt der sehr unbestimmte Begriff der „Inlandsbeziehung" dar. Teilweise ist sie im Gesetz normiert[25], ansonsten muss sie für den konkreten Fall durch den Richter ermittelt werden.

Vereinzelt bejaht die Rechtsprechung auch die (positive) Durchsetzung von Normen über Art. 6 S. 1 EGBGB, wenn sie zu den unverzichtbaren Grundprinzipien der deutschen Rechtsordnung zählen[26]. Teilweise wird die „positive Funktion des *ordre public*" auch dann angenommen, wenn die eingreifende inländische Rechtsregel ihrerseits eine positive Rechtsregel ist, die die ausländische Norm ersetzt[27]. Diese Deutung macht den Art. 6 S. 1 EGBGB zu einer Ermächtigungsgrundlage für die Durchsetzung der lex fori[28].

Gegen den weiten Anwendungsbereich wendet sich die h.M., die dem Art. 6 S. 1 EGBGB nur die Funktion zuschreibt, fremdes Recht abzuwehren[29]. Der Wortlaut der Norm spreche zudem dafür, dass sie nur dann bestimmt sei, einzugreifen, wenn die konkrete Anwendung des fremden Rechts zu untragbaren Ergebnissen führe[30].

Dieser Argumentation ist zugute zu halten, dass sie insbesondere das Zusammenspiel zwischen spezialgesetzlichen Sondernanknüpfungen einerseits und der Generalklausel andererseits berücksichtigt. Will der Gesetzgeber einzelne Vorschriften ungeachtet einer Rechtswahl angewendet wissen, steht es ihm frei, sie als zwingende Bestimmung auszugestalten. Bei eben solchen Bestimmungen findet die Korrektur dann präventiv statt, das heißt, dass im Rahmen der Ergebnisfindung bestimmte international zwingende Vorschriften mit einbezogen werden[31]. Anders dagegen bei Art. 6 S. 1 EGBGB: Hier wird das - vorläufige - Ergebnis im Einzelfall (repressiv) korrigiert[32].

Gleichwohl sollte der Streit über eine eventuelle positive Funktion nicht zu hoch gehängt werden. Denn letztendlich hat jede (negative) Versagung der Wirksamkeit einer Vorschrift - als Kehrseite - zur Folge, dass sich die von der lex fori angeordnete Nichtigkeit für solche Fälle durchsetzt. Wichtig wird die Entscheidung des Streitstandes dagegen, wenn durch den Ausschluss des fremden Rechts eine Rechtslücke entsteht. Diese Lücke ist, sofern man der Idee der positiven Funktion nicht folgt, nicht automatisch mit der lex fori zu schließen; es

[25] Z.B. Art. 13 II und Art. 17 EGBGB.
[26] Z.B. AG Lichtenfels, IPrax 1990, 235.
[27] So zum § 30 EGBGB a.F. Siehr, RabelsZ 36 (1972), 93 (104).
[28] In diesem Sinne Siehr, RabelsZ 36 (1972), 93 (106).
[29] Reithmann/Martiny-Limmer, Rn. 396.
[30] MüKo/Sonnenberger (1998), Art. 6 EGBGB Rn. 8.
[31] Im deutschen Recht über Art. 34 EGBGB.
[32] So auch Mäger, Der Schutz des Urhebers, 161/162.

muss vielmehr versucht werden, die entstandene Lücke anderweitig mit Hilfe des ausländischen Rechts zu schließen[33].

3 *Ordre public international*

Die französische Rechtsprechung hat im Gegensatz zu den deutschen Gerichten nie den Inlandsbezug als generelles Erfordernis für die Anwendung des *ordre public* aufgestellt[34]. Gleichwohl kommt es auch hier auf den Einzelfall an: Die konkreten Umstände müssen die Anwendung des *ordre public* rechtfertigen[35]. Und hier wird sehr wohl auf die Beziehung des Falles zur lex fori Bezug genommen[36].

Interessant ist in diesem Zusammenhang, dass die Anwendung des *ordre public* im konkreten Fall eine sehr viel emotionalere Entscheidung zu sein scheint als im deutschen bzw. englischen Recht. Mayer/Heuzé stellen fest: „Ce sont des principes généraux, voire des sentiments, plus souvent que des règles qui appellent l'éviction de la loi étrangère“[37].

Die Folge der Berufung auf den *ordre public* ist zunächst einmal die Aushebelung des eigentlich anwendbaren (ausländischen) Rechts[38]. Entsteht dadurch eine Lücke und ist der *juge français* gehalten, ein Ersatzrecht zu suchen, so wird auf die lex fori zurückgegriffen[39]. Früher wurde diese Lösung mit dem Territorialitätsgedanken gerechtfertigt, heute stehen weniger dogmatische als hauptsächlich praktische Erwägungen im Vordergrund, die es leichter erscheinen lassen, auf die lex fori zurückzugreifen, als auf eine Regel des verdrängten Rechts[40]. Allerdings ist die Anwendung der lex fori streng beschränkt auf eben die Vorschrift ausländischen Rechts, die für unanwendbar erklärt wurde[41].

4 *International public policy*

Rule 180 Dicey/Morris enthält eine Art. 6 EGBGB entsprechende Regelung, nach der die Anwendung des nach dem Kollisionsrecht anwendbaren ausländischen Rechts versagt werden kann, wenn sie einen offensichtlichen Verstoß gegen den *ordre public* darstellt. So werden insbesondere einem Vertrag, der nach englischem Recht illegal ist oder als unmoralisch angesehen wird, die rechtlichen

[33] BGH LM Art. 6 EGBGB Nr. 3 mit Anmerkung Berger.
[34] Batiffol/Lagarde, Rn. 360.
[35] Batiffol/Lagarde, Rn. 358 B.
[36] Zu den Beispielen siehe Batiffol/Lagarde, Rn. 369.
[37] S. Mayer/Heuzé, DIP, Rn. 201; zu Deutsch: Es sind generelle Prinzipien, vielmehr sogar Gefühle als (Rechts-)regeln, die die Nichtbeachtung der ausländischen Rechtsregel verlangen.
[38] Batiffol/Lagarde, Rn. 367.
[39] Vgl. z.B. Civ. 15.7.1963, D. 1964, Somm. 732.
[40] Batiffol/Lagarde, Rn. 367.
[41] Vgl. Civ. 8.11.1943, D. 1946, 273.

Wirkungen versagt, die er nach dem eigentlich anwendbaren Recht entfalten würde[42]. Diese Norm reflektiert die negative Funktion[43]. Das englische Recht kennt auch die positive Funktion des *ordre public*: So setzen englische Gerichte den Vollzug von Verträgen durch, die nach dem Recht, das auf den Vertrag anwendbar ist, keine rechtlichen Folgen haben, wenn die Verweigerung des Vollzuges einen Verstoß gegen den *ordre public* darstellt[44].

Die Gerichte wenden in der Regel die lex fori an, wenn ein Ersatzrecht gefunden werden muss[45]. Traditionell wird der *ordre public* in England zurückhaltend angewandt[46]. Dies liegt - wie bereits oben erwähnt - insbesondere daran, dass die Probleme, die mit Hilfe des *ordre public* gelöst werden könnten, bislang eher über die Frage der Zuständigkeit geregelt wurden[47].

Die bisherige Praxis wird allerdings durch die EuGVO[48] stark eingeschränkt. In ihrem Anwendungsbereich muss sich das Gericht nun mit der Klage befassen[49]. Es ist also davon auszugehen, dass in Zukunft mehr Entscheidungen zum *ordre public* ergehen werden, die der Richter nicht mehr über eine *jurisdiction*-Regel lösen kann[50].

5 Bedeutung von Grundrechten

Die Bedeutung von Grundrechten bei der Rechtsanwendung im internationalen Raum zeigt sich in mehrfacher Weise. Einerseits findet in einigen Ländern eine Verfassungskontrolle ausländischen Rechts statt; andererseits sind die Regeln des internationalen Privatrechts nationales Recht einfachen Ranges und unterliegen voll den Erfordernissen der Verfassungsmäßigkeit[51].

a Art. 6 S. 2 EGBGB

Ein besonders wichtiger Bestandteil der deutschen öffentlichen Ordnung sind die Grundrechte, die Art. 6 S. 2 EGBGB gesondert erwähnt. Grundrechte sind in

[42] Z.B. *Grell v. Levy* [1864] 16 CB (N. Ser.) 73.
[43] Vgl. z.B. *Kaufman v. Gerson*, [1904] 1 KB 591 CA.
[44] S. z.B. *The playa Larga* [1983] 2 Lloyd's Rep. 171, 190 CA.
[45] Kritisch dazu Wolff, PIL, 183.
[46] Peinze, Internationales Urheberrecht, 351.
[47] S. oben, D I 1.
[48] Verordnung (EG) Nr. 44/2001 des Rates vom 22. Dezember 2000 über die gerichtliche Zuständigkeit und die Anerkennung und Vollstreckung von Entscheidungen in Zivil- und Handelssachen; ABl.Nr.L 12 v. 16.1.2001, 1-23.
[49] So auch die jetzige gerichtliche Praxis, s. *Pearce v. Ove Arup Partnership Ltd. and Others* [2000] Ch 403, [2000] 3 WLR 332 CA; *R Griggs Group Ltd and Others v. Evans and Others* [2005] 2 WLR 513 ChD.
[50] In diesem Sinne auch Peinze, Internationales Urheberrecht, 352.
[51] Zum Unterschied beider Ebenen Puttfarken, RIW 1995, 617 (619).

ständiger Rechtsprechung des Bundesverfassungsgerichts nicht nur im Verhältnis zwischen Bürger und Staat anzuwenden, sondern wirken auch zwischen Privaten[52], so dass sie auch bei privatrechtlichen Verträgen grundsätzlich zu beachten sind.

aa Maßstab des Grundgesetzes für ausländisches Recht

Jede Grundrechtsverletzung, die sich im Einzelfall durch die Anwendung fremden Rechts ergibt, gilt gemäß Art. 6 S. 2 EGBGB als „offensichtlicher Verstoß gegen wesentliche Grundsätze des deutschen Rechts“[53]. Die Prüfung, ob eine Grundrechtsverletzung vorliegt, ist bei Sachverhalten mit Auslandsberührung allerdings nicht identisch mit derjenigen, die das Bundesverfassungsgericht bei reinen Inlandssachverhalten durchführt. Zwar ist Ausgangspunkt für jede Grundrechtsprüfung die Leitnorm des Art. 1 III GG, die im Geltungsbereich des Grundgesetzes alle staatliche Gewalt mit unmittelbarer Wirkung an die Grundrechte bindet[54], doch im nächsten Schritt muss zwischen verfassungsrechtlicher Kontrolle der Kollisionsnorm einerseits und der des durch sie berufenen fremden Rechts andererseits differenziert werden.

Die verfassungsrechtliche Prüfung der Kollisionsnorm erstreckt sich nur darauf, ob die generelle Entscheidung des deutschen Gesetzgebers für ein bestimmtes Regelungsprinzip mit dem Grundgesetz vereinbar ist[55]. Für das ausländische Recht stellte das Bundesverfassungsgericht fest, dass es nicht losgelöst von der dortigen Verfassung und den Gegebenheiten seines nationalen Geltungsbereichs abstrakt auf seine Übereinstimmung mit dem Grundgesetz geprüft wird; es kommt vielmehr darauf an, ob eine innerstaatliche Rechtshandlung deutscher Staatsgewalt in Bezug auf einen konkreten Sachververhalt, der eine mehr oder weniger starke Inlandsbeziehung aufweist, zu einer Grundrechtsverletzung führt[56]. In solchen Fällen ist der Gesetzgeber gehalten, den Konflikten mit einzelnen Grundrechten durch Sonderregelungen Rechnung zu tragen[57].

Offen lässt das Bundesverfassungsgericht, ob die Grundrechtswirkung bei der Anwendung ausländischen Rechts eine Schranke eigener Art ist, es sich also um ein selbstständiges „Grundrechtskollisionsrecht“ handelt, oder ob die Geltung der Grundrechte über den *ordre public*-Vorbehalt gesteuert werden soll.

Teilweise nimmt man in der Literatur ein Grundrechtskollisionsrecht an, wobei geltend gemacht wird, der in Art. 6 EGBGB enthaltene *ordre public*- Vorbehalt als einfaches Gesetz könne dem verfassungsrechtlichen Anliegen nicht Rechnung tragen[58]. Dem steht die seit dem 1.9.1986 geltende Fassung des Art. 6 S. 2

---

[52] Zu den Grundrechten als eine objektive Wertordnung s. BVerfGE 7, 198 - *Lüth*.
[53] Kropholler, IPR, § 36 IV 1.
[54] BVerfGE 31, 58 (73).
[55] BVerfGE 31, 58 (73).
[56] BVcrfCE 31, 58 (75).
[57] „Spanier-Beschluss“, BVerfGE 31 , 58 (75).
[58] Vgl. z.B. Wengler, Anmerkung zu BGH 29.4.1964, JZ 1965, 100 (102).

EGBGB entgegen[59], die nur dahingehend zu verstehen ist, dass die Grundrechte im Rahmen der Vorbehaltsklausel zur Anwendung kommen. Innerhalb der Vorbehaltsklausel gilt es dann im Einzelfall zu prüfen, ob das jeweilige Grundrecht für den konkreten Sachverhalt Geltung beansprucht. Dies wird in der Regel von der jeweiligen Inlandsbeziehung abhängen[60]. Es bedarf also in jedem Fall einer Einzelfall-Betrachtung; die Erwähnung der Grundrechte in Art. 6 EGBGB allein gibt dagegen noch keine Antwort[61].

Nach nicht unumstrittener Meinung sollen zu den Grundrechten, die bei der Anwendung ausländischen Rechts berücksichtigt werden müssen, auch völkerrechtlich bindende Menschenrechte gehören[62].

bb Kontrolle inländischen Rechts

Die Grundrechte sind im Übrigen auch Maßstab für die nationalen Vorschriften, die dem internationalen *ordre public* zuzurechnen sind.

Diese Funktion der Grundrechte ist streng von der Funktion im Rahmen des Art. 6 EGBGB zu unterscheiden, da sie nicht wie in Art. 6 EGBGB angeordnet eine Ergebniskorrektur um Nachhinein, sondern eine Regelbildung des internationalen Privatrechts im Voraus darstellt[63].

Handelt es sich bei den maßgeblichen Vorschriften, die die Gerichte, sei es im Einzelfall für anwendbar, sei es zur Eingriffsnorm erklärt haben, um materielle Vorschriften, so ist wie bei anderen einfachen Gesetzen auch zu prüfen, ob sie den Schutzbereich zumindest eines Grundrechts berühren, und ob ein eventueller Eingriff verfassungsmäßig gerechtfertigt ist. Handelt es sich dagegen um Vorschriften, die die zwingende Anwendung anderer Vorschriften anordnen, so erfolgt eine Kontrolle auf zwei Ebenen. Die in Bezug genommenen Vorschriften müssen mit dem Grundgesetz vereinbar und die zwingende Anordnung muss ihrerseits grundrechtskonform sein.

Problematisch sind hierbei immer wieder die Erforderlichkeit bzw. die Gebotenheit der jeweiligen Vorschrift[64]. Es stellt sich im Rahmen der Erforderlichkeit insbesondere die Frage, ob es dem Gesetzgeber möglich war, durch ein anderes, milderes Mittel den von der zur Anwendung gebrachten Norm verbürgten Schutz zu sichern. So ist die Durchsetzung einer bestimmten Regel dann nicht erforderlich, wenn sichergestellt ist, dass auch die anderen Rechtsordnungen, denen der Vertrag unterstellt werden kann, eine solche Bestimmung vorsehen. Ob dies im Einzelfall so ist, ergibt - zumindest im Ansatz - eine entsprechende Rechtsvergleichung. Eine Rechtsvergleichung erscheint allerdings im Hinblick auf alle

[59]So auch Spickhoff, JZ 1991, 323.

[60]So auch die Rechtsprechung, BGH FamRZ 1993, 316.

[61]In diesem Sinne auch Jayme, Methoden, 15.

[62]Mit weiteren Nachweisen Coester-Waltjen/Kronke/Kokott, 20.

[63]Puttfarken, RIW 1995, 617 (619).

[64]Erforderlichkeit und Gebotenheit gehören zum Grundsatz der Verhältnismäßigkeit, der Ausfluss des Rechtsstaatsprinzips und von der Gesetzgebung zu beachten ist.

Länder (der Welt), deren Recht auf den Vertrag gewählt werden könnte, praktisch nicht möglich. Auch wird ein Vergleich einzelner nationaler Vorschriften noch kein endgültiges Ergebnis liefern, wenn nicht auch die praktische Rechtsanwendung mit berücksichtigt wird. Schließlich kann er nicht zum abschließenden Ergebnis der Grundrechtskonformität bzw. der mangelnden Vereinbarkeit kommen, da zukünftige Entwicklungen ebenfalls berücksichtigt werden müssen. So kann eine Vorschrift, die in die Rechte Einzelner eingreift, heute noch verhältnismäßig, in ein paar Jahren dagegen unverhältnismäßig sein,wenn ausländische Rechtsordnungen entsprechende Bestimmungen eingeführt haben.

Das Problem der Grundrechtskonformität soll an dieser Stelle am Beispiel der die urheberrechtliche Vergütung betreffenden Vorschriften der §§ 32, 32 a und 32 b UrhG veranschaulicht werden, um die sich seit bzw. bereits vor ihrem Erlass eine Grundrechtsdebatte rankt, bei der sich insbesondere die Frage der Verhältnismäßigkeit stellt. Diskutiert wurde im Hinblick auf das materielle Recht der Vergütung urheberrechtlich geschützter Werke die Vereinbarkeit des Reformgesetzes mit den Grundrechten aus Art. 9 III, Art. 9 I, Art. 5 I S. 2, Art. 5 III, 12 I, 14 I und Art. 2 I GG[65]. § 32 b UrhG, der die §§ 32 und 32 a UrhG in bestimmten Fällen für international zwingend erklärt[66], kommt insofern eine selbständige Grundrechtsrelevanz zu, als dass er die Vertragsautonomie nicht nur für Verträge beschneidet, die deutschem Recht unterstellt sind, sondern den Parteien unter den von ihm genannten Voraussetzungen auch die Möglichkeit nimmt, die Vergütungsansprüche vertraglich einer fremden Rechtsordnung zu unterstellen, indem er innerhalb seines Anwendungsbereichs dem Zivilrichter vorschreibt, die §§ 32 und § 32 a UrhG zu beachten. Damit greift § 32 b UrhG in die internationale Vertragsfreiheit ein, wie sie im deutschen internationalen Privatrecht in Art. 27 I EGBGB normiert und von Art. 2 I GG geschützt ist. § 32 b UrhG ist als „Schranke“ des Art. 2 I GG dann gerechtfertigt, wenn der Schutz, wie ihn die §§ 32 und 32 a UrhG im Einklang mit der Verfassung umsetzen, es verlangt, dass von ihnen auch im internationalen Bereich nicht abgewichen werden darf. Auch hier gelten die Kriterien des Verhältnismäßigkeitsgrundsatzes. Unter diesem Aspekt ist die Vorschrift nur erforderlich, sofern derartige Schutzbestimmungen in anderen Ländern fehlen. Dies ist im Hinblick auf nationale Rechte wie das englische Urhebervertragsrecht, die eine vergleichbare Schutzbestimmung nicht kennen, der Fall.

Eine besondere Brisanz dieser Fragestellung ergibt sich im Verhältnis nationaler Eingriffsnormen und europäischer Rechtsvereinheitlichung: Durch europäische Gesetze, die nationale Rechte vereinheitlichen oder sie ersetzen, ist die Erforderlichkeit einzelner Bestimmungen im europäischen Raum oft nicht mehr gegeben, so dass hier eine Grundrechtsverletzung naheliegt, während im Vergleich zu außereuropäischen Rechtsordnungen durchaus ein Bedürfnis der Durchsetzung der jeweiligen Bestimmung besteht.

---

[65] Schlink/Poscher, Verfassungsfragen, 11 - 47.

[66] Dazu im Einzelnen unten, E V 3.

b *Droits fondamentaux* im französischen Recht

In Frankreich gibt es eine dem Art. 6 S. 2 EGBGB entsprechende Vorschrift nicht. Dies hat mehrere Gründe: Zum einen enthält die Verfassung keinen gesonderten Grundrechtekatalog wie beispielsweise das deutsche Grundgesetz, zum anderen ist umstritten, ob Grundrechte überhaupt in privaten Konflikten Wirkung entfalten: Teilweise wird dies mit Hinweis auf Art. 4 der Menschenrechtserklärung 1789 bejaht[67], teilweise mit dem Argument, dass verfassungsrechtliche Bestimmungen nur die Staatsorgane binden, verneint[68].

In vielen Bereichen hat dieser Streit allerdings keine praktische Relevanz, und dies liegt an einer anderen Eigenheit des französischen Verfassungsrechts bzw. seinem Zusammenspiel mit dem französischen Zivilrecht. Denn Grundrechtsschutz wird nicht unbedingt primär im Rahmen des Verfassungsrechtes, sondern auf anderen Ebenen diskutiert. Einerseits spielen die Ebene des Zivilrechts und insbesondere der *Code civil* eine große Rolle[69]. Darüber hinaus tritt bei der Frage nach der Durchsetzung von Menschenrechten über bzw. neben den *ordre public* häufig die Konvention vom 4. November 1950 zum Schutze der Menschenrechte und Grundfreiheiten (EMRK) in den Vordergrund. Direkt anwendbar und von Verfassungs wegen über den einfachen Gesetzen stehend[70] übernimmt sie in Frankreich die Rolle des deutschen Grundrechtskatalogs.

Was ihren Anwendungsbereich betrifft, so hat sich die Rechtsprechung für eine Wirkung auch zwischen Privaten entschieden und sie insbesondere auch im Bereich des Urheberrechts angewandt[71] .

Die Frage nach einem selbständigen Grundrechtskollisionsrecht, wie sie im deutschen Recht aufgeworfen wird, stellt sich in Frankreich aufgrund der angesprochenen Besonderheiten in dieser Form nicht[72].

Im Übrigen unterscheidet die *Cour de cassation* bei der Frage, ob der *ordre public* eingreift, offensichtlich nicht, ob es sich bei der den *ordre public* konkretisierenden Vorschrift um eine Bestimmung mit Verfassungsrang oder ein einfaches Gesetz handelt. So wandte sie in einem Fall ein Recht an, das den Streik verbot, obwohl das Streikrecht in der Verfassung[73] verankert ist[74].

---

[67] Art. 4: „Die Freiheit besteht darin, alles tun zu können, was einem anderen nicht schadet. So hat die Ausübung der natürlichen Rechte eines jeden Menschen nur die Grenzen, die den anderen Gliedern der Gesellschaft den Genuss der gleichen Rechte sichern. Diese Grenzen können allein durch Gesetz festgelegt werden." Zur Argumentation vgl. Rivero, 322.

[68] Rigaux, La vie privée, 92.

[69] Vgl. z.B. Carbonnier, Dalloz chronique 1975, 171 ff.

[70] S. bereits oben, C I, Fn. 2.

[71] Mit zahlreichen Nachweisen Geiger, JCP EG 2004, 1313 (1316) Fn. 35.

[72] Vgl. aber zu den Unklarheiten bei der Anwendung der EMRK unten, D II 2 b.

[73] Nr. 7 der Präambel der Verfassung von 1946, auf die die Präambel der Verfassung von 1958 explizit Bezug nimmt.

[74] Soc. 16.6.1983, Revue crit. DIP 1985, 85.

c *Fundamental rights* im englischen Recht

Im englischen Recht findet sich wie im französischen Recht keine Entsprechung zu Art. 6 S. 2 EGBGB.

In England gibt es kein einheitliches Verfassungsdokument, sondern verschiedene Quellen mit Verfassungsrang[75]. Dazu gehört auch die EMRK, der Großbritannien ebenfalls beigetreten ist. Relativ neu ist der *Human Rights Act* von 1998, in dem erstmals auf nationaler Ebene Menschenrechte niedergeschrieben worden sind, auf die sich der Einzelne vor den englischen Gerichten berufen kann. Eine dogmatische Dikussion im Bereich des *ordre public* über die Bedeutung der „Menschenrechte“ in EMRK bzw. *Human Rights Act* scheint es in England nicht zu geben. Im Hinblick auf den *Human Rights Act* mag dies darin begründet sein, dass er trotz seines Verfassungsrangs ein einfaches Gesetz bleibt, so dass sich für seine Regelungen im Vergleich zu anderen Gesetzestexten eine gesonderte Fragestellung hinsichtlich ihrer Bedeutung für den *ordre public* nicht ergibt.

Die Vorgaben des *Human Rights Act* gelten auch im Urheberrecht, wie es die Entscheidung *Paddy Ashdown MP v. Telegraph Group limited*[76] deutlich macht:

Der Kläger nahm die Zeitung *The Telegraph* u. a. wegen Urheberrechtsverletzung in Anspruch, der er vorwarf, *substantial verbatim quotes from a leaked confidential minute* veröffentlicht zu haben, die der Kläger über ein Treffen mit dem Premier Minister zu dem Zweck aufgeschrieben hatte, sie in seinen *political diaries* zu veröffentlichen. Die erste Instanz hatte zugunsten des Klägers eine Urheberrechtsverletzung angenommen. Vor dem *Court of appeal* verteidigte sich der Beklagte mit dem Recht auf freie Meinungsäußerung aus Art. 10 der Menschenrechtskonvention.

Der *Court of appeal* wies die Berufung zurück, stellte aber gleichwohl fest, dass in seltenen Fällen ein Konflikt zwischen der Äußerungsfreiheit und dem Schutz des CDPA bestehen könne. In einem derartigen Fall habe das Gericht den CDPA im Lichte der Meinungs- und Äußerungsfreiheit auszulegen. Das Gericht stellte darauf ab, dass der CDPA nur die Form des literarischen Werkes schütze, nicht aber die in ihm enthaltenen Ideen. Der Schutz der Meinungsfreiheit käme aber nur dort in Betracht, wo es grundsätzlich erlaubt sei, eine Aussage zu kopieren[77].

Diese Entscheidung zeigt zudem, dass auch in England die Drittwirkung dieser Rechte zwischen Privaten anerkannt und praktiziert wird.

---

[75] v. Bernstorff, 36.

[76] [2001] EWCA Civ 1142.

[77] Zum Fall s. auch Copyright world, Februar 2002, issue 117, 26.

Kapitel II

Internationaler und europäischer *ordre public*

Die vorstehenden Ausführungen machen deutlich, dass alle Rechtsordnungen Grundsätze enthalten, die wir im deutschen Recht unter der Bezeichnung *ordre public* zu verstehen pflegen. Die Rechtssätze besagen zwar im Prinzip dasselbe, aber doch möglicherweise insoweit etwas Verschiedenes, als sie den Grundgehalt verschiedener Rechtsordnungen schützen und in den verschiedenen Ländern einen unterschiedlich weiten Bereich grundlegender, im öffentlichen Interesse bestehender Rechtsnormen und rechtsethischer Grundsätze umfassen[1]. Hier setzt die Bedeutung der internationalen Zusammenarbeit ein[2]. Ergebnis dieser Zusammenarbeit sind über die nationalen Grenzen hinaus Bestimmungen, die von einer derartigen allgemeinen Verbindlichkeit sind, dass sie Anwendung finden, wenn einzelne nationale Bestimmungen dagegen verstoßen.

1 Internationale Standards

Ein Beispiel für einen solchen internationalen Konsens ist die EMRK[3]. Die europäischen Staaten schufen mit diesem Übereinkommen einen gesamteuropäischen Grundrechtekatalog, dessen verbürgte Rechte nicht nur vor dem Europäischen Gerichtshof für Menschenrechte individuell einklagbar sind, sondern auch die Auslegung innerstaatlicher sowie gemeinschaftsrechtlicher Vorschriften prägen[4].

---

[1] Horn, RabelsZ 44 (1980), 423 (449).

[2] v. Brunn, NJW 1962, 985 (988).

[3] Dazu im Einzelnen unten, C II 2 b.

[4] Rechtsprechung unter Bezugnahme der EMRK z.B. BGH NJW 2002, 2891 ff; zur englischen Rechtsprechung s. oben, D I 5 c; Nachweis für Frankreich s. D I 5 b, Fn. 71.

Darüber hinaus können sie als Bestandteil des nationalen *ordre public* Berücksichtigung finden[5].

Ferner findet man Standards in internationalen Abkommen rechtsvereinheitlichender Natur[6]. Diese haben allerdings für den *ordre public* nur Indizwirkung: Ein Eingreifen des *ordre public* liegt dann nahe, wenn der ausländische Rechtssatz dem Standard nicht entspricht, wohl aber der inländische[7].

In erster Linie sind natürlich die Fälle gemeint, in denen das Abkommen im Inland ratifiziert ist. Aber auch wenn das Abkommen im Einzelfall nicht ratifiziert ist, kann es zum inländischen Standard gehören. Manche sprechen darüber hinaus auch von einer „universellen öffentlichen Ordnung", die es selbst einem Nicht-Vertragsstaat gebiete, ein völkerrechtliches Übereinkommen zu berücksichtigen, wenn es eben diese universelle öffentliche Ordnung konkretisiere[8]. Andere stehen einer derartigen Konzeption dagegen eher skeptisch gegenüber und verneinen die Existenz eines „*ordre public véritablement international*"[9].

Nicht nur Abkommen, sondern auch ungeschriebene, allgemeine Regeln des Völkerrechts können bei der Entscheidungsfindung innerhalb international-privatrechtlicher Fragen eine Rolle spielen. Mit den allgemeinen Regeln ist das universell geltende Völkergewohnheitsrecht gemeint[10], das aus allgemeinen Regeln besteht, die „auf einer allgemeinen, gefestigten Übung der Staaten beruhen, die in der Rechtsüberzeugung geübt wird, dass dieses Verhalten rechtens sei"[11]. Dieser allgemeine Konsens stellt für die Staaten eine (Quasi-)Verbindlichkeit dar, der Deutschland durch Art. 25 GG gerecht geworden ist: Art. 25 GG macht Völkergewohnheitsrecht als Wertmaßstab zum Bestandteil der innerstaatlichen Ordnung und innerstaatlich unmittelbar anwendbar[12].

Im deutschen Recht ist dogmatisch umstritten, ob über Art. 25 GG direkt völkerrechtswidrige Regeln unbeachtlich sind, oder ob der Ausschluss über Art. 6 EGBGB erfolgt. Folgt man der ersten Ansicht, so ist der *ordre public* in seiner völkerrechtlichen Dimension weitergehend als der international-privatrechtliche *ordre public*, denn sein Ziel ist es demnach, einen Verstoß gegen völkerrechtliche Normen unmittelbar und ohne Umweg über den nationalen *ordre public* zu ahnden[13]. Die Existenzberechtigung eines eigenständigen „völkerrechtlichen *ordre public*" wird von seinen Anhängern damit begründet, dass der international-privatrechtliche *ordre public* auf privatrechtliche Normen ausgerichtet und bei Fragen nach dem Rechtscharak-

---

[5] Kropholler, IPR, § 36 IV 2.

[6] Z.B. Übereinkommen über die Rechte des Kindes, vgl. IPrax 2000, 169.

[7] Kropholler, § 36 III 2 b.

[8] S. Entscheidung des Schweizer Bundesgerichts vom 28.3.2001, IPrax 2003, 538, 545 (548).

[9] Zum Begriff Batifoll/Lagarde, Rn. 365.2; zur ablehnenden Haltung der französischen Rechtsprechung s. CA Paris 19.3.1965, JDI 1966, 137; vgl. aber auch CA Paris 3.10.1984, Rev. crit. DIP 1985, 526.

[10] BVerfGE 15, 32 f.

[11] BVerfGE 66, 39 (64 ff.).

[12] Kropholler, IPR, § 36 III 2 a.

[13] S. Girsberger/Mráz, IPrax 2003, 545 (549).

ter völkerrechtlich ordnungsrelevanter Normen überfordert sei[14]. Die Gegner dieses Ansatzes sehen darin einen Verstoß gegen das verfassungsrechtlich verankerte Transformationssystem. Außerdem gehe der Gehalt eines allfälligen *ordre public* nicht über das hinaus, was nicht schon nach nationalen *ordre public*-Überlegungen zu berücksichtigen sei[15].

Beide Ansätze führen aber in jedem Fall dazu, dass die Völkerrechtsstandards zur Anwendung gelangen und den Ausgang einer privatrechtlichen Streitigkeit maßgeblich beeinflussen können.

In Frankreich und England gibt es eine dem Art. 25 GG entsprechende Regelung auf Verfassungsebene nicht. Allerdings wird auch in diesen Ländern den allgemeinen Regeln des Völkerrechts Rechnung getragen: Die *Cour de cassation* hat bereits einige Male ungeschriebene Regeln des Völkerrechts angewendet, um international-privatrechtliche Entscheidungen zu rechtfertigen[16].

Die englische Rechtsprechung sieht die allgemeinen Regeln des Völkerrechts in ihrem *common law* verankert[17] und hat ebenfalls bereits mehrfach einen Zusammenhang zwischen völkerrechtlichen Standards einerseits und dem *ordre public* andererseits hergestellt: So wertete sie beispielsweise den Bruch völkerrechtlicher Prinzipien und die Verletzung völkerrechtsfreundlichen Verhaltens explizit als Verstoß gegen die *public policy*[18].

Von den inhaltlichen Vorgaben, die das Völkerrecht im Hinblick auf die Ausfüllung des nationalen *ordre public* macht, ist der Begriff des völkerrechtlichen *ordre public*-Vorbehalts zu unterscheiden. Völkerrechtliche Vorbehalte dienen dazu, als besonders wichtig empfundene nationale Rechtsregeln vor einer Beeinträchtigung oder Verwässerung duch völkerrechtliche Bindungen zu bewahren, die für unzumutbar gehalten werden[19].

2 Europäischer *ordre public*

a Zum Begriff

Das Schlagwort eines „europäischen *ordre public*" fällt in jüngster Zeit immer wieder und öfter[20]; man erwartet es auch in einer Zeit wachsender Vergemeinschaftung und europäischer Integration. Gleichwohl ist es nicht so neu wie es

---

[14] Mit weiteren Nachweisen s. Girsberger/Mráz, IPrax 2003, 545 (549).

[15] Mit weiteren Nachweisen zur herrschenden Lehre Girsberger/Mráz, IPrax 2003, 545 (549) Rn. 44.

[16] S. Civ. 12.5.1931, JDI 1932, 387; Civ. 20.2.1979, Rev. crit. DIP 1979, 803.

[17] S. *Regina v. Bartle and the Commissioner of Police for the Metropolis and Others Ex Parte Pinochet*, HL, 24.3.1999, abrufbar unter www.parliament.the-stationery-office.co.uk; Abrufdatum: 21.9.2005.

[18] Siehe dazu *Kuwait Airways Corpn v. Iraqi Airways Co*(N. 4 und 5) [2002] 2 AC 883 [2002] UKHL 19; [2002] 2 WLR 1353 HL; *Foster v. Driscoll and Others* [1929] 1 KB 470 [1928.F.345] [1928.L.536.] [1928.L.516.] CA.

[19] Fechner, JuS 2003, 734 (738).

[20] Vgl. zum Beispiel Tomuschat, EuGRZ 2003, 95 - 100.

klingt: Bereits zu Zeiten, in denen auf europäischer Ebene in erster Linie wirtschaftliche Integration stattfand[21], gab es Überlegungen zu einer europäischen öffentlichen Ordnung[22]. Auch der Bericht von Giuliano/Lagarde nimmt in seinen Erläuterungen zu Art. 6 EGBGB auf einen derartigen Maßstab Bezug: Der *ordre public* umfasse u.a. „die öffentliche Ordnung der Gemeinschaft, die Bestandteil der öffentlichen Ordnung der Mitgliedstaaten der EG geworden ist“[23].

Gemeint ist der Inbegriff der den europäischen Ländern gemeinsamen grundlegenden Rechtsvorstellungen[24], die als zwingend angesehen werden, und die sich im Recht der Mitgliedstaaten der EU gegen eigentlich anzuwendendes Drittstaatenrecht durchsetzen.

Stellt man speziell auf gemeinschaftsrechtliche Rechtsakte ab, sei es in der Gesetzgebung, sei es in der Rechtsprechung, so ist es genauer, nicht von einem „europäischen *ordre public*“, sondern von einem *ordre public* der EU sprechen, denn die Ausführungen sind nicht ohne weiteres auf die Staaten zu erstrecken, die (noch) nicht Mitglied der EU und nicht oder nur teilweise (beispielsweise durch Beitrittspartnerschaften oder Assoziierungsabkommen) an europäische Maßstäbe gebunden sind[25].

b Einfluss der EMRK

Die in der EMRK verbürgten Rechte sind für den *ordre public* aller Mitgliedstaaten richtungsweisend. Vor dem Europäischen Gerichtshof und teilweise auch vor den nationalen Gerichten kann sich der Einzelne direkt auf sie berufen.

In Frankreich folgt die direkte Anwendbarkeit aus Art. 55 der Verfassung[26]. In Deutschland ist sie als einfaches Gesetz[27] direkt anwendbar[28]. In England fehlt es an einem staatlichen Akt, der der EMRK innerstaatliche Wirkung verleiht. Diese Lücke schließt nunmehr der *Human Rights Act*[29]. Allerdings hat auch in England die EMRK eine eigenständige Bedeutung. Sie war und ist Richtlinie und Wegweiser für die Auslegung von *statutes* und *common law*[30].

Unabhängig von der Frage, ob es sich bei der EMRK im Sinne eines transformierten völkerrechtlichen Vertrages um ein einfaches Gesetz handelt oder

---

[21] Gründung der Europäischen Wirtschaftsgemeinschaft am 25.3.1957; zur wirtschaftlichen Integration zwischen 1950 und 1992 vgl. auch Neisser, Die Europäische Union, Rn. 01.018 - 01.031.

[22] S. z.B. v. Brunn, NJW 1962, 985 - 989.

[23] Giuliano/Lagarde, BT-Drucks 10/503, 70.

[24] Zur Definition z.B. Horn, RabelsZ 44 (1980), 423 (449).

[25] Vgl. zum Beispiel zum derzeitigen Status der Türkei www.auswaertiges-amt.de/www/de/laenderinfos/; Abrufdatum: 21.9.2005.

[26] Dazu s. bereits oben, C I, Fn. 2.

[27] Zur Stellung der EMRK in der Normenhierarchie s. BVerfG NJW 1987, 2427; BVerfG NJW 2005, 1567.

[28] Zur direkten Anwendbarkeit in Deutschland Matscher in: FS Neumayer, 459 (461).

[29] S. oben, D I 5 c.

[30] Zu den einzelnen Funktionen der EMRK in England s. Clapham, Human Rights, 13-33.

man, wie z.B. in Frankreich, eine höherrangige Stellung in der Normenhierarchie annehmen will, ergibt sich aus den Verpflichtungen, die die Staaten mit der Unterzeichnung der Verträge übernommen haben, dass sie bei der Beurteilung von Sachverhalten mit Auslandsberührung eine Richtschnur sein muss[31] und damit einen Teil eines gemeinsamen *ordre public*-Verständnisses schafft.

Ob sie darüber hinaus im Rahmen einer Vorbehaltsklausel des *ordre public* Wirkung dahingehend entfaltet, dass Ergebnisse, die gegen die EMRK verstoßen korrigiert werden, oder autonom neben dem *ordre public* und ohne jegliches Erfordernis eines Bezuges zwischen streitiger Situation und Forumstaat zur Anwendung kommt, entspricht der Fragestellung, wie sie sich im Bereich der Grundrechte stellt[32].

Bei der Frage der Wirkung wird gemeinhin für eine Vorbehaltslösung - entsprechend der Vorbehaltsklausel bei Grundrechten - plädiert[33]: Verweist die maßgebliche Kollisionsnorm auf ein fremdes materielles Recht - gleich ob es sich um das eines anderen Konventionsstaates oder eines Drittstaates handelt - so ist davon Abstand zu nehmen, wenn dessen Anwendung eine konventionswidrige Situation herbeiführen würde[34].

Uneinigkeit herrscht dagegen über die genauen Bedingungen, unter denen die EMRK zur Anwendung kommen soll. Batiffol begnügt sich mit der Feststellung, dass man zumindest eine Verbindung zu einem Vertragsstaat brauche[35].

Mayer plädiert für die Berücksichtigung der EMRK, so wie das Bundesverfassungsgericht seinerseits Grundrechte berücksichtigt: Die Reichweite der Vorschrift soll in Bezug auf die internationale Situation interpretiert werden[36] - und unabhängig davon, ob das Land, dessen Recht zunächst angewendet werden soll, der EMRK beigetreten ist[37]. Dies entspricht auch der Linie der Rechtsprechung des deutschen Bundesvefassungsgerichts[38], wenn auch die konkreten Voraussetzungen für die Anwendung der EMRK im jeweiligen Fall vage bleiben: Das Bundesverfassungsgericht verlangt die Berücksichtigung von Grund- und Menschenrechten bei Sachverhalten, die fremde Rechtsordnungen berühren, soweit, wie dies möglich ist[39], lässt allerdings offen, *wann* es denn möglich sein soll. Ähnlich unklar ist die Rechtsprechung der *Cour de cassation*:

---

[31]Coester-Waltjen/Kronke/Kokott, 10.

[32]S. oben, D I 5 a-aa.

[33]Die Frage wird bisher in England nicht diskutiert, was daran liegen mag, dass nur der relativ junge *Human Rights Act* direkt anwendbar ist und der EMRK von Vornherein nur Einfluss bei der Auslegung nationaler Gesetze zukommt.

[34]Mit weiteren Nachweisen Matscher in: FS Neumayer, 459 (476); hier auch insbesondere zum Schutz des Einzelnen durch die Konventionsorgane.

[35]Batiffol/Lagarde, Rn. 365.

[36]Mayer, Rev. crit. DIP 1991, 651 (661).

[37]Mayer, Rev. crit. DIP 1991, 651 (659).

[38]Zu Art. 6 GG unter Bezugnahme auf die EMRK s. BVerfGE 31, 85.

[39]BverfGE 92, 26.

In einem Fall, in dem die Anwendung eines brasilianischen Gesetzes in Frage stand, das die Volladoption (*adoption plénière*) verbot, sobald die Adoptierenden nicht die brasilianische Staatsangehörigkeit besaßen, nahm die *Cour de cassation* keinen Verstoß gegen die EMRK an[40]; hätte ein solcher allerdings vorgelegen, wäre die brasilianische Vorschrift nicht anwendbar gewesen, unabhängig davon, dass Brasilien der EMRK nicht beigetreten ist[41].
In einem anderen Fall, der den Antrag auf Erteilung der Vollstreckbarkeitsklausel für ein gabunesischen Urteils betraf, erklärte sie dagegen Art. 6 der EMRK für unanwendbar, weil Gabun nicht Vertragsstaat der EMRK war[42].

c Der *ordre public* der Europäischen Union

Bereits 1962 ging von Brunn davon aus, dass es einen gemeinsamen europäischen Standard - damals noch beschränkt auf die Mitgliedstaaten der EWG - gäbe, der zur Bildung eines gemeinsamen *ordre public* führe[43]. Diese Linie weiterverfolgend hat der Gemeinschaftsgesetzgeber im Zuge verstärkter politischer Integration und dank neuer Kompetenzen Rechtsvereinheitlichung in vielen Gebieten mit dem Ziel vorangetrieben, den Binnenmarkt zu verwirklichen[44]. Dadurch ist es mittlerweile selbstverständlich geworden, in vielen Sektoren von „Europäischen Mindeststandards“ zu sprechen.

Ein aktuelles Beispiel dafür ist die Erarbeitung eines „europäischen Kollisionsrechts im Bereich der vertraglichen Schuldverhältnisse“ in Form einer künftigen EG-Verordnung; in dem Grünbuch zu diesem Projekt nimmt die Kommission auf einen solchen Maßstab Bezug[45] und stellt hierzu fest, dass es einen gemeinsamen „Mindeststandard“ gäbe. Wie er im Einzelnen aussehen soll, wird dagegen nur grob umrissen. Konkret geht die Kommission auf Verbraucher- und Arbeitnehmerschutz durch Gemeinschaftsinstrumente ein. Es wird aber nicht deutlich, welche EG-rechtlichen Bestimmungen im einzelnen zum *ordre public* gehören sollen[46].

Wie sieht der europäische *ordre public* inhaltlich aus? Zu weit gegriffen ist es, darunter alle gemeinschaftsrechtlichen Vorschriften zu fassen. Dagegen spricht bereits, dass es den Parteien grundsätzlich gestattet ist, im Vertragsrecht auch das Recht eines Drittstaates zu wählen[47] und so von Vorgaben des Gemeinschaftsrechts abzuweichen. Dies bedeutet allerdings nicht die Abwahl jeglicher gemeinschaftsrechtlicher Grundsätze: Es können gemeinschaftsrechtliche Vorgaben innerhalb des fremden, „an sich“ anwendbaren Rechts berücksichtigt wer-

[40]Hier insb. 8.1., 12 und 14 EMRK.
[41]Civ. 1re 31.1.1990, Rev. crit. DIP 1990, 519.
[42]Civ. 1re 10.7.1990, Rev. crit. DIP 1991, 757.
[43]v. Brunn, NJW 1962, 985 - 989.
[44]Neisser, Die Europäische Union, Rn. 16.004.
[45]Grünbuch, s. oben, C I, Fn. 14; Frage 4.
[46]S. Ausführungen zu Frage 4, Grünbuch, 22-24.
[47]EuGH vom 24.1.1991 - C-339/89 [*Alsthom Atlantique*] Slg. 1991, I-1-107.

den, sei es bereits bei der Rechtsanwendung, sei es bei der Anerkennung eines Urteils aus einem Drittland.

aa Inhaltliche Vorgaben für das Kollisionsrecht

Eine inhaltliche Konkretisierung für einen Teilbereich findet sich in Art. 24 des Entwurfes zu einer Verordnung über das auf außervertragliche Schuldverhältnisse anzuwendende Recht[48]. Die Vorschrift betrifft speziell die Unvereinbarkeit der „punitive dammages" nach US-amerikanischem Recht[49].

Im Bereich des Handelsvertreterrechts hat in der Vergangenheit die „Ingmar-Entscheidung" einen wesentlichen Beitrag zur Prägung eines europäischen *ordre public* geleistet: Im konkreten Fall wurde trotz Wahl eines Drittstaatenrechts auf den Vertrag die Handelsvertreterrichtlinie durchgesetzt[50].

Bei genauem Hinsehen spiegelt die „Ingmar-Entscheidung" das abstrakte Prinzip des Vorrangs des Gemeinschaftsrechts wider: In seinem Geltungsbereich, der entweder aus der Richtlinie selbst hervorgeht, oder - wie bei „Ingmar" - vom EuGH abgesteckt wird, hat das Gemeinschaftsrecht Vorrang: Der EuGH hat in seiner Entscheidung die Handelsvertreterrichtlinie nicht als zwingende Bestimmung oder über die Ausnahme des *ordre public* innerhalb der Kollisionsnormen berücksichtigt, sondern das Kollisionsrecht als vom Gemeinschaftsrecht überlagert angesehen. Die direkte Anwendung der Richtlinie entspricht der Regelung des Art. 20 EVÜ, welche anordnet, dass das Übereinkommen gegenüber „Kollisionsnormen für vertragliche Schuldverhältnisse auf besonderen Gebieten, die in Rechtsakten der Organe der Europäischen Gemeinschaften oder in dem in Ausführung dieser Rechtsakte harmonisierten innterstaatlichen Recht enthalten sind und enthalten sein werden", zurücktritt[51]. Auch wenn der EuGH hier den direkten Weg geht, indem er klar macht, dass die Legitimation der Sonderanknüpfung in der jeweiligen Norm selbst begründet ist[52] und nicht der Weg über Art. 7 oder Art. 16 EVÜ gewählt wird, kann man gleichwohl von einem europäischen *ordre public* sprechen: Denn auch diese Art der Durchsetzung führt dazu, dass Normen, die der Fixierung eines gemeinschaftsrechtlichen Mindestschutzniveaus dienen, international zwingender Charakter zugesprochen wird[53].

Ähnliches gilt für die Bestimmungen des europäisches Kartellrechts, die in

---

[48]Kom(2003), 427 endg.; Art 24:„Die Anwendung einer Norm des nach dieser Verordnung bezeichneten Rechts, die zur Folge hätte, dass eine über den Ausgleich des entstehenden Schadens hinausgehende Entschädigung etwa in Form eines Schadensersatzes mit Strafcharakter oder nur abschreckender Wirkung zugesprochen werden könnte, ist mit der öffentlichen Ordnung der Gemeinschaft nicht vereinbar."

[49]Jayme/Kohler, IPrax 2003, 485 (494).

[50]EuGH vom 9.11.2000 - C-381/98[*Ingmar GB Ltd gegen Eaton Leonard Technologies Inc.*] Slg. 2000, I-9350.

[51]Nemeth/Rudisch, ZfRV 2001, 179 (182).

[52]Nemeth/Rudisch, ebenda.

[53]Vgl.Nemeth/Rudisch, ZfRV 2001, 179 (183).

ihrem Geltungsbereich unabhängig vom Vertragsstatut direkt zur Anwendung gelangen[54].

Auch im Bereich der Verbraucherschutzlinien verlangt das EG-Recht über Sonderanknüpfungen Geltung des vorgesehenen Mindeststandards[55].

Als weiterer Maßstab ist die europäische Charta der Menschenrechte[56] zu nennen, selbst wenn ihr bisher nur deklaratorische Wirkung zukommt und ihr (noch) die Rechtsverbindlichkeit fehlt. Bezüglich der in ihr niedergelegten Rechte ist sie richtungsweisend und bereits jetzt geeignet, Grundsätze, wie sie zum Beispiel von der „Ingmar"-Rechtsprechung im Handelsvertreterrecht niedergelegt worden sind, auch in anderen Bereichen zu entwickeln. Dies macht zum Beispiel ein Urteil des italienischen Kassationshofes zur Konkretisierung des *ordre public* in Art. 16 EVÜ deutlich: In dem Urteil ging es um die zwingende Anwendung des italienischen Kündigungsschutzes bei anwendbarem amerikanischen Recht[57]. In seinen Erwägungen stützt sich der Kassationshof auf Art. 30 der Europäischen Grundrechtscharta[58].

bb Der *ordre public* in der Anerkennungskontrolle

α Rechtsprechung des EuGH Inhaltlich ist inbesondere die EuGH-Rechtsprechung zu Art. 27 und 34 EuGVÜ (jetzt Art. 34 EuGVO) sehr ergiebig, in denen sich der EuGH zum *ordre public* der Mitgliedstaaten und seinem Verhältnis zu den „europäischen Wertvorstellungen" äußert. Hierzu stellt der EuGH, der für das EuGVÜ[59] die Auslegungskompetenz besitzt[60], zunächst fest, die Vertragsstaaten könnten selbst festlegen, welche Anforderungen sich nach ihren innerstaatlichen Anschauungen aus ihrer öffentlichen Ordnung ergeben[61]. Gleichwohl steckt er die Grenzen ab[62], was genau genommen auch eine inhaltliche Vorgabe bzw. Teildefinition ist. Die Fälle behandeln zum einen die verfahrensrechtliche, zum anderen die materiellrechtliche Seite des *ordre public*[63]. Erstere betreffen insbesondere die Grundsätze eines fairen Verfahrens[64]. Bei der materiellen Rechtskontrolle muss das Ergebnis der Urteilsanerkennung im konkreten Fall schlechthin untragbar sein. Dabei darf es nicht zu einer *révision au*

[54] Dazu später, D III 4 a.

[55] Dazu im einzelnen unten, D III 4 a.

[56] Teil II des Verfassungsentwurfs.

[57] Cass., 11.11.2002, n. 15822, Foro it. 2003 I 484.

[58] Art. 30 der Charta: „Jede Arbeitnehmerin und jeder Arbeitnehmer hat nach dem Gemeinschaftsrecht und den einzelnen Rechtsvorschriften und Gepflogenheiten Anspruch auf Schutz vor ungerechtfertigter Entlassung."

[59] Übereinkommen über die gerichtliche Zuständigkeit und die Vollstreckung gerichtlicher Entscheidungen in Zivil- und Handelssachen vom 27.9.1968.

[60] S. Zusatzprotokoll zum EuGVÜ.

[61] EuGH vom 28.3.2000 - C-7/98 [*Krombach/Bamberski*] Slg. 2000, I-1935 ff., Erw. 22.

[62] EuGH, *Krombach/Bamberski*, Erw. 23.

[63] Dazu Schack, IZVR, § 17, Rn. 862 - 869.

[64] So auch im Urteil *Krombach/Bamberski*, ebenda.

fond kommen, d.h. das ausländische Urteil wird nicht in tatsächlicher Hinsicht voll nachgeprüft[65]. Verstöße gegen den materiellen *ordre public* können zum Beispiel in der Missachtung zwingender wirtschaftsrechtlicher Regelungen oder umweltrechtlicher Bestimmungen liegen[66].

Gleichzeitig betont der EuGH im Hinblick auf Anerkennung und Vollstreckung ausländischer Entscheidungen, dass nur in engen Grenzen die Mitgliedstaaten sich auf den nationalen *ordre public* berufen könnten. Dies deutet auf eine Komponente hin, die die Konsequenz eines bereits bestehenden europäischen *ordre public* ist: Bestehen grundsätzlich gleiche Wertvorstellungen, können die Staaten darauf vertrauen, dass sie in dem jeweiligen Land, welches das Urteil erlässt, auch berücksichtigt werden. Dann ist es nicht mehr nötig, die eigenen zwingenden Vorgaben der jeweiligen nationalen „öffentlichen Ordnung" über Ausnahmeklauseln wie Art. 27 und 34 EuGVÜ zur Anwendung kommen zu lassen. Diese These wurde im Übrigen schon bereits 1962 aufgestellt[67] und spiegelt sich auch in der EuGVO wider, die das EuGVÜ abgelöst[68] und das internationale Abkommen in ein Gemeinschaftsinstrument verwandelt hat. Zwar ist die Berufung auf den *ordre public* grundsätzlich noch zulässig, das Vollstreckungsverfahren ist allerdings vereinfacht worden; es kommt nicht mehr zu einer Prüfung der Zulässigkeit von Amts wegen[69]. Es wird also zunächst (vertrauensvoll) davon ausgegangen, dass kein Verstoß gegen den nationalen *ordre public* vorliegt.

β **Der Europäische Vollstreckungstitel** Einen weiteren Schritt in die Richtung gegenseitigen Vertrauens macht die EG-Verordnung zum Europäischen Vollstreckungstitel(VTVO)[70], die neuerdings für gerichtliche Entscheidungen über unbestrittene Forderungen gilt: Einen solchen Titel braucht der Gläubiger seit dem 21.10.2005 nur noch in dem Mitgliedstaat, in dem er ergangen ist, als europäischen Vollstreckungstitel bestätigen zu lassen; diesen kann er

---

[65] Hier verschwimmen allerdings manchmal die Grenzen. vgl. EuGH vom 11.5.2000 - C-38/98 [*Renault/Maxicar SpA & Orazio Formento*] Slg. 2000, I-2973; mit berechtigter Kritik Geimer, EuGH EWiR Art. 27 EuGVÜ 2/2000, 627.

[66] Mit weiteren Beispielen Kropholler, Europäisches Zivilprozessrecht, Art. 34 Rn. 17-20.

[67] s. v. Brunn, NJW 1962, 985 (988).

[68] Verordnung (EG) Nr. 44/2001 des Rates vom 22. Dezember 2000 über die gerichtliche Zuständigkeit und die Anerkennung und Vollstreckung von Entscheidungen in Zivil- und Handelssachen, ABl.Nr.L 12 v. 16.1.2001, 1-23, ber. ABl.Nr.L 307 v. 24.11.2001, 28. Nur im Verhältnis zu Dänemark bleibt das EuGVÜ weiterhin anwendbar. Allerdings steht derzeit die Unterzeichnung eines Abkommens zwischen der EG und Dänemark bevor, welches die Anwendung der EuGVO auf die Beziehungen zwischen der Gemeinschaft und Dänemark zum Ziel hat; dazu näher Jayme/Kohler, IPrax 2005, 481 (485).

[69] S. Art. 41 EuGVO.

[70] Verordnung (EG) Nr. 805/2004 des Europäischen Parlaments und des Rates vom 21.4.2004 zur Einführung eines Europäischen Vollstreckungstitels für unbestrittene Forderungen, ABl.Nr.L 143 v. 30.4.2004, 15-39.

dann direkt in allen anderen EG-Mitgliedstaaten (mit Ausnahme Dänemarks[71]) vollstrecken[72]. Hier wird allein dem Ursprungsmitgliedstaat die Prüfung der Vollstreckbarkeit anvertraut und davon ausgegangen, dass nach Abschluss der Prüfung auch kein Verstoß gegen nationale *ordre public*-Vorstellungen der anderen Mitgliedstaaten vorliegt.

Im übrigen formuliert die VTVO konkrete Mindeststandards, die bei bestimmten Entscheidungen - z.B. in Verbrauchersachen oder bei Säumnisentscheidungen - Voraussetzung für die Bestätigung als Vollstreckungstitel sind. Dazu zählen insbesondere die formgerechte Zustellung des verfahrenseinleitenden Schriftstückes[73], die Belehrung über die Konsequenzen ds Nichtbestreitens[74] sowie die Möglichkeit, unter besonderen Umständen ein Wiedereinsetzungsverfahren anstrengen zu können[75]. Diese Vorschriften müssen nicht in das Recht der Mitgliedstaaten integriert werden, sondern stellen „Beurteilungsnormen“ dar, an denen das Erkenntnisverfahren zu messen ist[76]. Es handelt sich also auch hier um die Ausgestaltung eines europäischen Mindeststandards.

d Verhältnis zum nationalen *ordre public*

Von der Begrifflichkeit her gehen nationaler und europäischer *ordre public* von den gleichen Kriterien aus; auch die rechtskritische und kontrollierende Funktion haben sie gemeinsam[77]. Inhaltlich muss allerdings differenziert werden. Denn trotz aller Gemeinsamkeiten gibt es noch zu große Divergenzen zwischen den einzelnen europäischen Staaten. Diese Divergenzen zeigen sich gerade in den verschiedenen Ausprägungen der nationalen *ordre public*-Vorstellungen, in denen das Misstrauen der verschiedenen Gesetzgeber untereinander deutlich wird. Im Grundsatz wird das Bestehen nationaler (auch divergierender) zum *ordre public* zählenden Vorschriften vom EG-Recht auch hingenommen und berücksichtigt: So verbleibt trotz Vergemeinschaftung gemäß Art. 33 EU die Aufrechterhaltung der öffentlichen Ordnung und der Schutz der inneren Sicherheit der nationalen Eigenverantwortlichkeit. Nationale Ausnahmen zu Gunsten der öffentlichen Sicherheit und Ordnung in den einzelnen Mitgliedstaaten bestehen daher sowohl hinsichtlich der Grundfreiheiten als auch bestimmter Politikbereiche[78].

Teilweise wird vertreten, dass der europäische *ordre public* nicht für sich stehe, sondern nur bei der Unterscheidung wesentlicher und unwesentlicher Sätze der nationalen Rechte helfe[79]. Dies mag insoweit gelten, als dass das EG-Recht

[71] Art. 2 III VTVO.
[72] Näher zum Anwendungsbereich der Verordnung Wagner, NJW 2005, 1157 ff.
[73] Art. 13-15 VTVO.
[74] Art. 17 VTVO.
[75] Art. 19 VTVO.
[76] Dazu Wagner, NJW 2005, 1157 (1159).
[77] Vgl. Horn, RabelsZ 44 (1980), 423 (452).
[78] Art. 30, 39 III, 46 I, 64 I EG, s. Fechner, JuS 2003, 734 (738).
[79] Jayme, Methoden, 53.

den nationalen Rechten vorgeht und der Richter bei der Ermittlung wesentlicher inländischer Rechtssätze das direkt geltende Gemeinschaftsrecht sowie die innerstaatlichen auf EG-Vorschriften beruhenden Regeln genauso im Blick haben muss wie das rein nationale Recht.

Darüber hinaus kann man dem „europäischen *ordre public*“ im Verhältnis des EG-Rechts zu den nationalen Rechtsordnungen allerdings zwei eigenständige Funktionen zuordnen: Zum einen grenzt er sich zu den nationalen Rechtsordnungen der Drittstaaten sowie deren *ordre public*-Vorschriften ab, zum anderen verfolgt er innereuropäisch eine Art Integration: Das Vertrauen in die Durchsetzbarkeit der in einem Mitgliedstaat abgeschlossenen Geschäfte in einem anderen Mitgliedstaat soll gestärkt werden. Dies soll einerseits durch Angleichung der materiellen Vorschriften erfolgen, andererseits auch durch Harmonisierung des internationalen Privatrechts. Diese beiden Wege, die der europäische Gesetzgeber hier verfolgt, sind nur auf den ersten Blick widersprüchlich. Denn wie immer sich auch die Weiterentwicklung der nationalen Rechte und die Angleichung der einzelnen Rechtsordnungen vollziehen mögen, so erscheint es doch wahrscheinlich, dass zumindest in absehbarer Zukunft weiterhin Unterschiede in den Rechtsordnungen der einzelnen Staaten bestehen, die Gegenstand des internationalen Privatrechts bleiben.

Kapitel III

Eingriffsnormen

1 Begrifflichkeiten

Unter dem Begriff „Eingriffsrecht" versteht man nach allgemeinem Verständnis staatliche Rechtsnormen, auf deren Anwendung die Staaten wegen der mit ihnen verfolgten Interessen auch dann bestehen müssen, wenn sie bereit sind, Privatrechtsbeziehungen nach dem Recht zu beurteilen, mit dem eine Beziehung Privater am engsten verbunden ist, auch wenn dieses nicht das inländische ist[1]. Anwendbarkeit bedeutet in diesem Kontext, dass eine Norm, gleichgültig, ob es sich um eine in- oder ausländische handelt, im ausländischen Forumstaat bei Vorliegen des Tatbestandes unmittelbar die vorgesehenen Rechtsfolgen entfaltet[2].

Die hier gegebene Definition von „Eingriffsrecht" findet man in dieser Form in allen Mitgliedstaaten; sie liegt im wesentlichen auch dem EVÜ zugrunde. Während allerdings in deutscher Literatur häufiger der Begriff Eingriffsrecht auftaucht, finden sich in englischen und französischen Abhandlungen zu diesem Thema lediglich Begriffe wie *lois de police, lois d'application immédiate, mandatory rules* oder auch *overriding statutes*[3], es gibt dort keinen Sammelbegriff, der die Vorschriften als Rechtsinstitut erscheinen lässt. Hierin steckt durchaus Wahrheit, denn es gibt kein *Institut* Eingriffsrecht! Anders als der *ordre public*, der als Maßstab zumindest abstrakt umrissen werden kann, wenn er auch, wie bereits oben angedeutet, eine Blankettnorm ist, die inhaltlich „ausgefüllt" werden muss, sind die Eingriffsnormen immer eine Ausnahme zu der Regel, die wir „Parteiautonomie" nennen. Es handelt sich um einzelne Bestimmungen, die den *ordre public* ihres Forums in einem bestimmten Punkt widerspiegeln und

[1]Sonnenberger, IPrax 2003, 104 (105).
[2]Sonnenberger, IPrax 2003 104 (111).
[3]Vgl. zum Beispiel Dicey and Morris, Bd. I, Rn. 1-049/1-059.

sich unter gewissen Voraussetzungen gegen eine ausländische Norm durchsetzen. Daher erscheint es vorzugswürdiger, auch im deutschen Recht eher von Eingriffsnormen als von Eingriffsrecht zu sprechen.

Die zwingenden Bestimmungen im weiteren Sinne lassen sich unterteilen in international zwingende Bestimmungen und solche, die nur intern zwingend sind[4]. Daneben lässt sich die Gesamtheit der Bestimmungen ihrem Sinn und Zweck nach unterteilen in solche Normen, die wirtschaftspolitische Interessen verfolgen und diejenigen Bestimmungen, die den (privaten) Interessen einer bestimmten Gruppe dienen.

Schließlich ist streng zwischen kollisions- und materiellrechtlicher Ebene zu unterscheiden: Auf kollisionsrechtlicher Ebene sind in erster Linie die Bestimmungen wichtig, die die „materiellrechtlichen" Eingriffsnormen unter bestimmten Voraussetzungen zur Anwendung kommen lassen, ohne die Norm als solche zu bezeichnen. Daneben gibt es Vorschriften, in denen sich materiellrechtlicher und kollisionsrechtlicher Regelungsgehalt überschneiden; sie ordnen unter bestimmten Voraussetzungen kollisionsrechtlicher Art (z.B. bei gewöhnlichem Aufenthalt des Verbrauchers; Arbeitsplatz des Angestellten etc.) ihre international zwingende Wirkung und ihren Umfang selbst an[5]. Teilweise werden sie auch als besondere Vorbehaltsklauseln bezeichnet[6].

2 Zwingende Bestimmungen im EVÜ

Das EVÜ spricht an verschiedenen Stellen von zwingenden Bestimmungen, *mandatory rules* in der englischen, *lois de police* in der französischen Fassung. Der Begriff taucht in Art. 3 III, 5, 6 und 7 EVÜ auf, wird allerdings in seiner Bedeutung nicht einheitlich verwendet.

a Art. 3 III EVÜ

Art. 3 III EVÜ führt zu einer Sonderanknüpfung, wenn sämtliche Anknüpfungspunkte auf die Geltung einer bestimmten Rechtsordnung hindeuten und die Parteien dennoch ein anderes Recht gewählt haben. Hierbei handelt es sich um alle Bestimmungen, die intern nicht abbedungen werden können. Davon werden auch Gewohnheitsrecht und Richterrecht mit umfasst[7].

---

[4]Hier gelten die Ausführungen zur Unterscheidung von internem und internationalen *ordre public* entsprechend, s. oben, D I 1.

[5]Staudinger/Magnus (2002), Art. 34 EGBGB Rn. 39.

[6]S. Palandt/Heldrich (56. Auflage), Art. 12 AGBG Rn. 3.

[7]Dies ist besonders für die *common law*-Länder relevant, so heißt es dementsprechend in der englischen Fassung des EVÜ *rules of law*; dazu MüKo/Martiny (1998), Art. 27 Rn. 73.

b Art. 5 und 6 EVÜ

Art. 5 EVÜ trifft eine kollisionsrechtliche Sonderregelung für Verbraucherverträge[8]. Im Anwendungsbereich dieser Vorschrift können die Parteien das Vertragsstatut zunächst frei bestimmen. Unabhängig davon sichert Art. 5 EVÜ bei Vorliegen seiner Voraussetzungen dem Verbraucher die Anwendung der zwingenden Verbraucherschutzbestimmungen nach dem an seinem gewöhnlichen Aufenthaltsort geltenden Recht zu, wenn das Vertragsstatut dahinter zurückbleibt[9].

Art. 6 EVÜ betrifft Arbeitsverträge: Eine Rechtswahl im Sinne von Art. 3 EVÜ ist ebenfalls zulässig; unabhängig davon versagt Art. 6 I EVÜ einer Rechtswahl insofern die Wirksamkeit, als dadurch dem Arbeitnehmer der Schutz entzogen wird, den die zwingenden Bestimmungen der Rechtsordnung gewähren, die mangels einer Rechtswahl maßgeblich wäre[10].

c Art. 7 I und II EVÜ

Art. 7 EVÜ bezieht sich auf die Durchsetzung international zwingender Bestimmungen. Seine zwei Absätze beziehen sich auf zwei verschiedene Konstellationen: Absatz eins regelt die Einbeziehung zwingender Bestimmungen eines Drittstaates, Absatz zwei die der lex fori.

Maßgeblicher Bezugspunkt des Art. 7 I S. 1 EVÜ ist die „enge Verbindung"" zum Eingriffsstaat[11], zu dem als weitere Voraussetzung der Anwendungswille der Norm hinzutritt[12]. Gleiches gilt im Übrigen für den Anwendungsbereich des Art. 7 II EVÜ.

Auf der Rechtsfolgeseite lässt Art. 7 I S. 1 EVÜ nicht klar erkennen, inwieweit sich die zwingende Bestimmung wirklich „durchsetzt": Die Formulierung „Wirkung verleihen" ist weit gefasst und lässt nicht nur die Anwendung der Eingriffsnorm, sondern auch (nur) ihre rein tatsächliche Berücksichtigung in materiellrechtlicher Hinsicht zu[13].

Hinzu kommen außerdem die wertenden Faktoren des Art. 7 I S. 2 EVÜ. Es liegt im Beurteilungsspielraum des Richters, ob „die Natur und ihr Gegenstand sowie die Folgen" der zwingenden Bestimmung, „die sich aus ihrer Anwendung oder ihrer Nichtanwendung ergeben", für die Anwendung des ausländischen Rechts sprechen[14].

Eindeutiger ist dagegen Art. 7 II EVÜ: Danach bleiben solche Bestimmungen

---

[8]Zum entsprechenden Art. 29 EGBGB siehe Palandt/Heldrich (64. Auflage), Art. 29 EGBGB Rn. 2.

[9]Palandt/Heldrich (64. Auflage), Art. 29 EGBGB Rn. 4.

[10]Palandt/Heldrich (64. Auflage), Art. 30 EGBGB Rn. 4.

[11]Fetsch, Eingriffsnormen, 53.

[12]Vgl. Rigaux, Droit international privé, Rn. 294.

[13]Fetsch, Eingriffsnormen, 53.

[14]Loussouarn/Bourel, Rn. 378-6.

der lex fori unberührt, „die ohne Rücksicht auf das auf den Vertrag anzuwendende Recht den Sachverhalt zwingend regeln."

3 Materielle Vorgaben internationaler Übereinkommen

Internationale Abkommen zeichnen sich dadurch aus, dass sie zunächst nur die Vertragsstaaten binden. Damit ist es auf den ersten Blick schwer vorstellbar, dass sich eine Bestimmung in einem internationalen Übereinkommen als Eingriffsnorm durchsetzt, wenn anwendbares Recht das eines Nichtvertragsstaates ist[15], scheint doch dies sowohl gegen das Territorialitätsprinzip als auch gegen den Grundsatz der Souveränität der Staaten zu verstoßen.

Gleichwohl ist eine Berücksichtigung materieller Vorschriften konventionsrechtlicher Natur denkbar. Zum einen gibt es Fälle, bei denen die in Frage stehende Vorschrift direkt auf den Einzelnen anwendbar ist. Dann kann die Vorschrift zum Bestandteil der im Forumstaat geltenden Vorschriften gezählt werden, so dass nach den allgemeinen Kriterien ermittelt werden muss, ob es sich um eine Eingriffsnorm handelt.

Aber selbst Vorschriften, die für den Einzelnen nicht unmittelbar anwendbar sind, sei es, weil sie nur für den Vertragsstaat unmittelbar gelten, sei es, weil das Abkommen vom Staat des angerufenen Gerichts nicht gezeichnet oder ratifiziert wurde, können ihre Wirkung entfalten: Handelt es sich um international einheitliche Grundsätze, können sie den internationalen *ordre public* dahingehend prägen, dass nationale Vorschriften im Lichte der Abkommensvorschrift ausgelegt und zu international zwingenden Vorschriften des Forums werden.

Wie eine derartige Berücksichtigung aussehen kann, zeigt ein BGH-Urteil vom 22.6.1972:

Im konkreten Fall ging es um einen Seeversicherungsvertrag, der dem deutschen Recht unterlag und nach dem Kunstgegenstände aus Nigeria exportiert werden sollten. Damit verletzte der Vertrag ein nach nigerianischem Recht bestehendes Exportverbot. Der BGH sah darin einen Verstoß gegen § 138 BGB. Der BGH begründete seine Entscheidung damit, dass der Export von Kulturgut bei Bestehen eines Verbotes des Ursprungslandes im Interesse der Wahrung der Anständigkeit im internationalen Verkehr mit Kunstgegenständen keinen bürgerlichrechtlichen Schutz verdiene. Hier bezog sich das Gericht auf das Übereinkommen der UNESCO über den Kulturgüterschutz, in dem der BGH den Ausdruck einer in der Völkergemeinschaft grundsätzlich bestehenden Überzeugung sah, obwohl das Abkommen für Deutschland damals noch nicht in Kraft getreten war[16].

[15] Abgesehen von einer eventuellen Beeinflussung des internen *ordre public*, s. Urteil des Schweizer Bundesgerichts, D II 1, Ref. in Fn. 8.

[16] BGHZ 59, 82 (86); Vgl. auch Jayme, Methoden, 52.

In dem Urteil musste zwar nicht zur Frage Stellung genommen werden, inwieweit die Vorschrift des § 138 BGB auch international zwingend ist, da das auf den Vertrag anwendbare Recht das deutsche war. Die Argumentation des BGH, es handele sich bei der Vorschrift um eine Überzeugung der Völkergemeinschaft, lässt allerdings darauf schließen, dass er das Übereinkommen bei hinreichendem Inlandsbezug auch berücksichtigt hätte, wenn der Versicherungsvertrag einem anderen als dem deutschen Recht unterstanden hätte[17].

4 Eingriffsnormen im EG-Recht

a Materielle Bestimmungen

Bereits die Ausführungen zum europäischen *ordre public* zeigen, dass es auch gemeinschaftsrechtliche Bestimmungen gibt, die sich im Vertragsrecht durchsetzen, sei es in direkter Anwendbarkeit, sei es indirekt als umgesetzte nationale Vorschrift.

Im Primärrecht waren und sind es hier insbesondere die Wettbewerbsvorschriften der Art. 80, 81 EG, die kraft eigenen Geltungsanspruchs vorrangig vor nationalem Recht gelten[18].

Im Sekundärrecht finden sich hauptsächlich in den Richtlinien Eingriffsnormen; dies sind insbesondere die verbraucherschützende Norm des Art. 12 II der „Fernabsatzrichtlinie“[19] die arbeitnehmerschützende, im Gleichlauf mit Art. 6 EVÜ stehende Bestimmung in Art. 8 a II der „Arbeitnehmerschutzrichtlinie“[20], Art. 6 II der „Klauselrichtlinie“[21], Art. 9 der „Timesharing-Richtlinie“[22] und Art. 7 III der „Verbrauchsgüterkaufrichtlinie“[23].

---

[17] Zu den Kritierien, wann internationale Abkommen Bestandteil des internationalen *ordre public* sind s. bereits oben, D II 1.

[18] Staudinger/Magnus (2002), Art. 34 EGBGB Rn. 106.

[19] Richtlinie 97/7 EG des Europäischen Parlaments und des Rates vom 20.5.1997 über den Verbraucherschutz bei Vertragsabschlüssen im Fernabsatz, ABl.Nr.L 144 v. 4.6.1997, 19-27.

[20] Richtlinie 2002/74 EG des Europäischen Parlaments und des Rates vom 23.9.2002 zur Änderung der Richtlinie 80/987 EWG des Rates zur Angleichung der Rechtsvorschriften der Mitgliedstaaten über den Schutz der Arbeitnehmer bei Zahlungsunfähigkeit des Arbeitgebers, ABl.Nr.L 270 v. 8.10.2002, 10-13; zu den Richtlinien im einzelnen Jayme/Kohler, IPrax 2003, 485 (487/488).

[21] Richtlinie 93/13 EWG des Rates vom 5.4.1993 über missbräuchliche Klauseln in Verbraucherverträgen, Ref. unter B IV 2 f, Fn. 58.

[22] Richtlinie 94/47 des Europäischen Parlaments und des Rates vom 26.10.1994 zum Schutz der Erwerber im Hinblick auf bestimmte Aspekte von Verträgen über den Erwerb von Teilnutzungsrechten an Immobilien, ABl.Nr.L 280 v. 29.10.1994, 83-87.

[23] Richtlinie 1999/44 EG des Europäischen Parlaments und des Rates vom 25.5.1999 zu bestimmten Aspekten des Verbrauchsgüterkaufs und der Garantien für Verbrauchsgüter, ABl.Nr.L 171 v. 7.7.1999, 12-16.

Diesen Vorschriften ist ihre Existenzberechtigung innerhalb des internationalen Privatrechts nicht mehr abzusprechen[24]: Als „Annex-Kollisionsregeln“[25] sollen sie vermeiden, dass sich die Vertragsparteien dem aufgrund der EG-Richtlinien erlassenen Sachrecht durch die Wahl des Rechts eines Drittstaates entziehen können[26]. Sie sichern die Durchsetzung des in der jeweiligen Richtlinie verbürgten Schutzes dadurch, dass eine Umgehung des Schutzes durch die Wahl eines anderen Rechtes auf den Vertrag dann nicht möglich ist, wenn der Vertrag einen engen Zusammenhang mit dem Gebiet der Mitgliedstaaten aufweist bzw. (bei der Timesharing-Richtlinie) die Immobilie im Hoheitsgebietes eines Mitgliedstaates belegen ist[27].

Da die genannten Vorschriften als „Sonderkollisionsrecht“ in der Form der jeweils nationalen Umsetzungsvorschriften zur Anwendung kommen, ist ein zusätzlicher Rückgriff auf Art. 7 EVÜ weder nötig noch möglich, denn die Eingriffsvoraussetzungen für die international zwingende Anwendung dieser Richtlinien folgen allein aus ihren Sonderkollisionsregeln und können nicht noch zusätzlich - und etwa unter anderen Voraussetzungen - aus Art. 7 EVÜ hergeleitet werden[28].

b Kollisionsrechtliche Bestimmungen einer künftigen EVO

Das Vorhaben, das EVÜ in eine Verordnung umzuwandeln[29], legt einen seiner Schwerpunkte auf den Verbraucherschutz. Art. 5 EVÜ soll dahingehend geändert werden, dass sein Schutz auch den sogenannten „mobilen Verbraucher“ umfasst[30]. Bisher erfasst Art. 5 EVÜ nur den „passiven“ Verbraucher, der in dem Land seines gewöhnlichen Aufenthalts (dem Inland) mit dem Vertragspartner „konfrontiert wird“, sei es, weil der Vertragspartner eine Absatztätigkeit im Inland entfaltet, sei es, weil der Verkäufer das Handeln des Verbrauchers im Inland veranlasst hat. Mit der geplanten Änderung würde der Gemeinschafts-Gesetzgeber den *ordre public européen* um einen weiteren Aspekt ergänzen.

Die Erwägung, Art. 3 III EVÜ dahingehend zu ergänzen, dass bei innereuropäischen Fällen von den intern zwingenden Bestimmungen der Gemeinschaft nicht abgewichen werden kann[31], würde keine inhaltliche Präzisierung des Begriffs schaffen - diese müsste dannn der EuGH vornehmen. Ein derartiger Wort-

[24]S. dazu Wagner, IPrax 2000, 249 (250).

[25]Zum Begriff s. Junker, IPrax 1998, 65 (70).

[26]Wagner, IPrax 2000, 249 (250).

[27]Zum Wortlaut der einzelnen Bestimmungen s. Staudinger/Magnus (2002), Art. 29 a EGBGB Rn. 12-15.

[28]So zu Art. 34 EGBGB Staudinger/Magnus (2002), Art. 34 EGBGB Rn. 42.

[29]Dazu bereits oben, C I.

[30]Vgl. Jayme/Kohler, IPrax 2003, 485 (493).

[31]Siehe Frage 4 des Grünbuchs, vgl. auch Vorschlag des Max-Planck-Instituts, RabelsZ 68 (2004), 4 (16/17).

laut würde allerdings die Existenz und den Einluss eines gemeineuropäischen Standards einmal mehr unterstreichen.

c Verhältnis zu nationalen zwingenden Bestimmungen

aa Kompetenzfragen

Fragwürdig ist, ob angesichts der Vergemeinschaftung, die das internationale Privat- und Verfahrensrecht durch den Vertrag von Amsterdam erfahren hat[32], den Mitgliedstaaten überhaupt noch die Zuständigkeit zukommt, eigenständig Kollisionsnormen bzw. Eingriffsnormen zu schaffen.

Über Art. 65 iVm. Art. 61 lit. c EG kommt der Gemeinschaft die Befugnis zu, im „Bereich der justiziellen Zusammenarbeit in Zivilsachen" verbindliche Regelungen zu treffen[33]. Im Verfassungsentwurf findet der Bereich des internationalen Privat- und Verfahrensrechtes als Teil der Zusammenarbeit in Zivilsachen in Teil III des Verfassungsentwurfs Berücksichtigung[34]. Diese Befugnis ist allerdings nicht als absolute „Kompetenzsperre" für die Gesetzgebung der Mitgliedstaaten zu verstehen: Den Mitgliedstaaten ist vielmehr weiterhin erlaubt, autonome Kollisionsnormen zu erlassen, sofern die Europäische Gemeinschaft ihre Zuständigkeit nach Art. 65 EG noch nicht wahrgenommen hat[35]. Dies wird sich auch nicht durch die neue Verfassung ändern: Gemäß Art. I-14 II lit j EuVerf-Entwurf bleibt es bei einem Bereich „geteilter Zuständigkeit"[36].

bb Einfluss auf das nationale Recht

Da das Gemeinschaftsrecht bisher nur Einzelmaterien durch Richtlinien erfasst hat, bleibt dem nationalen Gesetzgeber auch weiterhin ein Spielraum, eigene Regeln mit internationalem Geltungswillen zu erlassen[37]. Auch das Grünbuch zur EVO sieht bisher vor, Art. 7 EVÜ mit seinem Bezug zu den national zwingenden Bestimmungen aufrechtzuerhalten[38]. Gleichwohl entfaltet das EG-Recht durch seine materiellen Bestimmungen eine begrenzende Wirkung: Der Vorrang des Gemeinschaftsrechts gilt auch für nationale Eingriffsnormen mit der Folge, dass bei einem Widerspruch zum unmittelbar geltenden EG-Recht die fragliche Vorschrift nicht anzuwenden ist[39].

---

[32] Jayme/Kohler, IPrax 2000, 454.

[33] Basedow, Common Market Law Review 2000, 687 (706).

[34] S. dazu Jayme/Kohler, IPrax 2003, 485.

[35] Jayme/Kohler, IPrax 2000, 454 (455).

[36] So bereits zu Art. I-13 II des Verfassungsentwurfes CONV 850/03 (18.7.2003) Jayme/Kohler, IPrax 2003, 485 (486).

[37] In diesem Sinne auch Jayme, Zum Jahrtausendwechsel, IPrax 2000, 165 (167).

[38] Wenn auch eventuell mit einigen Veränderungen, s. z.B. Vorschlag des Max-Planck-Instituts und Stellungnahme zu Frage 16, RabelsZ 68 (2004), 4 (69-77, 108).

[39] Staudinger/Magnus (2002), Art. 34 EGBGB Rn. 41.

Eine Verletzung des EG-Rechts durch eine nationale Eingriffsnorm ist überhaupt erst dann anzunehmen, wenn sowohl Sach- als auch Kollisionsnorm zwingend sind, denn wenn die entsprechenden Vorschriften durch die Marktteilnehmer abbedungen werden können, sind diese in ihrem Handeln nicht eingeschränkt[40]. Was die Verletzung betrifft, sind hier insbesondere die Grundfreiheiten des freien Waren- und Kapitalverkehrs, der Dienstleistungs- und Niederlassungsfreiheit zu beachten.

Die Voraussetzungen, wann nationale Eingriffsnormen zulässig sind, hat der EuGH durch die *Arblade*-Entscheidung vorgegeben[41]: Nicht jede nationale Beschränkung führt *per se* dazu, dass sie Dienstleistern anderer Mitgliedstaaten nicht entgegengesetzt werden kann. Unter engen Voraussetzungen ist eine derartige Beschränkung gerechtfertigt: Zunächst müssen die Beschränkungen aus zwingenden Gründen der Allgemeinheit gerechtfertigt sein; des weiteren ist zu prüfen, ob nicht das Interesse bereits durch entsprechende Vorschriften geschützt bzw. nicht durch weniger einschränkende Vorschriften verwirklicht werden könnte[42].

Die Frage, was unter Gründen des Allgemeinwohls zu verstehen ist, ist vom EuGH nicht abschließend beantwortet worden[43]. Die Beurteilung, ob der Schutz des Urhebers darunter fällt, kann aber mit Hilfe der Fallgruppen vorgenommen werden, in denen der EuGH diese Voraussetzung für gegeben hielt. Dies war zum Beispiel in Beschränkungen zum Schutz der Verbraucher und der Arbeitnehmer der Fall[44] - Konstellationen, in denen die Beeinträchtigung dem Schutz der unterlegenen Partei diente und die durchaus mit der Situation des Urhebers vergleichbar sind. Was den Schutz des geistigen Eigentums betrifft, so hat ihn der EuGH ebenfalls ausdrücklich als zwingenden Grund des Allgemeininteresses anerkannt[45].

5 Zwingende Bestimmungen nach Maßgabe des deutschen Rechts

Zwingende Bestimmungen werden zunächst von den das Gemeinschaftsrecht und das EVÜ umsetzenden Vorschriften berücksichtigt.

---

[40] Roth, RabelsZ 55 (1991), 623 (652).
[41] EuGH v. 23.11.1999 - C-369/69 und C-376/96[*Arblade*] Slg. 1999, I-8453.
[42] EuGH, *Arblade*, aaO, Erw. 34.
[43] Schwarze/Holoubek, Art. 49 EGV Rn. 100.
[44] EuGH, *Arblade*, Erw. 34.
[45] EuGH vom 18.3.1980 - C-62/79 [*Coditel*] Slg. 1980, 881, Erw. 15.

a Umsetzung europarechtlicher Vorgaben

Die der Klauselrichtlinie, der Timesharing-Richtlinie, der Fernabsatrichtlinie und der Verbrauchsgüterkaufrichtlinie entsprechenden Vorschriften befinden sich im BGB[46]. Die in den Richtlinien enthaltene Sonderkollisionsnormen[47] werden durch Art. 29 a EGBGB in deutsches Recht umgesetzt. Damit wird verbraucherschützendes Richtlinienrecht[48] in seiner Geltung gegen seine Verdrängung durch drittstaatliches Recht gesichert, sofern der Vertrag einen engen Bezug zum Gebiet des Europäischen Wirtschaftsraums aufweist[49].

b Art. 27 III, 29 und 30 EGBGB

Art. 27 III EGBGB setzt Art. 3 III EVÜ ins deutsche Recht um; die Art. 29 und 30 EGBGB entsprechen den Art. 5 und 6 EVÜ.

Das Rangverhältnis zwischen Art. 29 und 29 a EGBGB wird in Art. 20 EVÜ geregelt, der den auf den Richtlinien-Vorgaben beruhenden Kollisionsnormen Vorrang gegenüber dem EVÜ einräumt. Dieser Vorrang gilt auch gegenüber dem autonomen Recht, so dass grundsätzlich keine Rangprobleme auftreten können[50].

c Art. 34 EGBGB

Deutschland hat von der Vorbehaltsmöglichkeit in Art. 22 I a EVÜ Gebrauch gemacht und von der Umsetzung des Art. 7 I EVÜ in deutsches Recht abgesehen[51].

Art 34 EGBGB entspricht seinem Wortlaut nach Art. 7 II EVÜ. In Abgrenzung zu Art. 27 III EGBGB, der die (intern) zwingenden Vorschriften eines Staates für anwendbar erklärt, wenn kein Auslandsbezug vorliegt, verlangt Art. 34 EGBGB - bei gegebenem Auslandsbezug - zunächst das Vorliegen einer international zwingenden Norm[52]. Zwingend sind nur solche Vorschriften, die den

---

[46] Zur Klauselrichtlinie s. §§ 305 ff. BGB; zur Timesharing-Richtlinie s. §§ 481 ff. BGB; zur Fernabsatrichtlinie s. §§ 312 b ff. BGB; zur Verbrauchsgüterkaufrichtlinie s. insb. §§ 474 ff. BGB.

[47] Art. 6 II Klauselrichtlinie, Art. 9 Timesharing-Richtlinie, Art. 12 II Fernabsatzrichtlinie und Art. 7 III Verbrauchsgüterkaufrichtlinie, s. oben, D III 4 a.

[48] Die Richtlinien, die über Art. 29 a EGBGB berücksichtigt werden, sind in Art. 29 a IV EGBGB abschließend genannt; dazu auch Staudinger/Magnus (2002), Art. 29a EGBGB Rn. 5.

[49] Vgl. Staudinger/Magnus (2002), Art. 29 a EGBGB Rn. 1.

[50] Vgl. Wagner, IPrax 2000, 249 (250); für einen Anwendungsvorrang des Art. 29 EGBGB dagegen Looschelders, Art. 29 a Rn. 10; anders auch die Begründung des Gesetzesentwurfs, BT-Drucks. 14/2658, 50.

[51] Dies bedeutet aber nicht, dass die Beachtung ausländischer Eingriffnormen völlig ausgeschlossen ist, dazu sogleich, D III 5 d.

[52] Vg. Reithmann/Martiny-Limmer, Rn. 400.

Vertragsparteien nicht zur Disposition stehen[53]. Der internationale Geltungswille kann entweder vom Gesetzgeber ausdrücklich angeordnet werden oder ergibt sich aus der Auslegung der entsprechenden Norm[54]. Wird der Geltungswille der Norm auf diesem Weg ermittelt, so reicht dieser allerdings für seine Anwendung im Rahmen des Art. 34 EGBGB noch nicht aus; er muss außerdem durch einen entsprechenden Inlandsbezug[55] gerechtfertigt sein.

aa Verhältnis zu Art. 29 a EGBGB

Soweit zwingende Verbraucherschutzbestimmungen in den Richtlinien geregelte Gebiete betreffen, scheidet nach einhelliger Meinung eine Anwendung von Art. 34 EGBGB aus[56]. Sobald aber der Anwendungsbereich des Art. 29 a EGBGB nicht betroffen ist, können zwingende Vorschriften über Art. 34 EGBGB durchgesetzt werden[57].

bb Verhältnis zu Art. 29 und 30 EGBGB - Streitstand

Im Gegensatz zu Art. 29 a EGBGB, bei dem die Abgrenzung zu Art. 34 EGBGB weitgehend unstrittig ist, ist im Hinblick auf Art. 29 und 30 EGBGB umstritten, ob Bestimmungen im Sinne des Art. 34 EGBGB nur solche sind, die hauptsächlich Gemeinwohlinteressen verfolgen, oder auch andere Vorschriften darunter fallen, insbesondere diejenigen, die auch über Art. 29 und 30 EGBGB berücksichtigt werden können bzw. ob bei Verbraucher- oder Arbeitnehmerverträgen zwingende Vorschriften nur über Art. 29 EGBGB bzw. 30 EGBGB zur Anwendung kommen und die Anwendung des Art. 34 EGBGB „gesperrt" ist [58].

α **Weite Fassung** Die Vertreter der weiten Fassung wollen Art. 34 EGBGB schon dann zur Anwendung kommen lassen, wenn es sich bei den fraglichen Normen um Bestimmungen eines Sonderprivatrechts handelt, welches den Schutz einer bestimmten Gruppe von Personen bezweckt, darüber hinaus aber keine Gemeinwohlinteressen verfolgt. Diese Auslegung sei zum Schutz der unterlegenen Partei verfassungsrechtlich geboten und Art. 34 EGBGB mithin als ein Einfallstor für grundrechtsschützende und - sichernde Bestimmungen zu begreifen[59].

---

[53]Staudinger/Magnus (2002), Art. 34 EGBGB Rn. 10.

[54]Vgl. Palandt/Heldrich (64. Auflage), Art. 34 EGBGB Rn. 3.

[55]Palandt/Heldrich (64. Auflage), Art. 34 EGBGB Rn. 3.

[56]S. zum Beispiel Looschelders, Art. 29 a Rn. 11; mit weiteren Nachweisen Erman/Hohloch (11. Auflage), Art. 29a EGBGB Rn. 7.

[57]Erman-Hohloch, ebenda.

[58]Zum Problem und den dazu vertretenen Auffassungen bei Verbraucherverträgen s. MüKo/Martiny (1998), Art. 29 EGBGB Rn. 45.

[59]Reich, NJW 1994, 2128 (2129).

β **Beschränkung auf Bestimmungen des Gemeinwohlinteresses** Die h.M. schränkt dagegen den Anwendungsbereich des Art. 34 EGBGB in der Weise ein, dass er nur solche Normen erfassen soll, die überindividuellen öffentlichen, vertragsfremden Interessen dienen[60]. Begründet wird dies unter anderem mit der systematischen Trennung zwischen individualschützenden Normen im Sinne der Art. 29 und 30 EGBGB auf der einen und der Sonderanknüpfung des Art. 34 EGBGB auf der anderen Seite[61]. Die weite Fassung wird verfassungsrechtlich nicht für erforderlich gehalten, da der Staat seinem Schutzauftrag zugunsten der schwächeren Vertragspartei schon hinreichend durch die Art. 29 und 30 EGBGB Rechnung trage[62].

γ **Eigene Stellungnahme** Die unterschiedliche Zwecksetzung von Art. 29 und 30 EGBGB einerseits, die die Begünstigung einer vertragsschwächeren Gruppe anstreben, und Art. 34 EGBGB andererseits grenzt den Geltungsbereich jeder Norm ein. Wollte man rein verbraucher- oder arbeitnehmerschützende Vorschriften auch über Art. 34 EGBGB durchsetzen, wenn die Voraussetzungen der Art. 29 bzw. 30 EGBGB nicht vorliegen, wären diese Vorschriften überflüssig. In diesen Fällen müssen diese Bestimmungen den Vorrang vor Art. 34 EGBGB genießen[63]. Die Vorschriften, die nicht nur einer bestimmten Gruppe gewidmet sind, sondern darüber hinaus auch wirtschaftspolitische Interessen verfolgen, sollen dagegen ausschließlich über Art. 34 EGBGB zur Anwendung kommen, da in diesem Fall nur dessen angeordnete Rechtsfolge - und nicht etwa das Günstigkeitsprinzip - dem gesetzgeberischen Ziel der unbedingten Durchsetzung gerecht wird. In diesem Fall erscheint es vorzugswürdig, Art. 34 EGBGB als die speziellere Vorschrift anzuwenden, selbst wenn ein Vertragspartner Verbraucher oder Arbeitnehmer ist. Es kommt insoweit entscheidend auf die Einordnung der jeweiligen Vorschrift als verbraucher- oder arbeitnehmerschützend bzw. als wirtschaftspolitisch motivierte, Interessen der Allgemeinheit verfolgende Regelung an.

d Berücksichtigung eines ausländischen *ordre public*

Ausländische Grundwerte werden über den *ordre public* grundsätzlich nicht berücksichtigt. Das Interesse der deutschen Gerichte geht in erster Linie dahin, die Wertvorstellungen des Forumstaates und nicht die eines Drittstaates durchzusetzen. Gleichwohl besteht in Einzelfällen das Bedürfnis, auch fremde elementare Grundwerte in die gerichtliche Entscheidung mit einfließen zu lassen. Der BGH verfolgt hier eine einheitliche Tendenz und berücksichtigt sie über Generalklauseln des anwendbaren Rechts durch Auslegung materiellrechtlicher

[60] Statt vieler Mankowski, IPrax 1995, 230 (233).
[61] Mankowski, IPrax 1995, 230 (233).
[62] Vgl. Staudinger/Magnus (2002), Art. 34 EGBGB Rn. 64.
[63] So auch BGH, BGHZ 123, 380; NJW 1994, 262 (264).

Vorschriften wie § 138 BGB[64] oder § 826 BGB[65]. In der Literatur wurde dagegen für derartige Fälle eine Sonderrechtslehre entwickelt, wobei für die Anwendbarkeit der ausländischen Vorschrift als „Sonderrecht" wiederum verschiedene Ansätze verfolgt werden: Die Lehre von den *lois d'application immédiate* untersucht den Geltungsanspruch des ausländischen Grundrechts[66]. Die Theorie von der besonderen Anknüpfung differenziert weiter und fordert, dass es sich um eine ausländische Bestimmung handelt, die zum Kreis der Eingriffsnormen zu zählen ist, einen Anwendungswillen besitzt, eine genügend enge Verbindung zum Schuldverhältnis aufweist und inhaltlich mit der Rechtsordnung des Forumstaates vereinbar ist[67].

e Grundrechte

Im Anschluss an die Frage der Geltung ausländischer Grundrechte stellt sich die Frage nach der Wirkung des Grundgesetzes und hier insbesondere des Grundrechtsschutzes bei Fällen mit Auslandsbezug: Kann der Einzelne eine Grundrechtsverletzung rügen, wenn der Vertrag ausländischem Recht untersteht? Die Problematik, ob es ein spezielles Grundrechtskollisionsrecht gibt, ist bereits angesprochen worden[68], sie stellt sich gleichfalls bei der Frage nach der Qualität deutscher Grundrechte in der Konzeption der Eingriffsnormen: Reich vertritt hier die Ansicht, Art. 34 EGBGB sei als Einfallstor für eine grundrechtsspezifische Eingriffnorm vom Richter immer dann zu prüfen, wenn eine Situation gestörter Vertragsparität bzw. struktureller Unterlegenheit im Bereich des Verbraucher- und Handelsvertreterrechts vorliege. Es würden sich dann jeweils die deutschen, positivierten oder richterrechtlichen Schutzregeln durchsetzen[69]. Reich konkretisiert seinen Gedanken dahingehend, dass er die grundrechtlich materialisierten Generalklauseln des Zivilrechts - hier denkt er wohl konkret an §§ 138, 242 BGB - als Normen begreift, die ohne Rücksicht auf das auf den Vertrag anzuwendende Recht den Sachverhalt zwingend regeln[70].

Um diesen Gedankengang halten zu können, muss der Regelungswille der jeweiligen Verfassungsnorm in Bezug auf den Sachverhalt festgestellt werden können. Folgt man ihm, so gibt man es dem Richter in die Hand, über die Generalklauseln im Lichte der Grundrechte Eingriffsnormen zu schaffen, selbst wenn der Gesetzgeber es in dem Bereich noch nicht für nötig hielt, eine einfachgesetzliche Regelung zu schaffen, die dem Schutzinteresse Rechnung trägt. Hier werden Verfassungsrecht und einfaches Recht in ihrer Zweckbestimmung vermengt. Es

[64] BGH NJW 1985, 2405.
[65] BGH NJW 1991, 634.
[66] Zweigert, RabelsZ 14 (1942), 283 (285).
[67] Vgl. MüKo/Martiny (1998), Art. 34 EGBGB Rn. 48.
[68] S. oben, D I 5 a-aa.
[69] Dazu Reich, NJW 1994, 2128 (2129ff.).
[70] Dazu Reich, NJW 1994, 2128 (2129).

muss berücksichtigt werden, dass die Grundrechtsnorm mehr und anders ist als eine einfachgesetzliche Eingriffnorm[71]. Da auch im innerstaatlichen Recht das Verhältnis von einfachem Gesetz und Verfassung so ausgestaltet ist, dass die Grundrechte die Ausgestaltung des einfachen Gesetzes *fordern*, bedeutet dies im internationalen Kontext, dass die Verfassungsnorm nicht als Eingriffsnorm herangezogen werden kann, wenn der nationale Gesetzgeber in dem fraglichen Bereich noch keine einfachgesetzliche Regelung geschaffen hat[72].

6 *Lois de police* im französischen Recht

a Umsetzung europarechtlicher Vorgaben

Die Sonderkollisionsrecht enthaltenden Richtlinien sind im französischen Recht im *Code de la consommation* (C. cons.) umgesetzt worden: Die Vorschriften der Klauselrichtlinie befinden sich in Art. L. 132-1 C.cons., der kollisionsrechtliche Schutz ist in Art. L. 135-1 C.cons. verankert. Für Timesharing-Verträge gelten die Art. L. 121-60 ff. C. cons., Art. 9 der Richtlinie wird durch Art. L. 121-74 C.cons. umgesetzt. Art. L. 121-16 ff. C.cons. regeln den Fernabsatzvertrag, der bei Wahl eines Drittstaatenrechts durch Art. L. 121-20-15 C.cons. (Art. 12 II der Richtlinie) abgesichert wird. Der Verbrauchsgüterkaufrichtlinie schließlich entsprechen die Vorschriften der Art. L. 211-1 ff. C.cons.; eine Umgehung ihrer Schutzbestimmungen durch Rechtswahl wird im Anwendungsbereich des Art. L. 211-18 C. cons. (Art. 7 III der Richtlinie) verhindert.

b Geltung des EVÜ

Art. 5 und 6 EVÜ sowie beide Absätze des Art. 7 hat Frankreich in innerstaatliches Recht übernommen.

Was das Verhältnis von Art. 5 und 6 EVÜ auf der einen und Art. 7 EVÜ auf der anderen Seite betrifft, so ist die dogmatische Frage bisher nicht so intensiv diskutiert worden wie von der deutschen Literatur. Mayer nimmt hier für Art. 5 EVÜ an, dass er dem Art. 7 EVÜ insofern vorgeht, als dass bezogen auf die materiell beschriebene Situation in Art. 5 EVÜ nur das Recht des gewöhnlichen Aufenthalts des Verbrauchers Schutz gewähren kann. Allerdings kann über Art. 7 EVÜ die Regel des Rechtes eines anderen Landes greifen, zu dem der Sachverhalt eine enge Verbindung aufweist (Belegenheit des Grundstücks; Bankniederlassung etc.). Bei Art. 6 EVÜ im Verhältnis zu Art. 7 EVÜ soll das gleiche gelten, sofern sich über Art. 7 EVÜ andere Rechtsregeln als die des Rechtes des Arbeitsortes ergeben[73].

[71] Coester-Waltjen/Kronke/Kokott, 58.
[72] Vgl. Coester-Waltjen/Kronke/Kokott, ebenda.
[73] Mayer, La partie faible, 532/533, Rn. 35.

Hinsichtlich der Berücksichtigung des *ordre public* eines Drittstaates sind die älteren Entscheidungen der französischen Gerichte widersprüchlich[74]. Für das Vertragsrecht ist jetzt in Art. 7 I EVÜ die Entscheidung zugunsten der Berücksichtigung ausländischer zwingender Vorschriften gefallen.

7 *Mandatory rules* im englischen Recht

a Umsetzung europarechtlicher Vorgaben

Wie in Deutschland und Frankreich sind die Sonderkollisionsregeln europäischer Richtlinien weitgehend vollständig in nationales Recht umgesetzt worden. Die *Unfair Terms in Consumer Contracts Regulations 1999*[75] setzen die Klauselrichtlinie um und sichern sie kollisionsrechtlich durch Sec. 9 (Art. 6 II der Richtlinie) ab. Die Vorgaben der Timesharing-Richtlinie sind im *Timeshare Act 1992*[76] und der *Timeshare Regulations 1997*[77] umgesetzt worden und gemäß Sec. 2(8) der *Timeshare Regulations* u.a. immer dann anwendbar, wenn die Immobilie im Vereinigten Königreich belegen ist[78]. Die *Consumer Protection (Distance Selling) Regulations*[79]setzen die Fernabsatzrichtlinie um. Die Sonderkollisionsregel des Art. 12 II der Richtlinie ist in Sec. 25 (5) der *Regulations* enthalten. Bei der Umsetzung der Verbrauchsgüterkaufrichtlinie in den *Sale and Supply of Goods to consumers Regulations 2002*[80] hat der Gesetzgeber dagegen auf die Umsetzung des Art. 7 III der Richtlinie zur Absicherung gegen die Wahl eines Drittstaatenrechts verzichtet, da Sec. 26(2)[81] des *Unfair Contract Terms Act 1977*[82] für ausreichend erachtet wurde[83]. Hier bleibt die englische Regelung hinter den europäischen Maßstäben zurück, da der *Unfair Contract Terms Act* nicht alle Fälle erfasst, die unter die *Sale and Supply of Goods to consumers Regulations* fallen[84].

[74]Für eine Berücksichtigung zum Beispiel Trib. Montpellier 18.3.1920, Rev. crit. DIP 1921, 79; dagegen Seine 5.5.1919, S. 1921 II, 11; weitere Entscheidungen bei Batiffol/Lagarde, Rn. 366 Fn. 1.

[75]S.I.1999 Nr. 2083.

[76]1992 Chapter c. 35.

[77]S.I.1997 Nr. 1081.

[78]Umsetzung von Art. 9 der der Timesharing-Richtlinie.

[79]S.I.2000 Nr. 2334.

[80]S.I.2002 Nr. 3045

[81]„This Act has effect notwithstanding any contract term which applies or purports to apply the law of some country outside the United Kingdom,where (either or both) - (a)... (b)in the making of the contract one of the parties dealt as consumer, and he was then habitually resident in the United Kingdom, and the essential steps necessary for the making of the contract were taken there, whether by him or by others on his behalf.“

[82]Vgl. oben, B V 2 f.

[83]Vgl. dazu Dicey and Morris, Supplement 2004, Rn. 33-028.

[84]Vgl. Dicey and Morris, Supplement 2004, Rn. 33-028.

b Bestimmungen des EVÜ

England hat ebenso wie Deutschland zu Art. 7 I EVÜ einen Vorbehalt erklärt. Was die Auslegung der Regeln im Sinne von Art. 3 III EVÜ (Rule 175 Dicey/Morris) und Art. 5 und 6 EVÜ (Rules 181, 182 Dicey/Morris) betrifft, kann hier auf die Ausführungen zum deutschen und französischen internationalen Privatrecht verwiesen werden. Die Auslegungsfrage, ob Art. 7 II EVÜ nur ordnungspolitische Vorschriften umfasst, ist bisher nicht problematisiert worden. Grundsätzlich sind die *overriding statutes*[85], die eine Ausnahme zu der allgemeinen Regel bilden, dass die *statutes* nur anwendbar sind, wenn sie Teil des gewählten anwendbaren Rechts sind[86], nicht nach wirtschaftspolitischen oder individualrechtlichen Aspekten unterteilt. Unter die *overriding statutes* fallen die *Defense Regulations 1939* ebenso wie der *Employments Rights Act 1996* und der *Unfair Contract Terms Act 1977*[87]. Bei der Frage, ob bei ihrer Anwendung auf Art. 5 und 6 oder Art. 7 EVÜ abgestellt werden muss, wird in der Regel von einem Vorrang der Art. 5 und 6 EVÜ ausgegangen[88]. Allerdings darf in dieser Aussage wohl kein Exklusivitätsverhältnis gesehen werden. So sind zum Beispiel Fawcett/Torremans der Ansicht, dass man auf Art. 7 EVÜ zurückgreifen dürfe, wenn Art. 6 EVÜ nicht zum englischen Recht führe[89].

c *Common law* - das *Ralli Bros Principle*

Zumindest vor Erlass des EVÜ galt in England ein Prinzip, das in dem Fall *Ralli Bros*[90] entwickelt wurde. Danach wurde der Vollzug eines Vertrages in dem Fall verweigert, wenn er zwar nach der lex contractus wirksam war, allerdings das Recht am Ort seiner Erfüllung verletzte.

Für die dogmatische Einordnung dieser *common law*-Regelung gibt es zwei Möglichkeiten: Entweder sieht man in ihr eine sachrechtliche Regelung, die immer nur dann eingreift, wenn Vertragsstatut englisches Recht ist, oder man hält sie für eine Kollisionsregel, die auf alle Verträge, gleich welchem Recht sie unterstehen, anwendbar ist[91]. Nur bei der sachrechtlichen Annahme bleibt sie auch noch neben dem EVÜ bestehen. Denn bei der kollisionsrechtlichen Einordnung würde das *Ralli Bros Principle* mit den Bestimmungen der Art. 8 und 10 EVÜ kollidieren[92]. Dieser Fall ist von der Rechtsprechung bisher nicht entschieden worden[93]; dort, wo die Rechtsprechung auf *Ralli Bros* Bezug nimmt,

---

[85] Synonym für *mandatory rules*; dazu bereits oben, D III 1.
[86] Dicey and Morris, Bd. I, Rn. 1-049.
[87] Zu den *overriding statutes* im Einzelnen Dicey and Morris, Bd. I, Rn. 1-052 - 1-057.
[88] Vgl. Dicey and Morris, Bd. II, Rn. 32-133.
[89] Fawcett/Torremans, 587.
[90] *Ralli Bros v. Compania Naviera Sota v Aznar* [1920] 1 KB 614.
[91] Vgl. Dicey and Morris, Bd. II, Rn. 32-145.
[92] Vgl. Dicey and Morris, ebenda.
[93] In *Ispahani v. Bank Melli Iran*, The Times, December 29, 1997; [1998] Lloyd's Rep. Bank

betont sie allerdings, dass im damaligen Fall eine Ausnahme vom Vollzug eines englischem Recht unterstehenden Vertrages gemacht wurde[94]; die Ausführungen mögen ein Hinweis darauf sein, dass dieses Kriterium Voraussetzung für die Anwendung der *Ralli Bros*-Ausnahme ist.

d Berücksichtigung eines ausländischen *ordre public*

Eine Ausprägung der englischen *public policy* ist die Regel, dass ein Vertrag nichtig ist, soweit er geeignet ist, die friedvollen Beziehungen zwischen der britischen Regierung und anderen Regierungen zu gefährden. Demzufolge werden die englischen Gerichte keinem Vertrag Geltung verschaffen, der die Missachtung von Gesetzen eines ausländischen Staates vorantreibt[95]. Beispiele aus der Rechtsprechung sind insbesondere die Verletzung ausländischer Import- und Exportvorschriften[96] sowie die Missachtung von Steuer- und Strafgesetzen[97]. Dies gilt allerdings nur insoweit, wie die ausländische Regel mit der englischen *public policy* vereinbar ist[98].

Voraussetzung für die Durchsetzung ausländischer Bestimmungen ist neben dem Vorliegen einer Missachtung einer ausländischen Rechtsnorm ein subjektives Element; Es muss das Ziel des Vertrages gewesen sein, ausländische Gesetze zu verletzen; die bloße Tatsache, dass ein Vertrag, der ohne die böswillige Absicht, eine derartige Rechtsverletzung vorzunehmen, ein Handeln beinhaltet, das verboten ist, reicht nicht aus, um dem Vertrag seine Wirkung zu versagen[99].

133 CA wurde die Frage offen gelassen.

[94] Vgl. *Apple Corps Ltd and Another v. Apple Computer Inc. and Others* [1992] FSR 431 (442).

[95] Dicey and Morris, Bd. II, Rn. 32-236; *Foster v. Driscoll* [1929] 1 KB 470 CA, 519.

[96] S. *Foster v. Driscoll* ebenda, 521; *Regazzoni v. K.C. Sethia, Ltd* [1956] 2 QB 490, 514.

[97] Mit weiteren Nachweisen Dicey and Morris, Bd. II, Rn. 32-236.

[98] *Regazzoni v. K.C. Sethia, Ltd.* aaO, 524; Dicey and Morris, ebenda.

[99] Vgl. dazu näher Dicey and Morris, Bd. II, Rn. 32-237; zur Rechtsprechung s. *British Nylon Spinners Ltd. v. Imperial Chemical Industries Ltd.* [1955] Ch 37, 52.

Kapitel IV

Zusammenfassung

Das Institut des internationalen *ordre public* greift in England, Frankreich und Deutschland ein, um ein durch Anwendung von Kollisionsnormen gefundenes Ergebnis im Nachhinein zu korrigieren und die Anwendung fremder Rechtsnormen auszuschließen. Teilweise werden über den internationalen *ordre public* auch Bestimmungen der lex fori zur Anwendung gebracht. Dieses Vorgehen entspricht der „positiven“ Funktion des *ordre public.*

Bei der Ermittlung des *ordre public* beeinflussen Grund- und Menschenrechte die Vorschriften einfachgesetzlichen Rechts und können bei der Interpretation der jeweiligen Norm wegweisend sein. Neue Vorschriften - auch Eingriffsnormen - müssen sich an ihnen messen lassen. In Deutschland sieht das Bundesverfassungsgericht eine eingeschränkte Grundrechtskontrolle auch bei der Anwendung ausändischen Rechts vor. Die Frage, inwieweit es einen eigenen Grundrechts- bzw. Menschenrechts-Vorbehalt gibt und die Problematik, ob Grundrechte selbstständige Eingriffsnormen sein können, werden in Deutschland kontrovers diskutiert.

Über den jeweils nationalen *ordre public* hinaus setzen auch internationale Übereinkommen sowie das EG-Recht Maßstäbe und beeinflussen maßgeblich das Selbstverständnis der Mitgliedstaaten von ihrem nationalen *ordre public.*

Innereuropäisch verfolgt der europäische *ordre public* zudem eine Integration: Gemeinsame Mindeststandards werden geschaffen, Kontrollen des fremden Rechts - insbesondere bei der Anerkennung und Durchsetzung von Entscheidungen aus einem Mitgliedstaat in einem anderen - abgebaut; dadurch wird das gegenseitige Vertrauen innerhalb der Gemeinschaft gestärkt.

Das Europarecht begnügt sich nicht mit der Formulierung allgemeiner Standards, es enthält zudem eigene, rechtsverbindliche Eingriffsnormen, die sich zwingend durchsetzen, sofern ein hinreichender Bezug zu einem Mitgliedstaat vorliegt. Dies ist insbesondere im Kartellrecht und im Verbraucherschutzrecht der Fall. Darüber hinaus gibt es die Grenzen vor, in denen die Mitgliedstaaten eigene international zwingenden Bestimmungen schaffen können.

Zwingende Bestimmungen des nationalen Rechts setzen sich in England, Frankreich und Deutschland nach Maßgabe der Art. 3, 5, 6 und 7 EVÜ bzw. in Deutschland nach den jeweiligen Umsetzungsvorschriften im EGBGB durch. Hierbei unterscheidet das EVÜ zwischen Vorschriften, die nur intern zwingend sind und über Art. 3 III EVÜ berücksichtigt werden, verbraucher- und arbeitnehmerschützenden, zwingenden Bestimmungen (Art. 5 und 6 EVÜ) sowie international zwingenden Bestimmungen im Sinne des Art. 7 EVÜ. Materiellrechtlich nimmt das EVÜ dagegen keine Eingrenzung vor. Vorgegeben wird lediglich ein Kreis bestimmter nationaler Eingriffsnormen (z.B. verbraucher- oder arbeitnehmerschützender Art), die „Ausfüllung“ dieser Vorschriften bleibt den Mitgliedstaaten überlassen.

In Frankreich werden gemäß Art. 7 I, II EVÜ sowohl ausländische als auch inländische Bestimmungen berücksichtigt. England und Deutschland haben dagegen einen Vorbehalt zu Art. 7 I EVÜ erklärt, so dass über Art. 7 II EVÜ nur die international zwingenden Bestimmungen der lex fori berücksichtigt werden. Gleichwohl werden auch von der englischen und deutschen Rechtsprechung unter bestimmten Voraussetzungen ausländische Grundwerte berücksichtigt.

Während französische und englische Rechtsprechung und Lehre nicht von einem Exklusivitätsverhältnis von Art. 5 und 6 EVÜ einerseits und Art. 7 EVÜ andererseits ausgehen, ist es in Deutschland umstritten, ob Vorschriften, die generell geeignet sind, über Art. 5 und 6 EVÜ zur Anwendung zu gelangen, auch über Art. 7 EVÜ durchgesetzt werden können.

Teil E

Relevante Bestimmungen im Urhebervertragsrecht

Kapitel I

Internationale Konventionen

Die materiellrechtlichen Bestimmungen internationaler Konventionen, die zugunsten des Urhebers wirken, betreffen maßgeblich die absolute Rechtsposition des Urhebers und enthalten keine vertragsrechtlichen Schutzbestimmungen.

Von besonderer Relevanz sind die in der RBÜ enthaltenen Mindestrechte[1], die immer dann Geltung erlangen, wenn über das Urheberrechtsstatut das Recht eines Mitgliedstaates der RBÜ zur Anwendung kommt[2].

Von großer Bedeutung ist auch der Inländerbehandlungsgrundsatz[3].

Im Hinblick auf diese Begünstigung erscheint allerdings problematisch, unter welchen Voraussetzungen sie in internationalen Urheberverträgen Geltung erlangt. Schwierigkeiten bereitet bereits die Einordnung in die Kategorien „ Kollisionsrecht - materielles Recht“: Anders als das allgemeine Kollisionsrecht, das nach seinem überkommenen Selbstverständnis durch überall übereinstimmende Verweisungsnormen für jeweils bestimmte Sachverhaltstypen ein bestimmtes Recht für anwendbar erklärt, geht man bei dem Prinzip der Inländerbehandlung zunächst vom Territorialitätsprinzip aus und entscheidet in einem nächsten Schritt, ob das Recht eines anderen Staates bzw. dort begründete subjektive Rechte über den Grundsatz der Inländerbehandlung auch innerstaatlich angewendet bzw. anerkannt werden[4].

Will man überhaupt eine Zuordnung innerhalb des Systems „Kollisionsrecht - Materielles Recht“ machen, so ist in der Inländerbehandlung eher eine materielle Vorschrift fremdenrechtlicher Art zu sehen[5].

---

[1] S. oben, B II 1.

[2] Zur Qualifikation s. oben, C II 5 a.

[3] Dazu bereits oben, B II 1

[4] Vgl. Zweigert/Puttfarken, GRURInt 1973, 573 (574).

[5] So auch Zweigert/Puttfarken, GRURInt 1973, 573 (575).

Bei der Frage, ob sie auch den Charakter einer Eingriffsnorm haben kann, ist zu beachten, dass es sich um eine Regel handelt, die etwas anderes ist als etwa eine allgemeine lex fori-Regel oder die Nichtanwendung ausländischen Rechts wegen Verstoßes gegen den *ordre public*[6]. Die Annahme einer Eingriffsnorm erscheint insbesondere deshalb problematisch, weil sie den Anwendungsbereich der jeweiligen Konvention unzulässig auf Nicht-Vertragsstaaten ausdehnen würde.

Gesetzt den Fall, der dem Staat A angehörige Urheber hat dem ebenfalls dem Staat A angehörigen Verwerter nach dem Recht des Staates B eine Lizenz für die Länder A und B eingeräumt. Geklagt wird im Staat A, welches Mitglied einer die Inländerbehandlung vorsehenden Konvention ist. Der Grundsatz der Inländerbehandlung würde dazu führen, dass bei der Bewertung der Rechtsposition im Staat B die Rechte mitberücksichtigt und anerkannt werden, die der Staat B seinen inländischen Urhebern gewährt, auch wenn Staat B der Konvention nicht beigetreten ist.

Bei einer derartigen Ausdehnung der Inländerbehandlung wäre es dem Forumstaat möglich, die Gesamtheit an Schutzregeln in das Vertragsstatut zu heben, ohne dass es auf den beiderseitigen Beitritt zur Konvention ankäme. Um diesen Widerspruch zu vermeiden, sollte es bei einer Berücksichtigung bzw. Anwendung des Inländerbehandlungsgrundsatzes im Rahmen des Rechtes, welches das Urheberrechtsstatut beruft, bleiben.

Mindestschutzrechte und Inländerbehandlungsgrundsatz können demzufolge als sachrechliche Eingriffsnormen verstanden werden, die sich immer dann durchsetzen, wenn sie über das Urheberrechtsstatut zur Anwendung gelangen.

[6] Zweigert/Puttfarken, GRURInt 1973, 573 (574).

Kapitel II

EG-Recht

Das Urheberrecht fällt wegen seiner Auswirkungen auf den innergemeinschaftlichen Austausch von Gütern und Dienstleistungen in den Anwendungsbereich des EG-Vertrags[1]. Speziell den Bereich des Urheberrechts betreffende Vorschriften als auch Grundsätze und Gebote, die - ohne speziell auf das Urheberrecht zugeschnitten zu sein - der Verwirklichung des Binnenmarkt dienen, setzen den nationalen Rechten Grenzen. Bei der Untersuchung der materiellen EG-Vorschriften soll an dieser Stelle interessieren, ob der Urheber durch sie einen besonderen Schutz genießt oder im Vergleich zu nationalen Rechten eher an Schutz verliert.

Sofern das Recht eines Mitgliedstaates keine Anwendung finden soll, weil das Recht eines Drittstaates als das auf einen Urheberrechtsvertrag anwendbare Recht gewählt wurde, stellt sich, wie bereits bei den internationalen Konventionen, die Frage, welche Bestimmungen des EG-Rechts im Rahmen des Urhebervertragsstatuts eine Rolle spielen, ob es international zwingende Bestimmungen gibt und welche Vorschriften sich gegebenenfalls über das Urheberrechtsstatut durchsetzen, sofern dieses das Recht eines Mitgliedstaates ist.

1 Materielle Grenze für die Rechtsordnungen der Mitgliedstaaten

a Grundfreiheiten

Das EG-Recht begrenzt den Bereich des Urheber(vertrags)rechts wie generell nationales Recht mit dem Gebot, nicht gegen Gemeinschaftsrecht und insbesondere die Grundfreiheiten zu verstoßen. Sowohl Primärrecht als auch Sekundärrecht setzen auch im Urheberrecht Maßstäbe, um den Binnenmarkt zu verwirklichen.

---

[1] Vgl. zum Beispiel EuGH vom 6.6.2002 - C-360/00 [*Ricordi*], Slg. 2002, I-5089, Erw. 24; siehe auch bereits oben, B II 2.

Hier handelt es sich vorrangig nicht um Kollisionsnormen, sondern um materielle Bestimmungen, die das jeweils nationale Recht begrenzen.

Über die jeweils nationale Kollisionsnorm wird bestimmt, welches Recht, sei es auf das Urheberrecht betreffende Fragen, sei es auf einen Urheberrechtsvertrag anwendbar ist. Die nationalen Kollisionsnormen, die hier zur Entscheidungsfindung herangezogen werden, können nur dann zur Anwendung gelangen, wenn sie nicht gegen eine Grundfreiheit verstoßen[2].

Das über die Kollisionsnormen gefundene nationale Recht muss ebenfalls mit den Grundfreiheiten in Einklang stehen, unabhängig davon, ob es sich um urheber- oder urhebervertragsrechtliche Bestimmungen handelt. Sofern es sich um Verbietungsrechte aus den nationalen Schutzrechten handelt, sind insbesondere die Vorschriften über den freien Warenverkehr in Art. 28 ff. EG Maßstab[3].

Die Grundfreiheiten schützen den Binnenmarkt, nicht dagegen den Urheber, der durch die EG-rechtlichen Vorgaben in diesem Bereich oft eher beschränkt als begünstigt wird.

b Speziell: der europäische Erschöpfungsgrundsatz

Die Grundfreiheit des freien Warenverkehrs hat insbesondere zu einer Einschränkung urheberrechtlicher Befugnisse auf dem europäischen Markt geführt: Auf ihrer Basis hat die Rechtsprechung des EuGH in Weiterentwicklung des Erschöpfungsgrundsatzes in den nationalen Rechten[4] einen gemeinschaftsrechtlichen, d.h. europäischen Erschöpfungsgrundsatz entwickelt, die sogenannte *first sale doctrin*, mit der Folge, dass das Inverkehrbringen eines urheberrechtlich geschützten Gegenstandes im Gemeinsamen Markt durch den Schutzrechtsinhaber selbst oder durch einen befugten Dritten ein Import- oder Exportverbot innerhalb des Gemeinsamen Marktes ausschließt[5]. Denn auch das Urheberrecht darf eine territoriale Aufspaltung des Binnenmarktes nicht ermöglichen[6].

Beim „europäischen Erschöpfungsgrundsatz" handelt es sich wie bei entsprechenden nationalen Regelungen um eine gesetzliche Beschränkung der urheberrechtlichen Verwertungsmöglichkeiten, die als europäische sachrechtliche Regelung immer dann Anwendung findet, wenn ein urheberrechtlich geschütztes Produkt in einem Mitgliedstaat in den Verkehr gebracht worden ist und der Inhaber des Urheberrechts gegenüber einem Dritten das Verbot ausspricht,

---

[2]Zum Gebot gemeinschaftsrechtskonformer Auslegung des IPR s. Bamberger/Roth-Lorenz, EGBGB, Zweites Kapitel, Rn. 28.

[3]Zur Abgrenzung, wann nicht die Art. 28 ff. EG, sondern die Wettbewerbsvorschriften der Art. 81 ff. EG einschlägig sind, s. Lehmann, Kartellrechtliche Grenzen der Lizenzierung, 775, (781) Rn. 8.

[4]Z.B. im deutschen Recht in § 17 II UrhG.

[5]Lehmann, Kartellrechtliche Grenzen der Lizenzierung, 775, (788) Rn. 17; zur Rechtsprechung vgl. EuGH GRURInt 1971, 450 - *Polydor*; EuGH GRURInt 1981, 229 - *Gebührendifferenz II*; EuGH GRURInt 1981, 393 - *Imerco-Jubiläum*.

[6]Lehmann, ebenda.

das Produkt in einem anderen Mitgliedstaat auf den Markt zu bringen. Keinen Einfluss auf die Regelung hat ein eventuell vorhandener Vertrag, der Drittstaatenrecht unterstehen mag, soweit es um das Inverkehrbringen auf dem Gemeinsamen Markt geht. In kollisionsrechtlicher Hinsicht könnte man in der Regelung eine eigenständige Kollisionsnorm sehen, die unter den von der Rechtsprechung vorgesehenen Voraussetzungen die Frage der Erschöpfung regelt, ohne dass es einer kollisionsrechtlichen Bestimmung des Urheber- bzw. Urhebervertragsstatuts bedürfte. Andererseits könnte man in dem vom EuGH durchgesetzten Erschöpfungsgrundsatz auch lediglich eine Ausprägung des „Herkunftslandprinzips“ sehen, die das nationale Kollisionsrecht unberührt lässt[7]: In diesem Fall kann das Ergebnis auch mit dem Urheberrechtsstatut begründet werden: Das Schutzlandprinzip verweist hier auf das Recht eines Mitgliedstaates, wo die EuGH-Rechtsprechung zur „europäischen Erschöpfung“ unmittelbar bindende Wirkung entfaltet - d.h. das vom nationalen IPR berufene materielle Recht inhaltlich modifiziert und „auf die EU-konforme Verantwortlichkeitsgrenze“ reduziert[8].

c Diskriminierungsverbot

Das Diskriminierungsverbot, welches der EuGH in seiner *Phil Collins*-Entscheidung[9] etabliert hat, führt im urheberrechtlichen Bereich dazu, dass der Urheber eines Mitgliedstaates in einem anderen Mitgliedstaat den gleichen Schutz erfährt wie die Staatsangehörigen dieses Staates[10].

Ausgangspunkt der *Phil-Collins*-Entscheidung waren zwei Vorlagebeschlüsse des Landgerichts München und des BGH, in denen britische ausübende Künstler, die vom Rom-Abkommen nicht erfasst wurden, in Deutschland Leistungsschutz begehrten. Mit fast gleichlautenden Beschlüssen wurde dem EuGH die Frage vorgelegt, ob das nationale Urheberrecht unter das Diskriminierungsverbot des Art. 12 EG falle und - falls das der Fall sei - ob eine Regelung, die Angehörigen eines anderen Mitgliedstaates nicht denselben Schutz wie inländischen ausübenden Künstlern gewährt, mit Art. 12 EG vereinbar sei. Der EuGH beantwortete die Frage nicht nur im Hinblick auf Leistungsschutzrechte, sondern auch im Hinblick auf das Urheberrecht und stellte fest, dass Art. 12 EG den Mitgliedstaaten verbiete, die Gewährung eines ausschließlichen Rechts von der inländischen Staatsangehörigkeit abhängig zu machen[11].

---

[7]So Schack, MMR 2000, 59 (62/63).

[8]Schack, ebenda.

[9]Vgl. EuGH v. 20.10.1993 - C-92/92 und C-326/92 [*Phil Collins*] Slg. 1993, I-5145; GRUR-Int 1994, 53.

[10]Für die Anwendbarkeit der Schutzdauer des Urheberrechtes auf Staatsangehörige der Mitgliedstaaten s. EuGH C-360/00; Ref. s. oben, E II Fn. 1.

[11]Zum Sachverhalt s. Wandtke/Bullinger-Welser, UrhG Vorbemerkung Rn. 37.

Im Gegensatz zu den Grundfreiheiten ist das Diskriminierungsverbot geeignet, auch speziell den Urheber in seiner Eigenschaft als Angehörigen eines Mitgliedstaates zu schützen, wenn er in einem anderen Mitgliedstaat seine Rechte geschützt wissen will.

Bei der Einordnung in die Kathegorien „materielles Recht" - „Kollisionsvorschriften" lassen sich ähnliche Überlegungen anstellen wie zum Grundstz der Inländerbehandlung in der RBÜ: Auch hier wird zunächst über die Anwendung von Kollisionsnormen das anwendbare Recht ermittelt. Ob der Urheber ausländischer Nationalität über eine nationale (fremdenrechtliche) Vorschrift oder als Angehöriger eines Mitgliedstaates des EU sich auf die nationalen Vorschriften berufen kann, ist eine Frage materiellrechtlicher Art, die im Fall des europäischen Diskriminierungsverbotes als „europäisches Fremdenrecht" bezeichnet werden kann.

2 Einfluss des EG-Rechts bei anwendbarem Drittstaatenrecht

a Grundsatz der Parteiautonomie

Eine andere Frage ist, ob und wie sich das Gemeinschaftsrecht durchsetzen kann, wenn die Parteien auf den Urhebervertrag das Recht eines Drittstaates wählen.

Im Ausgangspunkt gilt grundsätzlich, dass es den Parteien freigestellt ist, ein Recht zu wählen[12]; das Prinzip der Parteiautonomie wird im Grundsatz auch vom Gemeinschaftsrecht favorisiert. Hier kann es dazu führen, dass das Gemeinschaftsrecht über spezielle Kollisionsregeln wie Art. 5 oder 6 EVÜ zum Tragen kommt [13] oder eigene Kollisionsregeln bereit hält, die auf den Fall angewendet werden wollen[14].

b Freier Waren- und Dienstleistungsverkehr

Urheber- und Urhebervertragsrecht werden insbesondere an den Vorschriften über den freien Waren- und Dienstleistungsverkehr gemäß Art. 28, 49 EG gemessen. Dies bedeutet zunächst, das nationale Vorschriften gegen diese Grundfreiheiten nicht verstoßen dürfen.

Aber bedeutet es auch, dass Parteien eines Urhebervertrages keine Vereinbarungen treffen dürfen, die den freien Waren- und Dienstleistungsverkehr in der EU beschränken können?

---

[12]S. EuGH *Alsthom Atlantique*, Ref. s. oben, D II 2 c, Fn. 47.

[13]So, wenn der gewöhnliche Aufenthaltsort des Verbrauchers bzw. der Arbeitsplatz des Arbeitnehmers in einem Mitgliedstaat liegt.

[14]Dazu bereits oben, D III 4 a.

Die Frage ist nur dann zu bejahen, wenn die europäischen Vorschriften nicht nur die nationalen Gesetzgeber und Rechtsanwender binden, sondern auch Private. Eine derartige Drittwirkung wird für die Dienstleistungsfreiheit bejaht[15], für den Bereich der Warenverkehrsfreiheit dagegen von der Rechtsprechung (bisher noch) abgelehnt[16].

Führt eine ausländischem Recht unterstehende Vereinbarung zu einer nicht gerechtfertigten Beschränkung des Dienstleistungsverkehrs in einem oder mehreren Mitgliedstaat(en) der EU, so ist sie nicht anwendbar; eine Beeinträchtigung des freien Warenverkehrs durch Individualvereinbarung ist in Anbetracht der bisherigen Rechtsprechung dagegen nicht an Art. 28 EG zu messen.

c Kartellrecht

aa Anwendungsbereich

Im Kartellrecht sind inbesondere die Vorschriften über das Kartell- und das Missbrauchsverbot (Art. 81, 82 EG) von Bedeutung. Sie vermögen es, sich als zwingende Bestimmungen eigener Art[17] durchzusetzen, sofern ihr Anwendungsbereich eröffnet ist.

In einer Reihe von Entscheidungen hat der EuGH klargestellt, dass die durch das literarische und künstlerische Eigentum übertragenen ausschließlichen Rechte geeignet sind, den Handel mit Gütern und Dienstleistungen sowie den Wettbewerb innerhalb der Gemeinschaft zu beeinträchtigen und der Kontrolle der Art. 81 und 82 EG unterliegen[18].

Auch die Art. 81 und 82 EG verlangen für ihre Geltung einen Inlandsbezug, der dadurch konkretisiert ist, dass der Wettbewerb in einem Mitgliedstaat betroffen sein muss. In diesem Sinne wendet sich Art. 81 EG I nur gegen Wettbewerbsbeschränkungen „innerhalb des Gemeinsamen Marktes". Auch Art. 82 EG ist nur anwendbar, soweit es sich um die missbräuchliche Ausnutzung einer beherrschenden Stellung „auf dem Gemeinsamen Markt oder auf einem wesentlichen Teil desselben" handelt[19].

---

[15] Mit weiteren Nachweisen Streinz/Leible, EuZW 2000, 459 Rn. 2.

[16] Vgl. EuGH vom 24.11.1982 - C-249/81, Slg. 1981, 4005; EuGH vom 27.9.1988 - C-65/86 [*Bayer*], Slg. 1988, 5249 Erw. 11; mit weiteren Nachweisen zu abweichenden Ansichten in der Literatur s. Calliess/Ruffert-Epiney, EGV Art. 28 Erw. 46; vgl. aber die neuere Rechtsprechung des EuGH - C-390/99 und C-325/00, wo die Annahme einer Drittwirkung durchaus möglich erscheint; mit Nachweisen zur Rechtsprechung und zur Interpretation s. Epiney, NVwZ 2004, 555 (560/561).

[17] S. oben, D III 4 a.

[18] Statt vieler EuGH vom 25.10.1979 - C-22/79 [*Greenwich Films*] Slg. 1979, 3275; mit weiteren Beispielen Sucker/Guttuso/Gaster in: von der Groeben/Schwarze, nach Art. 81 - Fallgruppe Immaterialgüterrechte Rn. 33 Fn. 69.

[19] Emmerich, Kartellrecht, 373.

bb Grundsätzliche Zielsetzung

Fragt man nach dem Schutz des Urhebers, so ist zunächst, wie bei den Grundfreiheiten, die Zielsetzung gemeinschaftsrechtlicher Kartellvorschriften zu beachten: Das europäische Wettbewerbsrecht will nicht in erster Linie den Urheber zu schützen. Zwar kann es im Einzelfall dazu beitragen, dass der Urheber vor einem ihm ungünstigen Geschäft bewahrt wird (zum Beispiel durch einen den Markt behindernden Knebelvertrag), allerdings zensiert der EuGH auch solche Vereinbarungen, die im Einzelfall den Urheber begünstigen. Ganz im Gegenteil: Der Urheber kann in seiner Ausübung noch beschränkt werden, soweit sein Verhalten den Markt „verzerrt“[20].

cc Interessenausgleich zwischen Wettbewerb und Urheberschutz

Die Feststellung der grundsätzlich anderen Zielrichtung als der des Urheberrechtes legt zunächst den Schluss nahe, dass die Wettbewerbsregeln im Urheberschutz keine große Rolle spielen. Die verschiedenen Interessen und insbesondere mögliche Interessenkollisionen zwischen Urheberschutzbestimmungen einerseits und wettbewerbsrechtlichen Erwägungen andererseits werden von Gemeinschaftsgesetzgeber und EuGH allerdings durchaus gesehen, und so bildet die Vereinbarkeit von in Lizenzverträgen häufig enthaltenen wettbewerbsbeschränkenden Abreden mit Art. 81 I EG seit Beginn der gemeinsamen Wettbewerbspolitik im Jahre 1962 einen Schwerpunkt in der wettbewerbsrechtlichen Disskussion[21].

α **Freistellungsmöglichkeit** Gemäß Art. 81 III EG besteht grundsätzlich die Möglichkeit, für einzelne Bereiche Freistellungsverordnungen zu erlassen[22].

Die Verordnung über Forschung und Entwicklung[23] umfasst u.a. auch Vereinbarungen über die Erlangung von geistigen Eigentumsrechten. Damit sind sowohl gewerbliche Schutzrechte als auch Urheberrechte und verwandte Schutzrechte gemeint, Art. 2 Nr. 9 der Verordnung. Die Verordnung betrifft aber nur die Vereinbarungen, die der Forschung und Entwicklung von Produkten und Verfahren oder der Verwertung der Ergebnisse aus zuvor von den Vertragsparteien durchgeführten Forschungsarbeiten dienen. Weiterhin darf die Summe der Unternehmen nicht mehr als 25 Prozent des relevanten Marktes ausmachen.

---

[20] Vgl. grundlegend zur Frage der missbräuchlichen Ausübung von Urheberrechten EuGH, GRURInt 1995, 490 - *Magill.*

[21] So Emmerich, Kartellrecht, 412.

[22] Zur Stellung der Gruppenfreistellungsverordnungen und ihrem Verhältnis zur Einzelfreistellung im europäischen Wettbewerbsrecht s. Drexl, GRURInt 2004, 716 (719).

[23] Verordnung (EG) Nr. 2659/2000 der Kommission vom 29.11.2000 über die Anwendung der Artikel 81 Abs. 3 des Vertrages auf Gruppen von Vereinbarungen über Forschung und Entwicklung, ABl.Nr.L 304 v. 5.12.2000, 3-6.

Diese Freistellungsverordnung dürfte im Bereich von gewerblichen Schutzrechten von großer Bedeutung sein, für das Urheberrecht dagegen weniger praktische Relevanz besitzen.

Die Verordnung über Technologietransfer-Vereinbarungen[24] umfasst die Freistellung von Vereinbarungen über die Vergabe einer Lizenz für eine bestimmte Technologie. Das Urhebervertragsrecht betrifft und privilegiert sie insoweit, als dass sie neben Patentlizenz- und Know-how-Vereinbarungen auch auf Softwarelizenz-Vereinbarungen Anwendung findet[25]. Ebenso fallen Abreden darunter, die sich auf die Übertragung von Rechten an geistigem Eigentum beziehen, und ohne den eigentlichen Gegenstand der Vereinbarung zu bilden unmittelbar mit der Produktion der Vertragsprodukte verbunden sind. Die Freistellung gilt für Vereinbarungen zwischen zwei Unternehmen, die die Produktion der Vertragsprodukte ermöglichen (Art. 2 I der Verordnung), soweit der gemeinsame Marktanteil der Vertragsparteien unter einem bestimmten Schwellenwert liegt[26]. Bestimmte Beschränkungen wie zum Beispiel die Auflage an den Lizenzgeber, in einem bestimmten Gebiet keinem anderen Lizenznehmer eine Technologie-Lizenz zu erteilen, sind von der Freistellung ausgenommen[27].

Die Bekanntmachung der Kommission vom 3.9.1986 über Vereinbarungen von geringer Bedeutung („de minimis")[28] ist dagegen im Einzelfall nicht auf Urheberrechtsverträge anwendbar, da sie nur Vereinbarungen zwischen Unternehmen betrifft, deren Geschäftsbetrieb auf die Erzeugung oder den Absatz von Waren oder auf die Erbringung von Dienstleistungen gerichtet ist. Bei einem Vertrag, der zugleich die Einräumung von Verwertungsrechten an einem urheberrechtlich geschützten Werk zum Gegenstand hat, entfällt dagegen die geringe Bedeutung[29].

Schließlich bleibt nach Art. 81 III EG die Möglichkeit, dass im Einzelfall die jeweilige Vereinbarung nicht unter Art. 81 I EG fällt, wenn sie „unter angemessener Beteiligung der Verbraucher an dem entstehenden Gewinn zur Verbesserung der Warenerzeugung oder - verteilung oder zur Förderung des technischen oder wirtschaftlichen Fortschritts beitragen, ohne dass den beteiligten Unternehmen (a) Beschränkungen auferlegt werden, die für die Verwirklichung dieser Ziele nicht unerlässlich sind, oder (b) Möglichkeiten eröffnet werden, für einen wesentlichen Teil der betreffenden Waren den Wettbewerb auszuschalten"[30].

---

[24]Verordnung (EG) Nr. 772/2004 der Kommission vom 27.4.2004 über die Anwendung der Artikel 81 Abs. 3 des Vertrages auf Gruppen von Technologietransfer-Vereinbarungen, ABl.Nr.L 123 v. 27.4.2004, 11-17.

[25]Zu den unter die Verordnung fallenden Vereinbarungen im Einzelnen Art. 1 I lit. b der Verordnung.

[26]Zu den maßgeblichen Marktanteilsschwellen Art. 3 der Verordnung.

[27]Zu den Beschränkungen s. Art. 4 der Verordnung.

[28]ABl.Nr.C 368 v. 22.12.2001, 13-15.

[29]Vgl. LG München NJW-RR 1994, 680.

[30]Zur Kompetenz der nationalen Behörden und Gerichte für die Überprüfung der Kriterien vgl. Verordnung (EG) Nr. 1/2003 des Rates vom 16.12.2002 zur Durchführung der in den

β **Interessenabwägung** Um einen Ausgleich zwischen Wettbewerbsinteressen einerseits und urheberrechtlichen Belangen andererseits zu finden, hat der Gerichtshof eine Unterscheidung zwischen dem grundsätzlich vom EG-Vertrag gewährleisteten Bestand der nationalen Schutzrechte und ihrer dem EG-Vertrag unterworfenen Ausübung getroffen[31]. Bei der Ermittlung des Rechtebestandes stellt er auf den „spezifischen Gegenstand" der Rechte ab. Dieser soll beim Urheberrecht in erster Linie in dem ausschließlichen Recht des Berechtigten zur körperlichen und unkörperlichen Verwertung des Werks liegen[32].

Ob diese Unterscheidung allerdings im konkreten Fall dem Schutz der Urheber dient, ist (noch) unklar: Bisher sind Lizenzverträge über Urheber- und Geschmacksmusterrechte nur wegen unter unklaren Voraussetzungen geschlossener Lizenzen, Wettbewerbsverboten, Lizenzgebührenpflichten für nicht geschützte Gegenstände, der Verpflichtung zur Übertragung von Urheberrechten an Verbesserungen des Werks, Gebietsaufteilungen sowie Nichtangriffsklauseln beanstandet worden[33].

Legt man die Differenzierung danach, ob die aus der Geltendmachung von Urheberrechten resultierende Maßnahme oder Beschränkung dem Bestandskern zuzurechnen ist oder nicht, zugrunde, so werden demzufolge das Vervielfältigungsrecht[34], das Verbreitungsrecht, das Recht zur öffentlichen Wiedergabe[35] oder das Recht zur Vermietung von Tonträgern und Videogrammen[36] nicht in Frage gestellt[37].

Daraus folgt im Hinblick auf Art. 82 EG, dass die Verweigerung einer Lizenz als solche keinen Misbrauch einer beherrschenden Stellung darstellen kann, selbst wenn sie von einem Unternehmen in beherrschender Stellung ausgehen sollte[38]. Dagegen kann die Ausübung des ausschließlichen Rechts durch den Inhaber unter außergewöhnlichen Umständen ein missbräuchliches Verhalten darstellen[39]. In der *Magill*-Entscheidung sind drei Krtierien zur Ermittlung der Missbräuchlichkeit entwickelt worden: Die Weigerung muss das Auftreten eines neuen Erzeugnisses verhindern, nach dem eine potenzielle Nachfrage der Ver-

---

Artikeln 81 und 82 des Vertrags niedergelegten Wettbewerbsregeln, ABl.Nr.L 1 v. 4.1.2003, 1-25; zur unmittelbaren Freistellung durch die Legalausnahme nach Art. 81 III EG s. Drexl, GRURInt 2004, 716 (719).

[31]Emmerich, Kartellrecht, 412; EuGH vom 18.2.1991 - C-40/70 [*Sirena*] Slg. 1971, 69 (83).

[32]EuGH vom 17.5.1988 - C-158/86 [*Warner Brothers*] Slg. 1988, 2605 (2629) Erw. 13.

[33]Ausführlich und mit zahlreichen Beispielen aus der Rechtsprechung Emmerich, Kartellrecht, 417.

[34]S. EuGH vom 6.4.1995 - C-241/91 und C 242/91 [*Magill*] Slg. 1995, I-743.

[35]EuGH *Warner Brothers*, ebenda, Erw. 13.

[36]EuGH v. 28.4.1998 - C-200/96 [*Metronome/Music Point*] ABl.Nr.C 209 v. 4.7.1998, 5/6; EuGH v. 22.9.1998 - C-61/97 [*FDV/Laserdisken*] Slg. 1998, I-5171.

[37]So Sucker/Guttuso/Gaster in: von der Groeben/Schwarze, nach Art. 81 - Fallgruppe Immaterialgüterrechte Rn. 33.

[38]Siehe *Magill*; zuletzt bestätigt durch Urteil des EuGH vom 29.4.2004 - C-418/01 [*IMS*] Slg. 2004, I-5039, GRURInt 2004, 644.

[39]EuGH *Magill*, Rn. 50.

braucher besteht, sie darf nicht gerechtfertigt sein, und sie muss geeignet sein, jeglichen Wettbewerb auf dem Markt auszuschließen[40].

Mit diesen das Urheberrecht berücksichtigenden Kriterien verfolgt die Rechtsprechung zumindest einen Ansatz von Urheberrechtsschutz bei der Wettbewerbskontrolle von Urheberrechtsverträgen.

γ **Speziell: Verwertungsgesellschaften** Auf Verwertungsgesellschaften finden die Art. 81 und 82 EG ebenfalls unmittelbar Anwendung. Die kollektive Wahrnehmung dieser Rechte ist bislang nicht vom Kartellverbot des Art. 81 I EG freigestellt worden. Insbesondere zwischen Verwertungsgesellschaften abgestimmte Verhaltensweisen fallen unter Art. 81 EG[41].

Ein Beispiel ist das Verfahren im Jahre 2004 der EU-Kommission gegen Verwertungsgesellschaften wegen Online-Lizenzierung von Musikrechten[42]. Die Kommission richtete sich in der Sache gegen das sogenannte *Santiago Agreement*, dem sich mittlerweile fast alle Verwertungsgesellschaften des Europäischen Wirtschaftsraums angeschlossen hatten. Auf Grundlage der Gegenseitigkeitsvereinbarungen zur wechselseitigen Lizenzgewährung konnten alle angeschlossenen Verwertungsgesellschaften kommerziellen Online-Nutzern eine in allen von ihnen vertretenen Gebieten allgemein gültige Nutzungslizenz für das Musikrepertoire aller Gesellschaften erteilen. Hierin sah die Kommission eine Beschränkung der Wahlmöglichkeit für die kommerziellen Nutzer auf die monopolistische Verwertungsgesellschaft im eigenen Mitgliedstaat[43].

Gleichwohl ist bei der Interessenabwägung im Rahmen von Art. 81 und 82 EG der auf EU-Ebene anerkannten Notwendigkeit kollektiver Rechtewahrnehmung Rechnung zu tragen[44]. Die Rechtsprechung des EuGH berücksichtigt dabei das von den Verwertungsgesellschaften verfolgte „rechtmäßige Ziel“ der Wahrnehmung von Rechten und Interessen der Urheber gegenüber den Werknutzern[45]. Wettbewerbsbeschränkendes Verhalten ist demzufolge nur gegeben, wenn im Einzelfall die Grenze des zur Erreichung dieses Zwecks Unerlässlichen überschritten wird[46]. Dies gilt für Art. 81 EG ebenso für Art. 82 EG. Für die Missbrauchsaufsicht hat der EuGH den Maßstab der Erforderlichkeit für die Zweckverwirklichung dahingehend konkretisiert, dass Missbrauch nur dann vor-

---

[40] Weiterhin betätigt durch den EuGH GRURInt 2004, 644 (646) - *IMS*.

[41] Sucker/Guttuso/Gaster in: von der Groeben/Schwarze, nach Art. 81 - Fallgruppe Immaterialgüterrechte Rn. 41.

[42] Pressemitteilung IP/04/586 vom 3.5.2004, abrufbar unter europa.eu.int/rapid/; Abrufdatum: 25.6.2004.

[43] Zum weiteren Verlauf des Verfahrens siehe Pressemitteilung IP/05/1056 vom 17.8.2005, abrufbar unter europa.eu.int/rapid/; Abrufdatum: 7.11.2005; vgl. auch ABl.Nr.C 200 v. 7.8.2005, 11/12.

[44] Sucker/Guttuso/Gaster in: von der Groeben/Schwarze, nach Art. 81 - Fallgruppe Immaterialgüterrechte Rn. 41.; So auch in Ansätzen Entscheidung der Kommission im Fall *Simulcasting*, ABl.Nr.L 107 v. 30.4.2003, 58 84, vgl. Erw. 114.

[45] EuGH v. 13.7.1989 - C-395/87 [*Staatsanwaltschaft/Tournier*] Slg. 1989, 2521 (2575).

[46] EuGH *Staatsanwaltschaft/Tournier*, ebenda.

liege, wenn bei weniger einschneidenden Maßnahmen die Interessen der Urheber vollständig geschützt werden können, ohne dass sich dadurch die Kosten für die Verwaltung der Verträge und die Überwachung der Verwertung der geschützten Werke erhöhen[47].

d Europäischer *ordre public* durch Sekundärrecht

aa Materiell-rechtliche Bestimmungen

Ein spezielles Schutzinstrument könnte dagegen durch Sekundärrecht, also Verordnungen und Richtlinien, entwickelt werden. Richtungsweisend sind hier Richtlinien im Bereich des materiellen Urheberrechts[48]. Soweit es allerdings um eine eventuell zwingende Durchsetzung dieser Maßstäbe geht, ist es zunächst den Mitgliedstaaten überlassen, den in nationales Recht umgesetzten Bestimmungen der Richtlinie zwingende Wirkung zu verleihen. Eine Rechtsprechung zum Urheberrecht, die mit „Ingmar“[49] vergleichbar wäre, fehlt bisher. Ebensowenig gibt es urheberrechtsspezifisches Sonderkollisionsrecht[50]. Bestrebungen bei der Vergemeinschaftung des EVÜ, in speziell diesem Bereich zwingende Standards zu schaffen, sind bislang nicht ersichtlich.

Es ist auch nicht zu erwarten, dass sich eine solche Rechtsprechung bzw. ein entsprechendes Gemeinschaftsinstrument in nächster Zeit entwickeln wird: Zwar zeigen die bisher im Bereich des Urheberrechts erlassenen Richtlinien[51] die Tendenz des EG-Gesetzgebers, die Urheber als schwache Gruppe schützen zu wollen. Auf der anderen Seite sind Unternehmens- und Vertragsfreiheit gleichwertige, wenn nicht sogar stärkere Prämissen des EG-Rechts[52].

Die Skepsis und Zurückhaltung, speziell im Urhebervertragsrecht Vorgaben machen zu wollen, zeigt sich insbesondere in einem Urteil des EuGH vom 6.2.2003[53]. In der Vorlagesache ging es um die Auslegung des Begriffes der „angemessenen Vergütung“ der Vermiet- und Verleihrechtrichtlinie: Zwar erklärte der EuGH, dass es sich um einen Terminus des Gemeinschaftsrechts handele; es sei allerdings nicht notwendig, dass die Modalitäten der Festlegung durch den Gemeinschaftsrichter festgelegt würden[54].

---

[47] Vgl. Immenga/Mestmäcker-Möschel, § 30 Rn. 20; EuGH *Staatsanwaltschaft/Tournier*, aaO, 2521 (2579).

[48] Vgl. insbesondere den Vergütungsanspruch in Art. 4 der Vermiet- und Verleih-Richtlinie, s. oben, B II 2 b.

[49] S. oben, D II 2 c-aa.

[50] Zum Begriff s. oben, D III 4 a.

[51] Zu einem Teil der Richtlinien s. oben, B II 2 b.

[52] Zur europarechtlichen Prämisse der unternehmerischen Freiheit s. zum Beispiel EuGH vom 14.5.1974, Rs. 4/73, *(Nold)*, Slg. 1974, 491, Erw. 14; zur Vertragsfreiheit zum Beispiel EuGH vom 16.1.1979, Erw. 151/78, *(Sukkerfabriken Nykoebing)*, Slg. 1979 1, Rn. 19.

[53] EuGH vom 6.2.2003 - C-245/00 [*SENA c./ NOS*] Slg. 2003, I-1251.

[54] EuGH, *SENA*, aaO, Erw. 34.

bb Bedeutung des Art. 95 des EG-Vertrages

Die Frage, ob Vorgaben wie zum Beispiel die der angemessenen Vergütung in Art. 4 der Vermiet- und Verleihrichtlinie aus sich heraus zwingende Bestimmungen sind, könnte in Verbindung mit Art. 95 EG (ehemals Art. 100 a EGV) zu bejahen sein. Diese Vorschrift wird von den Richtlinien oft als Rechtsgrundlage genannt[55]. Art. 95 EG gibt der Gemeinschaft eine Handlungsermächtigung für Maßnahmen zur Angleichung der Rechts- und Verwaltungsvorschriften, der Mitgliedstaaten, welche die Errichtung und das Funktionieren des Binnenmarktes zum Gegenstand haben (Art. 95 I S. 2 EG). Versteht man den Auftrag des Art. 95 EG nicht nur darin, gemeinschaftsweite gleichwertige Schutznormen für bestimmte Tätigkeiten oder Wirtschaftssubjekte herzustellen, sondern sieht man in der Vorschrift gleichzeitig die Möglichkeit, den in den Mitgliedstaaten bereits bestehenden Schutz noch zu verbessern[56], so spricht dies für den zwingenden Charakter gemeinschaftsrechtlicher Schutzbestimmungen. Teilweise wird dies dahingehend eingeschränkt, dass die zwingende Anwendung erfordere, dass ihre Wirkung in der EU spürbar sei. Fehle es daran - vergleichbar mit dem fehlenden Inlandsbezug bei Art. 7 II EVÜ - so sollen sie nicht zwingend anwendbar sein, wenn das Recht eines Nicht-EU-Staates gewählt sei[57].

Gegen diese Interpretation spricht allerdings das Mittel des Richtlinienerlasses selbst, welches der Gemeinschaftsgesetzgeber im Bereich des geistigen Eigentums in der Regel wählt. Es stehen ihm für die Maßnahmen nach Art. 95 EG sowohl das Instrumentarium der Richtlinie als auch das der Verordnung zu[58]. Hätte er bestehende nationale Unterschiede verdrängen wollen, so wäre der Erlass einer Verordnung, die in ihrem Anwendungsbereich unmittelbar gilt, das adäquate Handlungsinstrument gewesen. In einer Richtlinie kann der Gesetzgeber im Übrigen klarstellen, welche Vorschriften zwingenden Charakter haben sollen[59]. Gegen eine solche Intention spricht schließlich auch Art. 95 III EG, in dem der Gesetzgeber das von Art. 95 I EG angestrebte Schutzniveau beschreibt. Hier taucht der Urheberrechtsschutz nicht auf.

[55] So zum Beispiel in der Präambel der Vermiet- und Verleihrechtlinie (Ref. unter B II 2 b, Fn. 25) und der Präambel der Computerrichtlinie (Ref. unter B II 2 b, Fn. 23).

[56] In diesem Sinne für das geistige Eigentum Bardenhewer/Pipkorn in: von der Groeben/Thiesing/Ehlermann, Art. 100 a Rn. 15.

[57] Vgl. dazu Fawcett/Torremans, 584.

[58] Bardenhewer/Pipkorn in: von der Groeben/Thiesing/Ehlermann, Art. 100 a Rn. 67.

[59] So auch die Praxis, vgl. Art. 9 I der Computer-Richtlinie; dazu genauer unter F IV 1.

Kapitel III

Grundrechte

In englischen und französischen Recht wird keine dogmatische Einteilung in grundrechtsspezifisch zwingende Bestimmungen und einfachgesetzliche Vorschriften vorgenommen[1]. Die EMRK enthält keine, speziell den Urheber schützenden Bestimmungen und wird in der Praxis vielmehr dazu herangezogen, um „Exzessen des geistigen Eigentums entgegenzutreten“[2].

Im deutschen Recht ist es dagegen durchaus denkbar, dass für den Urheberrechtsschutz im internationalen Kontext auch Grundrechten eine eigenständige Bedeutung zukommt und das an sich anwendbare Recht durch sie korrigiert wird, sofern die Anwendung des fremden Rechts zu einer Grundrechtsverletzung führt.

Als mögliche Schutzbestimmungen kommen hier maßgeblich die Grundrechte aus Art. 12 und Art. 14 GG in Betracht, bei Benachteiligungen im Vertragsverhältnis ist ferner an Art. 2 I GG zu denken. Schließlich könnte auch die Kunstfreiheit (Art. 5 III GG) eine Rolle spielen.

Wählt der Urheber auf den Vertrag ein Recht, welches ihm weniger Freiheiten zugesteht als das deutsche Recht und beschränkt er dadurch Rechte, wie sie ihm die Berufsfreiheit nach Art. 12 GG oder die Kunstfreiheit nach Art. 5 III GG zubilligen, so stellt sich die Frage, ob er gemäß Art. 6 S. 2 EGBGB oder bei direkter Berufung auf die Grundrechte[3] eine Korrektur des Vertrages verlangen kann. Hier wird grundsätzlich gelten, dass der Urheber freiwillig auf Rechtspositionen des deutschen Rechts verzichtete, als er das fremde Recht wählte, und daher nicht schutzwürdig ist.

---

[1] Zur pragmatischen Vorgehensweise französischer und englischer Gerichte s. bereits oben, D I 5 b und c.

[2] So zum französischen Recht Geiger, JCP EG 2004, 1313; zur Rechtsprechung siehe Geiger, ebenda, 1313 (1316) Fn. 35; zur englischen Rechtsprechung siehe *Paddy Ashdown* [2001] EWCA Civ 1142; zum Sachverhalt s. oben, D I 5 c.

[3] Zu dogmatischen Unterschieden s. bereits oben, D I 5 a-aa.

Anders ist es mit Bestimmungen, auf die er trotz Rechtswahl keinen Einfluss hat, weil sie einem der Rechtswahl nicht zugänglichen Statut unterstehen. Ist es grundrechtswidrig, wenn das ausländische Urheberrechtsstatut dem angestellten Urheber von Vornherein seine Eigenschaft als Urheber aberkennt? Nehmen wir an, es handelt es sich um einen deutschen Urheber, der auf der Grundlage eines dem deutschen Recht unterstehenden Arbeitsvertrages im Land X arbeitet, welches nur den Arbeitgeber als Urheber der im Rahmen des Arbeitsvertrages hergestellten Werke, anerkennt. Soll er nicht im Hinblick auf Art. 12, Art. 14 oder Art. 5 III GG gleichwohl als Urheber gelten?

Diese Frage ist vom Bundesverfassungsgericht in dieser Form bisher noch nicht entschieden worden. Es gibt allerdings eine Reihe anderer Entscheidungen, in denen deutlich wird, welche Position das Bundesverfassungsgericht im internationalen Urheber- und Urhebervertragsrecht bezieht:

Im Ausgangspunkt ist das Bundesverfassungsgericht bei der Grundrechtskontrolle internationaler Fälle zurückhaltender als bei Sachverhalten ohne Auslandsbezug: Es sollen nicht die gleichen Maßstäbe gesetzt und der Geltungswille der Norm im Einzelfall ermittelt werden[4].

Was Art. 5 III GG betrifft, so hat das Bundesverfassungsgericht festgestellt, dass sein Schutzbereich nur eröffnet ist, soweit es um die künstlerische Tätigkeit als solche bzw. die Möglichkeit geht, ihr Ergebnis der Öffentlichkeit wahrnehmbar zu machen. Steht die wirtschaftliche Verwertung im Vordergrund, ist allein Art. 14 GG einschlägig[5].

Speziell im Hinblick auf den Territorialitätsgrundsatz, der das Ergebnis im obigen Beispielsfall billigt, erkennt das Bundesverfassungsgericht dessen Verfassungsmäßigkeit an[6]. Hier hat das Gericht ein Zeichen zugunsten des Anerkenntnisses gegenseitiger Souveränität gesetzt, die - wenn auch nicht explizit entschieden[7] - dazu führen dürfte, dass dem Urheber in der Regel kein Grundrechtsschutz gemäß Art. 12 GG und 14 GG hinsichtlich der Regelungen widerfährt, die aufgrund des Territorialitätsprinzips und des darauf fußenden Schutzlandprinzips anwendbar sind[8].

Im Hinblick auf Art. 14 GG erklärt das Bundesverfassungsgericht insbesondere, dass den deutschen Gesetzgeber keine Ausgleichspflicht für ein eventuelles Schutzdefizit nach ausländischem Recht trifft[9].

Darüber hinaus kommt gemäß Art. 14 I S. 2 GG die Ausgestaltung des Eigentums den einfachen Gesetzen zu, so dass das Eigentum nur in den durch sie gesetzten Grenzen geschützt wird. Da diese im deutschen Recht insbesondere

[4]Vgl. oben, D I 5 a-aa.

[5]BVerfGE 31, 229 (239).

[6]S. BVerfGE 81, 208 (222).

[7]In der Sache ging es um den inländischen Schutz ausländischer Interpreten nach dem UrhG, s. BVerfGE 81, 208.

[8]So auch im Fall BVerfGE, 81, 208.

[9]BVerfGE 81, 208 (222).

im UrhG konkretisiert sind, sind die dort gesetzten Maßstäbe vorrangig. Es wird sich also hier nicht die Frage stellen, inwieweit Art. 14 GG als Schranke eingreift, sondern vielmehr, wieviel Durchsetzungskraft den Bestimmungen des UrhG im kollisionsrechtlichen Gefüge zukommt[10].

Dies entspricht im Übrigen auch dem allgemeinen Appell des Bundesverfassungsgerichts, durch Erlass einfachgesetzlicher Bestimmungen Grundrechtskonflikten vorzubeugen[11].

[10] Dazu später mehr, E V.

[11] Vgl. BVerfG 31, 58 (75).

Kapitel IV

Nationales Kartellrecht

Soweit europäisches Kartellrecht[1] nicht bzw. nicht ausschließlich anwendbar ist, können nationale Kartellvorschriften von Relevanz sein, wenn Urheber und Verwerter vertragliche Vereinbarungen treffen.

Im Hinblick auf den urheberrechtlichen Schutz stellt sich die Frage, in welchem Rahmen sich innerstaatliches Kartellrecht gegen ein fremdes Vertragssatut behauptet und ob und inwieweit der Urheber im Kartellrecht eine ihn begünstigende Sonderstellung genießt.

Mit der neuen Durchführungsverordnung[2] wird der Anwendungsbereich des nationalen Rechts kleiner: Gemäß Art. 3 I der Verordnung sind nationale Behörden und Gerichte verpflichtet, die Art. 81 und 82 EG anzuwenden, wenn deren Voraussetzungen vorliegen. Dies ist der Fall, wenn die wettbewerbsbeschränkende Maßnahme geeignet ist, den Handel zwischen Mitgliedstaaten zu beeinträchtigen[3]. Ist daneben der Anwendungsbereich nationaler kartellrechtlicher Vorschriften eröffnet, darf das nationale Recht nicht Handlungen verbieten, die gemäß Art. 81 EG nicht zu beanstanden sind, Art. 3 II S. 1 der Verordnung. Nationale Vorschriften, die strengere Maßstäbe ansetzen als Art. 82 EG, sind dagegen weiterhin anwendbar, Art. 3 II S. 2 der Verordnung. Daher hat auch im internationalen Urhebervertragsrecht die Frage nach dem Verhältnis von Urheberschutz einerseits und nationalem Kartellrecht zumindest für den Bereich wettbewerbsbeschränkender Absprachen an Relevanz verloren, da bei internationalen Verträgen in den meisten Fällen auch grenzüberschreitende Märkte betroffen sind. Eine Ausnahme bilden Verlagsverträge, die in der Regel auf ein nationales Recht beschränkt sind und weder Exportregelungen noch Beschränkungen hinsichtlich des übrigen EG-Gebietes enthalten[4].

---

[1] Dazu oben, E II 2 c.

[2] Durchführungsverordnung 1/2003, Ref. unter E II 2 c-cc, Fn. 30.

[3] Mit weiteren Nachweisen Gottschalk, ZUM 2005, 359 (363), Fn. 47.

[4] So Gottschalk, ZUM 2005, 359 (364).

1 Anwendungsvoraussetzungen

Damit nationales Kartellrecht überhaupt einen Einfluss innerhalb eines Vertrages über Nutzungsrechte haben kann, muss es in irgendeiner Form geeignet sein, sich gegen das Vertragsstatut durchzusetzen, sei es in Form der Berücksichtigung über Art. 7 II EVÜ, sei es über den *ordre public*.

Das Kartellrecht verfolgt den Zweck, die Freiheit des Wettbewerbs sicherzustellen. Dieses Ziel kann nur erreicht werden, wenn und soweit die einzelnen Staaten ihre kartellrechtlichen Bestimmungen auch effizient durchsetzen können. An der Einhaltung der für alle Wettbewerbsteilnehmer auf dem jeweiligen Territorium geltenden Vorschriften hat der Staat ein großes Interesse, und so setzen sich die nationalen Wettbewerbsvorschriften über Art. 7 II EVÜ regelmäßig durch[5].

Der Inlandsbezug besteht bei kartellrechtlichen Regelungen darin, dass in dem Land, welches sie erlassen hat, eine spürbare restriktive Wirkung auf dem Markt eintritt[6].

Oft definieren die entsprechenden nationalen Vorschriften ihren Anwendungsbereich auch selbst, indem sie die Wirkung auf dem nationalen Markt als Tatbestandsmerkmal vorschreiben. In England ist dies in Sec. 2 und 18 des *Competition Act 1998* durch die Formulierung „...may affect trade within the United Kingdom..." der Fall.

In Deutschland wird der Inlandsbezug des Art. 34 EGBGB - sofern es sich um Vorschriften des GWB handelt - durch § 130 II GWB konkretisiert. Gemäß § 130 II GWB gilt das GWB für sämtliche Wettbewerbsbeschränkungen, die sich im Inland auswirken, selbst wenn sie im Ausland veranlasst wurden. Entscheidend ist dafür allein, ob die im Ausland veranlasste Wettbewerbsbeschränkung ein durch die verschiedenen Sachnormen des GWB im Inland geschütztes Rechtsgut spürbar und unmittelbar beeinträchtigt. Wenn dies der Fall ist, ist das GWB auch auf ausländische Unternehmen anwendbar[7].

Im Hinblick auf den Schutz des Urhebers - auch durch kartellrechtliche Bestimmungen - soll an dieser Stelle interessieren, inwiefern die nationalen Kartellrechtsbestimmungen Schutzregelungen für Urheber bereitstellen, die sich im Wege einer Berücksichtigung über Art. 7 II EVÜ bzw. Art. 34 EGBGB/§ 130 II GWB zugunsten des Urhebers auswirken.

[5]Für Frankreich vgl. z.B. Audit, Droit international privé, Rn. 116.
[6]Für Frankreich s. Mayer/Heuzé, DIP, Rn. 741.
[7]Emmerich, Kartellrecht, 22.

2 Deutsches Wettbewerbsrecht

a Kartellrechtliche Sonderbestimmungen im Urheberrecht

Das Urheberrecht enthält einige Bestimmungen kartellrechtlicher Natur, die Spezialregelungen zum allgemeinen Kartellrecht darstellen.

§ 5 III UrhG gewährt für den Fall, dass ein Gesetz, eine Verordnung, ein Erlass oder eine amtliche Bekanntmachung auf eine private Norm verweisen, einen Anspruch für einen Verleger auf Lizenzierung zu angemessenen Bedingungen. Diese Zwangslizenz soll eine faktische Monopolstellung und insbesondere daraus resultierenden Preismissbrauch verhindern[8]. Sie stellt zunächst eine Belastung für den Urheber dar; gleichwohl trägt § 5 III UrhG auch dem Interesse der Urheber privater Normen Rechnung, „ihr Urheberrecht zu wahren und sich aus dem Verkauf oder der Zugänglichmachung solcher Regelwerke zu finanzieren“[9].

§ 42 a UrhG (ehemals § 61 UrhG) stellt sicher, dass ein Werk der Musik, das auf Tonträger erschienen ist, auch in anderen Interpretationen vervielfältigt werden darf. Damit wollte der deutsche Gesetzgeber verhindern, dass zum Schaden der Allgemeinheit und des Urhebers das Erscheinen des Werkes in verschiedenen miteinander konkurrierenden Interpretationen unterbunden werden könnte[10] und Monopolstellungen von Tonträgerherstellern in Bezug auf bestimmte Werke der Musik entstehen[11].

§§ 36, 36 a UrhG[12] machen eine Ausnahme von der Regel, dass Vereinbarungen freischaffender Urheber gegen das Kartellverbot des § 1 GWB verstoßen und unwirksam sein können[13].

Speziell kartellrechtliche Regelungen enthält auch das Urheberrechtswahrnehmungsgesetz (UrhWG) für Verwertungsgesellschaften: Gemäß § 6 UrhWG unterliegen die Verwertungsgesellschaften den Berechtigten gegenüber einem Wahrnehmungszwang. Könnte sich eine Verwertungsgesellschaft, die in ihrem jeweiligen Tätigkeitsbereich eine faktische Monopolstellung einnimmt, weigern, die Rechte bestimmter Berechtigter wahrzunehmen, so könnte diesen ein wirtschaftlicher Schaden entstehen[14].

Im Außenverhältnis besteht gemäß § 11 UrhWG den Nutzern gegenüber einem Abschlusszwang. Diese Regelung ist neben dem Verbot diskriminierender

[8] Buhrow/Nordemann, GRURInt 2005, 407 (408).

[9] Loewenheim, in: FS Nordemann, 51 (57) mit Verweis auf die Begründung des Regierungsentwurfes, BT-Drucks. 15/38, 16.

[10] Buhrow/Nordemann, GRURInt 2005, 407.

[11] Vgl. Wandtke/Bullinger-Bullinger, § 61 UrhG Rn. 1.

[12] Dazu bereits oben, B III 2 c-bb.

[13] Wandtke/Bullinger-Wandtke/Grunert, § 36 UrhG Rn. 3, zur lex specialis-Funktion vgl. Schack, GRUR 2002, 853 (857).

[14] Wandtke/Bullinger-Gerlach, § 6 UrhWG Rn 2.

Bedingungen für marktbeherrschende Unternehmen, § 20 GWB[15], anwendbar[16].

Die kartellrechtlichen Bestimmungen im Urheberrecht sind spezielle Vorschriften zur Regelung des Verhältnisses von Marktmacht und Eigentum[17] und begünstigen dabei auch den Urheber. Sofern diese Bestimmungen als Teil deutschen Kartellrechts bei hinreichendem Inlandsbezug anwendbar sind, schaffen sie eine für den Urheber günstigere Position.

b Das GWB

aa Kartell- und Missbrauchsverbot

Das GWB findet grundsätzlich auch im Urhebervertragsrecht Anwendung[18]. Mit der siebten GWB-Novelle hat sich das deutsche Kartellrecht in seiner Form noch stärker an das europäische Kartellrecht angelehnt: § 1 GWB verbietet entsprechend Art. 81 EG wettbewerbsbeschränkende Vereinbarungen; der Missbrauch einer marktbeherrschenden Stellung wird von §§ 19 und 20 GWB erfasst.

Explizit sieht das deutsche Kartellrecht keine Sonderbehandlung für den einzelnen Urheber vor. Während noch vor Erlass der siebten GWB-Novelle[19] Verträge über Patente, Gebrauchsmuster, Topographien, Sortenschutzrechte, Saatgut und technische Betriebsgeheimnisse in den §§ 17, 18 GWB a.F. eine gesonderte Behandlung erfuhren und sich die Frage nach einer Ausdehnung bzw. einer entsprechenden Anwendung dieser Vorschriften im Urheberrecht stellte, sind die Sondervorschriften nunmehr gänzlich weggefallen.

§ 17 I. S. 1 GWB a.F. verbot Beschränkungen des Erwerbers oder Lizenznehmers, die über den Inhalt des Schutzrechtes hinausgingen. Anerkannnt wurde damit das Schutzrecht in dem von den jeweiligen Gesetzen gesteckten Rahmen. § 17 GWB a.F. wandte sich lediglich gegen eine vertragliche Ausdehnung über den gesetzlichen Rahmen hinaus[20]. § 17 II GWB a.F. enthielt darüber hinaus einen Katalog von Lizenznehmerbeschränkungen, die selbst dann erlaubt waren, wenn sie im Einzelfall über den Inhalt des Schutzrechtes hinausgingen.

§ 18 GWB a.F. dehnte den Anwendungsbereich auf Lizenzverträge über Betriebsgeheimnisse und sogenannte „gemischte“ Verträge aus. Letztere waren Verträge im Sinne der §§ 17 und 18 GWB a.F. mit Nebenbestimmungen über Marken-, Geschmacksmuster und Urheberrechte.

Obwohl auch in Verträgen über Urheberrechte den Lizenznehmern häufig wettbewerbsbeschränkende Bindungen auferlegt wurden, fehlte es - abgesehen von der Berücksichtigung der „gemischten“ Verträge - an einer gesetzlichen Regelung. Hierbei war umstritten, ob es sich um eine planwidrige Regelungslücke handelte, die durch eine entsprechende Anwendung der §§ 17

[15] Dazu sogleich, E IV 2 b.

[16] Wandtke/Bullinger-Gerlach, § 11 UrhWG Rn 1.

[17] Buhrow/Nordemann, GRURInt 2005, 407 (408).

[18] Im einzelnen dazu Schricker, Verlagsrecht, Einleitung Rn. 51.

[19] Gesetz vom 13.5.2005, BGBl. I, 2114.

[20] Vgl. auch BGH NJW 1969, 1247 - *Silobehälter*.

und 18 GWB a.F. gefüllt werden konnte[21]. Die Rechtsprechung war zunächst uneinheitlich[22]. Zumindest für den Markenbereich hatte der BGH schließlich den Standpunkt bezogen, dass Wettbewerbsbeschränkungen in Markenlizenzverträgen kartellrechtlich zulässig seien, soweit sie erforderlich seien, um die Marke in ihrem Bestand und in ihrer vom MarkenG geschützten Funktion zu erhalten[23]. Vergleichbare Tendenzen gab es in der Praxis zu Urheberrechtsverträgen dagegen nicht. Auf solche Verträge wurden vielmehr, soweit ersichtlich, durchweg (nur) die allgemeinen Vorschriften des GWB angewandt, ohne dass Einschränkungen entsprechend den §§ 17 und 18 GWB a.F. überhaupt erwogen wurden[24].

Mit der GWB-Novelle entfällt auch die Sonderbehandlung von Verwertungsgesellschaften (§ 30 GWB a.F.), die nach der alten Rechtslage dahingehend privilegiert wurden, dass sie nicht dem Kartellverbot und dem Verbot von Vereinbarungen über Preisgestaltung der Geschäftsbedingungen unterlagen, soweit die Vereinbarung die Bildung die Verwertungsgesesellschaften und die wirksame Wahrnehmung ihrer Rechte im Sinne des § 1 WahrnG betraf. Sie unterstehen jetzt in vollem Umfang der Kontrolle der §§ 19 und 20 GWB[25] und werden lediglich im Geltungsbereich von §§ 36, 36 a UrhG privilegiert.

Bei § 20 GWB, der zugunsten des Urhebers greifen könnte, da er sich gegen die Ausnutzung der vom Wettbewerb nicht hinreichend kontrollierten Handlungsspielräume marktmächtiger Unternehmen zu Lasten Dritter richtet[26], ist umstritten, ob er auch auf Urheberverträge Anwendung findet[27].

Die Ansicht, nach der § 20 I GWB auch anwendbar ist, wenn die Behinderung oder unterschiedliche Behandlung anderer Unternehmen im Zusammenhang mit der unternehmerischen Ausübung von Urheberrechten stehen[28], erscheint die vorzugswürdige: Es ist nicht ersichtlich, warum § 20 I GWB nicht auch für Urheber gelten soll, zumal das GWB selbst die Urheber in ihrer unternehmerischen Tätigkeit nicht aus seinem Anwendungsbereich herausnimmt. Diese Auslegung entspricht auch der Linie der EuGH-Rechtsprechung, die mit der Verordnung 1/2003 nun verstärkt als Maßstab herangezogen werden muss[29].

---

[21] Zum Streitstand näher Emmerich, Kartellrecht, 156.

[22] Vgl. zum Beispiel BGH, WuW/E BGH 1293 für die Zulässigkeit von Wettbewerbsbeschränkungen, dagegen: BGH GRUR 1996, 974 (975); mit weiteren Nachweisen Emmerich, Kartellrecht, 156 Fn. 79.

[23] BGH NJW 1991, 3152 - *Golden Toast.*

[24] Immenga/Mestmäcker-Emmerich, § 17 Rn. 174.

[25] Zur Anwendbarkeit der §§ 19 und 20 GWB bereits vor der GWB-Novelle s. z.B. BGH GRUR 1988, 782 (784) - *Gema-Wertungsverfahren.*

[26] Immenga/Mestmäcker - Markert, § 20 Rn. 17.

[27] Mit weiteren Nachweisen zum Streitstand zum Beispiel Lehmann, Kartellrechtliche Grenzen der Lizenzierung, 775 (801) Fn. 103.

[28] So z.B. Immenga/Mestmäcker - Markert, § 20 Rn. 248.

[29] Vgl. z.B. Erw. 22 der Verordnung.

bb Freistellungen

So wie auf der einen Seite rein nationale Vergünstigungen für Schutzrechtsinhaber durch die Anpassung an europäische Vorgaben verschwinden, werden auf der anderen Seite die Vergünstigungen, die der Urheber in Teilbereichen durch die europäischen Gruppenfreistellungsverordnungen[30] erfährt, in nationales Recht übernommen: Sie gelten seit der GWB-Novelle durch die dynamische Verweisung in § 2 II GWB auch dann, wenn nur deutsches Kartellrecht - unterhalb der Anwendungsschwelle des europäischen Rechts - anwendbar ist[31]. Wie auch im europäischen Recht ist schließlich auch eine individuelle Freistellung über die Legalausnahme des dem Art. 81 III EG entsprechenden § 2 I GWB möglich.

3 Französisches Wettbewerbsrecht

Das Wettbewerbsrecht ist in Frankreich insbesondere durch die *Ordonnance* vom 1.12.1986[32] neu geregelt und an das Europäische Wettbewerbsrecht angeglichen worden. Die in ihr enthaltenen Bestimmungen sind mit der Neufassung des französischen Handelsgesetzbuches - dem *Code de Commerce* (C.comm.) - dort fast vollständig aufgenommen worden[33]. Zuletzt wurde das Wettbewerbsrecht durch *Ordonnance* vom 4.11.2004 an die Vorgaben der Durchführungsverordnung 1/2003 angepasst[34].

Art. L. 420-1 C.comm. (Art. 7 der *Ordonnance 1986*) verbietet übereinstimmend mit Art. 81 EG horizontale und vertikale wettbewerbsbeschränkende Absprachen und Vereinbarungen, stellt sie aber auch in vergleichbarem Umfang frei. Zusätzlich nimmt Art. L. 420-4 C.comm. (Art. 10 der *Ordonnance 1986*) Wettbewerbsbeschränkungen vom Verbot aus, die aus der Anwendung eines Gesetzestextes oder einer Ausführungsverordnung herrühren. Weiterhin gilt eine Ausnahme für die Verhaltensweisen, die nachweislich die Verbraucher am entstehenden Gewinn beteiligen und die zur Förderung des wirtschaftlichen Fortschritts auch durch die Schaffung oder die Aufrechterhaltung von Arbeitsplätzen beitragen, ohne den beteiligten Unternehmern die Möglichkeit zur Aussschaltung des Wettbewerbs für einen wesentlichen Teil der betreffenende Waren zu geben[35].

---

[30] Zu den Verordnungen, die auch den Urheber begünstigen können, s. oben, E II 2 c-cc.

[31] Vgl. Drexl, GRURInt 2004, 716 (720).

[32] Ordonnance n. 86-1243 v. 1.12.1986; J.O. v. 9.12.1986, reformiert durch Gesetz 96-588 vom 1.7.1996, J.O. v. 3.7.1996; deutsche Übersetzung in WuW 1/1988, 38 ff..

[33] Ordonnance n. 2000-912 vom 18.9.2000, J.O. v. 21.9.2000. Zu den neuesten Änderungen im Kartellrecht durch das Gesetz vom 15.5.2001 - *loi relative aux nouvelles régulations économiques* s. Szönyi, GRURInt 2002, 105-112.

[34] Ordonnance n. 2004-1173 v. 4.11.2004; J.O. v. 5.11.2004.

[35] Zur Auslegung der Vorschrift siehe Szönyi, GRURInt 2002, 105 (110).

Art. L. 420-2 C.comm.[36] verbietet den Missbrauch einer marktbeherrschenden Stellung.

Verstößt ein Vertrag nach französischem Recht gegen die Vorschriften der Art. L. 420-1 oder L. 420-2 C.comm., so ordnet Art. L. 420-3 C.comm. die Nichtigkeit an[37].

Eine Sonderregelung oder gar die Nicht-Anwendbarkeit der gesamten kartellrechtlichen Regeln auf Urheberrechtsverträge ist aufgrund des eindeutigen Wortlauts des Art. L. 410-1 C.comm. ausgeschlossen, der klar stellt, dass das Verbot wettbewerbswidriger und wettbewerbsbeschränkender Praktiken auf alle Betätigungen im Bereich der Produktion, des Vertriebs und der Dienstleistungen Anwendung findet[38].

Bei der Anwendung und Auslegung dieser Vorschriften orientieren sich *Conseil de Concurrence* und *Cour de Cassation* verstärkt an der Rechtsprechung des EuGH[39].

Eine entscheidende Rolle im Bereich der Urheberrechtsverträge kann Art. L. 420-4 C.comm. (Art. 10 der *Ordonnance 1986*) gerade für Ausschließlichkeitsbindungen des Lizenzgebers und Verwendungsbeschränkungen des Lizenznehmers spielen[40]; er ist besonders geeignet, als Einfallstor für die Berücksichtigung urheberrechtlicher Interessen zu fungieren.

4 Englisches Wettbewerbsrecht

Das Urheberrecht selbst enthält speziell kartellrechtliche Bestimmungen für Verwertungsgesellschaften, sofern sie eine Monopolstellung innehaben, Chapters VII und VIII, Sec. 116-152 CDPA. Darüber hinaus richten sich kartellrechtliche Fragen nach den allgemeinen Kartellgesetzen.

Zunächst wurde das englische Wettbewerbs- und Kartellrecht durch die *Restrictive Trade Practices Acts* von 1976 und 1977, den *Resale Prices Act* von 1976, den *Fair Trading Act* von 1973 und den *Competition Act* von 1980 geprägt: Die ersten drei befassten sich mit bestimmten Arten von Geschäftspraktiken, die generell als wettbewerbswidrig angesehen wurden; der *Fair Trading Act* und der *Competition Act 1980* bezogen sich dagegen auf bestimmte wettbewerbswidrige Auswirkungen von Geschäftspraktiken[41].

---

[36] Art. 8 der *Ordnonnance*, zuletzt geändert durch Gesetz L. n. 2001-420 vom 15.5.2001.

[37] Zu den Folgen bei Gesetzverstößen näher Jacquier, Le pouvoir du juge, Rn. 685.

[38] Zur Anwendbarkeit der Regeln auf Verwertungsgesellschaften z.B. Paris, 17.1.1990, Gaz. Pal. 1990.1.205; Comm. 5.11.1991, D. 1993, 63.

[39] Mit direktem Verweis auf *Magill* siehe die Entscheidung *Société Codes Rousseau* - Cons. conc., Déc. n. 04-D-09 vom 31.3.2004, Rn. 84; mit indirektem Bezug auf die Argumentation des EuGH *TF1* - Cass. comm. 26.11.2003, BOCCRF n. 2004-02, abrufbar unter www.finances.gouv.fr/DGCCRF/boccrf/04_02/sommaire.htm; Abrufdatum: 15.11.2005.

[40] In diesem Sinne für Softwareverträge Hauser in: Ullrich/Körner, 2. Teil, Rn. 542.

[41] Triebel, Englisches Handels- und Wirtschaftsrecht, § 2, Rn. 995.

Diese Gesetze sind zum großen Teil vom *Competition Act 1998* und dem *Enterprise Act 2002* abgelöst worden, die heute die maßgeblichen Bestimmungen für wettbewerbsrelevantes Handeln in England darstellen.

Der *Competition Act 1998* enthält in Sec. 2 und und 18 zwei Verbotsnormen, die den Art. 81 und 82 EG sehr ähnlich sind. Chapter I, Sec. 2 *Competition Act 1998* verbietet Vereinbarungen, die darauf abzielen oder den Effekt haben, den Wettbewerb im Vereinigten Königreich zu verhindern, zu begrenzen oder zu entstellen und welche geeignet sind, den Handel im Vereinigten Königreich zu beeinflussen. Chapter II, Sec. 18 *Competition Act 1998* verbietet einem marktbeherrschenden Unternehmen den Missbrauch seiner Stellung.

Fielen noch vor Erlass des *Competition Act* vertikale Vereinbarungen, also solche zwischen Urheber und Lizenznehmer[42], aus dem Anwendungsbereich des *Restrictive Trade Practices Act* von 1976 heraus[43], werden sie nunmehr ausnahmslos vom *Competition Act 1998* erfasst. Dies folgt insbesondere aus Sec. 60 *Competition Act 1998*, der die englischen Gerichte und Behörden verpflichtet, eine mit der EG-Rechtsprechung einheitliche Interpretation der Vorschriften vorzunehmen[44]. Allerdings bedeutet der Verweis auch, dass sich die englische Rechtsprechung an den Entscheidungen zugunsten der Urheber zu orientieren hat[45].

Die Rechtsprechung kommt diesem Appell nach: Ähnlich wie der EuGH unterscheidet sie bei der Feststellung, ob der Missbrauch einer marktbeherrschenden Stellung vorliegt, zwischen der aus dem Schutzrecht resultierenden beherrschenden Stellung, die als solche nicht verboten ist, und dem Missbrauch[46].

Neben den Vorgaben des *Competition Act* gilt insbesondere Part 4 *Enterprise Act*: Danach unterliegt der Wettbewerb Marktuntersuchungen (*market investigations*), bei denen der jeweils relevante Markt im Hinblick auf besondere Merkmale untersucht wird, die den Wettbewerb verhindern oder beschränken könnten[47]. Hier gibt es ebenfalls keine den Urheber begünstigenden Sondertatbestände.

---

[42] Zu den typischen Fallgestaltungen im Bereich vertikaler Vereinbarungen im Urheber- und Patentrecht s. insb. Whish, Competition Law, 624-628.

[43] Whish, Competition Law, 630.

[44] So auch Flint/Fitzpatrick/Thorne, Guide to Copyright, Rn.1410 Fn. 2.

[45] Dazu s. oben, E IV 2 b.

[46] *Hewlett-Packard Development Company LP, Compaq Trade Mark BV v. Expansys UK Ltd* [2005] ETMR 111; zur Anwendung der *Magill*-Rechtsprechung *Intel Corp v. Technologies Inc* [2003] FSR 33.

[47] Der *Enterprise Act* führt damit ein neue Art der Kontrolle ein, die die Kontrolle von missbräuchlichen Verhaltensweisen von Monopolunternehmen, wie sie der *Fair Trading Act 1973* vorsah, ablöst. Zur Kontrolle von Monopolunternehmen nach altem Recht siehe zum Beispiel Flint/Fitzpatrick/Thorne, Guide to Copyright, Rn. 1428.

Kapitel V

Eingriffsnormen des deutschen Urheberrechtsgesetzes

Das Urheberrechtsgesetz enthält eine Reihe von den Urheber schützenden Vorschriften, die im innerdeutschen Recht nicht oder nur teilweise abbedungen werden können[1]. Vorschriften wie § 32 und § 32 a oder auch § 40 UrhG sind intern zwingende Normen, die sich zumindest dann durchsetzen, wenn der einem ausländischen Recht unterstehende Vertrag nur Berührungspunkte zum deutschen Recht aufweist, Art. 27 III EGBGB. Die Beschränkung des Art. 27 III EGBGB wird allerdings im Urhebervertragsrecht eine verhältnismäßig geringe Bedeutung haben, weil jedenfalls bei Verträgen, die sich auf eine Nutzung von Rechten in mehreren Ländern beziehen, eine solche qualifizierte Verbindung mit dem Recht nur eines Landes nicht gegeben sein wird[2].

Über Art. 27 III EGBGB hinaus vermag sich die ein oder andere Norm auch über Art. 34 EGBGB gegen ausländisches Recht durchzusetzen. Dies war bis zur Reform im Jahre 2002 eine Frage der Interpretation, der Gesetzestext gab keinen Aufschluss über den internationalen Geltungswillen der Vorschriften.

Mit dem Reformgesetz erließ der Gesetzgeber - relativ spontan - den neuen § 32 b UrhG, der erstmals im Urhebervertragsrecht eine international-privatrechtliche Regelung trifft[3]. Ihm ist hinsichtlich seines Inhalts, seiner Stellung im internationalen Urhebervertragsrecht und seines möglichen Einflusses auf die Behandlung anderer international zwingender Bestimmungen besondere Aufmerksamkeit zu schenken.

---

[1] Dazu s. oben, B III 2 c.

[2] Loewenheim/Walter, § 57 Rn. 149.

[3] Beschlussempfehlung, BT-Drucks. 14/8058, 1 (20).

1 Anwendungsvoraussetzungen

Mit den Voraussetzungen, die im Bereich des Urhebervertragsrechts für die Qualifikation als Eingriffsnorm maßgeblich sind, hat sich die Wissenschaft bislang verhältnismäßig wenig auseinander gesetzt[4].

Teilweise werden keine spezifischen Tatbestandsvoraussetzungen für die Ermittlung einer engen Inlandsbeziehung verlangt und eine Reihe von Kriterien zugelassen, die für den Inlandsbezug sprechen, so z.B. die inländische Werkverwertung[5]. Teilweise wird die Grenze auch enger gezogen: Ulmer nennt den Fall, dass ein ausländischer Unternehmer mit Geschäftssitz im Inland mit inländischen Urhebern Verträge schließt und darin das für ihn günstigere Recht des Staates, dem er angehört, als Vertragsstatut vereinbart[6].

Inhaltlich gibt es ebenfalls Differenzen darüber, welche Vorschriften von Art. 34 EGBGB erfasst werden. Bei Annahme eines sehr engen Anwendungsbereichs des Art. 34 EGBGB fallen nur Devisenvorschriften, gewisse zwingende Vorschriften des Außenwirtschaftsgesetzes[7] sowie Vorschriften des Kartellrechts darunter[8]; nimmt man dagegen einen weiteren Anwendungsbereich an, so können generell auch urheberrechtsschützende Vorschriften international zwingende Eingriffsnormen sein.

2 §§ 42, 41, 31 IV, 40 I S. 2, 3, II S. 1 UrhG

Die Autoren, die eine weite Fassung des Art. 34 EGBGB befürworten, betrachten das Rückrufsrecht wegen gewandelter Überzeugung (§ 42 UrhG) bzw. wegen Nichtausübung (§41 UrhG) sowie die von § 31 IV UrhG angeordnete Unwirksamkeit der Einräumung von Nutzungsrechten für noch nicht bekannte Nutzungsarten und das Recht zur Kündigung von Verträgen (§ 40 UrhG) als zwingende Bestimmungen im Sinne dieser Vorschrift[9]. Unstreitig ist diese Einordnung allerdings keineswegs. Teilweise wird sich - ohne eine eindeutige Zuordnung zu machen - mit der Feststellung begnügt, dass es sich um zwingende Vertragsregeln handele, die trotz ausländischem Vertragsstatut zur Anwendung kommen[10]. Andere halten Art. 34 EGBGB nicht für einschlägig, wenden aber gleichwohl die oben genannten Vorschriften in Analogie zu Art. 34 EGBGB einseitig an[11], analog deshalb, weil zugunsten des Urhebers bei der Rechtsfolge des Art. 34 EGBGB das Günstigkeitsprinzip berücksichtigt werden soll, so dass nach dieser

[4] Zusammenfassend s. Loewenheim/Walter, § 57 Rn. 178.
[5] Schricker/Katzenberger, Vor §§ 120 ff. Rn. 167.
[6] Ulmer, Immaterialgüterrechte, 58.
[7] Z. B. § 17 AWG.
[8] So Hausmann in: FS Schwarz, 47 (74).
[9] S. auch Loewenheim/Walter, § 57 Rn. 178.
[10] Schricker/Katzenberger, Vor 120 ff. Rn. 164-166.
[11] So Mäger, Der Schutz des Urhebers, 264.

Auffassung die inländische Eingriffsnrom ausnahmsweise durch das günstigere Recht des gewählten ausländischen Rechts verdrängt werden kann[12].

Die Rechtsprechung hat sich im Fall des § 31 IV UrhG bisher gegen eine Subsumtion unter Art. 34 EGBGB und für die Zuordnung zum Sachstatut entschieden und festgestellt, dass diese Vorschrift anzuwenden sei, soweit die Einräumung sich auf ein durch das Urheberrechtsgesetz gewährtes inländisches Recht beziehe[13]. Soweit der ausländische Urheber über das ihm für die Bundesrepublik Deutschland gewährte Recht verfüge, müsse diese Verfügung - unabhängig von dem im Übrigen auf den Berechtigungsvertrag anzuwendenden Recht - den Bestimmungen der 31 ff. UrhG folgen, die wie § 31 IV UrhG zwingendes Recht darstellen[14]. Diese Linie behält sie auch bis heute bei, wenn auch eine Tendenz zu verzeichnen ist, vom vertragsrechtlichen Statut aus zwingenden Vorschriften über die Übertragbarkeit von Rechten Beachtung zu schenken[15].

Der Meinung, die eine analoge Anwendung des Art. 34 EGBGB favorisiert, ist zugute zu halten, dass sie sich vorrangig an dem Ziel orientiert, den Urheber vollumfassend zu schützen. Allerdings bedarf es nach vorzugswürdiger Ansicht nicht einer Analogie zu Art. 34 EGBGB. Die Kriterien, die bei Art. 34 EGBGB erfüllt sein müssen, insbesondere der hinreichende Inlandsbezug, sind geeignet, im Einzelfall die Anwendbarkeit der einzelnen Vorschriften zu ermitteln. Auch bei Betrachtung der Grundkonzeption des deutschen Urhebervertragsrechts, zu der die oben genannten Bestimmungen zum größten Teil zählen, kommt man nicht umhin, die in Frage stehenden Vorschriften als international zwingend anzusehen. Wenn auch diese Lösung dazu führen mag, dass im Einzelfall eine dem Urheber günstigere ausländische Vorschrift durch eine Eingriffsnorm verdrängt wird, so bietet die „Eingriffsnorm-Lösung“ doch die größere Rechtssicherheit: Im Einzelfall mag es insbesondere schwierig sein, die genaue Tragweite der ausländischen Norm mit der deutschen Eingriffsnorm zu vergleichen.

Bei der Einordnung des § 31 IV UrhG ist allerdings im Hinblick auf die geplanten Änderungen eine Einschränkung zu machen[16]. Selbst wenn es bisher noch nicht möglich ist, Nutzungsrechte für noch nicht bekannte Nutzungsarten zu übertragen, zeigen die Vorschläge zur Einführung einer derartigen Möglichkeit, dass es sich bei § 31 IV UrhG *nicht mehr* um eine Bestimmung handelt, die für das Grundkonzept des deutschen Urhebervertragsrechts unerlässlich ist. Vor dem Hintergrund der derzeitigen Tendenz des BMJ kann diese Vorschrift bereits zum jetzigen Zeitpunkt nicht mehr als international zwingend angesehen werden.

Wenn der Inlandsbezug festgestellt ist, ist auch die Anwendung der inländischen Eingriffsnorm gerechtfertigt. Sie schützt den Urheber und verfolgt gleichzeitig wirtschaftliche und politische Interessen. Denn die oben genannten Vorschriften dienen nicht nur dem Schutz des Urhebers; das Werk, welches der

---

[12] Vgl. Mäger, Der Schutz des Urhebers, 258.

[13] BGH GRUR 1988, 296 (298) - *GEMA-Vermutung IV*.

[14] BGH GRUR 1988, ebenda.

[15] BGH GRURInt 1998, 427 (429) - *Spielbank-Affaire*.

[16] Zu den Reformplänen s. oben, B III 2 c-aa.

Urheber schafft, dient auch der Allgemeinheit; es gehört zum Kulturgut und wird in der Regel der Allgemeinheit zugänglich gemacht. Daran ist auch die Öffentlichkeit interessiert[17]. Dieses allgemeine Interesse kann nicht mehr stringent mit verfolgt werden, wenn man von ihnen dem Günstigkeitsprinzip entsprechend abweichen kann. Denn eine deutsche Vorschrift, die für den Urheber weniger günstig ist als die ausländische, kann umgekehrt wiederum das nach deutschen Maßstäben angestrebte Gleichgewicht zwischen Urheberrechtsschutz und Allgemeininteresse stützen bzw. herstellen.

3 § 32 b UrhG - Inhalt und Bedeutung für das Urhebervertragsrecht

§ 32 b UrhG ordnet die Anwendung der §§ 32 und 32 a UrhG in Fällen mit dem von ihm beschriebenen Auslandsbezug an. Was die Reichweite dieser Norm betrifft, so lassen bereits die amtliche Überschrift „Zwingende Anwendung“ und ihr Wortlaut eine weitere rechtliche Eingrenzung zu: § 32 b UrhG soll eine Bestimmung sein, mit der der Gesetzgeber die Anwendung der §§ 32 und 32 a UrhG international zwingend für zwei (alternativ nebeneinander stehende) Varianten vorschreibt.

a Anordnung des § 32 b Nr.1 UrhG

Nach § 32 b Nr.1 UrhG muss auf den Nutzungsvertrag „mangels einer Rechtswahl deutsches Recht anzuwenden“ sein. Dies ist nach den Art. 27 ff. EGBGB zu ermitteln. Bestimmen die Parteien nach Art. 27 I EGBGB das auf den Vertrag anwendbare Recht nicht, ist gemäß Art. 28 I 1 EGBGB zu fragen, welches Recht mangels einer derartigen Wahl zur Anwendung käme. Die Vermutungsregel des Art. 28 II S. 1 EGBGB knüpft an den Aufenthaltsort der Partei an, die die charakteristische Leistung erbringt; es handelt sich hierbei um die Leistung, die es möglich macht, die Art des Vertrages zu bestimmen[18].

Fraglich ist, zu welchem Ergebnis die Anwendung des Art. 28 EGBGB bei Nutzungsverträgen im Urheberrecht kommt.

aa Anknüpfung an den Sitz des Verwerters

Nach einer Ansicht führt Art. 28 II EGBGB zum Recht des Sitzstaates des Verwerters, wenn ihn eine vertraglich vereinbarte Ausübungslast trifft.

---

[17] In diesem Sinne auch Mäger, Der Schutz des Urhebers, 154.

[18] v. Bar, IPR Bd. II, Rn. 495.

Diese sei als Hauptleistungspflicht des Verwerters anzusehen[19] und stelle die nach Art. 28 I EGBGB charakteristische Leistung dar[20].

bb Anknüpfung an den Sitz des Urhebers

Die Anknüpfung an den Sitz des Verwerters stützt sich auf seine Leistung der Verwertung. Liegt dem Vertrag dagegen keine Ausübungspflicht zugrunde, wird vielfach an den Sitz des Urhebers angeknüpft: Die Nutzungseinräumung durch den Urheber sei die vertragscharakteristische Leistung, der die gerade nicht typische Zahlungspflicht des Verwerters gegenüberstehe[21].

cc Differenzierte Ansicht

Teilweise wird danach differenziert, ob den Lizenznehmer eine Ausübungspflicht trifft oder nicht. Wenn ihn eine derartige Pflicht trifft, soll das Recht am Ort des Lizenznehmers anwendbar sein. Gleiches soll gelten, wenn dem Lizenznehmer ein ausschließliches Recht eingeräumt wird[22]. Anders dagegen bei einfachen Lizenzen ohne Ausübungspflicht: Hier soll in der Regel der Lizenzgeber die charakteristische Leistung erbringen[23].

dd Anknüpfung an das Schutz- oder Ursprungsland

Zumindest vor Erlass des Art. 28 EGBGB wurde noch eine dritte Art der Anknüpfung vertreten, die nicht auf die vertragscharakteristische Leistung, sondern auf das Schutzlandprinzip abstellte; bei Fehlen einer Rechtswahl sollte das maßgebliche Recht nach dem Schutzlandprinzip bestimmt werden, da hier der Schwerpunkt des Vertrages angenommen wurde. Diese Meinung kam zu dem Ergebnis, dass für den Vertrag das Recht des Landes maßgebend sei, für das die Nutzung gewährt wird[24].

Denkbar ist schließlich auch die Anknüpfung an das Recht des Ursprungslandes des Werkes[25].

ee Eigene Stellungnahme

Die Anknüpfung an das Schutzlandprinzip mag eine Möglichkeit vor Erlass des Art. 28 EGBGB gewesen sein, das Recht mangels einer Rechtswahl nach dem

[19] Vgl. Hiestand, Internationale Lizenzverträge, 186.

[20] So der BGH für Lizenzverträge, GRUR 1980, 227 (230).

[21] In diesem Sinne Regelin, Kollisionsrecht der Immaterialgüterrechte, 125; so auch schon v. Hoffmann, RabelsZ 40 (1976), 208 (214).

[22] Vgl. Schricker, Verlagsrecht, Rn. 44; Loewenheim/Walter, § 57 Rn. 167; BGH GRUR 1960, 447.

[23] Schricker, Verlagsrecht, ebenda.

[24] Beier, GRURInt 1981, 299 (303).

[25] Loewenheim/Walter, § 57 Rn. 160.

Schwerpunkt des Vertrages zu bestimmen. Sie hat aber nichts mit der vertragscharakteristischen Leistung zu tun, auf die Art. 28 II EGBGB Bezug nimmt. Denkbar ist die Anknüpfung an das Schutzland nur über die Ausweichklausel des Art. 28 V EGBGB. Gegen den Rückgriff auf Art. 28 V EGBGB sprechen allerdings an dieser Stelle zwei Argumente: Zum einen würde eine Anknüpfung an das Schutzlandprinzip die Grenze zwischen Vertragsstatut und Urheberrechtsstatut verwischen[26]. Zum anderen dehnt eine derart pauschale Anknüpfung im Rahmen des Art. 28 V EGBGB dessen Anwendungsbereich unzulässig aus: Art. 28 V EGBGB soll nur ausnahmsweise zur Anwendung kommen[27] und verdrängt eine Vermutung im Sinne des Absatzes zwei nur dann, wenn ihr Anknüpfungsgehalt durch andere Kritierien deutlich übertroffen wird[28]. Wenn hier der Sitz des Verwerters bzw. des Urhebers als Anknüpfungspunkt gewählt wird, so besteht bereits eine enge Verbindung zu dem Recht dieses Landes, und es ist nicht ersichtlich, warum das Recht des Schutzlandes ein deutlich stärkeres Gewicht verdienen soll.

Die Anknüpfung an das Ursprungsland ist nicht sachgerecht, da das Ursprungsland im Falle des Erscheinens des Werkes wechselt[29], so dass es hier an Rechtsklarheit und Vorhersehbarkeit mangelt.

Die Ansicht, die die Nutzungseinräumung als die charakteristische Leistung ansieht und an den Sitz des Urhebers anknüpft, erkennt zurecht, dass es gerade die Nutzung ist, „die dem Vertrag seinen Namen gibt“[30]. Trotzdem ist angesichts der Besonderheit urheberrechtlicher Nutzungsverträge eine differenziertere Betrachtung geboten, denn der *Nutzungs*vertrag hat neben der *Nutzungs*einräumung seitens des Urhebers auch die *Nutzungs*handlung durch den Verwerter zum Gegenstand. Es kann daher nicht pauschal davon ausgegangen werden, dass der Pflicht der Nutzungseinräumung nur die Hauptleistungspflicht der Vergütung gegenübersteht.

Diese Tatsache berücksichtigt die Meinung, die auf den Sitz des Verwerters abstellt: In der Regel vergütet der Verwerter nicht nur das Werk; ihn trifft zumeist auch eine Ausübungspflicht, die charakteristisch für Nutzungsverträge ist, in denen der Urheber gerade sein Interesse an dem Bekanntwerden seines Werkes verfolgt[31].

Damit ist zumindest bei Vorliegen einer Ausübungspflicht im Rahmen des Art. 28 II S. 1 EGBGB an den Sitz des Verwerters anzuknüpfen. Auch wenn es an einer expliziten Vereinbarung fehlen sollte, wird eben wegen des starken Interesses des Kreativen, sein Werk zu vermarkten, bei Auslegung des Vertrages oft eine konkludent vereinbarte Auswertungspflicht angenommen werden dürfen.

[26] So auch Regelin, Kollisionsrecht der Immaterialgüterrechte, 125.
[27] Palandt/Heldrich (64. Auflage), Art. 28 EGBGB Rn. 4.
[28] Staudinger/Magnus (2002), Art. 28 EGBGB Rn. 127.
[29] Loewenheim/Walter, § 57 Rn. 160.
[30] v. Bar, IPR Bd. II, Rn. 495.
[31] Möhring/Nicolini-Spautz, § 41 UrhG Rn. 1.

Aber selbst in den Fällen, in denen eine solche vertraglich vereinbarte Pflicht nicht ermittelt werden kann, erscheint es nicht zwingend, an den Sitzstaat des Urhebers anzuknüpfen. § 41 UrhG macht deutlich, dass sich der Verwerter auch ohne eine entsprechende vertragliche Vereinbarung bemühen soll, das Werk gewinnträchtig zu verwerten[32]. Zudem birgt die Existenz eines Rückrufsrechts einen weiteren Aspekt in sich, der für die Anknüpfung an den gewöhnlichen Aufenthaltes des Verwerters spricht, denn die Möglichkeit des Rechterückrufs begründet das größere Risiko der Fehleinschätzung der Rechtslage bei dem Rechtsnehmer[33].

Die vertragscharakteristische Leistung im Sinne der Nutzung bzw. Verwertung des Werkes erbringt also in der Regel, und auch bei nicht vereinbarter Ausübungslast, der Verwerter, an dessen Sitzstaat im Rahmen des Art. 28 II S. 1 EGBGB angeknüpft wird. Damit wird es über § 32 b Nr. 1 UrhG dem in Deutschland ansässigen Verwerter unmöglich gemacht, durch die Wahl eines ausländischen Rechts den Ansprüchen nach §§ 32 und 32 a UrhG zu entgehen[34].

Dieser Vertrag ist im Übrigen auch maßgeblich, wenn sich der Anspruch des Urhebers nicht gegen den (Erst-)Verwerter, sondern gegen einen Zweitberechtigten nach § 32 a II UrhG richtet[35].

b Anordnung des § 32 b Nr. 2 UrhG

§ 32 b Nr. 2 UrhG sieht eine zwingende Anwendung vor, soweit maßgebliche Nutzungshandlungen in Deutschland Vertragsgegenstand sind. Für das Kriterium der Maßgeblichkeit kann man sich an der Einordnung grenzüberschreitender Verletzungstatbestände orientieren[36]: Maßgeblich soll danach jede Handlung sein, die als Verletzungstatbestand in Deutschland eine Urheberrechtsverletzung darstellen würde. Je nachdem, gegen wen sich der Anspruch richtet, ob gegen den Erstverwerter oder den Zweitberechtigten nach § 32 a II UrhG, muss gerade der Anspruchsgegner die maßgebliche Nutzungshandlung in seiner Person zu verantworten haben[37]. § 32 b Nr. 2 UrhG macht es dem in Deutschland agierenden Verwerter unmöglich, die Vorschriften der §§ 32 und 32 a UrhG durch eine Sitzverlegung ins Ausland zu umgehen. Liegt seine Niederlassung im Ausland, könnte die Anwendung des § 32 b Nr. 1 UrhG, welche zum Recht seines Sitzlandes führt, den §§ 32 und 32 a UrhG keine Geltung verschaffen. In dieser Konstellation greift § 32 b Nr.2 UrhG, der damit zugleich der „Abwanderung“ deutscher Verwerter ins Ausland entgegenwirkt und der Standortsicherung dient[38].

[32] Möhring/Nicolini-Spautz, § 41 UrhG Rn. 3.
[33] So auch Loewenheim/Walter, § 57 Rn. 158.
[34] v. Welser, IPrax 2002, 364 (365).
[35] Vgl. Hilty/Peukert, GRURInt 2002, 643 (664).
[36] v. Welser, IPrax 2002, 364 (365).
[37] Hilty/Peukert, GRURInt 2002, 643 (664).
[38] Hilty/Peukert, GRURInt 2002, 643 (644).

c § 32 b UrhG als Bestandteil des Urhebervertragsrechts

In Bezug auf das Spannungsverhältnis zwischen Urheberrecht einerseits und Urhebervertragsrecht andererseits stellt sich die Frage, welchem Bereich die Vorschrift zugeordnet werden soll, ob also § 32 b UrhG als Eingriffsnorm innerhalb des Vertragsstatuts oder als eine das absolute Recht des Urhebers betreffende Bestimmung anzusehen ist. Ihre Beantwortung hängt maßgeblich von der Funktion bzw. der Einordnung der §§ 32 und 32 a UrhG ab, auf die sich die Regelung bezieht. Werden diese Vorschriften richtigerweise dem Vertragssstatut zugeordnet[39], so ist auch § 32 b UrhG in diesem Kontext einzuordnen bzw. sind seine Funktion und Reichweite zu erforschen.

Dass §§ 32 und 32 a UrhG dem Vertragsstatut unterstehen sollen, macht nicht zuletzt auch § 32 b UrhG deutlich, denn seine Lesart und Interpretation innerhalb des Schutzlandprinzips fallen schwer:

Im Rahmen des Schutzlandprinzips wäre § 32 b UrhG in seiner ersten Variante eine erste kodifizierte Durchbrechung eben dieses Grundsatzes: Gemäß § 32 b Nr.1 UrhG wären die §§ 32 und 32 a UrhG bereits dann anwendbar, wenn auf den Nutzungsvertrag mangels einer Rechtswahl deutsches Recht anzuwenden wäre - ohne dass es auf die Belegenheit der Verwertungshandlungen im In- oder Ausland ankäme[40].

Schwer verständlich ist insbesondere auch die Funktion der zweiten Variante im Rahmen dieser Wertung, die an die Nutzungshandlungen im Inland anknüpft: Liegt die maßgebliche Nutzungshandlung im Inland, kämen in aller Regel die §§ 32 und 32 a UrhG schon direkt über die lex loci protectionis zur Anwendung[41]; § 32 b Nr. 2 UrhG scheint in dieser Deutung nur deklaratorische Bedeutung zu haben.

Vorzuziehen ist daher die Qualifikation, wie sie der Gesetzgeber in seiner Beschlussempfehlung zum Gesetzesentwurf vornimmt: Er geht davon aus, dass § 32 b UrhG die Geltung der §§ 32 und 32 a UrhG trotz der Wahl eines ausländischen Rechts für den Vertrag im Sinne des Art. 34 EGBGB zwingend anordnet[42].

Diese Einordnung geht im Übrigen bereits aus dem Wortlaut des § 32 b UrhG hervor, der sich dem unbefangenen Leser in der Weise erschließt, dass er eine zwingende Regelung im Rahmen von Verträgen darstellt, die der Vertragsautonomie unterliegen, und in denen das auf sie anwendbare Recht grundsätzlich frei bestimmt werden kann.

Der Wortlaut verdeutlicht zudem, dass es unbestritten eine Trennung zwischen dem Urheberrecht als absolutem Recht und dem Urhebervertragsrecht gibt, die kollisionsrechtlich verschiedenen Statuten zugeordnet werden. Die Gren-

---

[39] S. oben, C II 5 c-cc.

[40] Nordemann, Urhebervertragsrecht, § 32 b UrhG Rn. 4.

[41] Dies allerdings auch nur, wenn man sie entgegen der hier vertretenen Ansicht dem Urheberrechtsstatut zuordnet.

[42] Beschlussempfehlung, BT-Drucks. 14/8058, 1 (20).

ze zwischen beiden Rechtsbereichen würde der Gesetzgeber bei der Qualifizierung des § 32 b UrhG innerhalb des Schutzlandprinzips verwischen, wenn er sich bei seiner Wortwahl auf „Verträge“ und „Rechtswahl“ bezöge, gleichwohl aber eine Bestimmung innerhalb des Urheberrechts im engeren Sinne träfe.

Diese Qualifikation macht Sinn: Eine Bestimmung wie die des § 32 b UrhG, die die vertragliche Abwahl deutschen Rechts einschränkt, hat nur dann eine Funktion, wenn eine Rechtswahl generell zulässig ist. Da über das Recht des Schutzlandes nicht frei verfügt werden kann[43], muss die Bestimmung notwendigerweise vertragsrechtlich sein, da nur in diesem Fall eine Rechtswahl überhaupt möglich ist[44].

Für die Annahme einer vertragsrechtlichen Einordnung spricht insbesondere auch der Verhältnismäßigkeitsgrundsatz, welchen der Gesetzgeber im Rahmen seiner Gestaltungsfreiheit, die ihm beim Erlass neuer Gesetze zukommt, zu beachten hat[45]: Soll § 32 b UrhG die Vertragsautonomie beschränken dürfen, ist es im Hinblick auf seine Erforderlichkeit das mildeste Mittel, ihn als Einschränkung einer grundsätzlich anerkannten Freiheit der Vertragswahl zu betrachten und nicht von Vornherein durch die lex loci protectionis dem gewählten Recht seine Wirkung zu versagen.

d § 32 b UrhG als Eingriffsnorm im Sinne von Art. 34 EGBGB

Die Feststellung, dass es sich bei § 32 b UrhG um eine zwingende Regelung innerhalb des Vertragsstatuts handelt, sagt noch nichts über ihre dogmatische Stellung innerhalb des internationalen Vertragsrechts aus. In Betracht kommen insbesondere zwei Deutungen: Einerseits kann es sich um eine Sonderanknüpfung zwingender Normen im Sinne des Art. 34 EGBGB, andererseits um eine Kodifizierung der Vorbehaltsklausel des *ordre public*, Art. 6 EGBGB, handeln: Beide korrigieren das nach Maßgabe des sonstigen Kollisionsrechts zur Anwendung kommende Sachrecht.

§ 32 b UrhG ordnet positiv die Anwendung von §§ 32 und 32 a UrhG in den von ihm beschriebenen Konstellationen an, und dies unabhängig vom Einzelfall. Nach dem hier vorzugswürdigen Verständnis vom *ordre public* als lediglich „negative“ Korrektur ist § 32 b UrhG nur von Art. 34 EGBGB, nicht aber von Art. 6 EGBGB gedeckt. Aber selbst, wenn man Art. 6 EGBGB die oben erläuterte „positive Funktion“ zuschreiben würde, wäre § 32 b UrhG dem Art. 34 EGBGB zuzuordnen, denn Art. 34 EGBGB gilt im Verhältnis zum *ordre public* als vorrangig; letzterer kommt nur dort zum Zuge, wo es um Bestimmungen geht, die nicht bereits über Art. 34 EGBGB durchgesetzt werden[46].

---

[43] BGHZ 118, 394 (397).

[44] Vgl. Hilty/Peukert, GRURInt 2002, 643 (646).

[45] Vgl. Stein, Staatsrecht, § 29 V.

[46] MüKo/Martiny (1998), Art. 34 EGBGB Rn. 96.

4 §§ 32 und 32 a als eigenständig zwingende Bestimmungen

Fraglich ist, ob den §§ 32 und 32 a UrhG auch außerhalb des Anwendungsbereiches des § 32 b UrhG international zwingende Wirkung zukommen kann.

a Voraussetzungen des Art. 34 EGBGB

Die neuen §§ 32 und 32 a UrhG können nur dann eigenständige Eingriffsnormen im Sinne des Art. 34 EGBGB sein, wenn sie - für sich betrachtet - dessen Voraussetzungen erfüllen. Ob diese gegeben sind, hängt maßgeblich davon ab, ob man Art. 34 EGBGB nur einen engen Anwendungsbereich zubilligt oder auch Vorschriften, die nur private Interessen verfolgen, mit umfasst sieht[47]. Der bereits dargelegte Streitstand wird für die Einordnung der §§ 32 und 32 a UrhG nur dann relevant, wenn die Vergütungsvorschriften nur den Schutz für einen gewissen Vertragstypus gewährleisten wollen und darüber hinaus keine Allgemeinwohlinteressen verfolgen.

Erstes Ziel der §§ 32 und 32 a UrhG ist es, durch Eingriff in die Vertragsfreiheit den sozial schwächer gestellten Urheber zu schützen. Hierbei handelt es sich um einen Schutz, der zunächst einmal dem Interesse des Urhebers an einem angemessenen Lohn dient - ohne Zweifel eine Art Sonderprivatrecht, das aber durchaus auch Allgemeinwohlinteressen verfolgen kann.

Ein solches Interesse wurde Vorschriften, bei denen es um die Sicherung eines gerechten Lohnes ging, so z.B. im Arbeitsrecht[48], bisher abgesprochen.

Im Urheberrecht ist allerdings das bereits angesprochene Interesse der Allgemeinheit zu beachten, welches bei der Frage der Vergütung einmal mehr deutlich wird: Wird der Urheber auf dem Medienmarkt insoweit geschützt, dass ihm eine angemessene Vergütung sicher ist, schafft dies den Anreiz für ihn, weiter tätig zu werden. Ein derartiger materieller Anreiz steigert die Vielfalt der Kulturgüter und fördert so auch die Medienindustrie, die ihrerseits neue Impulse bekommt[49]. Als weitere Folge sichert und schafft die angemessene Vergütung Arbeitsplätze und sorgt für steigende Steuereinnahmen[50].

Darüber hinaus wirkt das neue Vergütungsrecht der „Vermachtung“ entgegen, wie sie sich zunehmend auf dem Medienmarkt herausbildet. Der Begriff beschreibt die Situation, in der wenige mächtige Medienkonzerne den Markt beherrschen und den Kreativen kaum Einflussmöglichkeiten auf die Vertragsgestaltung verbleiben[51]. Wird den Urhebern durch eine angemessene Vergütung eine sichere Verhandlungsposition eingeräumt, kann dies einer Auflockerung der

[47] S. oben, D III 5 c-bb.

[48] Mäger, Der Schutz des Urhebers, 155.

[49] Grzeszick, AfP 2002, 383 (389).

[50] BFF u.a., Presseerklärung vom 24.7.2000.

[51] Götting in: FG Schricker, 53 (61).

oligarchischen Strukturen förderlich sein; die Urheber sehen sich nun nicht mehr ausschließlich in der Hand mächtiger Vertragspartner, ihnen wird durch die finanzielle Absicherung die Möglichkeit gegeben, sich aus starren Abhängigkeitsverhältnissen zu lösen. In diesem Zusammenhang bieten sich für Unternehmen, die in der Medienindustrie als Verwerter Fuß fassen wollen, neue Chancen, in den Markt einzutreten, so dass auch der Wettbewerb gefördert wird.

Die Folgen, die das neue Vergütungsrecht in Wirtschaft und Wettbewerb hervorrufen soll, zeigen, dass es sich bei den §§ 32 und 32 a UrhG nicht nur um ein „Sonderprivatrecht" der Urheber, sondern darüber hinaus um Vorschriften mit wirtschaftspolitischem Gehalt handelt, welche die ganz h.M. als zwingende Vorschriften im Sinne des Art. 34 EGBGB versteht[52].

Insofern könnten die §§ 32 und 32 a UrhG sowohl nach der weiten als auch nach der engen Fassung als zwingende Regeln im Sinne des Art. 34 EGBGB qualifiziert werden.

Diese Erkenntnis weckt die Frage, warum der Gesetzgeber den § 32 b UrhG geschaffen hat, wenn die §§ 32 und 32 a UrhG doch bereits für sich gesehen die Voraussetzungen für Vorschriften international zwingenden Charakters erfüllen.

Hierüber gibt der Inhalt des § 32 b UrhG selbst Aufschluss: Er konkretisiert, wie bereits festgestellt, den für Art. 34 EGBGB erforderlichen Inlandsbezug, der sonst in jedem Fall bei Anwendung der §§ 32 und 32 a UrhG gesondert ermittelt werden müsste.

b § 32 b UrhG als Einschränkung des Art. 34 EGBGB

Neben der Aufgabe, den Inlandsbezug im Rahmen des Art. 34 EGBGB zu präzisieren, könnte dem § 32 b UrhG die weitere Funktion zukommen, den Anwendungsbereich des Art. 34 EGBGB einzuschränken:

Da die §§ 32 und 32 a UrhG grundsätzlich den Tatbestand einer zwingenden Eingriffsnorm erfüllen, wäre es theoretisch denkbar, sie bei hinreichendem Inlandsbezug, aber außerhalb der Voraussetzungen des § 32 b UrhG anzuwenden.

Fraglich ist, ob dies möglich ist oder der § 32 b UrhG ein solches Vorgehen verbietet.

Gegen die Berücksichtigung der §§ 32 und 32 a UrhG über den Anwendungsbereich des § 32 b UrhG hinaus spricht die Existenz dieser Vorschrift selbst: Wären die Vergütungsvorschriften ohnehin international zwingend, so wäre die Anordnung in § 32 b UrhG überflüssig[53]; die von ihm genannten, den Inlandsbezug konkretisierenden Tatbestandsalternativen kämen, neben anderen Inlandsbezügen, bei Art. 34 EGBGB zum Tragen, und die Kodifizierung lediglich zweier möglicher Inlandsbezüge könnte höchstens mit dem Ziel der Rechtsklarheit erklärt werden, wobei hier der Vorwurf zu erheben wäre, dass eine nur

[52] Begründung zum IPR-Neuregelungsentwurf, BT-Drucks. 10/504, 83.
[53] So auch Hilty/Peukert, GRURInt 2002, 643 (650).

rudimentäre Kodifizierung vielmehr zu Rechtsunsicherheit führt.

Die Funktion des § 32 b UrhG ist demnach darin zu sehen, dass er eine spezielle Eingriffsnorm im Sinne des Art. 34 EGBGB ist, seinerseits aber auch den Rückgriff auf Art. 34 EGBGB sperrt, wenn die von ihm beschriebenen Voraussetzungen nicht vorliegen. Insofern gleicht er dem § 12 AGBGB a.F., der ebenfalls als spezielle Vorschrift mit Sperrwirkung begriffen wurde[54].

c Einfluss auf die Ermittlung zwingender Bestimmungen im Urheberrechtsgesetz

Es stellt sich schließlich die Frage, ob die Neuregelung in § 32 b UrhG auch die Auffassung sperrt, die bislang die Vorschriften der §§ 42, 41, 31 IV, 40 I S. 2, 3, II S. 1 UrhG als Eingriffsnormen im Sinne des Art. 34 EGBGB verstanden hat. In der Tat kann man sich fragen, warum der Gesetzgeber nur die Vergütungsregeln in ihrer international-privatrechtlichen Dimension geregelt hat. Daraus wird von den Autoren, die sich bisher mit der Problematik auseinandergesetzt haben, teilweise gefolgert, dass nunmehr nur die §§ 32 und 32 a UrhG als Eingriffsnormen gelten[55].

Diese Interpretation erscheint allerdings nicht zwingend, zumal der Gesetzgeber seine sehr spontane Entscheidung, die Regelung des § 32 b UrhG zu erlassen, in dieser Hinsicht nicht näher begründet hat. Warum sollte der Gesetzgeber sich hinsichtlich der urheberschützenden Vorschriften nunmehr weniger stringent zeigen, sich mit blindem Vertrauen in die Hände des fremden Rechts begeben und nur punktuell im Bereich der Vergütung Schutz gewähren? Einleuchtender erscheint es, die besondere Vorbehaltsklausel des § 32 b UrhG dahingehend zu erklären, dass es im Bereich der Vergütung eben nicht von Vornherein klar war, ob es sich um eine Vorschrift im Sinne des Art. 34 EGBGB handelt, so dass die Anwendungsanordnung explizit erfolgen musste. Es sind daher auch die übrigen Vorschriften im gegebenen Fall unter Art. 34 EGBGB zu berücksichtigen.

5 Vorbehalte zugunsten des Sachstatuts - sachrechtliche Eingriffsnormen

Die Problematisierung der dogmatischen Einordnung des § 32 b UrhG hat bereits deutlich gemacht, dass es bereits Probleme bei der Fragestellung geben kann, ob eine bestimmte Vorschrift vertragsrechtlich zu qualifizieren ist. So können an sich als vertragsrechtliche Regeln zu qualifizierende Vorschriften so eng mit der inhaltlich-sachlichen Ausgestaltung des Urheberrechts zusammenhängen, dass sie der lex loci protectionis unterstellt werden müssen. In sol-

[54] Erman/Werner (10. Auflage), § 12 AGBGB Rn. 7.

[55] Mit weiteren Nachweisen Loewenheim/Walter, § 57 Rn. 180 Fn. 346.

chen Fällen bedarf es einer allgemeinen Abgrenzung des Vertragsstatuts vom Sachstatut (Schutzlandrecht)[56]. Die Vorbehalte zu Gunsten des Rechtes des Schutzlandes können auch als Eingriffsnormen sachrechtlicher Art verstanden werden, deren unmittelbare Anwendbarkeit aus dem Normzweck selbst erfolgt[57].

Nach überwiegender Ansicht werden Fragen wie z.B. die Übertragung urheberrechtlicher Befugnisse bzw. Aspekte der inhaltlichen Ausgestaltung des Urheberpersönlichkeitsrecht stets nach dem Land beurteilt, für welches des Schutz in Anspruch genommen wird[58]. Damit gehen bereits bei der Anknüpfung Sachstatut und Vertragsstatut eigene Wege, so dass ein Rückgriff auf Art. 34 EGBGB nicht nötig ist[59].

Nach anderer Ansicht soll auch die Frage der Übertragbarkeit urheberrechtlicher Befugnisse nach dem Vertragsstatut zu beurteilen sein[60] und eine Sonderanknüpfung entsprechend der Funktion und des Zwecks der jeweiligen Regelung erfolgen. Eine derartige Lösung birgt erhebliche Rechtsunsicherheit und legt das Schicksal des Urheberpersönlichkeitsrechts zu stark in die Hände der Vertragsschließenden. Auch die starke Parallele zu den dinglichen Rechten allgemein spricht gegen diese Lösung[61].

[56] Loewenheim/Walter, § 57 Rn. 192.

[57] Loewenheim/Walter, ebenda.

[58] S. z.B. Möhring/Nicolini-Hartmann, Vor §§ 120 ff. UrhG Rn.16; BGH GRURInt 1960, 75; weitere Nachweise bei Loewenheim/Walter, § 57 Rn. 192, Fn. 393, 394.

[59] Zur Rechtsprechung des BGH im Hinblick auf § 31 IV UrhG siehe bereits oben, E V 2.

[60] So auch Loewenheim/Walter, § 57 Rn. 193.

[61] Differenziert zu den einzelnen Anknüpfungspunkten sowie Vor- und Nachteilen s. unter G.

Kapitel VI

Eingriffsnormen des Code de la Propriété Intellectuelle

Mangels einer expliziten Regelung im französischen Recht, inwieweit die den Urheber schützenden Bestimmungen der Art. L. 131-3 (Zweckübertragungsgrundsatz), L. 131-1 (Verbot der Globalzession künftiger Werke), L. 131-4 (verhältnismäßige Vergütung) und L. 121-1 CPI (*droit moral*) international zwingend sind, stellt sich die Frage nach ihrem internationalen Anwendungswillen.

1 Art. L. 131-3 CPI

Art. L. 131-3 CPI verlangt, dass der Vertragsgegenstand eines Urheberrechtsvertrages hinreichend bestimmt ist. Diese Vorschrift hat intern zwingenden Charakter, kann also nicht abbedungen werden - aber setzt sie sich, von Art. 3 III EVÜ einmal abgesehen, auch in internationalen Verträgen durch?

Rechtsprechung und Literatur behandeln diese Vorschrift als eine die Vermögensinteressen (*intérêts patrimoniaux*)betreffende Regelung[1]. Die Rechtsprechung ist diesbezüglich sehr zurückhaltend, was die Begrenzung der Parteiautonomie betrifft und nimmt im Hinblick auf Art. L. 131-3 CPI keinen Verstoß gegen den internationalen *ordre public* an[2].

---

[1] Vgl. Fall *Mouminoux* - CA Lyon 16.3.1989, RIDA 1990 (144), 227.

[2] S. CA Lyon, ebenda.

2 Art. L. 131-1 CPI

Art. L. 131-1 CPI - ebenfalls eine Vorschrift, die den *intérêts patrimoniaux* zugeordnet wird[3] - ist in Verbindung mit Art. 1780 C.civ. und der Verletzung der Freiheit künstlerischen Schaffens (*atteinte à la liberté de création*) geeignet, als international zwingende Vorschrift eingestuft zu werden[4].

Explizit entschieden wurde dieser Fall von der Rechtsprechung bisher noch nicht[5]. Allerdings spricht die Rechtsprechung im Bereich der *intérêts patrimoniaux*, die dem Vertragsstatut großzügig den Vorrang einräumt[6], gegen die Annahme einer international zwingenden Vorschrift ebenso wie die Unsicherheiten, die bei dem Ausmaß der Vorschrift im nationalen Recht bestehen[7]. Von der Literatur wird vorgeschlagen, die Annahme einer zwingenden Vorschrift - spiegelbildlich zur Auslegung der Gerichte für ihren nationalen Geltungsbereich - davon abhängig zu machen, ob die vertragliche Vereinbarung für den Urheber einen realen Vorteil schafft oder nicht. Nur in letzterem Fall soll sich die Vorschrift durchsetzen dürfen[8].

3 Art. L. 131-4 CPI

Die Bestimmung gilt, wie oben bereits deutlich gemacht wurde, als intern zwingend. Mit einer möglichen zwingenden Durchsetzung dieser Vorschrift gegen ein fremdes Vertragsstatut setzte sich die Rechtsprechung im Fall *Bragance* auseinander:

Mme Bragance hatte mit dem Beklagten einen US-amerikanischem Recht unterliegenden Arbeitsvertrag über die Niederschreibung einer bisher nur von dem Beklagten auf Kassetten aufgenommenen Geschichtserzählung geschlossen, in dem sie auf ihr Urheberrecht verzichtete. Außerdem war eine pauschale, einmalige Vergütung vorgesehen. Vor Gericht verlangte sie die Nennung ihres Namens in dem Buch sowie eine verhältnismäßige Vergütung.

In dem Urteil trennt das Gericht zwischen den wirtschaftlichen Belangen und dem Urheberpersönlichkeitsrecht. Das Recht aus Art. L. 131-4 CPI wird dabei dem wirtschaftlichen Interesse - den *droits pécuniaires* des Urhebers - zugeordnet und nicht zum *ordre public* gezählt[9]. In der Begründung verweist die Rechtsprechung auf Art. 36 des Gesetzes vom 11. März 1957 (den jetzigen Art. L. 132-6 CPI), nach dem eine Pauschalvergütung vereinbart werden kann, wenn an der Übertragung des Rechts eine Person mit Sitz im Ausland beteiligt ist. Aus dieser Bestimmung wird gefolgert, dass die proportionale Vergütung

[3] S. Josselin-Gall, Rn. 367 ff.
[4] Josselin-Gall, Rn. 368.
[5] Vgl. auch note zu CA Paris 1.2.1989, JDI 1989 II (116), 1005.
[6] CA Lyon, ebenda; CA Paris, ebenda.
[7] Mit weiteren Nachweisen Josselin-Gall, Rn. 368.
[8] So Josselin-Gall, ebenda.
[9] CA 1.2.1989, JDI 1989 II (116), 1005 (1010).

nicht zum internationalen *ordre public* gehöre[10]. Diese Ansicht wird auch von der Literatur vertreten[11].

4 Das *droit moral* - Art. L. 121-1 CPI

Wie die Frage zu beantworten ist, ob das Urheberpersönlichkeitsrecht, das nach französischem Recht nicht übertragen werden kann[12], sich gegen ein Vertragsstatut durchsetzt, das eine derartige Übertragung für zulässig hält, hängt eng mit der Frage zusammen, wie das *droit moral* kollisionsrechtlich angeknüpft wird. Hier besteht entweder die Möglichkeit einer Sonderanknüpfung neben dem Vertragsstatut oder die einer eventuellen Berücksichtigung im Rahmen des *ordre public* bzw. als *loi de police*[13].

a Das *droit moral* im Wandel der Rechtsprechung

Die Rechtsprechung verfolgte zunächst keine einheitliche Linie: Teils wurde das *droit moral* unter dem *ordre public* berücksichtigt, teils die Berufung auf die öffentliche Ordnung abgelehnt:

Im Fall *Le Kid* bejahte das *Tribunal de grande instance* das Eingreifen des *ordre public* zur Durchsetzung des französischen *droit moral*, sofern es sich um Rechtshandlungen in Frankreich handelte.

Der Fall betraf den Film „The kid" von Charlie Chaplin, der seine Rechte mit einem amerikanischem Recht unterliegenden Vertrag abgetreten hatte. Gegen die Beklagte, die sich darauf berief, durch eine Reihe von Übertragungen Inhaberin der Rechte an dem Film zu sein, machte er geltend, die Beklagte habe durch Untertitel, die ohne seine Erlaubnis dem Stummfilm hinzugefügt worden seien, sein Werk entstellt und ihn dadurch in seinem Urheberrecht verletzt.

Bei der rechtlichen Beurteilung, ob die Abtretung der streitgegenständlichen Rechte an dem Film „The Kid" wirksam war, hatte das erstinstanzliche Gericht die Dekrete vom 13.1. und 19.7.1791 angewandt. Dies wurde von der *Cour d'appel* aufgehoben[14] mit der Begründung, dass Polizeigesetze nur solche seien, die mit einer strafrechtlichen oder verwaltungsrechtsrechtlichen Sanktion verbunden seien.

Zumindest, was die Frage über das „ob" der Berücksichtigung betraf, brachte ein Urteil der *Cour de cassation* wenige Monate später zumindest eine vorübergehende Klarheit[15]:

---

[10] So auch Françon, Kommentar zu Cass. civ. 1re 29.4.1970, JDI 1970 (97), 936 (941).
[11] Perot-Morel in: Propriétés intellectuelles, 342; Schmidt-Szalewski in: Piatti, 120.
[12] S. oben, B IV 2 b.
[13] Dazu bereits oben, C II 5 b.
[14] CA Paris 29.4.1959, Rev. crit. DIP, 1959, 484.
[15] *Chant du monde* - Cass. civ. 1re, D. 1960, 93.

In den USA war ein Film produziert worden, in dem Musikwerke russischer Komponisten verwendet wurden, ohne dass die Urheber ihr Einverständnis dazu gegeben hatten. Der Film wurde in Frankreich gesendet; die Gesellschaft „Le chant du monde“, auf die die Rechte der russischen Künstler übertragen worden waren, ließ den Film beschlagnahmen. Rechtsgrundlage war Art. 3 des Gesetzes vom 19. - 24. Juli 1793.

Bei der Überprüfung der Rechtmäßigkeit der Beschlagnahme stellten sich zwei Rechtsfragen: Zum einen war fraglich, ob das Gesetz von 1793 nur solche Werke schützte, die zuerst in Frankreich veröffentlicht worden waren, zum anderen, nach welchem Recht sich der Schutz der Urheber bestimmt[16].

Die *Cour de cassation* stellte fest, dass Ausländer in Frankreich grundsätzlich von dem Verwertungsmonopol, welches aus ihrer Stellung als Urheber resultierte, profitierten. Weiterhin stellte sie fest, dass den Urhebern hinsichtlich ihrer in Russland erstmals erschienenen Werke nach russischem Recht ein Urheberpersönlichkeitsrecht zustünde. Hier wandte der Gerichtshof also die *lex loci originis* auf die Frage nach der Existenz des Urheberpersönlichkeitsrechtes an.

Was den Schutz des bestehenden Rechts für in Frankreich begangene Verletzungen dieses Rechts betraf, führte die *Cour de cassation* weiter aus, dass hierauf französisches Recht anwendbar sei („la protection civile contre les atteintes portés en France au droit dont ils avaient la jouissance devait être exercée par l'application de la loi française“).

Über die Einordung gibt die Formulierung der Entscheidung keinen Aufschluss. Die Ausführungen können einerseits so gemeint sein, dass die sich die Frage des Schutzumfangs nach der lex loci delicti beurteilte, andererseits ist es auch möglich, dass die lokalen Vorschriften als *lois de police* zur Anwendung kommen sollten. Teilweise wird insbesondere aus der Tatsache, dass lediglich auf Art. 3 der Gesetzes von 1793 Bezug genommen wurde, gefolgert, dass es sich um eine Eingriffsnorm handelte[17].

Die nachfolgende Rechtsprechung war dagegen zunächst uneinheitlich, was die Berücksichtigung des Urheberpersönlichkeitsrechts betraf: Ein Urteil des *Tribunal de grande instance* Paris vom 30.5.1984 in der Sache *Constant c./Warner Bros* bereitete dem *droit moral* trotz ausländischen Vertragsstatuts den Weg:

Die beklagte Firma *Warner Bros* hatte durch Vertrag die Rechte an einer musikalischen Komposition des Klägers von einer Firma erworben, die ihrerseits durch Vertrag alle Rechte an dem Werk übertragen bekommen hatte. *Warner Bros* benutzte die Musik für einen ihrer Filme, ohne im Abspann den Namen des Klägers zu nennen. Auf die Geltendmachung einer Urheberrechtsverletzung seitens des Klägers hin berief sich die Beklagte auf den Vertrag, der amerikanischem Recht unterlag, und nach dem der Urheber wirksam auf sein *droit moral* verzichtet hätte.

Das Gericht stellte fest, dass der Autor, sofern es um die die Nutzung seines Werkes in Frankreich gehe, direkt durch das französische Recht geschützt sei,

---

[16]Zu beiden Fragen s. Anmerkung Holleaux zu Cass. Civ. 1re, D. 1960, 93-97.
[17]Vgl. Anmerkung Holleaux zu Cass. Civ. 1re, D. 1960, 93 (97).

ohne dass es auf das auf den Vertrag anwendbare Recht ankomme [18].

In einem Urteil vom 6.2.1986 entschied die 4. Kammer der *Cour d'appel* dagegen, dass der *ordre public international* nicht eingreife, wenn in einem Vertrag nach amerikanischem Recht jegliche Rechte an dem Werk des Autors übertragen würden:

In der Sache hatte der in Frankreich ansässige Amerikaner Rowe die Geschichte der *Aristochats* als Vorlage für einen Film geschrieben und sämtliche Rechte an dem Manuskript ohne Einschränkungen - „tous droits ou titres sur le manuscrit intitulé *les Aristochats* pour le cinéma, la télévision ou n'importe quel autre usage public sans aucune réserve ni restriction" - an die Filmproduktion Walt Disney abgetreten[19]. Später berief er sich unter anderem auf sein *droit moral.*

Das *Tribunal de grande instance* hatte dem Urheber dieses Recht zugesprochen. Die vierte Kammer des Berufungsgerichts stellte dagegen fest, dass das Urheberpersönlichkeitsrecht nur mit gewissen Einschränkungen dem *ordre public* zuzurechnen sei, und die Rechtssicherheit der Verträge nur ein Köder wäre, wenn es einer Partei erlaubt sei, sich von den vertraglichen Verpflichtungen zu lösen, die aus einem bestimmten, gewählten Recht resultierten, indem sie sich auf ein anderes, dem gewählten Recht widersprechenden Recht berufe[20]. Daher habe der Autor kein Recht, sich auf ein Urheberpersönlichkeitsrecht zu berufen, welches das Vertragsstatut ihm versage.

Die erste Kammer des Berufungsgerichtes teilte diese Rechtsauffassung nicht: In einem Urteil vom 1.2.1989 rechnete sie das Urheberpersönlichkeitsrecht dem *ordre public international* zu. In dem Fall in dem ein Autor nach amerikanischem Recht vertraglich jegliche Rechte übertragen hatte, erlaubte die Ausnahme des ordre public - *l'exception d'ordre public* - dem Autor, sich dennoch auf sein Urheberpersönlichkeitsrecht zu berufen[21].

Bestätigt wurde dieser Ansatz in der Sache *Huston*[22].

Die Erben des Regisseurs John Huston wandten sich gegen die Ausstrahlung des Films „Asphalt Jungle" in Frankreich. Die Beklagten verteidigten sich mit der Ansicht, dass amerikanisches Recht auf den Fall anwendbar sei, nach dem nicht der Regisseur, sondern der Produzent Urheber sei. Im Übrigen habe Huston durch den Produktionsvertrag alle ihm zustehenden Rechte abgetreten.

Der Kassationshof folgte der Ansicht der *Cour de Paris* nicht in der Annahme, dass das *droit moral* nicht zum internationalen *ordre public* zählen würde,

---

[18] *Marius Constant c. Sté Warner Bros Transatlantic et Sté Warner Columbia Film* - TGI Paris 1re chambre 30.5.1984, RIDA 1984 (122), 220 (222).

[19] *Rowe c. Société Walt Disney Productions* - CA Paris 4e chambre 6.2.1986, JCP 1989 I 3376, Annexe 7.

[20] „Que la sécurité découlant des contrats ne serait qu'un leurre s'il était permis à une partie de se délier d'obligations prises par référence à la loi d'un pays détérminé en se prévalant par la suite d'un droit contraire à celle-ci."

[21] *Bragance* - CA Paris 1e chambre 1.2.1989, D. 1989, Somm. 132; JDI 1989 II (116), 1005.

[22] Cass. civ. 1re 28.5.1991, JDI 1992 (119), 133; Urteil kommentiert von Ginsburg/Sirinelli, RIDA 1991 (150), 2 ff.

sondern erklärte, dass in Frankreich das *droit moral* der Kreativen geschützt sei, selbst wenn sie aus einem Land kämen, das einen solchen Schutz nicht kennt.

Diese Linie hat die Rechtsprechung bis heute weiterverfolgt[23], so dass das *droit moral* heute als fester Bestandteil des *ordre public international* bezeichnet werden kann. Oder mit den Worten Edelmans: „Le droit moral constitue aujourd'hui le meilleur rempart contre l'invasion du mercantilisme“[24].

b Dogmatische Einordnung

Nicht ganz klar erscheint bei der Vielzahl der unterschiedlichen Ansätze die Methode, über die das *droit moral* Geltung erlangt: In dem oben zitierten Urteil *Constant c./ Warner Bros* hat die Argumentation des Gerichts, der Autor sei, sofern es um die die Nutzung seines Werkes in Frankreich gehe, direkt durch das französische Recht geschützt, ohne dass es auf das anwendbare Recht des Vertrages ankomme, den Anschein, als wenn es das *droit moral* aus dem Anwendungsbereich des Vertragsstatuts ausgliedere. Anders dagegen das Urteil *Le chant du monde*, in dem die Anwendung einer einzelnen Bestimmung und die Erörterung ihres Anwendungsbereiches Anlass zu der Annahme gaben, es handele sich um eine Eingriffsnorm.

Im Urteil *Mme Bragance c/ de Grèce* vom 1.2.1989 beruft die *Cour d'appel* die Ausnahme des *ordre public* - „que Anne Bragance est fondée à soulever l'exception d'ordre public“[25].

Im Fall *Huston* bezeichnet der Gerichtshof die Bestimmungen über das *droit moral* dagegen als *lois d'application impérative* und nimmt damit eine Einordnung unter Art. 7 II EVÜ vor[26]. Gleiches gilt für ein Urteil vom 28. Januar 2003, in dem das Gericht vom Vertragstatut ausgehend dem *droit moral* zwingende Anwendung zuschreibt[27].

Die Rechtsprechung scheint damit die Technik zu verfestigen, dem Urheber über den Weg international zwingender Bestimmungen zu schützen.

Diese „Französische Herangehensweise“[28] kann damit begründet werden, dass das traditionelle französische Recht die lex loci protectionis nicht auf die Frage der Rechtsinhaberschaft anwendet, die sich in Frankreich nach dem Recht des Ursprungslands richtet. Über die lex loci originis können nur dann Schutzbestimmungen des französischen Rechts durchgesetzt werden, wenn das Werk ursprünglich in Frankreich veröffentlicht wurde[29]. Es entsteht daher in Fällen,

---

[23] Vgl. *D.Barbelivien c. Sté Agence Business* - Cass. civ. 1re 28. Januar 2003, RIDA 2003 (196), 281.

[24] Bernard Edelmann, Note zu JDI 1989 II (116), 1014.

[25] JDI 1989 II (116), 1005 (1010); zum Sachverhalt s.oben, E VI 3.

[26] Bei Ginsburg/Sirinelli, RIDA 1991 (150), 2 (11).

[27] S. oben, E VI 4 a, Fn. 23.

[28] Zum Begriff des *French Approach* in Abgrenzung zum *Anglo-German Approach* s. Metzger in: Intellectual Property in the Conflict of Laws, 61 (66/67).

[29] Metzger in: Intellectual Property in the Conflict of Laws, 61 (69).

in denen das Werk zunächst im Ausland veröffentlicht wurde, eine Schutzlücke, die über die Berücksichtigung des *droit moral* als international zwingende Bestimmung geschlossen werden soll.

c Anwendungsvoraussetzungen

Welches sind die Voraussetzungen dafür, dass sich das *droit moral* gegen das Vertragsstatut durchzusetzen vermag? Eine Antwort kann in Anbetracht der Urteile nicht eindeutig gegeben werden. Im Fall *Constant c/ Warner Bros* wird die Durchsetzung des französischen *droit moral* von der Bedingung abhängig gemacht, dass es um den Schutz der Rechte in Frankreich geht. Auch die Entscheidung im Fall *Houston* kann so gelesen werden, dass sich der Schutz des französischen Urheberrechts dann durchsetzt, sofern es um die Ausübung des Rechts in Frankreich geht - also der Aspekt des Schutzlandprinzips in den Vordergrund gestellt wird.

Zweifel an der Annahme, dass sich das *droit moral*, sei es im Wege der Sonderanknüpfung über das Schutzlandprinzip oder als zwingende Bestimmung (nur) dann durchsetzt, wenn es um den Schutz bzw. um eine Rechtsverletzung in Frankreich geht, weckt dagegen der Fall *Bragance c/ de Grèce*: Hier wird unter Berufung auf die Allgemeine Erklärung der Menschenrechte das Urheberpersönlichkeitsrecht als „echtes" Persönlichkeitsrecht bezeichnet, dass sich als solches durchsetzt, ohne das weitere Voraussetzungen verlangt werden[30].

d Ausblick

Weitere Urteile zur Stellung des *droit moral* im Kollisionsrecht sind bisher nicht ergangen. Interessant ist allerdings die Entwicklung der Rechtsprechung im nationalen Bereich, die durchaus auch auf das internationale Privatrecht Einfluss haben könnte: Immer mehr wird auch die vertragliche Vereinbarung bei der Frage einer möglichen Verletzung des *droit moral* berücksichtigt[31].

Im konkreten Fall ging es um die Benutzung eines Liedes „On va chanter" in einer Werbung mit dem Titel „On va fluncher". Die beiden Urheber des Liedes hatten in einer generellen Klausel freiwillig auf ihr Urheberpersönlichkeitsrecht verzichtet. Die *Cour d'appel* hatte die Klausel für wirksam erklärt und eine Verletzung des Art. L. 121-1 CPI verneint. Die *Cour de cassation* hob das Urteil auf: Aufgrund des *ordre public*, welcher die Unveräußerlichkeit des Urheberrechts schütze, sei es nicht möglich, dass ein Urheber an den Zessionar generell und im Voraus die exklusive Entscheidungsbefugnis über die Nutzung, die Verbreitung, die Anpassung, den Rückzug, Hinzufügung und Änderungen des Werkes verliere[32]. Das Appellationsgericht, an welches der Prozess zurückverwiesen wurde, erklärte den Verzicht gleichwohl

---

[30] JDI 1989 II (116), 1005 (1009).

[31] Zur jüngsten Rechtsprechung im Urheberrecht und für die verwandten Schutzrechte vgl. D. 2005, Panorama 1486.

[32] Cass. civ. 1re 28.1.2003, D. 2003, AJ 559.

für wirksam, da im vorliegenden Fall eine explizite Erlaubnis seitens der Kläger vorgelegen habe, das Werk auch für Werbezwecke zu nutzen, so dass die Kläger aus den vorgenommenen Veränderungen an ihrem Werk keine Urheberpersönlichkeitsrechtsverletzung herleiten könnten.

Das Gericht betont zwar weiterhin, dass es aufgrund des *ordre public*, welcher die Unveräußerlichkeit des Urheberrechts schütze, nicht möglich sei, dass ein Urheber an den Zessionar generell und im Voraus die exklusive Entscheidungsbefugnis über sein Werk verliere. Soweit der Zessionar aber die explizite Erlaubnis erhält, liege darin - vorbehaltlich eines Rechtsmissbrauchs - keine Verletzung des Urheberrechts[33].

Diese Rechtsprechung räumt der vertraglichen Vereinbarung einen großen Einfluss auf Existenz und Umfang des *droit moral* ein und nähert sich insofern dem *copyright* an. Durchaus denkbar also, dass bald eine explizite Vereinbarung nach englischem Recht in Anbetracht des *droit moral* Bestand haben kann...

5 Vorbehalte zugunsten des Sachstatuts - sachrechtliche Eingriffsnormen

Auch im französischen Recht gibt es bestimmte Komplexe, insbesondere die Fragestellungen, die - im engen Zusammenhang mit dem Sachstatut stehend - ganz aus dem Vertragsstatut herausgenommen und gesondert angeknüpft werden[34], mit der Auswirkung, dass es hinsichtlich dieser Fragen nicht mehr auf das Vertragsstatut und zwingende Bestimmungen der lex fori ankommt. Der Ansicht, dass Struktur und Reichweite des Urheberrechts wegen seiner Eigenschaft als absolutes Recht nicht dem Vertragsstatut unterliegen, sondern gesondert anzuknüpfen sind, folgt im Ausgangspunkt auch die Rechtsprechung: Insbesondere die Frage nach der Reichweite des streitgegenständlichen Urheberrechtes richtet sich nicht nach dem Vertragsstatut, sondern nach dem Schutzlandprinzip[35].

Die Ausführungen zur Einordnung des Urheberpersönlichkeitsrechts, welches ebenfalls eine Facette dessen darstellt, wie weit der urheberrechtliche Schutz reicht, zeigen schließlich, dass die Rechtsprechung oft keine scharfe Trennung zwischen Vertragsstatut, vertragsrechtlichen Eingriffsnormen und Sachstatut macht[36].

---

[33] CA Paris 15.12.2004, D. 2005, Panorama 1487.

[34] S. oben, C II 2 e.

[35] *Boosey c/Taverne* - Rev. trim. dr. comm. 1972, 624 (425).

[36] Vgl. dazu insbesondere C.A. Paris 4e chambre 2.4.2003, RIDA 2003 (198), 413-424. Zum Sachverhalt s. oben, C II 5 b-bb.

Kapitel VII

Eingriffsnormen im englischen Recht

1 Vorbemerkung - englische Eigenheiten

Bei der Erläuterung von Eingriffsnormen im englischen Urhebervertragsrecht muss berücksichtigt werden, dass die Fallpraxis zu diesem Gebiet mehr als dürftig ist. Es gibt kaum Urteile, die konkret in diesem Bereich ergangen sind[1]. Dies ist hauptsächlich auf die Besonderheit der „jurisdiction-rules" in der englischen Judikatur zurückzuführen, die in der Vergangenheit häufig bewirkten, dass der Fall gar nicht erst vor einem britischen Gericht anhängig wurde. Die Gerichte hatten darauf abgestellt, dass es sich bei geistigem Eigentum um unbewegliches Vermögen, *immovables*, handelte[2]. Hierfür galt, wie für alle Immobilien, die sogenannte „Moçambique-Rule", nach der die englischen Gerichte im Falle ausländischer Titel oder Besitzrechte nicht zuständig waren[3]. Und so wurde bis in die achtziger Jahre hinein gar nicht erst versucht, Urheberrechtsklagen mit Auslandsbezug an einem englischen Gericht anhängig zu machen[4].

Im Schrifttum stieß die Anwendung der Moçambique-Rule überwiegend auf Protest[5]; seit Erlass des EuGVÜ sind jetzt auch die Gerichte gehalten, im Rahmen des Übereinkommens bzw. der nunmehrigen Verordnung sich für zuständig zu erklären. Auch die Doktrin *forum non conveniens*, nach der ein englisches angerufenes Gericht sich für unzuständig erklären konnte, weil es ein ausländi-

[1] Vgl. z.B. die angeführten Fälle bei Torremans, IPrax 1998, 495-505.

[2] *Tyburn Productions Ltd c. Conan Doyle* [1990] 3 WLR 167 (174).

[3] *British South Africa Co. V. Companhia de Moçambique* [1893] AC 602 (HL); vgl. die Anwendung der „Moçambique-Rule" auf ausländische Urheberrechte, Torremans, IPrax 1998, 504.

[4] Peinze, Internationales Urheberrecht, 242.

[5] Mit weiteren Nachweisen Peinze, Internationales Urheberrecht, 260.

sches Gericht für geeigneter hielt, ist im Anwendungsbereich des EuGVÜ bzw. der EuGVO nicht mehr anwendbar[6].

Ein jüngeres Urteil in der Sache *R Griggs Group Ltd and others v. Evans and others*[7] im Bereich der Zuständigkeit für ausländische Urheberrechte zeigt die Möglichkeiten englischer Gerichte und die Grenzen der Moçambique-Rule auf:

Die Kläger waren englische Unternehmen, die Schuhe herstellten und verkauften. Der Beklagte war ein Künstler, der von den Klägern durch Vertrag, der englischem Recht unterstand, engagiert wurde, für die Schuhe der Kläger ein Logo zu entwerfen. In Folge trat der Beklagte sein Urheberrecht an dem Logo an eine australische Firma ab. Die Kläger verlangten die Übertragung des Urheberrechts auf sie, da es zwischen den Klägern und den Beklagten implizit vereinbart worden sei, dass das Urheberrecht den Klägern zustehen sollte.

Hier erklärte sich das Gericht für zuständig und berief sich darauf, dass es sich um eine schuldrechtliche Verpflichtung handelte, die aus einem englischen Vertrag resultierte. Die Tatsache, dass ausländische Urheberrechte in Frage stünden, würde nicht die Zuständigkeit des Gerichts, sondern die Ermittlung der Wahl anwendbaren Rechts beeinflussen.

In der Zukunft ist damit zu rechnen, dass die Fälle, in denen sich die englischen Gerichte zu Fragen in- und ausländischer Eingriffsnormen äußern, zahlreicher werden.

Zum jetzigen Zeitpunkt erlauben es dagegen nur wenige Entscheidungen, die es zu den *mandatory rules* gibt, eine Aussage darüber zu machen, auf welche Weise der Urheber durch englische Eingriffsnormen geschützt wird.

2 Zwingendes Recht im Rahmen der allgemeinen Vertragsklauseln

Im materiellrechtlichen Teil[8] wurde bereits deutlich, dass der Schutz des Urhebers maßgeblich durch Rechtsinstitute des *common law* gewährt wird. Von Bedeutung sind hier insbesondere die Unwirksamkeit von Verträgen wegen *restraint of trade* und die Anfechtbarkeit wegen *undue influence*. Zumindest der *restraint of trade* wird von den englischen Gerichten zur *international public policy* gezählt, so dass ein Vertrag danach auch nichtig ist, wenn auf ihn ein Recht anwendbar ist, nachdem er wirksam wäre[9].

[6] S. *Pearce v. Ove Arup Partnership Ltd* [2000] Ch 403.
[7] [2005] 2 WLR 513.
[8] S. oben, B V.
[9] S. Rousillon v. Rousillon [1880] 14 Ch 351.

3 Zwingende spezifisch urheberrechtliche Bestimmungen

Inwieweit Urheberrechtsbestimmungen und insbesondere der CDPA zwingendes Recht darstellen, wird teilweise (allzu) pauschal, teilweise differenziert beantwortet. Hinsichlich einer Vorschrift, die allerdings nicht das Urheber- sondern das Patentrecht betrifft und aus dem *Patents Act 1977* stammt, hat die Rechtsprechung bereits Stellung genommen. Ansonsten scheint es bisher lediglich Theorien für die Ermittlung international zwingender Bestimmungen zu geben.

a Section 44 *Patents Act*

In einem Fall *Chiron Corp. v. Organon Teknika Ltd. (No.2)* prozessierte *Chiron* gegen *Organon Technika and Murex Diagnostics* wegen Verletzung seines englischen Patents. Die Beklagten verteidigten sich mit Sec. 44 *Patents Act*, die solche Vertragsbedingungen oder -bestimmungen für unwirksam erklärte, durch die der Patentinhaber seine Monopolstellung missbrauchte. Der Vertrag unterlag dem Recht von New Jersey, das eine entsprechende Bestimmung nicht kannte.

Der *Court of Appeal* beschränkte die Anwendung des Sec. 44 *Patents Act*[10] auf englische Patente, fügte aber hinzu, dass der Vertrag nicht unbedingt englischem Recht unterliegen müsse. Die Tatsache, dass es im englischen Recht eine beschränkende Bestimmung gäbe, hindere den Vollzug des Vertrages in England und dies unabhängig davon, ob auf den Vertrag englisches oder ausländisches Recht anwendbar sei[11].

Über die Frage, ob darüber hinaus weitere Vorschriften zwingenden Charakter haben und sich als Eingriffsnorm durchzusetzen vermögen, kann dagegen nur gemutmaßt werden. Allerdings enthält der CDPA auch wenig urheberschützende Bestimmungen, für die die Frage relevant wäre.

b Ansätze der Literatur

Zwei allgemeine Theorien kommen zu dem Ergebnis, dass die meisten urheberrechtlichen Bestimmungen zwingende Bestimmungen sind[12].

Die erste Theorie geht zunächst im Ausgangspunkt davon aus, dass alle den Wettbewerb betreffenden Regeln zwingende Bestimmungen seien. Sieht man in den Vorschriften, die das geistige Eigentum betreffen, den Wettbewerb regelnde Bestimmungen, so soll diese Prämisse auch für urheberrechtliche Normen gelten.

Der CDPA lässt diese Interpretation durchaus zu, enthält er doch keine Vorschrift, die einen Rückgriff auf britisches Urheberrecht verbietet; allerdings

[10] Aufgehoben seit dem 1.3.2000, Sec. 70 des *Competition Act 1998*.
[11] [1993] FSR 567 CA.
[12] Zu beiden Theorien s. Fawcett/Torremans, 582/583.

verleiht er dem Urheber auch keine Rechte in dem Fall, dass sein Urheberrecht im Ausland verletzt wird[13].

Diese Theorie geht offensichtlich zu weit, betreffen doch evident nicht alle urheberrechtlichen Vorschriften den Wettbewerb.

Die Territorialitätstheorie - *territoriality theory* - dehnt den Territorialitätsgrundsatz auf alle Bereiche des Urheberrechts aus. Dieser Ansatz hebelt das Vertragsstatut weitgehend aus[14].

Ein derartig weiter Anwendungsbereich ist unabhängig von der Einordnung unter eine bestimmte Theorie zu verneinen. Denn es gibt sehr wohl vertragsrechtliche Ausgestaltungen, die einer Reglementierung nicht bedürfen, und hinsichtlich derer die Parteiautonomie wichtigstes Gebot sein soll.

Es erscheint daher angemessen, wie auch im deutschen und französischen Recht Eingriffsnormen im konkreten Fall entsprechend der Kriterien des Art. 7 EVÜ einzeln zu ermitteln.

c *Moral rights*

Die Frage der Übertragbarkeit des Urheberrechts sowie die *moral rights* werden gesondert angeknüpft und nach dem Schutzlandprinzip beurteilt.

Fraglich ist, ob die *moral rights* der Sec. 77 ff. CDPA darüber hinaus über den *ordre public* bzw. *mandatory rules* zur Anwendung gelangen können, wenn das Recht des Schutzlandes ein anderes ist und dessen Schutzlevel im Hinblick auf Urheberpersönlichkeitsrechte geringer ist als das des CDPA. Dem scheint die schwache Stellung der *moral rights* durch die Verzichtsmöglichkeit in Sec. 87 CDPA entgegen zu stehen. Diesem Einwand wird jedoch mit dem Argument begegnet, dass selbst ein verzichtbares Recht zunächst zugestanden werden muss, so dass seiner Einordnung als international zwingend nichts entgegenstünde[15].

Diese Einordung hätte zur Folge, dass sich die Vorschriften vor einem englischen Gericht auch dann durchsetzen würden, wenn das Recht des Schutzlandes ein anderes ist und dessen Schutzniveau in Bezug auf Urheberpersönlichkeitsrechte geringer ist als das des CDPA[16].

Davon zu unterscheiden ist die Frage nach der Gültigkeit eines vertraglichen, einem fremden Recht unterstehenden Vereinbarung, in der der Urheber Regelungen über seine Urheberpersönlichkeitsrechte trifft. Da das englische Recht zwar nicht die vertragliche Abbedingung, wohl aber den Verzicht kennt, ist insofern anzunehmen, dass sich hier die *moral rights* nicht über Art. 7 II EVÜ durchsetzen und die Reichweite des Urheberpersönlichkeitsrechts von der vertraglichen Praxis abhängt[17].

---

[13]Vgl. Sec. 16 (1) CDPA; näher dazu Peinze, Internationales Urheberrecht, 352.

[14]So im Ergebnis auch Fawcett/Torremans, 584.

[15]So Fawcett/Torremans, 586.

[16]Fawcett/Torremans, 503.

[17]Vgl. Goutal in: Piatti, 106/107.

4 Vorbehalte zugunsten des Sachstatuts - sachrechtliche Eingriffsnormen

Übertragbarkeit, Existenz und Reichweite des Urheberrechts fallen aus dem Anwendungsbereich des Vertragsstatuts heraus und werden gesondert angeknüpft. Vertragliche Vereinbarungen im Hinblick auf diese Aspekte unterfallen immer dann den Beschränkungen des englischen Rechts, sofern England das Land ist, für das der Schutz begehrt wird. Da das englische Urheberrecht eine Übertragung des *copyright* zulässt und insbesondere bei Arbeitnehmer-Urhebern den Urheberrechtsschutz in der Regel nicht dem Kreativen selbst, sondern dem Arbeitgeber zubilligt, sind diese sachrechtlichen Eingriffsnormen weniger urheberfreundlich als die entsprechenden Vorschriften im deutschen und französischen Recht.

Kapitel VIII

Verbraucherschutz

Art. 5 EVÜ bietet dem Verbraucher in den dort genannten Fallkonstellationen den Schutz, den ihm die Vorschriften des Landes gewähren, in dem er seinen gewöhnlichen Aufenthalt hat. Die Frage, ob auch ein „Urheber - Verbraucher" von diesem Schutz profitiert und welchen Umfang er hat, scheint sich auf den ersten Blick nicht zu stellen: Meist wird dem Urheber auf der einen Seite der Verbraucher auf der anderen Seite gegenübergestellt, es werden die Interessengegensätze dargestellt und gegeneinander abgewogen. Dabei ist der Verbraucher Vertragspartner - Lizenznehmer - des Urhebers, zum Beispiel weil er ein Computerprogramm für private Zwecke nutzen will[1]. Daran mag es liegen, dass die Frage nach dem Schutz derer, die gleichzeitig als Verbraucher und als Urheber in Erscheinung treten, im Detail bisher kaum diskutiert worden ist[2].

Situationen, in der der Urheber gleichzeitig Verbraucher ist, tauchen gleichwohl in der Praxis auf. So ist es denkbar, dass ein Kreativer einem Lizenznehmer ein Nutzungsrecht einräumt, ohne dabei als Unternehmer zu handeln. Ein Beispiel ist der Doktorand, der seine Dissertation im Internet veröffentlichen will. Dabei muss er das Recht für die Vervielfältigung und den Vertrieb an den Verlag übertragen[3].

Damit der Anwendungsbereich von Art. 5 EVÜ eröffnet ist, muss der Vertrag zwischen Urheber und Verwerter entweder auf die Lieferung beweglicher Sachen oder auf die Erbringung von Dienstleistungen gerichtet sein. In dem Fall, in dem der Lizenzgeber für die Nutzung des Rechts (z.B. bei der Veröffentlichung) zahlen muss, werden meist die Voraussetzungen für eine Dienstleistung im Sinne des Art. 5 I EVÜ erfüllt sein[4]. Schwieriger wird es es bei der Lieferung eines Softwareprogramms, denn hierbei handelt es sich weder um eine bewegliche

---

[1] Fawcett/Torremans, 579.

[2] Vgl. auch Drexl in: Intellectual Property in the Conflict of Laws, 79 (83), Fn. 15.

[3] Vgl. Drexl in: Intellectual Property in the Conflict of Laws, 79 (83).

[4] Vgl. auch Drexl in: Intellectual Property in the Conflict of Laws, 79 (84).

Sache noch um eine Dienstleistung[5].

Im Anwendungsbereich des Art. 5 EVÜ sind auf den Urheberrechtsvertrag speziell verbraucherschützende Vorschriften wie die Regelungen über die allgemeinen Geschäftsbedingungen, über die Haustürgeschäfte oder Fernabsatzverträge anwendbar[6].

Darüber hinaus stellt sich die Frage, ob sich auch speziell urheberrechtliche Schutzbestimmungen über Art. 5 EVÜ durchsetzen können.

Gegen deren Berücksichtigung im Rahmen des Art. 5 EVÜ wird teilweise vorgebracht, dass es sich bei derartigen Bestimmungen nicht um Vorschriften handele, die Verbraucherverträge betreffen. Auch würden Bestimmungen, die den Urheber vor zu weitgehender Übertragung seiner Rechte schützen, nicht vom EVÜ erfasst sein[7].

Letzteres Argument greift allerdings nur für die Bereiche, die nicht dem Urhebervertragsrecht zuzuordnen sind. Überzeugender erscheint dagegen die Argumentation mit dem Geltungsbereich des Art. 5 EVÜ, der verbraucherspezifische Vorschriften durchsetzen will[8]. Wollte man diesen Bereich ausdehnen, so würde dies bedeuten, dass der Verbraucher auch den Schutz der Vorschriften genießt, die ihm nicht in seiner Position als Verbraucher, sondern in einer anderen Stellung (z.B. als Arbeitnehmer) zukommen. Gerade für den Bereich der Arbeitnehmer ist dem Schutzbedürfnis durch Art. 6 EVÜ Rechnung getragen worden. Will man also neben dem Verbraucher andere „Gruppen“ speziell begünstigen, so bedarf es einer gesonderten gesetzlichen Regelung.

Auch ein weiteres Argument spricht gegen die Anwendung des Art. 5 EVÜ. Art. 5 EVÜ berücksichtigt die Interessen einer im Vertragsverhältnis in der Regel schwächeren Partei. Der Urheberrechtsschutz im Vertragsverhältnis, wie ihn das deutsche und französische Urheberrecht vorsehen, verfolgt über den Schutz des Urhebers hinaus noch weitere Interessen wirtschafts- und kulturpolitischer Art[9], so dass für die Durchsetzung dieser Regeln Art. 7 EVÜ spezieller ist. Das von Art. 5 EVÜ gewählte Günstigkeitsprinzip kann zudem dazu führen, dass das Gleichgewicht, welches zwischen den Interessen des Urhebers und denen der Allgemeinheit angestrebt wird, gestört wird.

Auch erscheint es nicht interessengerecht, dem Urheber, der zugleich Verbraucher ist, nur in den Konstellationen urhebervertraglichen Schutz gewähren, soweit eine der Situationen des Art. 5 EVÜ vorliegt, und die Anwendung des Art. 7 EVÜ im Übrigen auszuschließen. Dies wäre aber zumindest das Ergebnis, wenn man mit der Rechtsprechung des BGH von einem Exklusivitätsverhältnis zwischen Art. 29 und Art. 34 EGBGB dahingehend ausgeht, dass Art. 34 EGBGB auf Verbraucherverträge nicht anwendbar ist, wenn die Voraussetzungen von

[5]Max-Planck-Institut, RabelsZ 68 (2004), 4 (49/50).

[6]So Drexl in: Intellectual Property in the Conflict of Laws, 79 (84).

[7]Dazu Drexl in: Intellectual Property in the Conflict of Laws, 79 (84).

[8]Dazu siehe bereits oben, D III 2 b.

[9]Dazu bereits oben, E V 4 a.

Art. 29 EGBGB nicht gegeben sind[10].

In Anbetracht einer künftigen Rom I-Verordnung wird teilweise vorgeschlagen, Art. 5 II EVÜ dahingehend zu präzisieren, dass er alle Situationen erfassen solle, in denen keine gleiche Vertragsverhandlungsmacht zwischen den Parteien besteht, wenn die zu schützende Person Verbraucher ist. Dies würde eine größere Rechtssicherheit bieten als der Weg über Art. 7 I EVÜ[11].

Diese Lösung weckt aber die Frage nach dem Schutz der Personen, die nicht in ihrer Eigenschaft als Verbraucher agieren. Soll hier Art. 7 EVÜ einschlägig sein? Die Annahme einer „Sperrwirkung" des Art. 5 EVÜ erscheint wegen seines begrenzten Anwendungsbereichs wenig verbraucherfreundlich; darüber hinaus würde sich die Frage stellen, ob Art. 7 EVÜ wegen seiner Ausrichtung auf wirtschaftspolitische Vorschriften überhaupt greifen würde.

Solange es noch keine kollisionsrechtliche Vorschrift speziell für Urheber gibt, sollte der urheberrechtliche Schutz weiterhin über Art. 7 EVÜ gewährleistet und eine Überschneidung mit Art. 5 EVÜ vermieden werden. Mit dieser Lösung wird der „Urheber-Verbraucher" nicht benachteiligt: Über Art. 5 EVÜ wird er in seiner Rolle als Verbraucher geschützt, im Rahmen des Art. 7 EVÜ in seiner Eigenschaft als Urheber.

---

[10] So BGHZ 123, 380 (391).

[11] In diesem Sinne Drexl, Intellectual Property in the Conflict of Laws, 79 (95).

Kapitel IX

Arbeitnehmerschutz

1 Arbeitsrechtliche Schutzbestimmungen

Was den Arbeitnehmerschutz betrifft, so können über Art. 6 EVÜ/Art. 30 EGBGB verschiedene Vorschriften zur Anwendung gebracht werden, die - dem Arbeitnehmerschutz gewidmet - den angestellten Urheber besonders schützen. Darunter fallen beispielsweise gesetzliche Mindestlöhne und andere garantierte Leistungen des Arbeitgebers[1]. Von großer Relevanz sind auch die Regelungen über Arbeitnehmererfindungen in Frankreich, Deutschland und England[2].

Im englischen Recht wird der internationale Geltungsbereich im Sinne des Art. 6 EVÜ noch einmal von der nationalen Regelung umschrieben: Gemäß Sec. 43 (2) *Patents Act 1977* muss der Arbeitnehmer entweder hauptsächlich im Vereinigten Königreich eingestellt sein oder der Arbeitgeber muss dort eine Niederlassung haben, zu der Arbeitnehmer gerechnet wird. Die Anwendbarkeit ist auch nicht auf englische Patente beschränkt, sondern erstreckt sich auf alle Patente oder andere Schutzinstrumente, die nach dem Recht eines anderen Landes oder eines internationalen Übereinkommens gewährt werden, Sec. 43 (4) *Patents Act* 1977: „Any references in sections 39 to 42 above to a patent and to a patent granted are respectively references to a patent or other protection and to its being granted whether under the law of the United Kingdom or the law in force in any other country or under any treaty or international convention."

Da im französischen und im englischen Recht keine strenge Trennung zwischen Art. 6 und Art. 7 EVÜ erfolgt, sind die Vorschriften über Arbeitnehmererfindungen, sofern sie nicht über Art. 6 EVÜ zur Anwendung gelangen,

[1] Zum deutschen Recht vgl. Reithmann/Martiny-Martiny, Rn. 1910 ff.; zum französischen Recht s. Courbe, DIP, 134; Beispiele aus dem englischen Arbeitsrecht bei Dicey and Morris, Bd. II, Rn. 33-077 - 33-083.

[2] Siehe Metzger in: Intellectual Property in the Conflict of Laws, 61 (65); zu den einzelnen nationalen Regelungen siehe B III 2 e-aa (Deutschland), B IV 2 d-bb (Frankreich) und B V 2 d (England).

geeignet, sich über Art. 7 EVÜ durchzusetzen[3]. Im deutschen Recht wird dagegen unterschieden, welches Ziel die einzelne Vorschrift verfolgt. Schützt sie die privaten Interessen des Arbeitnehmers, ist Art. 6 EVÜ (Art. 30 EGBGB) einschlägig, Regelungen im öffentlichen Interesse unterfallen dagegen allein Art. 34 EGBGB[4]. Demzufolge fallen die Bestimmungen über Arbeitnehmererfindungen nur unter Art. 30 EGBGB[5].

Für die urheberrechtlichen Schutzbestimmungen, ist dagegen nicht eindeutig, ob sie für den angestellten Urheber ebenfalls über Art. 6 EVÜ/Art. 30 EGBGB berücksichtigt werden.

2 Urheberrechtliche Schutzbestimmungen

a Deutsches Recht

aa Inhaberschaft

Grundsätzlich gilt der Arbeitnehmer im deutschen Recht als Urheber[6]. Durch eine andere vertragliche Vereinbarung nach ausländischem Recht lässt sich die Bestimmung nicht abbedingen. Folgt man der h.M. und knüpft gesondert an, so bleibt es bei der Urheberschaft des Arbeitnehmers immer dann, wenn das Recht, das geltend gemacht wird, für Deutschland begehrt wird (Schutzlandprinzip). Die Frage nach Reichweite und Bedeutung der Vorschrift im Rahmen des Art. 30 EGBGB stellt sich hier nicht.

Behandelt man dagegen die Frage nach der Inhaberschaft entgegen der hier vertretenen Auffassung als zwingende Bestimmung, so stellt sich die Frage, ob sie nur unter den Voraussetzungen des Art. 30 EGBGB oder auch bzw. nur über Art. 34 EGBGB durchsetzbar ist. Da es sich bei den urheberrechtlichen Bestimmungen nicht um spezifische Arbeitnehmerbestimmungen handelt, ist der Weg über Art. 34 EGBGB der vorzugswürdigere, zumal eine Berücksichtigung über Art. 30 EGBGB zu der Problematik des Rang- bzw. Exklusivitätsverhältnisses zwischen Art. 30 EGBGB und Art. 34 EGBGB führen würde. Hier können im Grundsatz dieselben Kriterien angeführt werden wie im Verhältnis von Verbraucher- und Urheberschutz: Um mangels einer speziellen Einordnung urheberschützender Bestimmungen eine klare Abgrenzung treffen zu können, ist es sinnvoll, die Reichweite des Art. 30 EGBGB auf die Vorschriften des Arbeitsrechtes zu beschränken - vorbehaltlich derer, die wegen ihrer wettbewerbspolitischen Zielsetzung nicht unter Art. 30, sondern unter Art. 34 EGBGB fallen[7].

---

[3] Vgl. zum englischen Recht Fawcett/Torremans, 587.

[4] So zum Beispiel Regelungen des Arbeitnehmerentsendegesetzes; genauer dazu Kropholler, DIP, § 52 IX 3 b.

[5] So auch Looschelders, Art. 30 EGBGB Rn. 24.

[6] S. oben, B III 2 e-aa.

[7] Vgl. Max-Planck-Institut, RabelsZ 68 (2004), 4 (59).

Bei Vorschriften, die nicht eindeutig als arbeits- oder urheberrechtlich eingeordnet werden können, erscheint die Zielsetzung der Vorschrift ebenfalls als Weichenstellung für die Einordnung: Soll die maßgebliche Vorschrift vorwiegend privaten Interessen von Arbeitnehmern zugute kommen, erfolgt eine Berücksichtigung über Art. 30 EGBGB, verfolgt sie auch öffentliche Interessen, ist allein Art. 34 EGBGB einschlägig.

bb § 32 b UrhG - Anwendbarkeit im Arbeitsverhältnis?

Steht ein Künstler in einem Arbeitsverhältnis, so ist nicht klar, ob er auch in dem Fall, in dem sein Arbeitsvertrag ausländischem Recht untersteht, einen Anspruch auf den Schutz des § 32 b iVm. den §§ 32 und 32 a UrhG hat.

Der Wortlaut des § 32 b UrhG macht keine Unterscheidung bezüglich dieser beiden Bezugsgruppen. Daraus wird teilweise geschlossen, dass er sich unterschiedslos auf alle Nutzungsverträge beziehe, ohne dass es darauf ankomme, ob der vertragsschließende Urheber sich in einem Arbeits- oder Dienstverhältnis befindet. Für eine solche Auslegung spreche der Wortlaut des § 43 UrhG, der für die Gruppe der Künstler im Arbeitsverhältnis auf den Abschnitt über die Nutzungsrechte - inklusive der §§ 32 ff. UrhG - verweise[8].

Folgt man der vorzugswürdigen Ansicht, dass der Arbeitnehmer - für die Fälle ohne Auslandsbezug und die deutschem Recht unterstellten Arbeitsverträge - mit dem Instrumentarium des deutschen Arbeitsrechts hinreichend geschützt wird[9], so erscheint es höchst zweifelhaft, bei internationalen Verträgen über § 32 b UrhG die §§ 32, 32 a UrhG auch für den Künstler im Arbeitsverhältnis zur Anwendung bringen zu wollen, obwohl er sich in innerdeutschen Fällen nicht auf ihren Schutz berufen dürfen soll. Besteht bei innerdeutschen Fällen gerade kein öffentliches Bedürfnis nach einer Vergütungsregelung für Urheber, da hier der Urheber einerseits weniger schützenswert ist, andererseits der Impuls zum kreativen Schaffen durch arbeitsvertragliche Bestimmungen gesetzt wird und Aspekte wie Steuereinnahmen und Schaffung neuer Arbeitsplätze nicht im Vordergrund stehen, kann erst recht nicht von Vorschriften gesprochen werden, die zur internationalen öffentlichen Ordnung zählen.

Eine andere Ansicht kommt zu dem Ergebnis, der § 32 b UrhG sei grundsätzlich auch für Arbeitnehmer anwendbar, spricht ihm aber in einem zweiten Schritt die Bedeutung im internationalen Kontext wieder ab: Unterliegt der Arbeitsvertrag ausländischem Recht, so sollen nach dieser Meinung die §§ 32 und 32 a UrhG als zwingenden Bestimmungen unmittelbar über Art. 30 EGBGB berücksichtigt werden, ohne dass es einer Eingriffsnorm im Sinne des § 32 b UrhG bedürfe[10].

Diese Ansicht verwischt die Grenzen zwischen zwingenden Bestimmungen im Sinne des Art. 30 EGBGB und denen des Art. 34 EGBGB. Da §§ 32 und 32

[8] Hilty/Peukert, GRURInt 2002, 643 (648).
[9] S. oben, B III 2 e-bb.
[10] Hilty/Peukert, GRURInt 2002, 643 (648).

a UrhG auch im öffentlichen Interesse stehen und eben nicht nur eine besondere Gruppe schützen wollen, ist Art. 34 EGBGB vorrangig.

cc Weitere Bestimmungen

Was Rückrufs- und Zustimmungsrechte betrifft, so setzen sie sich, ebenso wie bei nicht im Arbeitsverhältnis stehenden Urhebern über Art. 34 EGBGB durch. Zu beachten sind hier die Einschränkungen, die im deutschen Recht hinsichtlich dieser Rechte bestehen, und die auch nicht dadurch wegfallen, dass der Vertrag einem ausländischen Recht untersteht.

b Französisches Recht

Im Hinblick auf den Schutz des angestellten Arbeitnehmers machen die Vorschriften des CPI nicht deutlich, ob sie sich über Art. 6 EVÜ durchsetzen lassen.

Theoretisch wäre es ebenso wie im deutschen Recht denkbar, eine Trennung vorzunehmen: Für die arbeitsvertragsrechtlichen Elemente würde Art. 6 EVÜ gelten, während auf den urheberrechtlichen Nutzungsvertrag nur Art. 3 EVÜ (und gegebenenfalls Art. 7 EVÜ) Anwendung fände[11]. Diese Trennung hätte zur Folge, dass die urheberrechtsschützenden Bestimmungen aus dem Anwendungsbereich herausfielen[12]. Dagegen wird eingewandt, dass es den Arbeitnehmer zu wenig schütze: Wenn die Tätigkeitkeit des Arbeitnehmers hauptsächlich in der Herstellung urheberrechtlich geschützter Werke liege und das Ziel des Arbeitgebers vorrangig darauf gerichtet sei, diese Werke zu vermarkten, erscheine es nicht billig, wenn der Arbeitgeber nicht die zwingenden urheberrechtlichen Bestimmungen am Arbeitsort des Arbeitnehmers beachten müsste. Auch sei es im Einzelfall schwierig, zwischen arbeitnehmer- und urheberschützenden Bestimmungen zu unterscheiden[13].

Es gibt zu dieser Frage bisher nur wenig ergiebige Rechtsprechung. Zwar sind die Gerichte in den bisher entschiedenen Fällen bei der Frage nach dem anwendbaren Recht in der Regel zu dem Recht am gewöhnlichen Arbeitsort des Arbeitnehmers gekommen[14], wie aber der Fall *Huston* zeigt, wird hier Art. 7 EVÜ und nicht Art. 6 EVÜ zur Begründung der Durchsetzung urheberschützender Vorschriften herangezogen[15]. Lediglich in der Sache *Apple Computer* bezieht sich das Gericht auf das auf den Arbeitsvertrag anwendbare Recht:

In der Sache handelte es sich um amerikanische Angestellte einer amerikanischen Firma, die im Rahmen des Arbeitsvertrages Software herstellten. Das Gericht hatte festgestellt,

[11] Zu dieser Überlegung s. Josselin-Gall, Rn. 334.

[12] So Josselin-Gall, ebenda.

[13] Josselin-Gall, Rn. 335.

[14] S. *Huston* - Cass. civ. 1re 28.5.1991, JDI 1992 (119), 133; *DB Ionesco* - TGI Paris 14.2.1977, RTD com. 1978, 799; *Apple Computer Inc. c/Sté Segimex, Sté Data e.a.* - TGI Paris, 21.9.1983, RIDA 1984 (120), 157.

[15] S. bereits oben, E VI 4 b.

dass nach dem amerikanischen Recht, welches als das auf den Vertrag anwendbare Recht die Vorausssetzungen für die Urheberqualität regelte, die Arbeitgeber-Firma Urheber der hergestellten Software sei.

Die der Sache *Apple Computer* nachfolgende *Huston*-Entscheidung entspricht eher der deutschen Trennung zwischen dem Geltungsbereich des Art. 6 EVÜ einerseits und Art. 7 EVÜ andererseits, wenn auch gerade die dem Fall *Huston* zugrunde liegende Sachverhaltskonstellation von deutschen Gerichten weder über Art. 6 noch Art. 7 EVÜ, sondern über das Urheberrechtsstatut gelöst worden wäre.

Dogmatische Probleme scheinen die französische Rechtsprechung und auch ein großer Teil der Literatur im Verhältnis zwischen Art. 6 und 7 EVÜ nicht zu sehen, so dass im Einzelfall eine pragmatische Lösung zugunsten des Urhebers, sei es als zwingende arbeitsrechtliche Bestimmung über Art. 6 EVÜ, sei es als *loi de police* im Sinne des Art. 7 EVÜ, erwartet werden darf.

c Englisches Recht

Wie oben bereits erwähnt, gilt der angestellte Kreative in den meisten Fällen bisher nicht als Urheber, soweit er innerhalb seiner Tätigkeit ein Werk schafft, für das die Organisation beim Arbeitgeber liegt. Daher hat die Frage, ob der Angestellte über Art. 6 EVÜ auch von englischen urheberrechtlichen Schutzbestimmungen profitieren kann, kaum praktische Relevanz. Da die Vorschrift allseitig ausgestaltet ist, d.h. auf das Recht am Ort der Tätigkeit verweist, stellt sich die Frage für einen englischen Richter nur, wenn dieses Recht nicht das englische ist, den angestellten Urheber grundsätzlich als Urheber anerkennt und gegebenfalls urheberschützende Bestimmungen bereit hält. Bis jetzt ist diese spezielle Frage im Hinblick auf den Geltungsbereich des Art. 6 EVÜ noch nicht diskutiert worden. Die pragmatische Einstellung zur Anwendung von Art. 6 und 7 EVÜ generell[16] lässt allerdings darauf schließen, dass im konkreten Fall - wie auch im französischen Recht - keine scharfe dogmatische Trennung erfolgen würde.

[16]Dazu siehe bereits oben, E IX 1.

Kapitel X

Zusammenfassung

Auf internationaler, europäischer und nationaler Ebene finden sich urheberrechtliche Schutzbestimmungen, die sich auf verschiedene Weise durchzusetzen vermögen.

Internationale Abkommen enthalten keine kollisionsrechtlichen Bestimmungen zum Schutz des Urhebers in Verträgen. Eine wichtige materiellrechtliche Vorschrift ist der Inlanderbehandlungsgrundsatz im RBÜ und im TRIPS, der als fremdenrechtliche Bestimmung immer dann zur Anwendung kommt, wenn das Urheberrechtsstatut auf das Recht eines Staates verweist, welcher Mitglied der entsprechenden Konvention ist. Gleiches gilt für die in der RBÜ enthaltenen Mindestschutzrechte.

Das europäische Gemeinschaftsrecht bildet für die Gesamtheit des nationalen Rechts - das Urhebervertragsrecht inbegriffen - einen Rahmen, den die nationalen Gesetzgeber bei ihrer Rechtsetzung zu beachten haben. Insbesondere darf der Gesetzgeber bei der Ausgestaltung des urheberrechtlichen Schutzes nicht gegen die Grundfreiheiten verstoßen. Schutz erfährt der Urheber über das gemeinschaftsrechtliche Diskriminierungsverbot, sofern er Angehöriger eines Mitgliedstaates ist. Eine besondere Rolle für Urheberrechtsverträge spielt das europäische Kartellrecht, an welchem sich urheberrechtliche Vereinbarungen messen lassen müssen. Nur teilweise und unter streng vorgegebenen Bedingungen können sie von der Legalausnahme des Art. 81 III EG oder Gruppenfreistellungsverordnungen profitieren. Gleichwohl berücksichtigt der EuGH bei der Auslegung der europäischen Kartellrechtsvorschriften die Belange des Urhebers.

Die nationalen Rechte sehen keine explizite Privilegierung für die kartellrechtliche Behandlung von Urheberrechtsverträgen vor. Selbst im Falle Englands, in dem lange Zeit keine strenge kartellrechtliche Kontrolle von Urheberverträgen vorgenommen wurde, ist durch die Anpassung des nationalen Rechts an das europäische Kartellrecht eine Verschärfung hinsichtlich der Vereinbarkeit mit nationalem Kartellrecht eingetreten. Gleichzeitig übernehmen auch die nationalen Gerichte immer mehr die Argumentation des EuGH im Hinblick auf den Ausgleich zwischen Wettbewerb und Urheberschutz. Das deutsche GWB verleiht zudem den europäischen Freistellungsverordnungen auch dann Geltung, wenn nur deutsches Kartellrecht zur Anwendung kommt. Es bleibt aber dabei, dass kartellrechtliche Bestimmungen Schutzbestimmungen des Wettbewerbs und nicht auch des Urhebers sind.

Die deutsche Besonderheit, dass Grundrechte über Art. 6 S. 2 EGBGB besonderen Einfluss erlangen, schlägt sich im Urhebervertragsrecht bisher nicht nieder. Vielmehr hat der Gesetzgeber es unternommen, einzelne grundrechtliche Prämissen einfachgesetzlich auszugestalten. Insbesondere die Anwendung ausländischer Vorschriften, die in Abgrenzung zum Urhebervertragsstatut über das Schutzlandprinzip zur Anwendung gelangen, ist mit dem Grundgesetz vereinbar.

Im deutschen Urhebervertragsrecht zählen nach der hier vertretenen Auffassung das Rückrufsrecht wegen gewandelter Überzeugung (§ 42 UrhG) bzw. wegen Nichtausübung (§ 41 UrhG), das Recht zur Kündigung von Verträgen (§ 40 UrhG) sowie die Bestimmungen über die angemessene Vergütung (§§ 32, 32 a I UrhG) zu den zwingende Bestimmungen im Sinne von Art. 34 EGBGB. Für die Vergütungsvorschriften gilt die besondere Vorbehaltsklausel des § 32 b UrhG, der die Kriterien vorgibt, unter denen die §§ 32, 32 a UrhG zwingend zur Anwendung kommen sollen. Außerhalb des in § 32 b UrhG definierten Anwendungsbereichs ist es nicht möglich, den Vergütungsvorschriften als international zwingenden Bestimmungen zur Anwendung zu verhelfen. Im Gegensatz dazu ist § 31 IV UrhG, der die Unwirksamkeit der Einräumung von Nutzungsrechten für noch nicht bekannte Nutzungsarten anordnet, in Anbetracht der zu erwartenden Abschaffung dieser Vorschrift nicht mehr als international zwingende Vorschrift zu behandeln. Die Frage nach dem Urheberpersönlichkeitsrecht fällt nicht unter die zwingenden Bestimmungen, sondern wird gesondert nach dem Urheberrechtsstatut angeknüpft.

Im französischen Urhebervertragsrecht werden das Verbot der Globalzession künftiger Werke (Art. L. 131-1 CPI), das Gebot der genauen Bezeichnung der übertragenenen Rechte (Art. L. 131-3 CPI) und das Recht auf angemessene Vergütung (Art. L. 131-4 CPI) von der Rechtsprechung als die Vermögensinteressen des Urhebers betreffenden, dem Vertragsstatut unterfallenden Bestimmungen gewertet, die nicht international zwingend sind. Damit bleibt insbesondere bei dem Recht des Urhebers auf eine angemessene Vergütung der Schutz des Urhebers auf internationaler Ebene hinter dem des deutschen Urhebervertragsrechts zurück. Das Urheberpersönlichkeitsrecht ist dagegen geeignet, sich auch bei ausländischem Vertragsstatut durchzusetzen. Die Rechtsprechung berücksichtigt bei der Frage der Anwendbarkeit einerseits das Kriterium des maßgeblichen Schutzlandes, teilweise wird auch auf das Urheberpersönlichkeitsrecht als *Persönlichkeits*recht abgestellt. Hinsichtlich der Frage, auf welchem Weg sich das *droit moral* durchsetzt, scheint die Rechtsprechung vorwiegend die Behandlung als zwingende Bestimmung zu favorisieren. Im Übrigen scheinen eher pragmatische Überlegungen als theoretische Qualifikationen die Entscheidungsfindung zu prägen.

Im englischen Recht setzen sich die vertragsrechtlichen Schutzinstrumente des *common law* wie zum Beispiel die Unwirksamkeit von Verträgen wegen *restraint of trade* über den internationalen *ordre public* durch.

Spezifisch urheberrechtliche Schutzinstrumente, die geeignet wären, auch von internationaler Relevanz zu sein, gibt es in der Form, wie sie französisches und deutsches Recht kennen, nicht.

Gerichtliche Entscheidungen zu *mandatory rules* und *international public policy* sind im Bereich des Urheberrechts wie auch generell bisher eher selten, da die englische Rechtspraxis in der Vergangenheit weitgehend ohne diese Regeln auskam und Probleme hier verstärkt bei der Frage der Zuständigkeit löste. Im Rahmen der EuGVO sind für die Zukunft allerdings vermehrt Urteile zu erwarten, in denen die Gerichte auch zum *ordre public* Stellung nimmt. Daneben steht wie im deutschen und französischen Recht die Begrenzung durch das Urheberrechtsstatut, das insbesondere auch für die *moral rights* maßgebend ist. Für die urheberpersönlichkeitsrechtlichen Befugnisse wird darüber hinaus vertreten, sie als international zwingende Bestimmungen zu berücksichtigen, soweit sie über das Schutzlandprinzip zur Anwendung kommen.

Ist der Urheber gleichzeitig auch Verbraucher, so wird er im Anwendungsbereich des Art. 5 EVÜ auch in seiner Eigenschaft als Verbraucher geschützt. Eine Anwendung speziell urheberschützender Normen über Art. 5 EVÜ kommt dagegen nach vorzugswürdiger Ansicht nicht in Betracht. Gleiches gilt für Art. 6 EVÜ, der nur dann eingreift, soweit arbeitsrechtliche Schutzbestimmungen die privaten Interessen der Arbeitnehmer sichern sollen.

Diese Trennung entspricht der Linie der deutschen Rechtsprechung sowie eines großen Teils der deutschen Lehre; in Frankreich und England wird sie dagegen nicht bzw. nur ansatzweise vorgenommen.

Teil F

Schutz durch Vertragsfreiheit?

Kapitel I

Fragestellung

Alle oben erläuterten Bestimmungen beschränken das Vertragsstatut, um den Urheber in bestimmten Aspekten zu schützen. Der Schutz findet praktisch auf einer zweiten Ebene statt, die der Rechtswahl nachgeschaltet ist bzw. neben ihr besteht, sofern auf Einzelaspekte ein Statut anwendbar ist, welches der Rechtswahl nicht zugänglich ist.

Die nationalen Urheberrechte schützen allerdings nicht nur den Urheber, sondern auch die Allgemeinheit. Um deren Interessen gerecht zu werden, werden urheberrechtliche Befugnisse eingeschränkt. Es stellt sich also - aus einem etwas anderen Blickwinkel heraus - die Frage, ob sich der Urheber vor diesen Beschränkungen durch Vertrag schützen kann, z.B. indem er sie vertraglich ausschließt. Denn auch hierin wäre ein gewisser Schutzmechanismus zugunsten des Urhebers zu sehen, der es ihm ermöglicht, seinen Vertrag frei von eben diesen Beschränkungen vorzunehmen. Hierbei ist zum Beispiel zu denken an Vorschriften zugunsten des persönlichen Gebrauchs, an das Zitatrecht und an Ausnahmen im Hinblick auf wissenschaftliche Zwecke.

Hieran knüpft sich die kollisionsrechtliche Frage, ob der Urheber durch die Wahl eines bestimmten Vertragsstatuts - auf einer ersten Ebene - zwingende Beschränkungen eines Rechts gezielt umgehen kann, sei es, indem er ein Vertragsstatut wählt, welches keine oder nur wenige Beschränkungen zugunsten der Allgemeinheit kennt, sei es, indem er sich für ein auf den Vertrag anwendbares Recht entscheidet, dass eine vertragliche Ausschaltung bestehender Beschränkungen zulässt.

Wie sieht der Konfliktfall wirklich aus? Angenommen, der Autor druckt auf dem Cover seines Buches den Vermerk ab: „Alle Rechte vorbehalten. Kein Teil dieser Veröffentlichung darf kopiert werden.“ Oder der Autor beharrt auf Zahlung, bevor ein Schüler eine Kopie eines noch so kleinen Teils einer schriftlichen

Arbeit machen kann[1].

Immer häufiger werden auch online-Lizenzmodelle[2], in denen die Rechte der Lizenznehmer im Internet vertraglich geregelt werden. Bei dieser Art von Vertragsschluss sind einige Besonderheiten zu beachten: Wählt der potenzielle Lizenznehmer im Internet ein Angebot, so kommt es häufig zu einer Situation, in der er entweder per Mouseclick das Angebot sowie damit verbundene Vertragsbedingungen annimmt oder aber nicht zum Vertragspartner wird. Hier spricht man von sogenannten *click-wrap licences* oder *click-wrap agreements.* Ein *click-wrap agreement* beschreibt den Vertragsschluss über ein Kästchen oder sonstiges Symbol auf einer Website. Indem der Kunde dieses Symbol anklickt, signalisiert er sein Einverständnis mit einem Vertragsschluss zu den Bedingungen des Anbieters[3]. Der Begriff *click-wrap agreement* hat sich terminologisch in Anlehnung an *shrink-wrap agreements* gebildet, die sogenannten „Schutzhüllenverträge" bei Versendung von Software auf Diskette oder CD-Rom[4]. In diesem Fall sieht der Anbieter vor, dass mit dem Öffnen des Softwarepaketes der Vertrag zustande kommen soll. Üblich sind diese Verträge insbesondere auch beim Erwerb von Computern, bei denen die Software im Paket miterworben wird (sogenannte OEM - „Original Equipment Manufacturer").

In Anbetracht einer theoretisch möglichen vertraglichen Vereinbarung zum Schutz des Urhebers vor gesetzlichen Beschränkungen des Urheberrechts stellt sich die Frage, welche Bestimmungen in den einzelnen Vergleichsländern das Urheberrecht beschränken und ob sie durch Vereinbarung wirksam abbedungen werden können. Bei Vereinbarungen durch *shrink-wrap-* oder *click-wrap agreement* sind zudem zusätzliche Besonderheiten zu beachten, was die Form des Vertragsschlusses sowie die Anforderungen betrifft, die generell an die Einbeziehung vertragsgestaltender Klauseln gestellt werden.

---

[1]Vgl. zur Fragestellung auch Cornish/Llewelyn, Intellectual Property, Rn. 19-76.

[2]Zu denken ist beispielsweise an Datenbanken wie LEXIS/NEXIS, Westlaw und Dialog, vgl. Guibault, Copyright Limitations, 201.

[3]Mankowski, GRUR 1999, 909 (917), Fn. 191.

[4]Mankowski, ebenda.

Kapitel II

Grenzen des Urheberrechts

Die Grenzen des Urheberrechts können in internationalen Konventionen, europarechtlichen Rechtsinstrumenten und nationalen Vorschriften enthalten sein.

1 Internationale Konventionen

Das internationale Konventionsrecht sieht für bestimmte Bereiche teilweise selbst urheberrechtliche Schrankenbestimmungen vor. So kennt etwa die RBÜ Beschränkungsmöglichkeiten im Hinblick auf das Vervielfältigungsrecht (Art. 9 II RBÜ), die Rechte der Rundfunksendung und öffentlichen Wiedergabe von Rundfunksendungen von Werken der Literatur und Kunst (Art. 11*bis* II RBÜ) sowie hinsichtlich der Aufnahme musikalischer und literarischer Werke auf Tonträger (Art. 13 I RBÜ)[1]. Allerdings handelt es sich dabei nicht um Ausnahmen, die direkt auf den Einzelnen anwendbar sind, sondern um die Möglichkeit der Mitgliedstaaten, in bestimmten Fällen Ausnahmen vom Mindestschutz der Konventionen vorsehen zu können[2].

Aus Art. 9 II RBÜ, Art. 10 WIPO-Urheberrechtsvertrag[3], Art. 16 WIPO-Vertrag über Darbietungen und Tonträger[4] und Art. 13 TRIPS[5] ergibt sich dagegen eine verbindliche Vorgabe für die einzelnen Staaten, unter welchen Bedingungen nationale Beschränkungen zulässig sind: Die Einschränkung eines Rechts muss sich auf bestimmte Sonderfälle beziehen und die normale Verwendung des Werks sowie die berechtigten Interessen des Urhebers dürfen nicht beeinträchtigt werden[6].

[1] Mit weiteren Beispielen Dreier/Schulze-Dreier, Vor §§ 44a ff. Rn. 20.
[2] Dreier/Schulze-Dreier, Vor §§ 44a ff. Rn. 20.
[3] WIPO Copyright Treaty vom 20.12.1996.
[4] WIPO Performances and Phonograms Treaty vom 20.12.1996.
[5] TRIPS-Übereinkommen vom 15.4.1994.
[6] Vgl. Hilty, GRUR 2005, 819 (825).

Dieser „Dreistufentest“ lässt damit Schranken von Vornherein nur unter engen Voraussetzungen zu.

2 Europarechtliche Vorgaben

Der Grundsatz der vom EuGH entwickelten, gemeinschaftsweiten Erschöpfung[7], der nunmehr auch durch Richtlinienrecht verankert ist[8], stellt eine wichtige Beschränkung urheberrechtliche Befugnisse dar[9]. Nach ständiger Rechtsprechung des EuGH kann sich der Inhaber eines Schutzrechts dann nicht auf sein Ausschließlichkeitsrecht berufen, wenn das Erzeugnis von ihm selbst obder mit seiner Zustimmung rechtmäßig auf dem Markt eines anderen Mitgliedstaates in den Verkehr gebracht wurde[10].

Die Info-Richtlinie gibt Vorgaben zu Beschränkungen zugunsten einzelner Nutzer bzw. im Interesse der Allgemeinheit[11]. Gemäß Art. 5 der Richtlinie können die Mitgliedstaaten hinsichtlich der Grundsätze der dem Urheber vorbehaltenen Rechte der Verfielfältigungs- und Wiedergaberechte Ausnahmen und Beschränkungen vorsehen, so zum Beispiel bei nur vorübergehender Vervielfältigungshandlung, bei Vervielfältigungen von Bibliotheken, Museen und Archiven oder bei Nutzung zum Unterricht oder zur Forschung. Art. 5 beinhaltet eine fakultative Schranke für die Vervielfältigung zu privaten Zwecken. Es bleibt den Mitgliedstaaten überlassen, ob sie die Privatkopieschranke im digitalen Bereich abschaffen oder beibehalten wollen[12]. Zudem wird durch den Dreistufentest[13] in Art. 5 V die inhaltliche Reichweite zulässiger Schrankenbestimmungen beschränkt[14].

Die Computer-Richtlinie enthält in Art. 5 und 6 Sondervorschriften, wonach das Urheberrecht an Computerprogrammen durch Handlungen Dritter unter bestimmten Voraussetzungen nicht verletzt wird, die eigentlich einen Verstoß darstellen. Die Vorschriften betreffen insbesondere das Erstellen einer Sicherungskopie durch eine Person, die zur Nutzung des Programms berechtigt ist sowie die Dekompilierung des Programms.

Über die speziellen Regelungen im Urheberrecht hinaus gibt es im EG-Recht bereits viele gesetzliche Vorgaben, die zwar nicht final darauf gerichtet sind, ge-

[7]Vgl. EuGH vom 8.6.1971 - Rs. 78/70 [*Deutsche Grammophon Gesellschaft mbH v. Metro SB-Großmärkte GmbH & CoKg*] Slg. 1971, 487.

[8]Siehe Art. 4 II der Info-Richtlinie.

[9]Dazu bereits oben, E II 1 b.

[10]Vgl. EuGH vom 22.9.1998 - C-61/97 [*Foreningen af danske Videogramdistributorer v. Laserdisken*] Slg. 1998 I-5171; EuGH vom 28.4.1998 - C-200/96 [*Metronome Musik v. Music Point Hokamp*] Slg. 1998 I-1953; zur Entscheidungspraxis des EUGH sowie den Ausnahmen zum Erschöpfungsgrundsatz im Einzelnen Plöckinger, GRURInt 2002, 479 (487).

[11]Zu den Einzelheiten näher Wandtke/Bullinger-Lüft, § 45 UrhG Rn. 4-6.

[12]Metzger/Kreutzer, MMR 2002, 139.

[13]S. bereits oben, F II 1.

[14]Hilty, GRUR 2005, 819 (824).

rade Urheberrechtsverträge zu begrenzen, die aber u.a. auch gelten, wenn ein Urheberrechtsvertrag unter den in der Richtlinie vorgesehenen Umständen geschlossen wird. Neben der Klauselrichtlinie ist hier insbesondere die Fernabsatzrichtlinie[15] von Bedeutung: Ob die Fernabsatzrichtlinie auch auf Lizenzverträge anwendbar ist, ist der Richtlinie selbst nicht direkt zu entnehmen. Allerdings ist ihr Anwendungsbereich sehr weit gefasst und umfasst gemäß Art. 2 „jeden zwischen einem Lieferer und einem Verbraucher geschlossenen, eine Ware oder eine Dienstleistung betreffenden Vertrag, der im Rahmen eines für den Fernabsatz organsierten Vertriebs- bzw. Dienstleistungssystems geschlossen wird", so dass darunter auch die Lizenzeinräumung als besondere Form der Dienstleistung fallen dürfte[16]. Auch sind die Lizenzverträge weder unter den Ausnahmen in Art. 3 noch im Anhang II der Richtlinie aufgeführt. Sofern die Parteien nichts anderes vereinbart haben, kann der Verbraucher gemäß Art. 6 III das von der Richtlinie vorgesehene Widerrufsrecht unter anderem nicht bei „Verträgen zur Lieferung von Audio- oder Videoaufzeichnungen oder Software, die vom Verbraucher entsiegelt worden sind" ausüben. Diese Regelung spricht ebenfalls dafür, dass die Richtlinie auch dann anwendbar ist, sofern es sich um die Lieferung von Waren handelt, die urheberrechtlich geschützt sind mit der Folge, dass die Informationspflichten der Richtlinie grundsätzlich auch für Verträge über urheberrechtlich geschützte Waren gelten.

3 Deutsches Recht

Im deutschen UrhG befinden sich die Schranken des Urheberrechts mit wenigen Ausnahmen im sechsten Abschnitt in den §§ 45 bis 63a UrhG. In Abstimmung und im Einklang mit der Info-Richtlinie[17] erlauben die Vorschriften unter anderem zugunsten einzelner Nutzer oder im Interesse der Allgemeinheit bzw. der Informationsfreiheit die Verwertung von bestimmten urheberrechtlich geschützten Werken unter besonderen Bedingungen[18], so gibt es beispielsweise eine Schranke zugunsten des Schul-, Unterrichts- und Kirchengebrauchs (§ 46 UrhG) und eine Schranke zugunsten privater Kopien (§ 53 UrhG).

Eine wichtige Schranke ist auch der „Erschöpfungsgrundsatz" in § 17 II UrhG.

[15] Richtlinie 97/7 EG vom 20.5.1997, ABl.Nr.L 144 v. 4.6.1997, 19.

[16] So auch Guibault, Copyright Limitations, 206.

[17] Umsetzung in deutsches Recht durch Gesetz zur Regelung des Urheberrechts in der Informationsgesellschaft im BGBl. Nr. 46 vom 12.9.2003, 1774-1778.

[18] Vgl. im Überblick auch Wandtke/Bullinger-Lüft, § 45 UrhG Rn. 2.

4 Französisches Recht

Das nationale Recht enthält wie das deutsche Recht Einschränkungen des Urheberrechts. Der französische Gesetzgeber spricht allerdings nicht von „Schranken“, sondern von „Ausnahmen“ (*exceptions*): Gemäß Art. L. 122-5 CPI kann der Autor bestimmte Handlungen nicht mehr verbieten, wenn das Werk einmal verbreitet wurde. Dazu gehören insbesondere private Aufführungen, mit gewissen Ausnahmen Privatkopien, Zitate und die Verwendung durch die Presse zu Informationszwecken. In den Art. L. 133-1 bis L. 133-4 CPI ist das Verleihrecht der Bibliotheken geregelt, dem sich der Autor nicht widersetzen kann[19]. In den Art. L. 311-1 bis L. 311-8 CPI finden sich in Ergänzung zu Art. L. 122-5 CPI Regeln über die Vergütungsmodalitäten der Privatkopie.

Die Info-Richtlinie ist mit Gesetz vom 1.8.2006 in französisches Recht umgesetzt worden[20].

5 Englisches Recht

Im englischen Recht gibt es in Chapter III des CDPA ebenfalls urheberrechtliche Beschränkungen - das Gesetz spricht hier von „erlaubten Handlungen“ (*permitted acts*) - zugunsten des öffentlichen Interesses[21]. Ausnahmen sieht das Gesetz unter anderem in den Bereichen Bildung (*education*), Bücherei- und Archivwesen (*libraries and archives*) und öffentliche Verwaltung (*public administration*) vor. Die Info-Richtlinie ist in den *Copyright And Related Rights Regulations 2003*[22] umgesetzt worden.

Eine englische Besonderheit ist die Urheberrechtsbeschränkung durch *fair dealing*, die im Gesetz selbst nicht definiert ist. Übersetzt man den Begriff mit „Redlichkeit“, trifft er nicht ganz den Kern der Sache: Hierbei handelt es sich um erlaubte Eingriffe in das Urheberrecht, zum Beispiel kann es sich um den Gebrauch eines Bruchteils eines urheberrechtlich geschützten Werkes handeln mit dem Ziel, das Werk einer Kritik zu unterziehen, oder es für den privaten Gebrauch zu nutzen[23].

---

[19] Er hat allerdings ein Recht auf Vergütung, s. L. 133-1 II CPI.

[20] Gesetz n. 2006-961, J.O. v. 3.8.2006.

[21] Ausführlich zu den einzelnen Ausnahmevorschriften zum Beispiel Bainbridge, Intellectual Property, 165 - 189.

[22] S.I.2003 Nr. 2498.

[23] Näher zu einzelnen Fallgruppen Bainbridge, Intellectual Property, 166 - 172.

Kapitel III

Zulässigkeit abweichender Vereinbarungen

Welche Anforderungen generell an vertragliche „Beschränkungen der Beschränkungen" gestellt werden, insbesondere ob und wie sie in den Vertrag mit einbezogen werden, ist eine Frage des nationalen Rechts. Sind die Beschränkungen in allgemeinen Geschäftsbedingungen enthalten, muss die Art der Einbeziehung darüber hinaus den nationalen Bestimmungen über allgemeine Geschäftsbedingungen standhalten. Eine Besonderheit bilden die bereits oben angesprochenen *click-wrap-* und *shrink-wrap agreements.* Bei dieser Vertragsform sind regelmäßig drei Parteien beteiligt: Der Endnutzer, der am PC seine Bestellung eingibt und eventuelle Klauseln/Bedingungen zu akzeptieren hat, der Vertreiber, der das Produkt im Internet verkauft sowie der Inhaber des Urheberrechts, welches an dem Produkt besteht. Sowohl der Urheber als auch der Vertreiber können ein Interesse daran haben, Bedingungen aufzustellen, unter denen das Produkt dem Endnutzer überlassen werden soll.

Die Frage, wie derartige Verträge dogmatisch zu behandeln sind und in welchem Bereich Klauseln, auf die speziell im *click-wrap-* oder *shrink-wrap*-System Bezug genommen wird, wirksam sind, ist in den Vergleichsländern von Gerichten und Literatur bisher wenig problematisiert worden[1].

1 Qualifikation vertraglicher Vereinbarungen

Soweit der Vertrag konkret auf die Nutzung eines urheberrechtlich geschützten Werkes gerichtet ist, erfolgt die Qualifizierung unproblematisch über diesen

[1] Anders im US-amerikanischen Recht: In den USA sind schon einige Fälle zu *click-wrap agreements* und *shrink-wrap agreements* ergangen. Zum Rechtslage und zum Stand der Rechtsprechung s. Guibault, Copyright Limitations, 207 - 213.

Vertragsgegenstand bzw. -zweck[2]. Schwieriger wird es bei Verträgen, mit denen eine Sache erworben wird, die mit einem Schutzrecht „behaftet“ ist, wie es bei dem Erwerb von Software oder Hardware der Fall ist: In diesem Bereich erfolgte bisher in keinem der Vergleichsländer eine eindeutige dogmatische Einordnung.

Teilweise wird ein Kaufvertrag, teils ein Werkvertrag, teilweise auch ein Vertrag sui generis angenommen[3]. Der BGH nimmt bei Mängeln an erworbener Software eine entsprechende Anwendung kaufrechtlicher Regeln an[4]. Teilweise wird die Abgrenzung zwischen Werkvertrags- und Kaufrecht auch danach getroffen, ob es sich um Standardsoftware (dann Kaufrecht) oder Individualsoftware handelt[5]. Bei Vereinbarungen zwischen Händlern und Anwendern, in denen die Leistung des Händlers in dem Kopieren und Versenden von Software besteht, wird teilweise auch ein Dienstvertrag angenommen[6]. Diese Vertragstypen können mit einer Einräumung von Nutzungsrechten an Schutzrechten verbunden sein.

Speziell bei Verträgen über Hardware wird die Ansicht vertreten, dass die mit der Hardware inkorporiert gelieferten Betriebsprogramme rechtlich eigenständig zu betrachten sind, so dass der Kaufvertrag dem Erwerber nicht nur das Eigentum an der Hardware, sondern auch Eigentums- und Urheberrechte an dem Betriebsprogramm verschafft[7].

Für die besondere Form der *shrink-wrap licences* wird teilweise eine gesetzliche Regelung für erforderlich gehalten, die die Interessen der Benutzer und der Urheber in ein Gleichgewicht bringt. Problematisiert wird bei dieser Art des Vertragsschlusses vor allem, dass sich die Annahme des Vertrages bzw. der Konsens auf das Aufreißen einer Verpackung reduziert[8].

Bei der Analyse der bestehenden vertraglichen Beziehungen speziell bei Verträgen im Internet wird in der Regel zwischen dem Autor des Werkes, dem Unternehmer, der die Software auf kommerzieller Basis vertreibt und dem Endkunden unterschieden[9]. Der eigentliche Vertrag wird in der Regel zwischen dem Unternehmer und dem Endkunden getroffen[10].

Soll der Autor des Werkes einen Zahlungsanspruch gegenüber dem Anwender erwerben[11], wird von deutscher Seite angenommen, dass der Autor über das Rechtsinstitut des Vertrages zugunsten Dritter (§§ 328 ff. BGB) in die ver-

[2]Dazu s. oben, B III 1.

[3]Vgl. Hauser in: Ullrich/Körner, Teil 2 Rn. 402.

[4]BGH NJW 1988, 406.

[5]Dazu ausführlich Siepmann, JurPC Web-Dok. 163/1999, Abs. 30-36.

[6]Zum Meinungsstand mit weiteren Nachweisen Hoeren, CR 1989, 887 (888).

[7]Vgl. Vivant/Le Stanc, Lamy, Droit de l'informatique 1994, Nr. 858 ff.; zitiert bei Hauser in Ullrich/Körner, Teil 2, Rn. 403/404.

[8]Vgl. dazu Girot, Dr. inf. tél. 1998, 7-14.

[9]Siepmann, aaO. Abs. 80 ff.

[10]Zu Ausnahmen siehe Siepmann, aaO. Art. 81-84.

[11]So bei den Verträgen über *Shareware*; dazu Hoeren, CR 1989, 887 (888).

traglichen Beziehungen mit einbezogen werden kann[12]. Dieser Weg ist auch im französischen Recht gangbar[13]. Im englischen Recht war eine derartige Auffassung wegen der traditionell herrschenden *doctrine of privity*[14] lange Zeit nicht möglich. Nach Erlass der *Contracts (Rights of Third Parties) Act* 1999, der unter bestimmten Voraussetzungen nun auch die Durchsetzung von Vertragsbestimmungen durch Dritte zulässt, steht einer solchen Auslegung die *doctrine of privity* nicht mehr entgegen. Die Konstruktion wählte zwar bisher kein Gericht aus einem der Vergleichsländer, wohl aber ein schottisches Gericht, welches sich im Fall *Adobe v. Beta* mit der dogmatischen Konstruktion von *shrink wrap licences* auseinandersetzte[15] und hier einen Vertrag zugunsten Dritter (*jus quaesitum tertio*), d.h. zugunsten des Werkschöpfers annahm.

2 Einbeziehung von Klauseln in *click-wrap*- und *shrink-wrap agreements*

a Deutschland

Für die Einbeziehung von AGB bei Vertragsangeboten via Internet gilt zunächst die allgemein für AGB geltende Regel des § 305 II Nr.2 BGB, nach der AGB nur dann Vertragsbestandteil werden, wenn ausdrücklich auf sie hingewiesen wurde, für den Vertragspartner die Möglichkeit bestand, von ihrem Inhalt in zumutbarer Weise Kenntnis zu nehmen, und er mit ihrer Geltung einverstanden war.

Auch im speziellen Fall der Schutzhüllenverträge, bei denen das Aufreißen der Schutzhülle als Vertragsannahme gilt[16], können AGB des Softwareherstellers prinzipiell wirksam vereinbart werden[17]. Die Rechtsprechung hat hierfür allerdings bisher wenig präzisiert, welche Anforderungen an einen wirksamen Vertragsschluss zu stellen sind:

Im Fall *Microsoft* hatte der BGH eine *shrink-wrap licence* zu beurteilen[18].

In der Sache hatte das klagende Unternehmen Microsoft OEM-Versionen[19] hergestellt und in den Verträgen mit den Zwischenhändlern vorgesehen, dass sie nur zusammen mit einem

---

[12] Zu den rechtlichen Konsequenzen s. Hoeren, CR 1989, 887 (892).

[13] Zur *stipulation pour autrui* im französischen Recht s. Art. 1121 *Code civil.*

[14] Nach dieser Lehre konnte bislang nur diejenige Partei Ansprüche aus einem Vertrag herleiten, die unmittelbar auch Vertragspartei war. Dritte hatten keine Möglichkeit, auf Vertragserfüllung zu bestehen oder gegen eine der beiden unmittelbaren Vertragsparteien wegen Vertragsbruchs zu klagen; v. Bernstorff, 74.

[15] [1996] FSR 367.

[16] Zu der Anwendung zivilrechtlicher Regeln auf den Vertragsschluss bei Schutzhüllenverträgen s. Schneider, CR 1996, 657-663.

[17] Vgl. OLG Stuttgart NJW 1989, 2633 (2634).

[18] BGH GRUR 2000, 671.

[19] Zum Begriff s. oben, F I.

neuen PC vertrieben werden dürften. Einen entsprechenden Hinweis hatte die Klägerin auf die Verpackung der Software aufgedruckt. Der beklagte Hardwarehersteller hatte von einem Zwischenhändler die OEM-Version erworben und isoliert (d.h. ohne PC) an einen Endverbraucher veräußert. Microsoft berief sich darauf, dass der Beklagte nur ein beschränktes Nutzungsrecht erhalten und durch den isolierten Weiterverkauf in das Verbreitungsrecht der Klägerin eingegriffen habe.

Hier traf der BGH eine Entscheidung zugunsten des Abnehmers, ohne auf die Einbeziehung der Bedingung in den Vertrag einzugehen.

Zu den *click-wrap licences* gibt es bisher ebenfalls wenig einschlägiges Fallrecht. Mehrfach hatten Gerichte zunächst über die Frage entschieden, ob die Zustimmung zu Standardklauseln bei einem Vertrag über Btx zulässig ist[20]. Diese Fälle sind insofern mit den *click-wrap licences* vergleichbar, als dass die interessierte Partei durch die Eingabe eines bestimmten Zahlencodes das Angebot mitsamt der Geschäftsbedingungen annimmt[21]. Für diese Konstellation nahm die Rechtsprechung an, dass die Möglichkeit für den Kunden, die Geschäftsbedingungen auf einem Bildschirm einzusehen, für den Kunden dann keine zumutbare Möglichkeit der Kenntnisnahme im Sinne des § 305 II BGB (damals § 2 AGBGB) sei, wenn die Bedingungen sich über mehrere Videoseiten erstrecken[22].

In der Literatur wird teilweise argumentiert, dass die Kriterien, die für Klauselwerke über Btx entwickelt worden sind, nicht auf Internet-Geschäfte übertragen werden könnten, da das Internet einen hohen Verbraucherstandard biete, bei dem der Kunde vor Vertragsschluss die AGB der Anbieter zunächst in Ruhe studieren könne. Zudem sei ein Speichern auf Diskette oder Festplatte problemlos möglich. Daher sollen auch umfangreiche AGB wirksam mit einbezogen werden können, wenn der Kunde die Möglichkeit hat, sie durch Herunterladen kostenlos zu kopieren[23].

In diese Richtung tendiert auch die neuere Rechtsprechung: So bejahte das Landgericht München die Einbeziehung von allgemeinen Geschäftsbedingungen durch entsprechenden Hinweis auf der Internetseite[24].

Der Kläger hatte im Rahmen eines Projektes eine *Firewall* für das Betriebssystem GNU/-Linux entwickelt. Das Projekt hielt über eine Internetplattform die *Firewall* zum Herunterladen bereit, wobei darauf hingewiesen wurde, dass es sich um „Freie Software" handele, die unter den Bedingungen der *General Public Licence* von jedermann verwendet werden könne. Zu der Originalfassung in englischer Sprache war eine inoffizielle deutsche Version zugänglich.

Nach Ansicht der Kammer wurden die allgemeinen Geschäftsbedingungen nach § 305 II BGB wirksam in ein mögliches Vertragsverhältnis einbezogen, da auf der Internetseite auf die Bedingungen hingewiesen wurde und diese auch allgemein zugänglich waren. Auch hinsichtlich der nicht offiziellen Übersetzung

[20]Vgl. LG Freiburg NJW-RR 92, 1018; Köln NJW-RR 98, 1277.
[21]Dazu Guibault, Copyright Limitations, 206.
[22]LG Freiburg NJW-RR 92, 1018.
[23]Vgl. Löhnig, NJW 1997, 1688 (1689).
[24]LG München GRUR-RR 2004, 350.

hatte die Kammer mit der Begründung, dass Englisch in der Computerindustrie die gängige Fachsprache sei und das Vertragsverhältnis in diesem Fall zwischen einem Urheber und einer gewerblichen Softwarefirma in Rede stehe, keinerlei Bedenken[25].

Das OLG Hamburg betont in seiner Rechtsprechung zudem, dass der Verwender erkennbar auf seinen Einbeziehungswillen und seine AGB hinweisen müsse und entspricht damit den Vorgaben der BGH-Rechtsprechung[26]. Dies könne etwa durch eine Verknüpfung des AGB-Textes mit den Angeboten oder mit einem eindeutigen Hinweis an einer Stelle geschehen, die jeder Nutzer passieren muss. Die bloße Möglichkeit des Vertragspartners, bei einer Recherche im Internet-Auftritt auf die AGB des Verwenders zu stoßen, genüge dagegen nicht[27].

b Frankreich

Für den Fall der *shrink-wrap agreements* hatte die *Cour d'appel* Paris bereits früh einen Sachverhalt zu entscheiden[28]. Allerdings wird in der Entscheidung des Gerichts nicht hinreichend präzisiert, welche Anforderungen an die Wirksamkeit eines solchen Vertragsschlusses zu stellen sind.

In der Sache *Syndicat National de L'Edition phonographique et audiovisuelle (SNEPA) v. Société Nationale de Radiofusion Radio France* hatte die SNEPA, die nationale Vereinigung von Phonogramm-Herstellern, Radio France wegen unberechtigten Sendens einzelner Phonogramme in Anspruch genommen und ihre Klage darauf gestützt, dass das Senden gegen eine Klausel verstoße, die auf dem Etikett eines jeden Phonogramms abgedruckt war[29]. Nach der Klausel war jede Art der Produktion (...) ohne Erlaubnis verboten.

Die *Cour d'appel* ging nicht explizit auf den bindenden Charakter der Klausel bzw. ihre Einbeziehung in den Vertrag ein. Die Ausführungen des Gerichts lassen allerdings darauf schließen, dass es nicht von einem vertraglichen Konsens ausging, denn es spricht u.a. von einer „unilateralen Beschränkung"[30], die sich auf die Rechte der Hersteller unter dem Genfer und dem Rom-Abkommen beziehe.

Was die wirksame Einbeziehung von Lizenzbedingungen in *click-wrap agreements* betrifft, so wird verlangt, dass der Nutzer weiß, dass er mit dem *click* auch sein Einverständnis zu dem Lizenzbedingungen erteilt[31].

Im Fall *Association Familles de France v. Sa Père-Noel.fr*[32] entschied das

[25]LG München GRUR-RR 2004, 350.
[26]BGHZ 102, 293 (304).
[27]OLG Hamburg WM 2003, 581 - *Elektronische Vereinbarung von Allgemeinen Geschäftsbedingungen.*
[28]RIDA 1979 (101), 131.
[29]Sogenannte *clause-étiquette.*
[30]RIDA 1979 (101), 131 (132).
[31]Guibault in: Interessenausgleich, 221 (225); Girot, Dr. inf. tél. 1998, 7.
[32]TGI Paris 4.2.2003, abrufbar unter: www.legalis.net; Abrufdatum: 17.10.2005.

Gericht über die Einbeziehung von AGB durch *mouseclick.*

Die Klägerin, eine Verbraucherschutzorganisation, machte vor Gericht geltend, dass einige der in den allgemeinen Verkaufsbedingungen enthaltenen Klauseln der Beklagten, die im Internet Waren und Pauschalreisen anbot, missbräuchlich im Sinne des Art. L. 132-1 C.cons. seien. In der Präambel der Verkaufsbedingungen hatte die Beklagte vorgesehen, dass durch Bestellung der Ware die gesamten - „nachfolgend dargestellten"- Verkaufsbedingungen der Beklagten Vertragsbestandteil würden. Das Einverständnis würde durch den Bestätigungs-Klick (*clic de validation*) sowie durch die Übermittlung der Bankverbindung zu Zahlungszwecken konkretisiert werden. Nachfolgend waren die AGB in ihrer Gesamtfassung abgebildet.

Das Gericht sah in dem Hinweis auf die Geltung der AGB bei Vertragsschluss durch Bestellung im Internet in der Präambel der Verkaufsbedingungen keine missbräuchliche Klausel. Es stellte fest, dass durch den Verweis auf die „nachfolgende" gesamte Fassung der AGB der Verbraucher notwendig dazu aufgefordert worden sei, die Klauseln vor der Bestätigung seiner Bestellung zur Kenntnis zu nehmen. Es entstehe dadurch kein erhebliches Ungleichgewicht zum Nachteil des Verbrauchers.

c England

In England ist bis jetzt noch keine Rechtsprechung zu *click-wrap-* oder *shrink-wrap agreements* bekannt geworden. Zieht man die zu der Einbeziehung von allgemeinen Geschäftsbedingungen entwickelten allgemeinen Grundsätze heran, so gilt, dass eine Vertragsunterzeichnung ohne die Möglichkeit der Kenntnisnahme der Vertragsbestimmungen gleichwohl bindend ist, wenn die Parteien von deren Inhalt unterrichtet worden sind, das Vertragsdokument erwarten lässt, dass es Vertragsklauseln enthält und die Vertragsbestimmungen weder überraschend noch besonders benachteiligend sind[33]. Eine besondere Rolle im Fall der *shrink-wrap licences* könnte der Fall *Thornton v. Shoe Lane Parkin*[34] spielen, in dem entschieden wurde, dass der Abdruck von Vertragsklauseln auf der Rückseite eines Parkscheins nicht Vertragsbestandteil wurde, weil der Schein erst nach Abschluss des Vertrages dem Kunden ausgehändigt wurde. Auch bei den *shrink-wrap licences*, die in der Regel einem Computer- oder Softwarekauf beigefügt sind, erhält sie der Kunde regelmäßig erst nach Erhalt der Ware[35].

Ebenfalls in diesem Sinne entschied das Gericht in *Interfoto Picture Library Ltd v. Stiletto Visual Programmes Ltd.*[36]. Auch in diesem Fall ging es um die Gültigkeit von Vertragsbedingungen, die dem Vertragspartner erst mit der Zusendung der Ware zugesandt wurden. Hier urteilte das Gericht, dass bei Klauseln, die eine unübliche oder belastende Regel enthalten, die Partei, die die

[33] Vgl. Llewelyn in: Ullrich/Körner, Teil 2 Rn. 233; die genannten Voraussetzungen wurden zu dem speziellen Fall des Haftungsausschlusses in AGB entwickelt.

[34] [1971] 2 QBD 163.

[35] Llewelyn in: Ullrich/Körner, Teil 2 Rn. 233 Fn. 221.

[36] [1988] 2 WLR 615.

Klausel durchsetzen will, beweisen müsse, dass sie die andere Partei von den Bestimmungen in angemessener und zumutbarer Weise in Kenntnis gesetzt hat. Soweit dies nicht der Fall sei, könnten aus der Klausel keine Rechte hergeleitet werden[37].

[37] Offen blieb allerdings, ob die Klausel schon nicht wirksam in den Vertrag mit einbezogen wurde oder ob sie lediglich nicht durchsetzbar war.

Kapitel IV

Ausschluss einzelner Urheberrechtsbeschränkungen

1 Zwingendes EG-Recht

Ob *click-wrap*, *shrink-wrap* oder *no wrap*, wie wird der Fall behandelt, wenn einzelne eine bestimmte Gruppe schützende Bestimmungen vertraglich ausgeschlossen werden sollen?

Speziell im Urheberrecht erließ der europäische Gesetzgeber die Computerprogramm-Richtlinie, deren Artikel 9 I ausdrücklich die Nichtigkeit des Vertrages vorsieht, wenn gegen die Vorschriften der Art. 6 bzw. 5 II und III verstoßen wird. Hier hatte der Gesetzgeber einen Schutz unabhängig von der vertraglichen Vereinbarung im Auge[1].

Dieser Zielsetzung entsprechend ist im deutschen Urheberrecht die Umsetzung der Richtlinie in den Art. 69 a ff. UrhG vorgenommen und die Unabdingbarkeit der entsprechenden Vorschriften in Art. 69 g UrhG explizit vorgesehen.

Gleiches gilt für die Umsetzung im französischen und englischen Recht in Art. L. 122-6-1 V CPI bzw. Sec. 50A CDPA.

Die Info-Richtlinie geht dagegen einen anderen Weg und wählt damit einen Kompromiss[2]. Die Option in Art. 5 der Info-Richtlinie zeigt, dass der europäische Gesetzgeber es in diesem Fall den Mitgliedstaaten überlässt, Vorschriften zu erlassen, seien sie zwingender oder abdingbarer Art.

Im Bereich des Verbraucherschutzes ist hingegen häufig eine zwingende Anwendung angeordnet. Sie betrifft einerseits die innerstaatliche Unbdingbarkeit, anderseits den international zwingenden Charakter der jeweiligen Vorschrift,

[1] Vgl. Dazu Verstrynge, Dr. inf. tél. 1992, 6 (12).
[2] Vgl. Metzger/Kreutzer, MMR 2002, 139.

so dass auch eine Rechtswahl zugunsten eines Drittstaatenrechts nicht entgegensteht[3]. Auch von den dort für zwingend erklärten Rechten zugunsten der Verbraucher kann der Urheber nicht abweichen[4].

2 Nationale Rechte

Von der Computer-Richtlinie und ihrer jeweils nationalen Umsetzung einmal abgesehen ist fraglich, inwiefern die nationalen Gesetze eine Regelung über die vertragliche Abdingbarkeit von Urheberrechtsbeschränkungen enthalten[5].

a Deutsches Recht

Seit der deutsche Gesetzgeber die Info-Richtlinie umgesetzt hat, sind die Schranken des Urheberrechtes maßgeblich von den Vorgaben der Richtlinie geprägt[6].

Für Teilbereiche hat der Gesetzgeber eine klare Regelung zur zwingenden Anwendbarkeit einzelner Bestimmungen getroffen: § 95 b I UrhG sieht für einige Bereiche[7] vor, dass der Rechtsinhaber verpflichtet ist, den durch eine der genannten Bestimmungen Begünstigten, soweit sie regelmäßig Zugang zu dem Werk oder Schutzgegenstand haben, die notwendigen Mittel zur Verfügung zu stellen, um von den Bestimmungen in dem erforderlichen Maße Gebrauch machen zu können. Gemäß § 95 b I S. 2 UrhG sind Vereinbarungen zum Ausschluss dieser Verpflichtungen unwirksam.

Eine befriedigende und eindeutige Antwort über die Abdingbarkeit für alle Fallgestaltungen gibt § 95 b UrhG allerdings nicht, da er nicht gilt, soweit Werke auf der Grundlage von vertraglichen Vereinbarungen interaktiv zur Verfügung gestellt werden, § 95 b III UrhG[8].

Der Umkehrschluss legt es nahe, dass man für die anderen, im Katalog nicht aufgeführten Bestimmungen, von einer Möglichkeit für den Urheber ausgeht, technische Schutzmaßnahmen zu ergreifen oder vertragliche Schutzbestimmungen zu vereinbaren. Denn für alle weiteren Bestimmungen[9] greift das grundsätzliche Umgehungsverbot technischer Schutzmaßnahmen im Sinne des § 95 b I S. 2 UrhG nicht.

---

[3] S. zum Beispiel Art. 12 I und II der Fernabsatzrichtlinie; Art. 6 II Klauselrichtlinie.

[4] Vgl. bereits oben, D III 4 a.

[5] Zu den folgenden Ausführungen vgl. Guibault, Coyright Limitations, 220 - 241 mit weiteren Ausführungen auch zum belgischen, niederländischen, schweizerischen und US-Recht.

[6] S. Info-Richtlinie und Gesetz zur Regelung des Urheberrechts in der Informationsgesellschaft, BGBl. I Nr. 46 v. 12.9.2003, 1774.

[7] §§ 45, 45a, 46, 47, 52 a, 53 I UrhG.

[8] Hierunter fallen z.B. On-Demand-Dienste, Datenbanken und sonstige Informationsdienste, s. Wandtke/Bullinger-Ohst, UrhR Ergänzungsband, § 95 b UrhG Rn. 43.

[9] Insbesondere die digitale Privatkopie, § 53 II UrhG.

Viel Diskussionsbedarf besteht insbesondere bei der digitalen Privatopie, die bisher noch nicht vom Katalog des § 95 b UrhG erfasst ist[10]. Dies zeigen die verschiedene Ansätze, die die Arbeitsgruppen im Rahmen des „zweiten Korbes" der Urheberrechtsreform hinsichtlich der Privatkopie vertreten[11]. Hier reichten die Vorschläge von Maximalpositionen, die Privatkopie nicht gegen technische Schutzmaßnahmen durchzusetzen - eine Position die verständlicherweise von den Rechteinhabern vertreten wird - hin zu einer vollständigen Durchsetzung, für die besonders die Verbraucherschützer plädieren[12]. Unter der Prämisse einer unbeschränkten und durchsetzbaren Privatkopie im Onlinebereich wurde schließlich die Idee einer pauschal zu vergütenden Onlinelizenz („Internetmaut", „Monatskarte") diskutiert[13]. Der Referentenentwurf geht nunmehr davon aus, dass die Privatkopie nicht kopiergeschützter Werke im bisherigen Umfang erlaubt sein, es aber kein Durchsetzung der Privatkopie gegen Kopierschutz geben soll[14]. Wenn sich der Referentenentwurf durchsetzt, so kann man für diese spezielle Vorschrift davon ausgehen, dass es „kein Recht auf Privatkopie" gibt und der Urheber die Herstellung einer Privatkopie nicht nur durch Kopierschutz, sondern auch individualvertraglich ausschließen kann.

Teilweise wird hier zumindest eine Korrektur über die Inhaltskontrolle nach § 307 BGB bzw. die Grenze der Sittenwidrigkeit verlangt[15].

Die gegenteilige Ansicht geht davon aus, dass die Schranken den Nutzern Rechte gewähren und innerhalb des Urheberrechts demokratische Grundwerte verkörpern und konkretisieren mit der Konsequenz, dass sie als zwingend betrachtet werden müssen und den Vorrang vor vertraglichen Bestimmungen haben sollen[16]. Dies könnte man auch aus der „schrankenfreundlichen" Rechtsprechung zu den Schrankenbestimmungen schließen[17].

Teilweise werden auch Entscheidungen des Bundesverfassungsgerichtes, die sich mit der Grundrechtsproblematik der zwingenden Bestimmungen auseinandersetzen, angeführt, um den zwingenden Charakter der Beschränkungen anzunehmen[18]. Ein solcher Schluss erscheint aber in Anbetracht der verfassungsrichterlichen Argumentation zweifelhaft: In der Entscheidung *Kirchen- und Schulgebrauch*[19] erklärt das Bundesverfassungsgericht zwar im Grundsatz, dass auch für das Urheberrecht die inhaltliche Schranke des Art. 14 I S. 2 GG gilt[20], erklärt aber, dass der Ausschluss eines Vergütungsanspruchs nicht durch jede

---

[10] Vgl. dazu auch Wandtke/Bullinger-Wandtke/Ohst, UrhR Ergänzungsband, § 95 b UrhG Rn. 26.

[11] Zusammenfassung der Ergebnisse der Arbeitsgruppensitzungen, abrufbar unter www.bmj.bund.de/media/archive/707.pdf.; Abrufdatum: 15.7.2004.

[12] Zusammenfassung der Ergebnisse der Arbeitsgruppensitzungen, aaO, 5.

[13] Weitere Lösungsansätze s. Krüger, GRUR 2004, 204 ff.

[14] S. Pressemitteilung vom 12.1.2005, Ref. s. oben, B III 2 a c-aa, Fn. 26.

[15] Wandtke/Bullinger-Ohst, UrhR Ergänzungsband, § 95 b UrhG Rn. 47.

[16] Mit weiteren Nachweisen Geiger in: Interessenausgleich, 143 (154).

[17] Zum Beispiel BGH GRUR 1999, 707 - *Kopienversanddienst*; BGH GRUR 2002, 605 - *Verhüllter Reichstag*; BGH GRUR 2003, 957 - *Gies-Adler*.

[18] Z.B. Guibault, Copyright Limitations, 224.

[19] BVerfG GRUR 1972, 481.

[20] GRUR 1972, 481 (482).

Gemeinwohlerwägung gerechtfertigt sei; insbesondere reiche das Interesse der Allgemeinheit an einem ungehinderten Zugang zu urheberrechtlich geschützten Werken allein nicht aus. Im Hinblick auf die Intensität der Beschränkung der urheberrechtlichen Stellung müsse ein gesteigertes öffentliches Interesse gegeben sein[21]. Dies zugrundegelegt ist also bei jeder Beschränkung zu prüfen, ob sie diesen verfassungsrechtlichen Anforderungen entspricht.

Aber selbst unterstellt, dass diese Anforderungen erfüllt sind, spricht dies noch nicht dafür, dass eine vertragliche Abdingbarkeit nicht möglich ist[22].

Eine klare Antwort hat die Rechtsprechung bisher nur für den Erschöpfungsgrundsatz gegeben, den sie für zwingend anwendbar erklärt hat[23].

Die Klägerin war Herstellerin von Schallplatten, Auf zwei Serien befand sich ein Aufkleber mit dem Vermerk: „Alle Urheber- und Leistungsschutzrechte vorbehalten. Kein Verleih! Keine unerlaubte Vervielfältigung, Vermietung, Aufführung, Sendung!". Die Beklagte, Betreiberin eines Plattengeschäfts, vertrieb neue Platten der Klägerin, nahm allerdings auch bereits verkaufte Platten wieder zurück und verkaufte sie dann als gebraucht weiter. In diesem Verhalten sah die Klägerin eine Verletzung ihres Verbreitungsrechts; bei der Rückgabemöglichkeit handele es sich um eine Vermietung, die sich die Klägerin vorbehalten habe. Der BGH wies die Revision gegen des klageabweisende erstinstanzliche Urteil unter Anwendung des Erschöpfungsgrundsatzes ab. Insbesondere der Vorbehalt auf dem Aufkleber stand nach Annsicht des BGH der Erschöpfung nicht entgegen.

Bestätigt wird dieser Ansatz unter anderem in der *Microsoft*-Entscheidung, in dem sich der BGH zudem mit dem speziellen Problem der Klauseln auf Labeln auseinandergesetzt hat[24]. Dort erklärte der BGH, dass die Klägerin den weiteren Vertrieb der Version nicht mehr mit Hilfe des Urheberrechts kontrollieren könne, nachdem das von der Beklagten vertriebene Exemplar des Programmes mit Zustimmung der Klägerin in den Handel gelangt sei. Eine Befugnis des Urhebers, durch eine beschränkte Rechtseinräumung Einfluss auf den weiteren Vertrieb zu nehmen, sei dem deutschen Recht fremd.

Von der Literatur wird teilweise kritisiert, dass damit den berechtigten Interessen des Anbieters nicht Rechnung getragen werde. Der Erschöpfungsgrundsatz betreffe vornehmlich die Grenzen einer dinglichen, im Verhältnis zu dritten Nutzern eintretenden Wirkung des Urheberrechtsschutzes, nicht dagegen die Wirksamkeit schuldrechtlicher Vereinbarungen[25].

Festzuhalten bleibt, dass die Frage der vertraglichen Abdingbarkeit von Schranken bisher lediglich im Anwendungsbereich des § 95 b I UrhG sowie für

[21]GRUR 1972, 481 (484).

[22]So ist zum Beispiel der Pflichtteil im Erbrecht nach nahezu einhelliger Auffassung durch die Verfassung geschützt; vgl. BVerfGE 93, 165; gleichwohl ist er vertraglich abdingbar; s. § 2346 BGB.

[23]BGH, GRUR 1986, 736 - *Schallplattenvermietung*.

[24]Zum Sachverhalt s. oben, F III 2 a.

[25]Speziell zum Erschöpfungsgrundsatz bei der Überlassung von Software Schmidt, Die Kontrolle Allgemeiner Geschäftsbedingungen, 701 (762).

den Erschöpfungsgrundsatz beantwortet ist. Für die übrigen Beschränkungen bleibt unklar, ob sie vertraglich zwingend oder disponibel sind.

Diese Unsicherheit weckt den Wunsch, dass der Gesetzgeber den zwingenden Charakter der Schranken präzisiert, wie es bei der Richtlinie zum Schutz von Computerprgrammen geschehen ist[26].

b Französisches Recht

In Frankreich fehlt es bisher ebenfalls an Rechtsprechung und Auseinandersetzung zu der Frage, ob die Ausnahmen vertraglich abdingbar sind. Geht man vom Wortlaut des Art. L. 122-5 CPI („...l'auteur ne peut interdire...“) aus, so deutet dieser darauf hin, dass eine vertragliche Abbedingung nicht möglich ist[27].

Anders wird teilweise in der Literatur gemutmaßt: So wird angenommen, dass die Rechtsprechung vertragliche Beschränkungen zugunsten der Allgemeinheit nicht als missbräuchlich im Sinne von Art. L. 132-1 *Code de la Consommation* oder Art. 1134 *Code civil* ansehen würde[28]. Diese Prognose wird damit begründet, dass französische Gerichte eine eher liberale Einstellung zum Verbraucherschutz und zur Kontrolle missbräuchlicher Klauseln hätten. Auch die Konzeption des *droit d'auteur*-Modells, welche die Rechte des Autors an die Spitze stelle und die Beschränkungen als Ausnahmen begreife, spreche dagegen, eine den Urheber schützende Vertragsklausel als unfair zu behandeln[29]. Der Ausnahmecharakter der Urheberrechtsbeschänkungen verlange im Übrigen eine gesetzliche Regelung für die Durchsetzbarkeit der Beschränkungen[30].

Für den Bereich der *shrink-wrap licences* ist die Entscheidung *Syndicat National de L'Edition phonographique et audiovisuelle (SNEPA) v. Société Nationale de Radiofusion Radio France* interessant[31]. Die *Cour d'appel* entschied, dass sich der Autor durch die Klausel, die jede Art der Produktion ohne die Erlaubnis des Autors verbot, nicht mehr zusätzliche Rechte sichern könnte, die ihm gesetzlich nicht zustünden.

Was die Frage nach dem Recht auf Privatkopie betrifft, so hat das Gesetz zur Umsetzung der Info-Richtlinie Klarheit in die bis dahin nicht einheitliche Rechtsprechung geschaffen:

So hatte zunächst das *Tribunal de grande instance* Paris entschieden, es gäbe kein Recht auf die digitale Privatkopie und der Urheber sei weiterhin dazu berechtigt, sein Werk mit einem Kopierschutz zu versehen[32].

Im Streitfall hatte eine Firma DVD mit technischen Schutzvorrichtungen auf den Markt

---

[26]Geiger in: Interessenausgleich, 143 (154).
[27]Im Ergebnis so auch Gaubiac, Rapport général, 229.
[28]So Guibault, Copyright Limitations, 256.
[29]In diesem Sinne Guibault, Copyright Limitations, 256/257.
[30]Lucas, Droit d'auteur, 171.
[31]CA Paris, RIDA 1979 (101), 131; zum Sachverhalt siehe oben, F III 2 b.
[32]Vgl. TGI Paris 30.4.2004, JCP EG 2004, 1583.

gebracht, die das Kopieren der DVD unmöglich machten. Hiergegen klagten Verbraucher unter Berufung auf Art. L. 122-5 CPI und Art. L. 111-1 C.cons..

Das Gericht versagte den Verbrauchern unter Berufung auf die Reichweite der Art. L. 122-5 und L. 211-3 CPI, der Berner Übereinkunft sowie der Info-Richtlinie ein Recht auf Privatkopie und stellte insbesondere das Interesse der die DVD vertreibenden Unternehmen am Vertrieb und an der Deckung der Produktionskosten durch den Verkauf in den Vordergrund, welches durch die Herstellungsmöglichkeit einer digitalen Kopie gefährdet sei[33].

In zweiter Instanz wurde dieses Urteil aufgehoben[34]: Die *Cour d'appel* gestand dem Verbraucher zwar nicht explizit ein Recht auf Privatkopie zu, verlangte aber gleichwohl einen Schadensersatz für den Schaden des Verbrauchers, den dieser durch die Unmöglichkeit, eine Privatkopie herzustellen, erlitten habe.

Die *Cour de cassation* hat schließlich das Urteil zweiter Instanz aufgehoben und seine Entscheidung mit Art. 9 II RBÜ und dem dort etablierten Dreistufentest begründet[35]. Die Möglichkeit zur Privatkopie stelle kein absolutes Nutzungsrecht dar. Es handele sich vielmehr lediglich um eine gesetzliche Ausnahme des Urheberrechts[36]. Diese Rechtsprechung ist nunmehr durch das Umsetzungsgesetz[37] festgeschrieben worden.

c Englisches Recht

In England fehlt es ebenfalls an Urteilen zur Frage der Abdingbarkeit generell. Hinsichtlich der Vorschriften, die nunmehr auf der Info-Richtlinie beruhen, sieht Sec. 296 ZE CDPA[38] vor, dass der durch die jeweilige Beschränkung Begünstigte einen Anspruch auf Zugang hat, wenn technische Schutzvorrichtungen die „erlaubte Handlung“[39] verhindern[40]. Dieser Anspruch gegen den Inhaber des Schutzrechts könnte einerseits für eine vertragliche Unabdingbarkeit sprechen, da er nur so vollumfassend gesichert ist, andererseits ist dem Wortlaut nach diese Rechtsposition nur bei bestehenden technischen Schutzvorrichtungen gegeben. Die Situation einer „vertraglichen Schutzvorrichtung“ ist gesetzlich nicht geregelt. Mangels entsprechender Klarstellung durch den Gestzgeber oder die Rechtsprechung ist daher noch nicht entschieden, ob der Begünstigte nicht vertraglich auf seinen Anspruch verzichten kann.

In der Literatur wurde das Problem, ob die Beschränkungen vertraglich abdingbar sind, bereits vor Umsetzung der Info-Richtlinie gesehen und erörtert.

---

[33] TGI, D. 2005, Panorama, 1492.

[34] CA 22.4.2005, D. 2005, 1573.

[35] Hierzu bereits oben, F II 1.

[36] Urteil v. 549 v. 28.2.2006, abrufbar unter Juriscom.net; Abrufdatum: 13.11.2006.

[37] Ref. s.o., F II 4 Fn. 20, vgl. insb. Art. 1 bis 3 des Gesetzes.

[38] Eingeführt durch die *Copyright And Related Rights Regulations 2003.*

[39] Zu den erlaubten Handlungen im Sinne dieser Vorschrift s. Schedule 5A CDPA.

[40] Zur Durchsetzung seiner Rechte und dem Verfahren siehe ebenfalls Sec. 296 ZE CDPA.

Die Unabdingbarkeit für Ausnahmen vom Urheberrechtsschutz wird hier nicht eindeutig beantwortet. Teiweise wird sie befürwortet[41], was überraschen mag, handelt es sich bei den Einschränkungen doch um einen Eingriff in die im englischen Recht so herrschende Vertragsfreiheit! Teilweise wird aber auch die Durchsetzung der Beschränkung unter den Vorbehalt einer anderen vertraglichen Vereinbarung gestellt[42].

---

[41] In diesem Sinne Cornish/Llewelyn, Intellectual Property, Rn. 19-77.

[42] So Copinger and Skone James in Copyright, Volume One, Rn. 9-03.

Kapitel V

Qualifikation und anwendbares Recht

Kann ein deutscher Softwarehersteller, der seine Ware auf den Markt bringen will, effektiv z.B. die Vorschrift des § 95 b UrhG umgehen, indem er den Vertrag einem Recht unterstellt, welches eine solche Vorschrift nicht kennt?

1 Maßgebliches Vertragsverhältnis

Stellt man auf das Verhältnis zwischen Urheber und Endnutzer ab, so ist bereits nicht eindeutig, ob es sich hierbei um einen klassischen Vertrag handelt, insbesondere weil der Kauf in der Regel zwischen dem Endnutzer und einem externen Anbieter (der nicht zugleich der Urheber ist) stattfindet. Wenn man hier einen Vertrag zugunsten Dritter annimmt, so entscheidet das Recht, welches auf die Abrede zwischen dem externen Anbieter und dem Endnutzer anwendbar ist, auch über Ansprüche des Urhebers[1].

Im besonderen Fall der *shrink-wraps* and *click-wraps* können leicht Rechtswahlklauseln aufgenommen werden, die dann im Vertrag zwischen Provider und Benutzer und zwischen Anbietern und Internet-Kunden bzw. Verbrauchern gelten. Da alle Nutzer nur über einen Provider „online“ gehen, können daher alle Benutzer aufgrund einer solchen Rechtswahl gebunden werden[2]. In dieser Konstellation wird eine Rechtswahl zunächst von dem Internet Service Provider (ISP) getroffen und nicht vom Urheber, der sein Werk auch via Internet wirtschaftlich nutzen will.

---

[1] Zum anwendbaren Recht beim Vertrag zugunsten Dritter vgl. Siehr, Internationales Privatrecht, 219.

[2] Burnstein in: Internet, 32.

Schließlich kann auch der Urheber, der sein Werk auf einer Website direkt dem Endnutzer anbietet, in seinem vertraglichen Verhältnis zum Abnehmer durch *click-wrap* eine Rechtswahl treffen.

2 Qualifikation der Beschränkungen

Entscheidet das (möglicherweise gewählte) Vertragsstatut auch über die Frage, welche Beschränkungen des Urheberrechts im einzelnen gelten?

Die Diskussion über die vertragliche Abbedingung von urheberrechtlichen Beschränkungen verführt dazu, die Beschränkungen als Bestandteil des Vertragsstatuts zu betrachten. Die Beschränkungen sind selbst allerdings nicht vertragsrechtliche Bestandteile, sondern beschränken das Urheberrecht in seiner absoluten Dimension im Verhältnis zu Dritten, regeln Umfang und Grenzen urheberrechtlicher Befugnisse und sind daher dem Urheberrechtsstatut zuzuordnen.

An der Anwendung des Urheberrechtsstatuts auf diesen Aspekt ändert auch die Überlegung nichts, dass die Beschränkungen Vertragsgegenstand sein können, denn sie können, müssen aber nicht mit einer vertraglichen Vereinbarung verbunden sein. Sie greifen vielmehr für den Einzelnen, der beispielsweise aus einem urheberrechtlich geschützten Werk zitieren oder kopieren will, auch ohne vertragliche Regelung.

Kapitel VI

Ergebnis

Durch die Zuordnung der Beschränkungen zum Urheberrecht ist es dem Urheber nicht möglich, durch die Wahl eines bestimmten Vertragsstatuts „Schranken“ bzw. „Ausnahmen“ eines Rechts durch die Wahl eines anderen Rechts zu umgehen. Wählt er auf den Vertrag deutsches Recht mit dem Ziel, ein Recht auf digitale Privatkopie auszuschließen, so kann er zwar eine derartige vertragliche Vereinbarung formulieren. Das Vertragsstatut entscheidet darüber, ob die Vereinbarung Vertragsbestandteil geworden ist, was bei Benutzung von AGB - insbesondere im Internet - ein Problem darstellen kann. Dagegen entscheidet das Urheberrechtsstatut darüber, ob sich die Beschränkung durchsetzt. Wendet man hier das Schutzlandprinzip an, so kann es der Urheber trotz deutschem Vertragsstatut nicht verhindern, dass französische Beschränkungen greifen, soweit der Schutz für französisches Territorium begehrt wird und das französische Recht eine Unabdingbarkeit vorsieht.

Hier lässt sich die Parallele zur kollisionsrechtlichen Behandlung des Urheberpersönlichkeitsrechts ziehen, welches sich nach hier vorzugswürdiger Ansicht ebenfalls nach dem Urheberrechtsstatut beurteilt[1].

Damit ist auch der Anwendungsbereich der europarechtlichen Beschränkungen abgesteckt: Sie setzen sich - bei Richtlinien in der Fassung, die sie im jeweiligen nationalen Recht gefunden haben - durch, soweit der Schutz für das Territorium eines Mitgliedstaates begehrt wird.

Ist das anwendbare Recht ermittelt, bleibt die Frage bestehen, inwieweit die jeweilige Beschränkung vertraglich zur Disposition steht. Bisher ist gesetzlich nur teilweise geregelt, welche Beschränkungen vor vertraglicher Umgehung geschützt sind; Urteile zu einzelnen Beschränkungen sind rar und lassen über die Möglichkeiten abweichender vertraglicher Vereinbarungen nur Spekulationen

[1] Es ist daher durchaus möglich, dass das französische Recht in Parallele zum *droit moral* auch die Beschränkungen des Urheberrechts als vertragsrechtliche Eingriffsnormen behandelt.

zu. Da Urheberrechte allerdings immer mehr und verstärkt im Internet Gegenstand vertraglicher Vereinbarungen werden, ist auch in diesem Bereich in der Zukunft (hoffentlich erhellende) Rechtsprechung zu erwarten.

Metzger spricht sich in diesem Zusammenang für eine vertragsrechtliche Lösung aus und lehnt es ab, die ein oder andere Seite durch technische Schutzmaßnahmen bzw. zu starke Gewichtung der Rechte der Allgemeinheit zu begünstigen. Es sollen, wie es bereits das *Creative Commons*-Projekt vornimmt[2], weltweit Lizenzen entwickelt werden, bei denen der Urheber selbst im Einzelfall entscheiden können soll, in welchem Ausmaß der Nutzer das Werk nutzen darf[3].

[2] S. oben, Einführung.

[3] Vgl. Metzger, zitiert von: Arming, MMR 2005 Heft 1, XXVI.

Teil G

Résumé und Ausblick

Kapitel I

Möglichkeiten eines effektiven Urheberschutzes

1 Schutzebenen

Die obigen Ausführungen zur rechtlichen Situation in den einzelnen Ländern verdeutlichen, dass es unterschiedliche Ebenen gibt, um den Urheber in seinen Rechten zu schützen. Zum einen gibt es die Möglichkeit, den Urheber durch internationale und europäische Gesetzgebung zu schützen, wobei hier zu unterscheiden ist zwischen der Harmonisierung materieller Vorschriften und der Vereinheitlichung von Kollisionsnormen. Weiterhin gibt es die Möglichkeit nationalen Schutzes, der sich wiederum auf zwei Ebenen - der kollisionsrechtlichen und der materiellrechtlichen - abspielen kann.

a Schutz durch nationales IPR

Das internationale Privatrecht ist im Ausgangspunkt weitgehend neutral, da es nicht selbst die Konflikte verschiedener privater Interessen löst, sondern lediglich das international zuständige Gericht sowie das anwendbare Recht bestimmt. Damit ist der Schutz einer in der Vertragsgestaltung schwächeren Partei im Prinzip Sache des materiellen Rechts[1].

Dies bedeutet aber nicht, dass der Inhalt der nationalen IPR-Regel für die Parteien völlig bedeutungslos ist. Die Ausgestaltung der IPR-Regel kann im nationalen Kontext faktisch Einfluss darauf haben, ob eine bestimmte Gruppe geschützt wird. Verlangt zum Beispiel ein Land mit einem starken Urheberrechtsschutz die Anwendung „seiner" Vorschriften immer dann, wenn eine Verwerterhandlung in seinem Territorium liegt und lässt das IPR in diesem Bereich

[1] Mayer, La protection de la partie faible, 513 Rn. 1.

eine Rechtswahl nicht zu, führt es zu einem starken Urheberschutz im Hinblick auf alle Nutzungshandlungen in diesem Land.

Dogmatisch betrachtet lassen sich auf nationaler Ebene drei Mechanismen unterscheiden, die den Schutz des Urhebers gewährleisten können[2]:

1. Man kann die Vertragsautonomie voranstellen und den Schutz über die Ausnahme des *ordre public* bzw. zwingende Bestimmungen gewähren.

2. Man kann entgegengesetzt die Vertragsautonomie gegen eine zwingende objektive Anknüpfung austauschen.

3. Man kann Instrumente einbauen, die zugunsten einer Partei wirken, wie es zum Beispiel die Artikel 5 und 6 EVÜ tun.

Unter Berücksichtigung der englischen Rechtsprechung könnte als vierte Ebene noch die verfahrensrechtliche Lösung angeführt werden[3]. Fraglich erscheint hierbei allerdings, ob es sich wirklich um eine Lösung zum Schutz des Urhebers handelt. Im Übrigen hat auch die englische Rechtsprechung nach Erlass des EuGVÜ bzw. jetzt der EuGVO in ihrem Anwendungsbereich nunmehr nur noch die Möglichkeit, den Schutz auf den ersten drei Ebenen zu gewähren, sofern sie ihn für angezeigt hält.

b Internationales öffentliches Recht

Im Mittelpunkt stand und steht hier das internationale Privatrecht, geht es doch um die Beziehung zwischen Privaten. Gleichwohl kann auch das öffentliche Recht eine entscheidende Rolle spielen, wenn es um den Schutz der vertragsschwächeren Partei geht; insbesondere das internationale Strafrecht und das internationale Verwaltungsrecht können hier Hilfestellung leisten[4].

Das internationale Strafrecht ist dann angesprochen, wenn die Einhaltung entsprechender Schutzvorschriften strafrechtlich sanktioniert ist[5]. Stellt die Vertragsverletzung also gleichzeitig den Tatbestand einer Straf- oder Bußgeldvorschrift dar, so ist der Vertragspartner nach der entsprechenden Vorschrift strafbar, sofern sein Handeln in den Geltungsbereich der jeweiligen Strafnorm fällt[6]. Allerdings betreffen die hier in Betracht kommenden spezifisch urheberrechtlichen Vorschriften regelmäßig die Verletzung des Urheberrechts in seiner absoluten Dimension. Urheberspezifische Strafvorschriften bei reinen Vertragsverletzungen in Urheberrechtsverträgen, die nicht zugleich eine Urheberrechtsverletzung darstellen, gibt es hingegen nicht.

Das internationale Verwaltungsrecht spielt dann eine Rolle, wenn die Intervention einer Verwaltungsbehörde in einer privatrechtlichen Situation vorgese-

[2] Zu den verschiedenen Ebenen siehe Josselin-Gall, Rn. 361.

[3] S. oben, D I 1; E VII 1.

[4] Hierzu und zum Folgenden Mayer, La protection de la partie faible, 515 - 517.

[5] Vgl. Mayer, aaO, 516.

[6] Vgl. §§ 106 ff. UrhG; Art. L. 332-1 ff, L. 335-4 CPI; Sec. 107 CDPA.

hen ist[7]. Diese Behörden wenden, sobald sie zuständig sind, immer ihr eigenes Recht an[8].

2 Situation in den Vergleichsländern

a Internationaler und EG-rechtlicher Schutz

Auf Konventionsebene gibt es kein internationales Übereinkommen, das den Bereich des Urhebervertragsrechts verbindlich und umfassend regelt. Gleiches gilt im Grunde auch für die Vorschriften des EG-Rechts. Zwar werden materiellrechtlich nach und nach Art und Umfang von Schutzrechten sowie Verfügungsmöglichkeiten über verschiedene Nutzungsrechte in Spezialgebieten harmonisiert. Das Urhebervertragsrecht und insbesondere das spezielle Schutzinteresse des Urhebers werden dagegen nur mittelbar berührt, und die Schaffung eines allgemeinen europäischen Urhebervertragsrechts ist in naher Zukunft nicht zu erwarten.

Was die Vereinheitlichung der Kollisionsnormen betrifft, so fehlt es auch hier an speziellen, das *Urheber*vertragsrecht betreffende Regelungen bzw. Vorhaben. Soweit die Entwicklung einer zukünftigen Rom I-Verordnung gediegen ist, gibt es bisher keine Bestrebungen hinsichtlich einer besonderen Behandlung von Urheberrechtsverträgen.

b Nationale Rechte

Im Ausgangspunkt gewähren die drei Vergleichsländer alle die Vertragsautonomie.

Unterschiede bestehen dagegen im Schutzniveau der einzelnen Sachrechte. Während Frankreich und Deutschland viele den Urheber schützende Bestimmungen kennen, kennt das englische Recht einen urheberspezifischen Schutz nur in wenigen Teilaspekten. Das englische Recht schützt den Urheber hauptsächlich durch Institute des allgemeinen Zivilrechts, die auf der anderen Seite auch geeignet sind, ihn in seinen Rechten zu beschneiden.

Was die Durchsetzung einzelner Bestimmungen betrifft, so wählt das deutsche Recht zum großen Teil die Möglichkeit, sie als international zwingende Bestimmungen im Sinne des Art. 7 II EVÜ (Art. 34 EGBGB) zur Geltung kommen zu lassen. Inwieweit die Bestimmungen auch über Art. 5 und 6 EVÜ (Art. 29 und 30 EGBGB) zur Anwendung kommen können, ist weitgehend ungeklärt. Vorzugswürdig erscheint hier die Auffassung, die eine Begünstigung über Art. 5 und Art. 6 EVÜ allein Verbrauchern und Arbeitern vorbehält und sie nur im

[7] Dies kann zum Beispiel der Fall sein, wenn die Voraussetzungen für die Intervention der Zollbehörde vorliegen, vgl. § 111 b UrhG.

[8] Mayer, aaO, 516.

Hinblick auf verbraucher- bzw. arbeitsrechtsspezifische Vorschriften angewendet wissen will. Für einen Teil der Schutzbestimmungen wählt das deutsche Recht dagegen die zweite Ebene[9] und knüpft objektiv an, ohne dass eine Rechtswahl möglich ist. Dies ist insbesondere für den Umfang des Urheberrechts sowie für die Frage, wer Urheber ist, der Fall.

In Frankreich hat sich die Rechtsprechung bisher dafür entschieden, auf die Geltung von Bestimmungen, die den Urheber in seinen vermögenswerten Interessen schützen, bei Wahl eines anderen Vertragsstatuts zu verzichten. Der Bestand des Urheberpersönlichkeitsrechts wird anders als im deutschen Recht nicht gesondert angeknüpft, sondern als zwingende Bestimmung über Art. 7 EVÜ berücksichtigt. Möglich ist allerdings auch seine Berücksichtigung über Art. 6 EVÜ, soweit dessen Voraussetzungen vorliegen. Hier zieht das französische Recht die Trennung im Anwendungsbereich von Art. 6 und Art. 7 EVÜ weniger scharf als die deutschen Rechtsanwender. Für das Rückrufsrecht wird dagegen die zweite Ebene gewählt: Es untersteht nicht dem Vertragsstatut und wird gesondert angeknüpft.

In England ist es im Grundsatz ebenfalls über Art. 7 EVÜ und in seinem Anwendungsbereich auch über Art. 6 EVÜ möglich, Vorschriften zugunsten des Urhebers zur Geltung kommen zu lassen. Da die meisten Schutzbestimmungen aus dem allgemeinen Vertragsrecht stammen, stellt sich die Frage nach einer gesonderten Anknüpfung nicht.

Etwas anderes gilt für die Vorschriften, die den Bestand, den Umfang und die Übertragbarkeit des Urheberrechts betreffen. Hier knüpft das englische Recht ebenso wie das deutsche Recht gesondert nach dem Urheberrechtsstatut an. Dies soll insbesondere auch für die einzelnen Ausprägungen des Urheberpersönlichkeitsrechts gelten. Darüber hinaus wird die Berücksichtigung der *moral rights* als zwingende Bestimmungen befürwortet, wenn sie nicht bereits nach dem Urheberrechtsstatut zur Anwendung kommen.

---

[9] Zu den Ebenen s. oben, G I 1 a.

Kapitel II

Vor- und Nachteile der einzelnen Ebenen

Das empirische Ergebnis weckt die dogmatische Frage, welcher der drei aufgezeigten Wege der für den Urheber günstigste Weg ist bzw. wie das IPR-Instrumentarium optimalerweise geschaffen sein muss, um einen angemessenen Schutz des Urhebers zu garantieren. Besteht überhaupt ein Bedürfnis danach, das Vertragsrecht in den Vordergrund zu rücken und für seine kollisionsrechtliche Berücksichtigung zu plädieren? Was spricht für und gegen eine objektive, vertraglich nicht beeinflussbare Anknüpfung?

1 Relevanz der Anknüpfung für das Ergebnis?

Zunächst mag man sich fragen, ob eine Rechtswahl mit der Einschränkung durch Eingriffsnormen oder den allgemeinen *ordre public* in ihrer Anwendung zu einem anderen Ergebnis führt als eine einheitliche objektive Anknüpfung, nach der das anwendbare Recht über das Urheberrechtsstatut ermittelt wird.

Dies soll an einem Beispiel deutlich gemacht werden:

„Urheber (U) und Verwerter (V) schließen einen Vertrag, in dem U dem V eine Reihe an Nutzungsrechten an seinem Werk einräumt, u.a. auch für die Nutzung in Deutschland: Das Recht des Landes X soll gelten, dass unter anderem ein Rückrufsrecht im Sinne des § 41 UrhG nicht kennt."

Bestimmt sich die Frage der Reichweite des Rückrufrechtes nach dem Urheberrechtsstatut und wendet man das Schutzlandprinzip an, so kann sich der Urheber auf § 41 UrhG unabhängig von dem gewählten Recht berufen, allerdings nur soweit es die Nutzung seines Werkes in Deutschland betrifft. Zu diesem Ergebnis käme nicht nur ein in Deutschland angerufenes Gericht, sondern auch ein mit der Sache befasstes Gericht im Land X.

Geht man von der ersten Ebene[1] (eventuell kombiniert mit der dritten Ebene) aus, so muss hier zunächst ermittelt werden, ob das gewählte Recht ein solches Rückrufsrecht kennt (zum Beispiel für Frankreich). Ist dies der Fall, so könnte schon aus EG-rechtlichen Erwägungen diese Vorschrift des Vertragsstatuts Anwendung finden und eine Durchsetzung der entsprechenden Vorschrift der lex fori nicht erforderlich sein[2].

Fehlt es dagegen an einer entsprechenden Bestimmung (so im englischen Recht), ist über den Weg des *ordre public* oder im Rahmen der Anwendbarkeit international zwingender Bestimmungen zunächst der Geltungswille der Norm sowie der hinreichende Inlandsbezug zu ermitteln. Dieser läge im Beispielsfall in der Ausübung des Nutzungsrechts in Deutschland. Auf den ersten Blick besteht kein Unterschied zum Territorialitätsprinzip; allerdings gilt dies nur für den Fall, dass es sich bei dem mit der Sache befassten Gericht um ein deutsches handelt oder aber um ein Gericht eines Landes, welches nach seinem Recht die Möglichkeit hat, ausländische Normen wie die des § 41 UrhG bei gegebenem Bezug zu Deutschland zu berücksichtigen und auch gewillt ist, die Norm anzuwenden. Dies wäre zum Beispiel der Fall in den EVÜ-Mitgliedsstaaten, die Art. 7 I EVÜ in ihr nationales IPR aufgenommen haben. Aber selbst unter dieser Voraussetzung ist noch nicht sicher, ob die Vorschrift sich wirklich durchsetzt, insbesondere dann, wenn das Recht der lex fori die Durchsetzung der Vorschrift als nicht kompatibel mit seinem Vertragsrecht ansieht.

Unangewendet bleibt die Vorschrift immer dann, wenn das angerufene Gericht den zwingenden Charakter der Vorschrift nicht anerkennt.

Andererseits ermöglicht der Weg über den *ordre public* oder die zwingenden Bestimmungen die Durchsetzung der Norm auch dann, wenn ein anderer Inlandsbezug festgestellt wird (zum Beispiel Nationalität; Sitz des Verwerters). Dieser „Export“ der eigenen Rechtnormen über die Grenzen hinaus wäre bei einer objektiven Anknüpfung nicht möglich.

Der Weg über Günstigkeitsvorschriften würde nur dann zu dem gewünschten Schutz führen, solange die lex fori eine derartige Günstigkeitsregelung enthält[3]. Im Vergleich zu der ersten Lösung kommt dabei aber nicht unbedingt das Schutzinstrumentarium der lex fori zur Anwendung, sondern das Recht des Landes, welches die Begünstigungsnorm wählt - z.B. das des gewöhnlichen Aufenthalts des Urhebers oder das der Verwertungshandlung.

---

[1] Zu den Ebenen s. oben, G I 1 a.

[2] Zu den EG-rechtlichen Anforderungen an nationale Eingriffsnormen s. oben, D III 4 c-bb.

[3] Dies ist in den Vergleichsländern für Verbraucher und Arbeitnehmer durch die Vorgaben der Art. 5 und 6 EVÜ der Fall.

2 Einheitliche objektive Anknüpfung

Eine einheitliche objektive Anknüpfung hätte zumindest eines für sich: Es gäbe keine Abgrenzungsschwierigkeiten zwischen dem Urheberrechtsstatut einerseits und dem Urhebervertragsstatut andererseits.

Allerdings ist diese Lösung mit der Konzeption des EVÜ nicht zu vereinbaren.

Des weiteren würde die unternehmerische Freiheit durch eine unbedingte Durchsetzung des Territorialitätsprinzips torpediert werden. Zudem erscheint sie in einer Zeit, in der die Rechtsvereinheitlichung auf europarechtlicher Ebene immer weiter fortschreitet, nicht verhältnismäßig. Denn ein solches System berücksichtigt nicht, inwieweit nationale Regeln bereits gleichwertig sind - oder auch schon immer waren - so dass es durchaus im Interesse beider Parteien liegt, eine Rechtswahl zuzulassen.

3 Vorrang der Vertragsautonomie

Lässt man der Vertragsautonomie den Vorrang, so bietet dies zunächst den Vorteil für beide Parteien, den Vertrag nach ihren eigenen, individuellen Interessen zu gestalten.

Die freie Rechtswahl bedeutet natürlich eine Gefahr für die schwächere Partei, wird sie sich der von der positionsstärkeren Partei getroffenen, in der Regel für diese günstigeren Rechtswahl wohl kaum erwehren können und damit die Anwendung eines Rechts mit nur einem geringen Schutz der Interessen der schwächeren Partei riskieren[4].

Eingriffsnormen und der *ordre public* können in dieser Konstellation die Vertragsparität wieder herstellen. Der *ordre public* ist allerdings weniger geeignet als die Eingriffsnormen, positive Schutzbestimmungen durchzusetzen, denn zunächst muss es sich um ein Gebot des internationalen *ordre public* handeln, dass sich gegen das gefundene Ergebnis durchzusetzen vermag und weiterhin muss ein ausreichender Inlandsbezug vorhanden sein. Im Übrigen führt die Anwendung des *ordre public* zu einer Korrektur, die nicht unbedingt mit der vollumfänglichen Durchsetzung anderer Schutzvorschriften einhergeht[5]. Diese Wirkung haben dagegen die Eingriffsnormen.

Allerdings sind nationale Eingriffnormen als solche nicht immer unproblematisch, was ihre EG-rechtliche Vereinbarkeit betrifft, insbesondere, weil die unternehmerische Freiheit im Europarecht zunächst den Vorrang genießt[6].

Die Möglichkeit für den Gesetzgeber, unter der Prämisse der Vertragsfreiheit Eingriffsnormen zu schaffen, ermöglicht bei unterschiedlichen Standards,

[4] Vgl. Mayer, La protection de la partie faible, 514.
[5] Ferner Mayer, La protection de la partie faible, 531 Rn. 31.
[6] Zur unternehmerischen Freiheit s. bereits oben, E II 2 d-aa.

wie sie insbesondere im Vergleich zu England deutlich werden, den national für notwendig erachteten Schutz durchzusetzen (zum Beispiel über § 32 b UrhG), die Ausgestaltung der Eingriffsnormen aber neu zu überdenken, soweit Rechtsvereinheitlichung und -angleichung zu beobachten ist.

Dies muss geschehen, solange es für den Urheber keine den Art. 5 und 6 EVÜ vergleichbare Schutzbestimmung gibt, die dem Günstigkeitsprinzip entsprechend das anwendbare Schutzinstrumentarium ermittelt.

Dieser Weg erscheint überdies geeignet, auf politische Entwicklungen und insbesondere fortschreitende Rechtsvereinheitlichung zu reagieren. Dort, wo der Schutz der Parteien nicht angezeigt ist, sollte den Vertragspartnern die Parteiautonomie zugestanden werden, die ihnen bei allen Verträgen gebührt. Warum soll es in diesem Punkt einen Unterschied machen, ob der Vertrag die Eigentumsübertragung eines Autos oder die Einräumung einer Lizenz zum Gegenstand hat? Ob zum Beispiel ein Autokauf rückgängig gemacht werden kann, ist ja auch keine Frage, die der lex rei sitae untersteht!

Die These, dass generell die Vertragsfreiheit im Urhebervertragsrecht der Ausgangspunkt sein soll, gebietet aber nicht zwingend, alle im Zusammenhang mit dem Vertrag auftauchenden Probleme einheitlich dem Vertragsstatut zu unterwerfen, ganz unterschiedlich ist doch die jeweilige Beziehung zwischen dem ein oder anderen Punkt und dem Vertrag.

Einige Bereiche erscheinen insbesondere aus europäischer *droit d'auteur*-Sicht nicht geeignet, zur Disposition der Parteien gestellt zu werden. Hier bietet sich einerseits an, eine Sonderanknüpfung vorzunehmen, die aus dem Vertragsstatut herausfällt, andererseits ihre Berücksichtigung über den *ordre public* bzw. international zwingende Eingriffsnormen.

4 Differenzierte Betrachtung einzelner Teilbereiche

Im Folgenden soll gesondert auf die Behandlung des Urheberpersönlichkeitsrechts, eng damit zusammenhängend auf die Frage der Übertragbarkeit des Urheberrechts, das Rückrufsrecht und die Vergütungsansprüche, sofern sie in den Vergleichländern bestehen, eingangen werden.

a Welcher Weg für das Urheberpersönlichkeitsrecht?

Welchem Recht untersteht die Frage, ob und gegebenenfalls in welchem Umfang dem Werkschöpfer ein Urheberpersönlichkeitsrecht an dem Werk zusteht? In diesem Zusammenhang ist dann auch die Frage nach der Übertragbarkeit zu stellen: Kann das Recht übertragen werden?

Da sich beide Fragen häufig als eine Vorfrage innerhalb des Vertragsstatuts stellen können, bietet sich das Vertragsstatut an. Diese Möglichkeit ist praktisch, führt sie doch zu der einheitlichen Anwendung eines einzigen Rechts. Ob es die adäquate Lösung ist, ist eine andere Frage. Ein Gegenargument speziell für die Frage der Übertragbarkeit lässt sich zudem aus Art. 12 EVÜ herleiten[7]. Im Übrigen steht in den Ländern, die dem Urheber ein solches Recht zugestehen, sein ureigenes Interesse im Vordergrund. Dies soll ihm erhalten bleiben. Es erscheint daher nicht angemessen, eine derartige „Schutzvorrichtung" zugunsten des Urhebers zur Disposition der Parteien zu stellen.

Um diesem Aspekt gerecht zu werden, bietet sich zum einen die Möglichkeit an, Existenz, Ausmaß und Übertragbarkeit eines solchen Rechtes als international zwingende Bestimmung zu behandeln. Dies hat den Vorteil, dass das Urheber(persönlichkeits)recht im Land des angerufenen Gerichts unabhängig vom Vertragsstatut (und auch unabhängig von dem Recht des Landes, aus dem das Werk originär stammt), durchgesetzt wird. Hat das Land des Forums Art. 7 I EVÜ umgesetzt, so muss es spiegelbildlich auch die zwingenden Bestimmungen von Drittstaaten berücksichtigen, zu denen ein hinreichender Inlandsbezug besteht.

Aber auch dieser Weg hat seine Tücken: Dogmatisch sauber muss bei dem Weg über Art. 7 II EVÜ die enge Beziehung zum Inland begründet werden. Art. 7 I EVÜ ist zudem nicht von allen Ländern ratifiziert worden - dies bedeutet, dass das Urheberpersönlichkeitsrecht mit Sicherheit nur dann dem Urheber zugestanden wird, wenn die lex fori es kennt. Das Urheberpersönlichkeitsrecht bleibt dann auf der Strecke, wenn die lex fori es nicht kennt. Daraus ergibt sich noch ein weiterer Aspekt, der gegen die Berücksichtigung über zwingende Bestimmungen oder den *ordre public* spricht: Diese Herangehensweise ermöglicht ein forum-shopping, da die Durchsetzung des Schutzstandards davon abhängig ist, vor welchem Gericht der Fall behandelt wird[8].

Als dritte Möglichkeit ist die Sonderanknüpfung über das Schutzlandprinzip zu nennen, wie es der deutsch-englischen Herangehensweise entspricht[9]. Wird dadurch auch die Vertragsfreiheit bzw. die Reichweite des Vertragsstatuts insgesamt eingeschränkt, bietet diese Lösung doch den Vorteil, dass das Urheberpersönlichkeitsrecht, soweit der Staat, in dem der Schutz geltend gemacht wird, es dem Urheber zuerkennt, anerkannt wird, und dies unabhängig von der lex fori. So ist auch ein in England angerufenes Gericht gehalten, das Urheberrecht als unveräußerliches Recht anzusehen, sofern es um Rechtshandlungen beispielsweise in Frankreich oder Deutschland geht - auch für den Fall, in dem der Vertrag englischem Recht untersteht. Dieser wünschenswerte Schutz ist weder bei der ersten noch bei der zweiten Lösung gegeben.

Noch aus einem weiteren Grund erscheint diese Lösung als die adäquate. Die Fragen nach der Existenz, der Inhaberschaft und der Veräußerlichkeit von

[7]Zur Argumentation s. oben, C II 5 c-aa.
[8]Dazu näher Metzger in: Intellectual Property in the Conflict of Laws, 61 (72/73).
[9]Vgl. dazu Metzger in: Intellectual Property in the Conflict of Laws, 61 (66, 71/72).

Urheberrechten weisen starke Parallelen zu anderen dinglichen Rechten auf. Denn hier geht es um das Urheberrecht in seiner absoluten Stellung. Daher ist hier wie bei anderen Rechten nicht auf das Vertragsstatut abzustellen, sondern auf das Statut, welches die dinglichen Aspekte betrifft.

b Welcher Weg für Rückrufs- und Widerrufsrechte?

Das Rückrufsrecht erscheint - entgegen der Ansicht der französischen Rechtsprechung - sehr viel mehr mit der vertraglichen Ausgestaltung verbunden zu sein als die Frage des Urheberpersönlichkeitsrechtes. Natürlich dient es nicht zuletzt dem Schutz des Urhebers. Es wäre aber zu kurz gedacht, jede Schutzbestimmung der Vertragsautonomie zu entziehen. Ordnete man die Frage nach dem Rückrufsrecht dem dinglichen Recht zu, so bliebe für die vertragliche Ausgestaltung wenig - zu wenig - Raum.

Sieht man in der Vorschrift noch ein wenig mehr als nur eine vertragliche Regelung, und will sie nicht völlig zur vertraglichen Disposition stellen, ist der Weg eröffnet, sie als international zwingende Bestimmung zur Anwendung zu bringen, wie es zum Beispiel in Deutschland der Fall ist.

c Welcher Weg für die Vergütung?

Die Vergütung ist wichtiger Teil einer vertraglichen Vereinbarung über die Einräumung von Nutzungsrechten und maßgebliche Gegenleistung für die Rechtsgewährung. Ebenso wie das Rücktrittsrecht gehört sie zu den Grundpfeilern eines urheberrechtlichen Nutzungsvertrages. Sie kann daher sinnvoll nur dem Vertragsstatut unterstehen. Eine andere Einordnung wäre mit Art. 10 EVÜ nicht vereinbar, der den Inhalt der Verpflichtungen dem Vertragsstatut zuordnet.

Einzuschränken ist die Anwendung des Vertragsstatuts allerdings auf die vertraglichen Vergütungsansprüche. Nicht anwendbar ist es dagegen auf gesetzliche Vergütungsansprüche, die keine vertragliche Beziehung zwischen den Parteien verlangen.

Die Durchsetzung der Vergütungsvorschriften im internationalen Kontext kann entweder durch eine entsprechende Begünstigungsnorm im Sinne der Art. 5 oder 6 EVÜ oder über den *ordre public* bzw. zwingende Eingriffsnormen gewährt werden. Der erste Weg hat den Vorteil, dass die für den Urheber vorteilhafteste Lösung für den Urheber ermittelt wird. Bei der zweiten Vorgehensweise besteht der Vorteil, dass Rechtsunsicherheiten bei dem Vergleich der bestehenden Rechte, welche Art von Vergütung die wirklich günstigste ist, wegfallen und darüber hinaus auch andere, über den Urheberschutz hinausgehende Ziele steuerbar mitverfolgt werden können.

An der Gegenüberstellung der Unterschiede im deutschen und französischen Recht wird deutlich, dass es für die Frage der angemessenen Vergütung - anders als für das Urheberpersönlichkeitsrecht in den *droit d'auteur*-Staaten - kein absolut „ideales“ Schutzmaß für den Urheber gibt. Wird ihre Bedeutung hoch angesiedelt, so kommt es zum Erlass einer Vorschrift wie der des § 32 b UrhG, wird dagegen die Vertragsfreiheit im internationalen Rechtsverkehr als dominierend angesehen, wird sie zur Disposition der Parteien gestellt.

Kapitel III

Der praktische Nutzen

Das Wissen um die Einordnung der einzelnen Bestimmungen als dem Urhebervertrags- oder dem Urheberrechtsstatut zugehörig und die Kenntnis von der Existenz international zwingender Bestimmungen können dem Kreativen zumindest eine Richtlinie für seine Vertragsgestaltung sein, sofern er in der Position ist, an ihr gestaltend mitzuwirken. Bei einer Rechtswahl kann er versuchen, ein für ihn günstiges Recht im Hinblick auf Vergütungsregeln, Widerrufs- und Kündigungsrechten auf den Vertrag zu wählen. Bei der Wahl eines für ihn ungünstigen Rechts sollte er in Kenntnis seiner Benachteiligung auf vertragliche Vereinbarungen hinwirken, die die gesetzlichen Defizite ausgleichen. Nichts spricht gegen eine vertragliche Vereinbarung englischen Rechts, die in ihrem Inhalt § 32 UrhG oder Art. L. 131-4 CPI entspricht!

Kennt der Urheber auch die international zwingende Bestimmungen, die sich zu seinen Gunsten gegen das gewählte Vertragsstatut durchzusetzen vermögen, so ist für diese Fälle eine vertragliche Vereinbarung nicht unbedingt nötig. In Anbetracht des oft limitierten Anwendungsbereiches erscheint eine vertragliche Absicherung gleichwohl ratsam, damit der Urheber auch dann geschützt ist, wenn der Inlandsbezug zweifelhaft ist.

Bei dem Vertrauen auf international zwingende Bestimmungen ist zudem an eine mögliche Gerichtsstandsklausel bzw. allgemein daran zu denken, welches Gericht im Streitfall zu wählen ist. Denn die international zwingenden Bestimmungen eines Landes kommen in der Regel nur dann zur Anwendung, wenn sich auch das mit der Sache befasste Gericht in diesem Land befindet. Zwar berücksichtigen Gerichte teilweise auch ausländische Eingriffsnormen; dass in diesem Fall die entsprechende Bestimmung mit Sicherheit zur Anwendung kommt, ist allerdings auf keinen Fall sicher und bei bestehenden, weniger strengen Bestimmungen des Forumstaates eher zweifelhaft. Die Wahl eines Gerichtsstandes in dem Land, in dem möglichst viele, den Urheber schützenden Bestimmungen existieren, ist für den Urheber am vorteilhaftesten - und wohl nur in seltenen

Fällen durchsetzbar. Kann der Urheber auf die Gerichtsstandswahl seines Vertragspartners keinen Einfluss nehmen, so sollte zumindest darauf hingewirkt werden, dass es sich um einen nicht ausschließlichen Gerichtsstand handelt, so dass der Urheber im Fall einer Klage bei entsprechender Zuständigkeitsregel[1] auch ein Forum wählen kann, welches eine Vielzahl an international zwingenden Vorschriften kennt. In diesem Licht sind auch die obigen Ausführungen zu international zwingenden Bestimmungen im deutschen, französischen und englischen Recht zu lesen: Praktisch können sie nur dann zugunsten des Urhebers Wirkung entfalten, wenn das entsprechende Forum über den Rechtsstreit entscheidet.

[1] z.B. Ort der Rechtsverletzung oder der vertraglich geschuldeten Erfüllung, vgl. zum Beispiel Art. 5 EuGVO.

Kapitel IV

Blick in die Zukunft

1 Europäische Perspektiven

Im Bereich des Urhebervertragsrechts bleiben die bisher bestehenden, den Urheber schützenden EG-Vorschriften stumm; auch eine zukünftige Verordnung im Bereich des Kollisionsrechts für Schuldverhältnisse wird wohl keine Sonderregelung für Urheberrechtsverträge enthalten. Gleichwohl ist dem EG-Gesetzgeber nicht vorzuwerfen, er sähe in Anbetracht der divergierenden Rechtslage in den Mitgliedstaaten kein Schutzbedürfnis für den Urheber, denn die Richtlinien stellen in erster Linie den urheberrechtlichen Schutz in den Mittelpunkt. Diese Tendenz ist auch bei der Auslegung nationaler Vorschriften zu berücksichtigten.

In dem europarechtlich abgesteckten Rahmen von Grundfreiheiten, europäischem Wettbewerbsrecht und den Richtlinien zu Aspekten des Urheberrechts in seiner absoluten Dimension bleibt es den Mitgliedstaaten überlassen, den vertragsrechtlichen Schutz des Urhebers zu regeln.

Eine andere Frage ist, welcher Ausgangspunkt für das Schutzniveau gewählt wird, ob konkret vom Urheberrechtsstatut oder vom Vertragsstatut ausgegangen werden soll. Hier haben die Vergleichsstaaten und innerstaatlich Lehre und Rechtsprechung teilweise unterschiedliche Ansätze gewählt. Gleiches gilt für die Bestimmung des Urheberrechtsstatuts, die zum großen Teil nach der lex loci protectionis, teilweise aber auch nach der lex originis vorgenommen wird. Eine einheitliche Regelung wäre wünschenswert, könnte von den zukünftigen Verordnungen Rom I und Rom II auch geschaffen werden und zumindest im Bereich der außervertraglichen Schuldverhältnisse (Rom II) wird derzeit der Vorschlag gemacht, das Schutzlandprinzip anzuwenden.

2 Neue Impulse aus den USA?

Auch in den USA beschäftigt man sich mit den Bereichen des anwendbaren Rechts auf Urheberrechtsverträge und den Schutzmöglichkeiten für den Autor. Das *American Law Institute* hat kürzlich in einem Entwurf (*ALI Draft*) unter anderem Prinzipien zur Frage der Rechtswahl im Bereich des geistigen Eigentums aufgestellt[1].

Bis auf die Frage nach der Übertragbarkeit des Rechts und des gesetzlichen Übergangs von Rechten ist auf die Übertragung eines Rechts oder einer Lizenzeinräumung an einem geistigen Eigentumsrecht das auf den Vertrag gewählte Recht anwendbar, § 315 I *ALI Draft*:

„Except for the transferability of rights and transfers by operation of law, the law applicable to a transfer of ownership in, or a grant of a license to use, intellectual property rights is the law designated by the parties to the contract."

Für die Frage der Übertragbarkeit schlägt der Entwurf in § 314 zwei Alternativen vor. Die erste Alternative sieht die lex loci protectionis vor, die zweite die lex originis.

Weiterhin berücksichtigt der *ALI Draft* die Interessen des Urhebers durch eine Art „Europäischer Kontrolle zugunsten der schwächeren Partei" (*European test of the weaker party*[2]), § 315 III *ALI Draft*:

„In non negotiated contracts other than collective bargaining agreements, the applicable law designated in the contract should be applied if it is reasonable in light of:

(a) the substantiality of the connection between the designated national law, and the parties or the substance of the agreement, and;

(b) the location of the weaker party;

(c) the sophistication of the parties, in particular the weaker party;

(d) whether the terms of the agreement were sufficiently apperent with respect to accessibility, typographic readability, and national language so as not to cause surprise;

(e) whether the terms intrude on the fundamental policies of the law of the country of residence or the principal place of business of the weaker party.

(f) If the designated law is unreasonable, the law of the weaker party shall apply."

§ 313 III *ALI Draft* erlaubt es dem Richter, die Anwendung des gewählten Rechts im Hinblick auf die Interessen der schwächeren Partei zu kontrollieren. Kommt das Gericht zu dem Ergebnis, dass es sich um eine unzumutbare Rechtswahl handelt, ist das Recht der schwächeren Partei anwendbar.

Die Kontrolle ist einerseits weiter als die Begrenzungen, die derzeit durch Art, 5 und 6 EVÜ gezogen werden. Während letztere nur in einer begrenzten Anzahl bestimmter Situationen die Verbraucher bzw. Arbeiter schützende Bestimmungen entgegen anderer Rechtswahl durchsetzen, wird bei § 315 III ALI

[1] Intellectual Property: Principles governing Jurisdiction, Choice of Law and Judgements in Transnational Disputes; Preliminary Draft No. 2 vom 20.01.2004.

[2] Zum Begriff s. Dessemontet in: FS Nordemann, 415 (422).

die Rechtswahl allgemein auf ihre Zumutbarkeit (*reasonability*) hin geprüft[3]. Andererseits ist sie durch ihre beschränkte Anwendbarkeit auf nicht ausgehandelte Verträge auch begrenzter als Art. 5 und 6 EVÜ, die eine derarte Einschränkung nicht vorsehen[4].

Abzuwarten bleibt, inwieweit der Ansatz, wie er vom *American Law Institute* gewählt wurde, europäische und nationale Rechtsetzung inspirieren wird.

Für die Frage der Übertragbarkeit des Rechts besteht in Deutschland und England nach der bisherigen Rechtspraxis, die diese Frage gesondert nach der lex loci protectionis beurteilt, kein Bedürfnis nach einer Art. 5/Art. 6 EVÜ entsprechenden Regelung. In Frankreich, wo die Frage nach der lex originis beurteilt wird, würde eine Sonderreglung dem Urheber auch nicht weiterhelfen: Schutz würde demzufolge nur der Urheber erlangen, der in Frankreich oder einem anderen *droit d'auteur*-Staat seinen Wohnsitz hat[5].

Für die übrigen urheberrechtlichen Bestimmungen erscheint Art. 7 EVÜ/Art. 34 EGBGB ausreichend. Möchte man darüber hinaus für Urheberrechtsverträge die Möglichkeit eines Günstigkeitsvergleiches eröffnen und im Einzelfall den Urheber weitergehend schützen, als es Art. 7 EVÜ tut, erscheint aus europäischer Sicht eine Art. 5 und 6 EVÜ entsprechende urheberschützende Regel vorzugswürdiger als eine allgemeine Zumutbarkeits-Kontrolle nach amerikanischem Modell, insbesondere, weil das amerikanische Modell keinen Günstigkeitsvergleich vornimmt und damit auch zum Nachteil des Urhebers wirken kann[6].

In diesem Fall könnten allerdings andere Ziele, die gegebenenfalls mit der jeweiligen inländischen Vorschrift verbunden sind, nicht mehr steuerbar verfolgt werden.

---

[3]Vgl. dazu Metzger in: Intellectual Property in the Conflict of Laws, 61 (75).

[4]S. Metzger in: Intellectual Property in the Conflict of Laws, 61 (75).

[5]So Metzger, ebenda, zur Frage nach dem Bedürfnis einer Spezialregelung in Deutschland, Frankreich und England.

[6]Dazu s. Metzger in: Intellectual Property in the Conflict of Laws, 61 (76).

Teil H

Anhang

Abkürzungsverzeichnis

ABl. Amtsblatt der Europäischen Gemeinschaften

AC Appeal Cases

AfP Archiv für Presserecht

AG Amtsgericht

AGB Allgemeine Geschäftsbedingungen

AGBG Gesetz zur Regelung des Rechts der allgemeinen Geschäftsbedingungen

AJ Actualité Jurisprudence

All ER All English Reports

AP Arbeitsgerichtliche Praxis

ArbEG Arbeitnehmererfindungsgesetz

AWG Außenwirtschaftsgesetz

BAG Bundesarbeitsgericht

BGB Bürgerliches Gesetzbuch

BGBl. Bundesgesetzblatt

BCH Bundesgerichtshof

BGHZ Entscheidungen des Bundesgerichtshofs in Zivilsachen

Bing. Bingham

BMJ Bundesministerium der Justiz

BOCCRF Bulletin Officiel de la Concurrence, de la Consommation et de la Répression des Fraudes

BT-Drucks. Drucksache des Bundestages

Bull. civ. Bulletin civil

BVerfG Bundesverfassungsgericht

BVerfgE Entscheidungen des Bundesverfassungsgerichts

CA Cour d'appel/Court of Appeal

Cas. Cases

Cass. civ. Cour de cassation chambre civile

Cass. comm. Cour de cassation chambre commerciale

Cass. crim. Cour de cassation chambre criminelle

Cass. req. Cour de cassation chambre des requêtes

Cass. soc. Cour de cassation chambre sociale

CB Common Bench Reports

C.comm. Code de commerce

C.cons. Code de la consommation

CDPA Copyright Designs and Patents Act 1988

ChD Chancery Division

CISAC Confédération Internationale des Sociétés d'Auteurs et Compositeurs

Cons. conc. Conseil de la concurrence

CPI Code de la propriété intellectuelle

CR Computer und Recht

C.trav. Code du travail

D. Recueil Dalloz (ab 1945)

DH Receuil Dalloz hebdomadaire de jurisprudence (vor 1941)

DIP Droit International Privé

DP Receuil Dalloz périodique et critique (vor 1941)

Dr. inf. tél. Droit de l'informatique et des télécoms

Dr. & Patr. Droit et Patrimoine

EG Vertrag zur Gründung der Europäischen Gemeinschaft

EGBGB Einführungsgesetz zum Bürgerlichen Gesetzbuch

EIPR European Intellectual Property Review

EMLR Entertainment and Media Law Reports

EMRK Konvention vom 4. November 1950 zum Schutze der Menschenrechte und Grundfreiheiten

Erw. Erwägung

ETMR European Trade Mark Reports

EU Vertrag über die Europäische Union

EuGRZ Europäische Grundrechte-Zeitschrift

EuGVO Verordnung (EG) Nr. 44/2001 des Rates vom 22.12.2000 über die gerichtliche Zuständigkeit und die Anerkennung und Vollstreckung von Entscheidungen in Zivil- und Handelssachen

EuGVÜ Übereinkommen über die gerichtliche Zuständigkeit und die Vollstreckung gerichtlicher Entscheidungen in Zivil- und Handelssachen

EVÜ Römisches EWG-Übereinkommen über das auf vertragliche Schuldverhältnisse anzuwendende Recht

EW England and Wales

EWGV Vertrag zur Gründung der Europäischen Wirtschaftsgemeinschaft

FamRZ Zeitschrft für das gesamte Familienrecht

FG Festgabe

Fn. Fußnote

Foro it. Foro italiano

FS Festschrift

FSR Flat Street Reports

Gaz. Pal. Gazette du Palais

GEMA Gesellschaft für musikalische Aufführungs- und mechanische Vervielfältigungsrechte

GG Grundgesetz

GRUR Gewerblicher Rechtsschutz und Urheberrecht

GRURInt Gewerblicher Rechtsschutz und Urheberrecht, Internationaler Teil

GRUR-RR GRUR-Rechtsprechungs-Report

GWB Gesetz gegen Wettbewerbsbeschränkungen

HL House of Lords

HOAI Honorarordnung für Architekten und Ingenieure

IIC International Review of Industrial Property and Copyright Law

IPQ Intellectual Property Quarterly

IPR Internationales Privatrecht

IPrax Praxis des internationalen Privat- und Verfahrensrechts

JCP EG Jurisclasseur Périodique - La Semaine Juridique, Edition Générale

JDI Journal du droit international

JILT Journal of Information, Law and Technology

J.O. Journal Officiel

JuS Juristische Schulung

JZ Juristenzeitung

KB King's Bench Division

KOM Legislativvorschläge und sonstige Mitteilungen der Kommission

LG Landgericht

Lloyd's Rep. Lloyd's Reports

LM Nachschlagewerk des Bundesgerichtshofs in Zivilsachen, herausgegeben von Lindenmaier und Möhring

Macg. Cop. Cas. MacGillivrays Copyright Cases

MCPS Mechanical-Copyright Protection Society

MMR MultiMedia und Recht

NJW Neue Juristische Wochenschrift

NJW-RR NJW-Rechtsprechungs-Report Zivilrecht

NVwZ Neue Zeitschrift für Verwaltungsrecht

OGH Oberster Gerichtshof

OLG Oberlandesgericht

PIL Private International Law

QBD Queen's Bench Division

RabelsZ Rabels Zeitschrift für ausländisches und internationales Privatrecht

RBÜ Revidierte Berner Übereinkünft

Rev. crit. DIP Revue critique de droit international privé

Rev. trim. dr. civ. Revue trimestrielle de droit civil

Rev. trim. dr. comm. Revue trimestrielle de droit commercial

RIDA Revue internationale de droit d'auteur

RIDC Revue internationale de droit comparé

RIW Recht der internationalen Wirtschaft

Rn. Randnote

RPC Report of Patent Cases

RTD com. Revue trimestrielle de droit commercial et de droit économique

S. Sirey, Receuil général des lois et arrêts

SACEM Société des auteurs compositeurs et éditeurs de musique

SDRM Société pour l'administration du droit de reproduction mécanique

SGA Sales of Goods Act

S.I. Statutory Instrument

SJ Solicitors' Journal

Slg. Sammlung der Entscheidungen des Gerichtshofs der Europäischen Gemeinschaften

SOG Gesetz über die öffentliche Sicherheit und Ordnung

Somm. Sommaire

TGI Tribunal de Grande Instance

TRIPS Abkommen über handelsbezogene Aspekte der Rechte des geistigen Eigentums vom 20.12.1998

TVG Tarifvertragsgesetz

UFITA Archiv für Urheber- und Medienrecht

UKHL United Kingdom House of Lords Decisions

UrhG Urheberrechtsgesetz

VerlG Verlagsgesetz

VersG Versammlungsgesetz

VTVO Verordnung (EG) Nr. 805/2004 des Europäischen Parlaments und des Rates vom 21.4.2001 zur Einführung eines Europäischen Vollstreckungstitels für unbestrittene Forderungen

WahrnG Wahrnehmungsgesetz

WIPO World Intellectual Property Organization

WLR Weekly Law Reports

WuW/E Wirtschaft und Wettbewerb - Entscheidungssammlung

ZEuP Zeitschrift für Europäisches Privatrecht

ZfRV Zeitschrift für vergleichende Rechtswissenschaft

ZPO Zivilprozessordnung

ZUM Zeitschrift für Urheber- und Medienrecht

Literaturverzeichnis

[Adams/Brownsword] Adams, John/Brownsword, Roger, Key issues in Contract, London, Dublin, Edinburgh 1995.

[Arming, MMR 2005] Arming, Marian, Die Zukunft der Privatkopie: Technische Schutzmaßnahmen vs. Creative Commons, in: MultiMedia und Recht 2205 Heft 1, XXVI.

[Audit, Droit international privé] Audit, Bernard, Droit international privé, 3. Auflage, Paris 2000.

[Aye, Verbraucherschutz im Internet] Aye, Lutz, Verbraucherschutz im Internet nach französischem und deutschem Recht, Frankfurt a.M. u.a. 2004.

[Bainbridge, Intellectual Property] Bainbridge, David, Intellectual Property, 5. Auflage, Harlow 2002.

[Bamberger/Roth-Bearbeiter] Bamberger, Heinz-Georg/Roth, Herbert (Hrsg.), Kommentar zum Bürgerlichen Gesetzbuch, München 2003.

[v. Bar, IPR Bd. II] Bar, Christian v., Internationales Privatrecht, Zweiter Band, Besonderer Teil, München 1991.

[Basedow, Common Market Law Review 2000] Basedow, Jürgen, The Communitarization of the Conflict of Laws under the Treaty of Amsterdam, in: Common Market Law Review 37 (2000), 687-708.

[Batiffol/Lagarde] Batiffol, Henri/Lagarde, Paul, Traité de droit international privé, Tome 1, 8. Auflage, Paris 1993.

[Bayreuther, GRUR 2003] Bayreuther, Frank, Zum Verhältnis zwischen Arbeits-, Urheber- und Arbeitnehmererfindungsrecht - Unter besonderer Berücksichtigung der Sondervergütungsansprüche des angestellten Softwareherstellers, in: Gewerblicher Rechtsschutz und Urheberrecht 2003, 570-581.

[Begründung zum IPR-Neuregelungsentwurf, BT-Drucks. 10/504] Bundesregierung, Begründung zum Gesetzesentwurf zur Neuregelung des IPR v. 20.10.1983, BT-Drucks. 10/504.

[Beier, GRURInt 1981] Beier, Friedrich-Karl, Das auf internationale Markenlizenzverträge anwendbare Recht, in: Gewerblicher Rechtsschutz und Urheberrecht, Internationaler Teil 1981, 299-308.

[Beining, Der Schutz ausübender Künstler] Beining, Anke, Der Schutz ausübender Künstler im internationalen und supranationalen Recht, Baden-Baden 2000.

[Bergé, Gazette du Palais 2003] Bergé, Jean-Sylvestre, Actualité du conflit de lois sur le droit d'auteur: Bataille au pays des fantômes, Gazette du palais, Recueil Mai-Juin 2003, 1629-1634.

[Berger, Daniel, ZUM 2003] Berger, Daniel, Der Anspruch auf angemessene Vergütung gemäß § 32 UrhG: Konsequenzen für die Vertragsgestaltung, in: Zeitschrift für Urheber- und Medienrecht 2003, 521-530.

[Berger, ZUM 2003] Berger, Christian, Zum Anspruch auf angemessene Vergütung (§ 32 UrhG) und weitere Beteiligung (§ 32 a UrhG) bei Arbeitnehmer-Urhebern, in: Zeitschrift für Urheber- und Medienrecht 2003, 173-179.

[Berger-Walliser, RIW 1996] Berger-Walliser, Gerlinde, Missbräuchliche Klauseln in Verbraucherverträgen nach Inkrafttreten des Code de la consommation und Umsetzung der EG-Richtlinie 93/13 in Frankreich, in: Recht der internationalen Wirtschaft 1996, 459-463.

[Bericht des Fachausschusses für Urheber- und Verlagsrecht, GRURInt 2000] Fachausschuss für Urheber- und Verlagsrecht, Internet: Anwendbares Recht, Verwertungsrechte, Haftung - Bericht über die öffentliche Sitzung auf der Jahrestagung der Deutschen Vereinigung für gewerblichen Rechtsschutz und Urheberrecht am 22. Juni 2000 in Bonn, in: Gewerblicher Rechtsschutz und Urheberrecht, Internationaler Teil 2000, 893-896.

[v. Bernstorff] Bernstorff, Christoph Graf v., Einführung in das englische Recht, 2. Auflage, München 2000.

[Bertrand, Le droit d'auteur] Bertrand, André, Le droit d'auteur et les droits voisins, 2. Auflage, Paris 1999.

[Beschlussempfehlung, BT-Drucks. 14/8058] Deutscher Bundestag, Beschlussempfehlung und Bericht des Rechtsausschusses zu den Gesetzesentwürfen (BT-Drucksachen 14/7564 und 14/6433) eines Gesetzes zur Stärkung der vertraglichen Stellung von Urhebern und ausübenden Künstlern, BT-Drucks. 14/8058, 1-22.

[BFF u.a., Gemeinsame Presseerklärung] BFF, BVPA, FreeLens, Gemeinsame Presseerklärung zum neuen Urhebervertragsrecht, Hamburg, den 24.07.2000, abrufbar unter www.fotorecht.de/publikationen; Abrufdatum: 1.11.05.

[Brown, Commercial Law] Brown, Ian, Commercial Law, London 2001.

[v. Brunn, NJW 1962] Brunn, Johann Heinrich v., Der europäische ordre public, in: Neue Juristische Wochenschrift 1962, 985-989.

[Buchner, GRUR 1985] Buchner, Herbert, Die Vergütung für Sonderleistungen des Arbeitnehmers - ein Problem der Äquivalenz der im Arbeitsverhältnis zu erbringenden Leistungen, in: Gewerblicher Rechtsschutz und Urheberrecht 1985, 1-13.

[Buhrow/Nordemann, GRURInt 2005] Buhrow, Astrid/Nordemann, Jan Bernd, Grenzen ausschließlicher Rechte geistigen Eigentums durch Kartellrecht (Q 187), in: Gewerblicher Rechtsschutz und Urheberrecht, Internationaler Teil 2005, 407-419.

[Calliess/Ruffert-Bearbeiter] Calliess, Christian/Ruffert, Matthias, Kommentar des Vertrages über die Europäische Union und des Vertrages zur Gründung der Europäischen Gemeinschaft - EUV/EGV, 2. Auflage, Neuwied 2002.

[Carbonnier, Dalloz chronique 1975] Carbonnier, Jean, Le Code civil des Français a-t-il changé la société européenne?, Dalloz chronique 1975, 171-174.

[Chitty on Contracts, I] Chitty, Joseph/Guest, Anthony Gordon/Beale, Hugh G. (Hrsg.), Chitty on contracts, Band I, General principles, 29. Auflage, London 2004.

[Clapham, Human Rights] Clapham, Andrew, Human Rights in the Private Sphere, Oxford 1993.

[Coester-Waltjen/Kronke/Kokott] Coester-Waltjen, Dagmar/Kronke, Herbert/Kokott, Juliane, Die Wirkungskraft der Grundrechte bei Fällen mit Auslandsbezug, Heidelberg 1998.

[Cohen in: Copyright infringement] „United Kingdom“, in: Dennis Campell und Susan Cotter (Hrsg.), Copyright Infringement; Comparative Law Yearbook of International Business, Special Issue 1997, London 1998.

[Copinger and Skone James on Copyright] Garnett, Kevin/James, Jonathan Rayner/Davies, Gillian, Copinger and Skone James on Copyright, 14. Auflage, London 1999.

[Cornish in: FG Schricker] Cornish, W.R., Das Urhebervertragsrecht in Großbritannien, in: Friedrich Karl Beier u.a. (Hrsg.), Urhebervertragsrecht: Festgabe für Gerhard Schricker zum 60. Geburtstag, München 1995, 643-684.

[Cornish, GRURInt 1990] Cornish, W.R., Der Schutz des Urheberpersönlichkeitsrechts nach dem neuen deutschen britischen Urheberrechtsgesetz von 1988, in: Gewerblicher Rechtsschutz und Urheberrecht, Internationaler Teil 1990, 500-505.

[Cornish/Llewelin, Intellectual Property] Cornish, W.R./Llewelyn, David, Intellectual property: patent, copyright, trade marks and allied rights, 5. Auflage, London 2003.

[Cornu, Dictionnaire comparé] Cornu, Marie/Lamberterie, Isabelle de/Sirinelli, Pierre/ Wallaert, Catherine, Dictionnaire comparé du droit d'auteur et du copyright, Paris 2003.

[Courbe, DIP] Courbe, Patrick, Droit international privé, 2. Auflage, Paris 2003.

[Däubler-Gmelin, GRUR 2000] Däubler-Gmelin, Herta, Zur Notwendigkeit eines Urhebervertragsgesetzes, in: Gewerblicher Rechtsschutz und Urheberrecht 2000, 764-765.

[Dessemontet in: FS Nordemann] Dessemontet, François, Copyright contracts and choice of law, in: Loewenheim, Ulrich (Hrsg.), Urheberrecht im Informationszeitalter, Festschrift für Wilhelm Nordemann zum 70. Geburtstag am 8.1.2004, München 2004, 415-427.

[Dicey and Morris, Bd. I/Bd. II] Collins, Lawrence, Dicey and Morris on the conflict of laws, Band I und II, 13. Auflage, London 2000.

[Dicey and Morris, Supplement] Collins, Lawrence, Dicey and Morris on the Conflict of Laws, vierter, kumulierter Ergänzungsband zur 13. Auflage, London 2004.

[Dietz in: FG Schricker] Dietz, Adolf, Das Urhebervertragsrecht in seiner rechtspolitischen Bedeutung, in: Friedrich Karl Beier u.a. (Hrsg.), Urhebervertragsrecht: Festgabe für Gerhard Schricker zum 60. Geburtstag, München 1995, 1-50.

[Dietz, GRURInt 1978] Dietz, Adolf, Möglichkeiten der Harmonisierung des Urheberrechts in Europa, in: Gewerblicher Rechtsschutz und Urheberrecht, Internationaler Teil 1978, 101-109.

[Dietz, Primäres Urhebervertragsrecht] Dietz, Adolf, Das primäre Urhebervertragsrecht in der Bundesrepublik Deutschland und in anderen Mitgliedstaaten der Europäischen Gemeinschaft; Legislatorischer Befund und Reformüberlegungen, München 1984.

[Doutrelepont, GRURInt 1997] Doutrelepont, Carine, Das droit moral in der Europäischen Union, in: Gewerblicher Rechtsschutz und Urheberrecht, Internationaler Teil 1997, 293-304.

[Dreier, Urheberrecht] Dreier, Thomas, Urheberrecht, in: Dreier, Thomas/Krasser, Rudolf (Hrsg.), Das französische Gesetzbuch des geistigen Eigentums, Weinheim 1994, 14-36.

[Dreier/Schulze-Bearbeiter] Dreier, Thomas/Schulze, Gernot, Urheberrechtsgesetz, Kommentar, München 2004.

[Drexl, GRURInt 2004] Drexl, Josef, Die neue Gruppenfreistellungsverordnung über Technologietransfer-Vereinbarungen im Spannungsfeld von Ökonomisierung und Rechtssicherheit, in: Gewerblicher Rechtsschutz und Urheberrecht, Internationaler Teil 2004, 716-727.

[Drexl in: Intellectual Property in the Conflict of Laws] Drexl, Josef, Which Law Protects Consumers and Competition in Conflict with Intellectual Property Rights, in: Basedow, Jürgen/Drexl, Josef/Kur, Annette/Metzger, Axel, Intellectual Property in the Conflict of Laws, München 2005, 79-106.

[Emmerich, Kartellrecht] Emmerich, Volker, Kartellrecht, 9. Auflage, München 2001.

[Epiney, NVwZ 2004] Epiney, Astrid, Neuere Rechtsprechung des EuGH in den Bereichen institutionelles Recht, allgemeines Verwaltungsrecht, Grundfreiheiten, Umwelt- und Gleichstellungsrecht, in: Neue Zeitschrift für Verwaltungsrecht 2004, 555-566.

[Erman/Bearbeiter (Auflage)] Westermann, Harm Peter (Hrsg.), Erman, Bürgerliches Gesetzbuch, Köln/Münster.

[Evers, GEMA Nachrichten 2002] Evers, Jörg, Spielregeln des Medienmonopoly - Musik und das neue Urhebervertragsrecht, GEMA Nachrichten, Ausgabe 166, November 2002, abrufbar unter www.gema.de; Abrufdatum: 24.10.05.

[Fages, Lamy droit du contrat] Fages, Bertrand, Lamy droit zu contrat, Paris 1999-2002.

[Fages, ZEuP 2003] Fages, Bertrand, Einige neuere Entwicklungen des französischen allgemeinen Vertragsrechts im Lichte der Grundregeln der Lando-Kommission, in: Zeitschrift für Europäisches Privatrecht 2003, 514-524.

[Falck/Schmaltz, GRUR 2004] Falck, Andreas v./Schmaltz, Christiane, Hochschulerfindungen: Zuordnung und Vergütung in Deutschland, den Niederlanden, Frankreich, Großbritannien, den USA und Japan, in: Gewerblicher Rechtsschutz und Urheberrecht 2004, 469-475.

[Fawcett, International sale of goods] Fawcett, James J./Harris, Jonathan M./Bridge, Michael G., International sale of goods in the conflict of laws, Oxford 2005.

[Fawcett/Torremans] Fawcett, James J./Torremans Paul, Intellectual Property and Private International Law, Oxford 1998.

[Fechner, JuS 2003] Fechner, Frank, „Öffentliche Ordnung“ - Renaissance eines Begriffs?, in: Juristische Schulung 2003, 734-739.

[Ferid/Sonnenberger] Ferid, Murad/Sonnenberger, Hans Jürgen, Das Französische Zivilrecht, Band 1/1, Erster Teil: Allgemeine Lehren, 2. Auflage, Heidelberg 1994.

[Fetsch, Eingriffsnormen] Fetsch, Johannes, Eingriffsnormen und EG-Vertrag, Studien zum ausländischen und internationalen Privatrecht, Band 91, München 2002.

[Flint/Fitzpatrick/Thorne, Guide to Copyright] Flint, Michael F./Fitzpatrick, Nicholas/Thorne, Clive D., A User's Guide to Copyright, 5. Auflage, London 2000.

[Florenson, RIDA 2003 (196)] Florenson, Paul, La gestion du droit d'auteur et des droits voisins en Europe, in: Revue internationale de droit d'auteur 196, Avril 2003, 3-125.

[Forkel, GRUR 1988] Forkel, Hans, Lizenzen an Persönlichkeitsrechten durch gebundene Rechtsübertragung, in: Gewerblicher Rechtsschutz und Urheberrecht 1988, 491-501.

[Françon, Dalloz chronique 1976] Françon, André, La liberté contractuelle dans le domaine du droit d'auteur, Dalloz chronique 1976, 55-62.

[Gaubiac in: Propriétés intellectuelles] Gaubiac, Yves, L'assiette de la rémunération proportionnelle selon la loi française sur le droit d'auteur, in: Propiétés intellectuelles, Mélanges en l'honneur de André Françon, Paris 1995, 163-174.

[Gaubiac, Rapport général] Gaubiac, Yves, France, Rapport général, in: Baulch, L./Green, M./Wyburn, M (Hrsg.), ALAI Study Days - The Boundaries of Copyright: its proper limitations and exceptions, Sydney Australian Copyright Council, 1999, 226-236.

[Geiger in: Interessenausgleich] Geiger, Christophe, Die Schranken des Urheberrechts im Lichte der Grundrechte - Zur Rechtsnatur der Beschränkungen des Urheberrechts, in: Hilty, Reto M./Peukert, Alexander (Hrsg.), Interessenausgleich im Urheberrecht, Baden-Baden 2004, 143-257.

[Geiger, JCP EG 2004] Geiger, Christophe, Les droits fondamentaux, garanties de la cohérence du droit de la propriété intellectuelle? in: La Semaine Juridique Edition Générale 2004, 1313-1317.

[GEMA-Jahrbuch 2002/2003] GEMA-Jahrbuch 2002/2003 Baden-Baden; abrufbar unter: www.gema.de/media/de/jahrbuch03/216 verträge_ mit_ ausl_ verwges.pdf; Abrufdatum: 10.07.2005.

[Ginsburg/Sirinelli, RIDA 1991 (150)] Ginsburg, Jane/Sirinelli, Pierre, Auteur, Création et Adaption en Droit International Privé et en Droit Interne Français, Réflexions à partir de l'Affaire Huston, in: Revue internationale de droit d'auteur 150, Octobre 1991, 2-81.

[Girot, Dr. inf. tél. 1998] Girot, Clarisse, La validité des licences de logiciel sous plastique en droit francais: les renseignements du droit domparé; Droit de l'informatique et des télécoms 1998/1, 7-14.

[Girsberger/Mràz, IPrax 2003] Girsberger, Daniel/Mráz, Michael, Sittenwidrigkeit der Finanzierung von internationalen Waffengeschäften, in: Praxis des internationalen Privat- und Verfahrensrechts 2003, 545-550.

[Götting in: FG Schricker] Götting, Horst-Peter, Urheberrechtliche und vertragsrechtliche Grundlagen, in: Friedrich Karl Beier u.a. (Hrsg.), Urhebervertragsrecht: Festgabe für Gerhard Schricker zum 60. Geburtstag, München 1995, 53-75.

[Gottschalk, ZUM 2005] Gottschalk, Eckart, Wettbewerbsverbote in Verlagsverträgen, in: Zeitschrift für Urheber- und Medienrecht 2005, 359-368.

[Bearbeiter in: Gounalakis, Rhb. Electronic Business] Gounalakis, Georgios (Hrsg.), Rechtshandbuch Electronic Business, München 2003.

[Bearbeiter in: von der Groeben/Schwarze] Von der Groeben, Hans/Schwarze, Jürgen(Hrsg.), Kommentar zum Vertrag über die Europäische Union und zur Gründung der Europäischen Gemeinschaft, Band 2 Art. 81-97 EGV, 6. Auflage, Baden-Baden 2003.

[Bearbeiter in: von der Groeben/Thiesing/Ehlermann] Von der Groeben, Hans/Thiesing, Jochen/Ehlermann, Claus-Dieter (Hrsg.), Kommentar zum EU-/EG-Vertrag, Band 2/II Art. 88-102 EGV, 5. Auflage, Baden-Baden 1999.

[Grzeszick, AfP 2002] Grzeszick, Bernd, Der Anspruch des Urhebers auf angemessene Vergütung: Zulässiger Schutz jenseits der Schutzpflicht, in: Archiv für Presserecht 2002, 383-390.

[Guibault, Copyright Limitations] Guibault, Lucie, Copyright Limitations and Contracts: An analysis of the contractual overridability of Limitations on Copyright, London 2002.

[Guibault in: Interessenausgleich] Guibault, Lucie, Copyright Limitations and „Click-Wrap" Licences: What is Becoming of the Copyright Bargain? in: Hilty, Reto M./Peukert, Alexander (Hrsg.), Interessenausgleich im Urheberrecht, Baden-Baden 2004, 221-251.

[Guibault/Hugenholtz, Final Report] Guibault, Lucie/Hugenholtz P. Bernt u.a., Study on the conditions applicable to contracts relating to intellectual property in the European Union, Final Report, Amsterdam 2002.

[Hausmann in: FS Schwarz] Hausmann, Rainer, Möglichkeiten und Grenzen der Rechtswahl in internationalen Urheberrechtsverträgen, in: Rehbinder, Manfred (Hrsg.), Festschrift für Wolf Schwarz zum 70. Geburstag, Baden-Baden 1988, 47-74.

[Hiestand, Internationale Lizenzverträge] Hiestand, Martin, Die Anknüpfung internationaler Lizenzverträge, Frankfurt 1993.

[Hilty in: FS Rehbinder] Hilty, Reto M., Unübertragbarkeit urheberrechtlicher Befugnisse: Schutz des Urhebers oder dogmatisches Ammenmärchen?, in: Becker, Jürgen/Hilty, Reto M./Würtenberger,

Thomas (Hrsg.), Recht im Wandel seines sozialen und technologischen Umfeldes, Festschrift für Manfred Rehbinder, München 2002, 259-284.

[Hilty, GRUR 2005] Hilty, Reto M., Vergütungssystem und Schrankenregelungen - Neue Herausforderungen an den Gesetzgeber, in: Gewerblicher Rechtsschutz und Urheberrecht 2005, 819-828.

[Hilty, IIC 2004] Hilty, Reto M., Intellectual Property and the European Community's Internal Market Legislation - Copyright in the Internal Market, in: International Review of Industrial Property and Copyright Law 2004, 760-775.

[Hilty/Peukert, GRURInt 2002] Hilty, Reto M./Peukert, Alexander, Das neue deutsche Urheberrecht im internationalen Kontext, in: Gewerblicher Rechtsschutz und Urheberrecht, Internationaler Teil 2002, 643-668.

[Hoeren, CR 1989] Hoeren, Thomas, Der Public-Domain-Vertrag, Rechtsnatur und Einzelfragen, in: Computer und Recht 1989, 887-893.

[v. Hoffmann, RabelsZ 40 (1976)] Hoffmann, Bernd v., Verträge über gewerbliche Schutzrechte im Internationalen Privatrecht, in: Rabels Zeitschrift für ausländisches und internationales Privatrecht, Tübingen 1976, 40. Jahrgang, 208-218.

[Horn, RabelsZ 44 (1980)] Horn, Norbert, Die Entwicklung des internationalen Wirtschaftsrechts durch Verhaltensrichtlinien, in: Rabels Zeitschrift für ausländisches und internationales Privatrecht, Tübingen 1980, 44. Jahrgang, 423-454.

[Immenga/Mestmäcker - Bearbeiter] Immenga, Ulrich/Mestmäcker, Ernst-Joachim (Hrsg.), GWB-Kommentar, 3. Auflage, München 2001.

[Bearbeiter in: Internet] Boele-Woelki, Katharina/Kessedjian, Catherine (Hrsg.), Internet Which Court Decides? Which Law Applies? Den Haag 1998.

[Jacquier, Le pouvoir du juge] Jacquier, Sarah, Le pouvoir du juge sur les contrats d'auteur, Aix en Provence 2001.

[Jayme, Methoden] Jayme, Erik, Methoden einer Konkretisierung des ordre public im Internationalen Privatrecht, Heidelberg 1989.

[Jayme, Zum Jahrtausendwechsel, IPrax 2000] Jayme, Erik, Zum Jahrtausendwechsel: Das Kollisionsrecht zwischen Postmoderne und Futurismus, in: Praxis des internationalen Privat- und Verfahrensrechts 2000, 165-171.

[Jayme/Kohler, IPrax 2000] Jayme, Erik/Kohler, Christian, Europäisches Kollisionsrecht 2000, Interlokales Privatrecht oder universelles Gemeinschaftsrecht? in: Praxis des internationalen Privat- und Verfahrensrechts 2000, 454-464.

[Jayme/Kohler, IPrax 2003] Jayme, Erik/Kohler, Christian, Europäisches Kollisionsrecht 2003, Der Verfassungskonvent und das Internationale Privat- und Verfahrensrecht, in: Praxis des internationalen Privat- und Verfahrensrechts 2003, 485-495.

[Jayme/Kohler, IPrax 2005] Jayme, Erik/Kohler, Christian, Europäisches Kollisionsrecht 2005: Hegemonialgesten auf dem Weg zu einer Gesamtvereinheitlichung, in: Praxis des internationalen Privat- und Verfahrensrechts 2003, 481-493.

[Josselin-Gall] Josselin-Gall, Muriel, Les contrats d'exploitation du droit de propriété littéraire et artistique, Paris 1995.

[Junker, IPrax 1998] Junker, Abbo, Vom Citoyen zum Consommateur - Entwicklungen des internationalen Verbraucherschutzrechts, in: Praxis des Internationalen Privat- und Verfahrensrechts 1998, 65-74.

[Junker, RIW 1999] Junker, Abbo, Internationales Vertragsrecht im Internet, in: Recht der Internationalen Wirtschaft 1999, 809-818.

[Katzenberger in: FG Schricker] Katzenberger, Paul, Urheberrechtsverträge im Internationalen Privatrecht und Konventionsrecht, in: Friedrich Karl Beier u.a. (Hrsg.), Urhebervertragsrecht: Festgabe für Gerhard Schricker zum 60. Geburtstag, München 1995, 225-259.

[Katzenberger, GRURInt 1992] Katzenberger, Paul, Deutsches Folgerecht und ausländische Kunstauktionen - Zur Anwendbarkeit und zum räumlichen Schutzbereich des § 26 UrhG bei grenzüberschreitenden Veräußerungen von Kunstwerken, in: Gewerblicher Rechtsschutz und Urheberrecht, Internationaler Teil 1992, 567-588.

[Kegel/Schurig, IPR] Kegel, Gerhard/Schurig, Klaus, Internationales Privatrecht, 8. Auflage, München 2000.

[Kilian/Müller, IPrax 2003] Kilian, Matthias/Müller, Carsten, Öffentlichrechtliches Preisrecht als Eingriffsnorm i. S. des Art. 34 EGBGB, in: Praxis des internationalen Privat- und Verfahrensrechts 2003, 436-440.

[Kommission für Europäisches Vertragsrecht] Kommission für Europäisches Vertragsrecht, Schäfer, Thmoas/Zimmermann, Reinhard (Hrsg.), Grundregeln des Europäischen Vertragsrechts, Teil III, München 2005.

[Kraßer in: FG Schricker] Kraßer, Rudolf, Urheberrecht in Arbeits-, Dienst- und Auftragsverhältnissen, in: Friedrich Karl Beier u.a. (Hrsg.), Urhebervertragsrecht: Festgabe für Gerhard Schricker zum 60. Geburtstag, München 1995, 77-115.

[Kropholler, Europäisches Zivilprozessrecht] Kropholler, Jan, Europäisches Zivilprozessrecht, Kommentar zu EuGVO und Lugano-Übereinkommen, 7. Auflage, Heidelberg 2002.

[Kropholler, IPR] Kropholler, Jan, Internationales Privatrecht, 5. Auflage, Tübingen 2004.

[Krüger, GRUR 2004] Krüger, Christof, Die digitale Privatkopie im „zweiten Korb“, in: Gewerblicher Rechtsschutz und Urheberrecht 2004, 204-207.

[Kuck, GRUR 2000] Kuch, Katja, Kontrolle von Musterverträgen im Urheberrecht, in: Gewerblicher Rechtsschutz und Urheberrecht 2000, 285-289.

[Laddie Prescott and Vitoria] Laddie, Hugh/Prescott, Peter/Vitoria, Mary u.a.; The Modern Law of Copyright and Designs,Volume One, 3. Auflage, London 2000.

[Larenz, Lehrbuch des Schuldrechts] Larenz, Karl, Lehrbuch des Schuldrechts, 14. Auflage, München 1987.

[Larroumet, Droit civil] Larroumet, Christian, Droit civil, Tome 3 Les obligations/Le contrat, 3. Auflage, Paris 1996.

[Lehmann, Internetrecht] Lehmann, Michael (Hrsg.), Internet- und Multimediarecht (Cyberlaw), Stuttgart 1997.

[Lehmann, Kartellrechtliche Grenzen der Lizenzierung] Lehmann, Michael, Die kartellrechtlichen Grenzen der Lizenzierung von Computerprogrammen, in: Lehmann, Michael (Hrsg.), Rechtsschutz und Verwertung von Computerprogrammen, 2. Auflage, Köln 1993, 775-830.

[v. Lewinski in: FG Schricker] Lewinski, Silke v., Frankreich, in: Friedrich Karl Beier u.a. (Hrsg.), Urhebervertragsrecht: Festgabe für Gerhard Schricker zum 60. Geburtstag, München 1995, 685-723.

[Löhnig, NJW 1997] Löhnig, Martin, Die Einbeziehung von AGB bei Internet-Geschäften, in: Neue Juristische Wochenschrift 1997, 1688-1689.

[Loewenheim-Bearbeiter] Loewenheim, Ulrich, Handbuch des Urheberrechts, München 2003.

[Loewenheim in: FS Nordemann] Loewenheim, Ulrich, Auslegungsfragen des neuen § 5 Abs. 3 UrhG, in: Loewenheim, Ulrich (Hrsg.), Urheberrecht im Informationszeitalter, Festschrift für Wilhelm Nordemann zum 70. Geburtstag am 8.1.2004, München 2004, 51-57.

[Looschelders] Looschelders, Dirk, Internationales Privatrecht, Art. 3-46 EGBGB, Berlin/Heidelberg 2003.

[Loussouarn/Bourel] Loussouarn, Yvon/Bourel, Pierre, Droit international privé, Paris 2001.

[Lucas, Droit d'auteur] Lucas, André, Droit d'auteur et numérique, Paris 1998.

[Lucas/Lucas, Traité] Lucas, André/Lucas, Henri-Jacques, Traité de la propriété littéraire et artistique, Paris 1994.

[Macdonald, JILT 1999 (2)] Macdonald, Elizabeth, Y2K and Contractual Exemption Clauses, in: Journal of Information, Law and Technology 1999 (2), abrufbar unter: www2.warwick.ac.uk/fac/soc/law/elj/jilt/1999_2/macdonald; Abrufdatum: 5.10.2005.

[Mäger, Der Schutz des Urhebers] Mäger, Stefan, Der Schutz des Urhebers im internationalen Vertragsrecht, Berlin 1995.

[Mangoldt/Klein/Starck-Bearbeiter, GG I] Mangoldt, Hermann v./Klein, Friedrich/Starck, Christian, Das Bonner Grundgesetz, Kommentar, Band I: Art. 1-19, 4. Auflage, München 1999.

[Mankowski, GRUR 1999] Mankowski, Peter, Spezielle vertragsrechtliche Gesetze und Internationales Privatrecht, in: Gewerblicher Rechtsschutz und Urheberrecht 1999, 909-921.

[Mankowski, IPrax 1995] Mankowski, Peter, Spezielle vertragsrechtliche Gesetze und Internationales Privatrecht, in: Praxis des internationalen Privat- und Verfahrensrechts 1995, 230-234.

[Mankowski, RIW 2004] Mankowski, Peter, Entwicklungen im IPR und IZVR 2003/2004 (Teil 1), in: Recht der Internationalen Wirtschaft 2004, 481-497.

[Marchese, Business licensing agreements] Marchese, David L., Business licensing agreements, London 1994.

[Matscher in: FS Neumayer] Matscher, Franz, IPR und IZVR vor den Organen der EMRK - Eine Skizze, in: Barfuß, Werner/Dutoit, Bernard u.a. (Hrsg.), Festschrift für Karl H. Neumayer zum 65. Geburtstag, Baden-Baden 1986, 459-478.

[Max-Planck-Institut, RabelsZ 68 (2004)] Max-Planck-Institut für ausländisches und internationales Privatrecht - Working Group, Comments on the European Commission's Green Paper on the conversion of the Rome Convention of 1980 on the law applicable to contractual obligations into a Community instrument and its modernization, in: Rabels Zeitschrift für ausländisches und internationales Privatrecht, Tübingen 2004, 68. Jahrgang, 4-118.

[Mayer, La protection de la partie faible] Mayer, Pierre, La protection de la partie faible en droit international privé, in: Ghestin, Jacques/Fontaine, Marcel (Hrsg.), La protection de la partie faible dans les rapports contractuels, Paris 1996, 513-552.

[Mayer, Rev. crit. DIP 1991] Mayer, Pierre, La Convention européenne des droits de l'homme et l'application des normes étrangères, Revue Crititique de Droit International Privé 80 (1991), 651-665.

[Mayer/Heuzé, DIP] Mayer, Pierre/Heuzé, Vincent, Droit international privé, 8. Auflage, Paris 2004.

[Metzger, GRURInt 2003] Metzger, Axel, Rechtsgeschäfte über das Urheberpersönlichkeitsrecht nach dem neuen Urhebervertragsrecht - Unter besonderer Berücksichtigung der französischen Rechtslage, in: Gewerblicher Rechtsschutz und Urheberrecht, Internationaler Teil 2003, 9-23.

[Metzger in: Intellectual Property in the Conflict of Laws] Metzger, Axel, Transfer of Rights, License Agreements, and Conflict of Laws: Remarks on the Rome Convention of 1980 and the Current ALI Draft, in: Basedow, Jürgen/Drexl, Josef/Kur, Annette/Metzger, Axel, Intellectual Property in the Conflict of Laws, München 2005, 61-77.

[Metzger, Rechtsgeschäfte über das Droit moral] Metzger, Axel, Rechtsgeschäfte über das Droit moral im deutschen und französischen Urheberrecht, München 2002.

[Metzger/Kreutzer, MMR 2002] Metzger, Axel/Kreutzer, Till, Richtlinie zum Urheberrecht in der „Informationsgesellschaft" - Privatkopie trotz technischer Schutzmaßnahmen, in MultiMedia und Recht 2002, 139-142.

[Möhring/Nicolini-Bearbeiter] Nicolini, Käte/Ahlberg, Hartwig (Hrsg.), Möhring/Nicolini, Kommentar zum Urheberrechtsgesetz, 2. Auflage, München 2000.

[Möller, Urheberrecht oder Copyright] Möller, Magret, Urheberrecht oder Copyright? Berlin 1988.

[MüKo/Bearbeiter (Bearbeitungsjahr)] Kurt Rebmann u.a. (Hrsg.), Münchener Kommentar zum Bürgerlichen Gesetzbuch, Bd. 10 EGBGB, IPR, München.

[Neisser, Die Europäische Union] Neisser, Heinrich/Verschraegen, Bea, Die Europäische Union, Anspruch und Wirklichkeit, Wien/New York 2001.

[Nemeth/Rudisch, ZfRV 2001] Nemeth, Kristin/Rudisch, Bernhard, EuGH 9.11.2000, Rs C-381/98 „Ingmar" - wichtige Klärungen im europäischen IPR, in: Zeitschrift für vergleichende Rechtswissenschaft 2001, 179-183.

[Nordemann, Urhebervertragsrecht] Nordemann, Wilhelm, Das neue Urhebervertragsrecht, München 2002.

[Nordemann/Vinck/Hertin/Fromm] Nordemann, Wilhelm/Vinck, Kai/Hertin, Paul W./From, Friedrich K. (Begr.), Urheberrecht, Kommentar, 9. Auflage, Stuttgart 1998.

[Obergfell, Filmverträge] Obergfell, Eva Inés, Filmverträge im deutschen materiellen und internationalen Privatrecht, Berlin 2001.

[Ory, AfP 2002] Ory, Stephan Das neue Urhebervertragsrecht, in: Archiv für Presserecht 2002, 93-104.

[Palandt/Bearbeiter (Auflage)] Palandt, Otto (Begr.), Kommentar zum Bürgerlichen Gesetzbuch, München.

[Peinze, Internationales Urheberrecht] Peinze, Alexander, Internationales Urheberrecht in Deutschland und England, Studien zum ausländischen und internationalen Privatrecht, Band 92, München 2002.

[Perot-Morel in: Propriétés intellectuelles] Perot-Morel, Marie-Angèle, Les limites de l'autonomie de la volonté dans les contrats relatifs aux dessins et modèles industriels, in: Propiétés intellectuelles, Mélanges en l'honneur de André Françon, Paris 1995, 337-350.

[Bearbeiter in: Piatti] Piatti, Marie Christine (Hrsg.), Autonomie de la volonté et contrats de propriété intellectuelle, Lyon 1997.

[Pilny, Der englische Verlagsvertrag] Pilny, Karl Heinz, Der englische Verlagsvertrag, München 1989.

[Plöckinger, GRURInt 2002] Plöckinger, Oliver, Der Erschöpfungstatbestand des § 16 Abs. 3 des österreichischen Urheberrechtsgesetzes und seine Vereinbarkeit mit den europarechtlichen Vorgaben, in: Gewerblicher Rechtsschutz und Urheberrecht, Internationaler Teil 2002, 479-488.

[Pollaud-Dulian, GRURInt 1995] Pollaud-Dulian, Frédéric, Die neuere Entwicklung des Urheberrechts in Frankreich, in: Gewerblicher Rechtsschutz und Urheberrecht, Internationaler Teil 1995, 361-373.

[Puttfarken, RIW 1995] Puttfarken, Hans-Jürgen, Grundrechte im internationalen Rechtsraum, Zur Zweitregister-Entscheidung des Bundesverfassungsgerichts, in: Recht der Internationalen Wirtschaft 1995, 617-627.

[Quellen des Urheberrechts] Katzenberger, Paul / Puttfarken, Hans-Jürgen / Schricker, Gerhard/Schulze, Erich / Schulze, Marcel (Hrsg.), Quellen des Urheberrechts, Stand: 42. Lieferung, Neuwied 1998.

[Regelin, Kollisionsrecht der Immaterialgüterrechte] Regelin, Frank Peter, Das Kollisionsrecht der Immaterialgüterrechte an der Schwelle zum 21. Jahrhundert, Frankfurt 2000.

[Reich, NJW 1994] Reich, Norbert, Grundgesetz und internationales Vertragsrecht, in: Neue juristische Wochenschrift 1994, 2128-2131.

[Reinbothe, GRURInt 1992] Reinbothe, Jörg, Der Schutz des Urheberrechts und der Leistungsschutzrechte im Abkommensentwurf GATT/TRIPs, in: Gewerblicher Rechtsschutz und Urheberrecht, Internationaler Teil 1992, 707- 715.

[Reinhard/Distelkötter, ZUM 2003] Reinhard, Tim/Distelkötter, Julia, Die Haftung des Dritten bei Bestsellerwerken nach § 32 a II UrhG, in: Zeitschrift für Urheber- und Medienrecht 2003, 269-275.

[Reithmann/Martiny-Bearbeiter] Reithmann, Christoph/Martiny, Dieter, Internationales Vertragsrecht, 6. Auflage, Köln 2004.

[Rigaux, Droit international privé] Rigaux, Franois, Droit international privé, Tome I, Théorie générale, 2. Auflage, Brüssel 1987.

[Rigaux, La vie privée] Rigaux, Franois, La vie privée une liberté parmi les autres? Bruxelles, 1992.

[Rivero] Rivero, J., La protection des Droits de l'Homme dans les rapports entre personnes privées, in: Institut International des Droits de l'Homme, Paris 1971, 311-322.

[Roth, RabelsZ 55 (1991)] Roth, Wulf-Henning, Der Einfluss des Europäischen Gemeinschaftsrechts auf das Internationale Privatrecht, in: Rabels Zeitschrift für ausländisches und internationales Privatrecht, Tübingen 1991, 55. Jahrgang, 623-673.

[Samuel, Law of Obligations] Samuel, Geoffrey, Law of obligations and legal remedies, London 2001.

[Schack, GRUR 2002] Schack, Haimo, Urhebervertragsrecht im Meinungsstreit, in: Gewerblicher Rechtsschutz und Urheberrecht 2002, 853-859.

[Schack in: Intellectual Property in the Conflict of Laws] Schack, Haimo, Internationnally Mandatory Rules in Copyright Licnsing Agreements, in: Basedow, Jürgen/Drexl, Josef/Kur, Annette/Metzger, Axel, Intellectual Property in the Conflict of Laws, München 2005, 107-117.

[Schack, IZVR] Schack, Haimo, Internationales Zivilverfahrensrecht, 3. Auflage, München 2002.

[Schack, MMR 2000] Schack, Haimo, Internationale Urheber-, Marken- und Wettbewerbsrechtsverletzungen im Internet - Internationales Privatrecht, in: MultiMedia und Recht 2000, 59-65.

[Schack, UFITA 108 (1988)] Schack, Haimo, Die grenzüberschreitende Verletzung allgemeiner und Urheberpersönlichkeitswerte, in: Archiv für Urheber- und Medienrecht 108 (1988), 51-72.

[Schack, Urheberrecht] Schack, Haimo, Urheber- und Urhebervertragsrecht, 2. Auflage, Tübingen 2001.

[Schlink/Poscher, Verfassungsfragen] Schlink, Bernhard/Poscher, Ralf, Verfassungsfragen der Reform des Urhebervertragsrechts, München 2002.

[Schmidt, Die Kontrolle Allgemeiner Geschäftsbedingungen] Schmidt, Harry, Die Kontrolle Allgemeiner Geschäftsbedingungen in Programmüberlassungsverträgen, in: Lehmann, Michael (Hrsg.), Rechtsschutz und Verwertung von Computerprogrammen, 2. Auflage, Köln 1993, 701-774.

[Schmitt, GRUR 2003] Schmitt, Michael, § 36 UrhG - Gemeinsame Vergütungsregeln europäisch gesehen, in: Gewerblicher Rechtsschutz und Urheberrecht 2003, 294-296.

[Schneider, CR 1996] Schneider, Doris Annette, Vertragsschluss bei Schutzhüllenverträgen, in: Computer und Recht 1996, 657-663.

[Schønning, RIDA 1996 (170)] Schønning, Peter, Applicable law in transfrontier on-line transmission, in: Revue internationale de droit d'auteur 170, Octobre 1996, 21-53.

[Schricker, GRURInt 2002] Schricker, Gerhard, Zum neuen deutschen Urhebervertragsrecht, in: Gewerblicher Rechtsschutz und Urheberrecht, Internationaler Teil 2002, 797-808.

[Schricker/Bearbeiter, UrhG] Schricker, Gerhard, Urheberrecht, 2. Auflage, München 1999.

[Schricker, Verlagsrecht] Schricker, Gerhard, Verlagsrecht, 3. Auflage, München 2001.

[Schurig, RabelsZ 54 (1990)] Schurig, Klaus, Zwingendes Recht, „Eingriffsnormen" und neues IPR, in: Rabels Zeitschrift für ausländisches und internationales Privatrecht, Tübingen 1990, 54. Jahrgang, 217-250.

[Schwarze/Bearbeiter] Schwarze, Jürgen (Hrsg.), EU-Kommmentar, Baden-Baden 2000.

[Schwarze, ZUM 2003] Schwarze, Jürgen, Urheberrechte und deren Verwaltung im Lichte des europäischen Wettbewerbsrechts, in: Zeitschrift für Urheber- und Medienrecht 2003, 15-26.

[Sédallian, Droit de l'Internet] Sédallian, Valérie, Droit de l'Internet, Cachan 1997.

[Siehr, Internationales Privatrecht] Siehr, Kurt, Internationales Privatrecht, Heidelberg 2001.

[Siehr, RabelsZ 36 (1972)] Siehr, Kurt, Grundrecht der Eheschließungsfreiheit und internationales Privatrecht, in: Rabels Zeitschrift für ausländisches und internationales Privatrecht, Tübingen 1972, 36. Jahrgang, 93-115.

[Siepmann, JurPC Web-Dok.163/1999] Siepmann, Jürgen, Lizenz- und haftungsrechtliche Fragen bei der kommerziellen Nutzung Freier Software, JurPC Web-Dok.163/1999, Abs. 1 - 289; abrufbar unter www.jurpc.de; Abrufdatum: 18.10.2005.

[Soergel/Bearbeiter] Soergel, Hs. Th. (Begr.), Bürgerliches Gesetzbuch, Kohlhammer-Kommentar, Bd. 10 Einführungsgesetz, 12. Auflage, Stuttgart/Berlin/Köln 1996.

[Sonnenberger, IPrax 2003] Sonnenberger, Hans Jürgen, Eingriffsrecht - Das trojanische Pferd im IPR oder notwendige Ergänzung?, in: Praxis des internationalen Privat- und Verfahrensrechts 2003, 104-116.

[Sonnenberger, RIW 1990] Sonnenberger, Hans Jürgen, Das französische Recht der Allgemeinen Geschäftsbedingungen, in: Recht der internationalen Wirtschaft 1990, 165-174.

[Spickhoff, JZ 1991] Spickhoff, Andreas, Eheschließung, Ehescheidung und ordre public, in: Juristenzeitung 1991, 323 - 330.

[Stamatoudi, IPQ 1997] Stamatoudi, Irini A., Moral Rights of Authors In England: The Missing Emphasis On The Role of Creators, in: Intellectual Property Quarterly 1997, 478-513.

[Staudinger/Bearbeiter (Bearbeitungsjahr)] Staudinger, J. v. (Begr.), Kommmentar zum Bürgerlichen Gesetzbuch, IPR Einleitung zu Art. 27 ff. EGBGB u.a., Berlin.

[Stein, Staatsrecht] Stein, Ekkehart, Staatsrecht, 16. Auflage, Tübingen 1998.

[Stone, The modern law of contract] Stone, Richard, The modern law of contract, 6. Auflage, London 2005.

[Streinz/Leible, EuZW 2000] Streinz, Rudolf/Leible, Stefan, Die unmittelbare Drittwirkung der Grundfreiheiten - Überlegungen aus Anlass von EuGH, EuZW 2000, 468 - Angonese, in: Europäische Zeitschrift für Wirtschaftsrecht 2000, 459-467.

[Szönyi, GRURInt 2002] Szönyi, Catherine, Die Neufassung des Kartell- und Wettbewerbsrechts in Frankreich, in: Gewerblicher Rechtsschutz und Urheberrecht, Internationaler Teil 2002, 105-112.

[Terré/Simler/Lequette, Droit civil] Terré, François / Simler, Philippe / Lequette, Yves, Droit civil, Les obligations, 8. Auflage, Paris 2002.

[Testu, JCP 1993 I] Testu, François Xavier, Le juge et le contrat d'adhésion, Jurisclasseur Périodique 1993, I 3673, 197-205.

[Thompson, Unfair Contract Terms Act] Thompson, Peter K.J., Unfair Contract Terms Act 1977, London 1978.

[Thoumyre, Approche contractuelle] Thoumyre, Lionel, Approche contractuelle de l'édition d'oeuvres littéraire sur Internet, abrufbar unter: Juriscom.net; Abrufdatum: 30.6.2003.

[Tomuschat, EuGRZ, 2003] Tomuschat, Christian, Individueller Rechtsschutz - Das Herzstück des „ordre public européen" nach der EMRK, in: Europäische Grundrechte-Zeitschrift 2003, 95-100.

[Torremans, IPrax 1998] Torremans, Paul L.C., Copyright in English Private International Law in the Light of Recent Cases and Developments, in: Praxis des internationalen Privat- und Verfahrensrechts 1998, 495-505.

[Treitel, The law of contract] Treitel, G.H., The law of contract, 9. Auflage, London 1995.

[Triebel, Englisches Handels- und Wirtschaftsrecht] Triebel, Volker u.a., Englisches Handels- und Wirtschaftsrecht, 2. Auflage, Heidelberg 1995.

[Ubertazzi, GRURInt 1984] Ubertazzi, Luigi Carlo, Urheberrecht und freier Warenverkehr, in: Gewerblicher Rechtsschutz und Urheberrecht, Internationaler Teil 1984, 327-341.

[Bearbeiter in: Ullrich/Körner] Ullrich, Hanns/Körner, Eberhard (Hrsg.), Der internationale Softwarevertrag, Heidelberg 1995.

[Ulmer, Immaterialgüterrechte] Ulmer, Eugen, Die Immaterialgüterrechte im internationalen Privatrecht, Berlin 1975.

[Ulmer, RabelsZ 41 (1977)] Ulmer, Eugen, Gewerbliche Schutzrechte und Urheberrechte im internationalen Privatrecht, in: Rabels Zeitschrift für ausländisches und internationales Privatrecht, Tübingen 1977, 41. Jahrgang, 479-514.

[Verdross/Simma, Universelles Völkerrecht] Verdross, Alfred/Simma, Bruno, Universelles Völkerrecht - Theorie und Praxis, 3. Auflage, Berlin 1986.

[Verstrynge, Dr. inf. tél. 1992] Verstrynge, J.F., Protecting intellectual property rights within the new pan-european framework: the case of computer software; Droit de l'informatique et télécoms 1992/2, 6-12.

[Wagner, IPrax 2000] Wagner, Rolf, Zusammenführung verbraucherschützender Kollisionsnormen aufgrund EG-Richtlinien in einem neuen Art. 29 a EGBGB, in: Praxis des internationalen Privat- und Verfahrensrechts 2000, 249-258.

[Wagner, NJW 2005] Wagner, Rolf, Der Europäische Vollstreckungstitel, in: Neue juristische Wochenschrift 2005, 1157-1160.

[Wandtke/Bullinger-Bearbeiter] Wandtke, Artur-Axel/Bullinger, Winfried (Hrsg.), Wandtke-Praxiskommentar, München 2002.

[v. Welser, IPRax 2002] Welser, Marcus v., Neue Eingriffsnormen im internationalen Urhebervertragsrecht, in: Praxis des internationalen Privat- und Verfahrensrechts 2002, 364-366.

[Whish, Competition Law] Whish, Richard, Competition Law, 3. Auflage, London 1993.

[Willink, Das englische Vertragsrecht] Willink, David, Das englische Vertragsrecht funktioniert auch ohne Kodex, in: Maximilian Eiselsberg (Hrsg.), Europäisches Vertragsrecht, Wien 2003, 89-102.

[Wolff, PIL] Wolff, Martin, Private International Law, 2. Auflage, Oxford 1950.

[Zweigert, RabelsZ 14 (1942)] Zweigert, Konrad, Nichterfüllung ausländischer Leistungsverbote, in: Rabels Zeitschrift für ausländisches und internationales Privatrecht, Tübingen 1942, 14. Jahrgang, 283-307.

[Zweigert/Kötz] Zweigert, Konrad/Kötz, Hein, Einführung in die Rechtsvergleichung auf dem Gebiete des Privatrechts, 3. Auflage, Tübingen 1996.

[Zweigert/Puttfarken, GRURInt 1973] Zweigert, Konrad/Puttfarken, Hans-Jürgen, Zum Kollisionsrecht der Leistungsschutzrechte, in: Gewerblicher Rechtsschutz und Urheberrecht, Internationaler Teil 1973, 573-578.

INTERNATIONALRECHTLICHE STUDIEN
Beiträge zum Internationalen Privatrecht,
zum Einheitsrecht und zur Rechtsvergleichung

Herausgegeben von Ulrich Magnus

Band 1 Birgit Reimers-Zocher: Beweislastfragen im Haager und Wiener Kaufrecht. 1995.

Band 2 Lenja Vespermann: Schadensersatz bei Beeinträchtigung rechts- oder sittenwidriger Interessen im deutschen und französischen Recht. 1996.

Band 3 Peter Cypra: Die Rechtsbehelfe im Verfahren der Vollstreckbarerklärung nach dem EuGVÜ unter besonderer Berücksichtigung der Ausgestaltung in Deutschland und Frankreich. 1996.

Band 4 Brigitta Lurger: Regulierung und Deregulierung im europäischen Privatrecht. 1997.

Band 5 Uta Gutknecht: Das Nacherfüllungsrecht des Verkäufers bei Kauf- und Werklieferungsverträgen. Rechtsvergleichende Untersuchung zum CISG, zum US-amerikanischen Uniform Commercial Code, zum deutschen Recht und zu dem Vorschlag der Kommission zur Überarbeitung des deutschen Schuldrechts. 1996.

Band 6 Stefan Abel: Die Qualifikation der Schenkung. Zur Methode der Qualifikation im Internationalen Schuldvertragsrecht. 1997.

Band 7 Daniel Kötz: Verkäuferpflichten und Rechtsbehelfe des Käufers im neuen norwegischen Kaufrecht vom 13. Mai 1988 Nr. 27 im Vergleich zum UN-Kaufrecht vom 11. April 1980 (CISG). 1997.

Band 8 Olaf Beier: Grundsätze eines europäischen transportmittelübergreifenden Schadensrechts für den Gütertransport. Eine rechtsvergleichende Untersuchung unter besonderer Berücksichtigung der CMR, der ER/CIM 1990, des WA/HP und der HVR. 1999.

Band 9 Ulrich Krüger: Modifizierte Erfolgshaftung im UN-Kaufrecht. Die Haftungsbefreiung bei Lieferung vertragswidriger Ware gemäß Art. 79 CISG. 1999.

Band 10 Wolf-Henning Hammer: Das Zurückhaltungsrecht gemäß Art. 71 CISG im Vergleich zu den Kaufgesetzen der nordischen Staaten unter Einbeziehung transportrechtlicher Aspekte. Eine rechtsvergleichende Studie. 1999.

Band 11 Ulrich Quay: Der Consulting-Vertrag im Internationalen Privatrecht. 2000.

Band 12 Axel Halfmeier: Die Veröffentlichung privater Tatsachen als unerlaubte Handlung. Eine rechtsvergleichende Untersuchung. 2000.

Band 13 Stephanie Scholz: Lohngleichheit durch Verfahren. Eine Studie zur Förderung der Lohngleichheit durch verfahrensrechtliche Ansätze. 2000.

Band 14 Tarık Cebecioglu: Stellung des Ausländers im Zivilprozeß. Eine rechtsvergleichende Untersuchung des türkischen und deutschen Rechts. 2000.

Band 15 Gunnar Straube: Sozialrechtliche Eingriffsnormen im Internationalen Privatrecht. 2001.

Band 16 Daniela de Lukowicz: Divergenzen in der Rechtsprechung zum CISG. Auf dem Weg zu einer einheitlichen Auslegung und Anwendung? 2001.

Band 17 Mohamed Hassan Fadlalla Ali: Das islamische Ehe- und Kindschaftsrecht im Sudan. Mit Hinweisen zu den Lehren der Islamischen Rechtsschule, der anwendbaren Familienrechtsvorschriften für Nichtmuslime im Sudan und im deutschen Familienrecht. 2001.

Band 18 Ole Lando / Ulrich Magnus / Monika Novak-Stief (Hrsg./eds.): Angleichung des materiellen und des internationalen Privatrechts in der EU. Harmonisation of Substantive and International Private Law. 2003.

Band 19 Florian Schulz: Der Ersatzlieferungs- und Nachbesserungsanspruch des Käufers im internen deutschen Recht, im UCC und im CISG. Eine rechtsvergleichende Untersuchung unter Berücksichtigung der Schuldrechtskommission, der EG-Richtlinie 1999/44/EG und des Diskussionsentwurfs eines Schuldrechtsmodernisierungsgesetzes. 2002.

Band 20 Ingo Janert: Die Aufrechnung im internationalen Vertragsrecht. 2002.

Band 21 Armin Jentsch: Die Erhaltungspflichten des Verkäufers und des Käufers im UN-Kaufrecht im Vergleich zum US-amerikanischen Uniform Commercial Code und zum deutschen Recht. 2002.

Band 22 Martin Taschner: Arbeitsvertragsstatut und zwingende Bestimmungen nach dem Europäischen Schuldvertragsübereinkommen. Einheitliche Auslegung. 2003.

Band 23 Klaus Bitterich: Die Neuregelung des Internationalen Verbrauchervertragsrechts in Art. 29a EGBGB. 2003.

Band 24 Sascha J. Morgenroth: Umsetzung der Verbrauchsgüterkaufrichtlinie in Spanien und Deutschland. Umsetzung der Richtlinie 1999/44/EG des Europäischen Parlaments und des Rates vom 25. Mai 1999 zu bestimmten Aspekten des Verbrauchsgüterkaufs und der Garantien für Verbrauchsgüter in Spanien und Deutschland. 2003.

Band 25 Markus Renfert: Über die Europäisierung der ordre public Klausel. 2003.

Band 26 Henning Mordhorst: Die Behandlung vertraglicher Mobiliarsicherheiten im US-amerikanischen und deutschen Insolvenzrecht. 2003.

Band 27 Hans Markus Wulf: UN-Kaufrecht und eCommerce. Problembereiche bei der Anwendung des Wiener Übereinkommens auf Internet-Verträge. 2003.

Band 28 Julia Kaiser: Freiheit oder Schutz? Die Scheidungsfolgenvereinbarung im deutschen und im englischen Recht. 2003.

Band 29 Astrid Hillebrenner: Die private Zustimmung zu Rechtsgeschäften Dritter im englischen, dänischen und deutschen Recht. 2004.

Band 30 Irene von der Heyde: Das deutsche und italienische internationale Kindschaftsrecht im Rechtsvergleich. Favor filii oder favor filiationis? 2004.

Band 31 Sven-Michael Werner: Recht im Systemwandel. *Ein Land, zwei Systeme* und das Kontinuitätsproblem in Hongkong. 2004.

Band 32 Holger Ellenberger: Wirtschaftsrelevante Kollisionsnormen im japanischen internationalen Privatrecht. 2004.

Band 33 Sebastian Kaufmann: Parol Evidence Rule und Merger Clauses im internationalen Einheitsrecht. 2004.

Band 34 Britta Christina Weber: Eigentumsübertragung und gutgläubiger Erwerb beim Kauf von beweglichen Sachen im vietnamesischen Zivilgesetzbuch von 1995. Eine rechtsvergleichende Analyse unter Berücksichtigung des Eigentumsbegriffs im vietnamesischen Recht. 2004.

Band 35 Alexander von Saucken: Die Reform des österreichischen Schiedsverfahrensrechts auf der Basis des UNCITRAL-Modellgesetzes über die internationale Handelsschiedsgerichtsbarkeit. Ein Diskussionsbeitrag. 2004.

Band 36 Jasnica Garašić: Anerkennung ausländischer Insolvenzverfahren. Teil 1 und Teil 2. Ein Vergleich des kroatischen, des deutschen und des schweizerischen Rechts sowie der Europäischen Verordnung über Insolvenzverfahren, des Istanbuler Übereinkommens und des UNCITRAL-Modellgesetzes. 2005.

Band 37 Eugenia Kurzynsky-Singer: Anknüpfung und Reichweite des Vollmachtsstatuts. 2005.

Band 38 Timo Utermark: Rechtsgeschichte und Rechtsvergleichung bei Ernst Rabel. 2005.

Band 39 Mohamed Lakmes: Die IPR-Anknüpfung der Schuldverträge. Ein Vergleich zwischen dem deutschen und dem syrischen Recht. 2005.

Band 40 Christian Haas: Vertragsstrukturen privatfinanzierter Infrastrukturprojekte. Nationale und internationale Perspektiven. 2005.

Band 41 Tanja Herzog-Engels: Gesellschaftsrechtliche Formvorschriften und Internationales Privatrecht. 2005.

Band 42 Hassan Siahpoosh: Das Familien- und Erbrecht im Iran. 2006.

Band 43 Carola Reifenrath: Das Vertragsrecht Hongkongs und dessen zukünftige Entwicklung. Unter besonderer Berücksichtigung des englischen Common Law. 2006.

Band 44 Arkadiusz Wudarski: Der Pfandbrief und sein Treuhänder. Eine rechtsvergleichende Untersuchung zum polnischen und deutschen Recht. 2006.

Band 45 Ulla Liukkunen: Cross-Border Services and Choice of Law. A Comparative Study of the European Approach. 2006.

Band 46 Claire Anna Reifner: Die Umsetzung der Verbrauchsgüterkaufrichtlinie in Italien und Deutschland. 2007.

Band 47 Shahriar Rabbanifar: Vergleich des Rechts der öffentlichen Unternehmen in Deutschland, Iran und Polen. 2007.

Band 48 Judith Farokhmanesh: Der Schutz des Urhebers im internationalen Vertragsrecht. Funktion, Reichweite und Effektivität zwingender Bestimmungen im deutschen, französischen und englischen Recht. 2007.

www.peterlang.de